普通高等教育"十二五"规划教材

高等院校经济管理类教材系列

经济学原理

谭春枝　主　编

李国英　覃顺梅　副主编

科学出版社

北京

内 容 简 介

本书内容分为两大部分,即微观经济学部分和宏观经济学部分。微观部分包括需求、供给与均衡价格,消费者行为,生产与成本,不同市场类型下价格与产量的决定、要素价格与收入分配、市场失灵及矫正;宏观部分包括国民收入核算、国民收入决定的三个模型、失业与通货膨胀、宏观经济政策、经济增长和经济周期。

本书体系完整,不仅注重基本理论的介绍,还注重案例的导入和分析,用通俗易懂的语言对复杂的理论和模型进行透彻的分析,对重要的问题进行深入浅出的阐述,以使学生能尽快地掌握一种经济学的思维方式去探寻、剖析、反思各种经济问题。此外,本书还提供了大量的图表,以使复杂的问题直观化和简明化。

本书适合作为高等院校应用性本科经济学的教材,也适合作为初学经济学的入门教材。

图书在版编目(CIP)数据

经济学原理/谭春枝主编.—北京:科学出版社,2010
(普通高等教育"十二五"规划教材·高等院校经济管理类教材系列)
ISBN 978-7-30-029652-8

Ⅰ.①经⋯ Ⅱ.①谭⋯ Ⅲ.①经济学–高等学校–教材 Ⅳ.①F0

中国版本图书馆 CIP 数据核字(2010)第 231899 号

责任编辑:任锋娟/ 责任校对:刘玉靖
责任印制:吕春珉 / 封面设计:一克米工作室

科学出版社 出版
北京东黄城根北街 16 号
邮政编码:100717
http://www.sciencep.com
铭浩彩色印装有限公司 印刷
科学出版社发行   各地新华书店经销

*

2011 年 3 月第 一 版   开本:787 × 1092 1/16
2017 年 12 月第十次印刷   印张:19
字数:448 000

定价:43.00 元
(如有印装质量问题,我社负责调换〈骏杰 〉)
销售部电话 010-62134988   编辑部电话 010-62135741 (HF02)

高等院校经济管理类教材系列
编写指导委员会

迎接经济管理创新时代的挑战

——高等院校经济管理类教材系列总序

科学管理之父泰勒，引领人类告别了经验管理时代，进入了科学管理的新时代。今天，融科学性、艺术性、情感性于一体的现代管理，又将管理科学推向新的台阶。

21世纪是人类社会发展史上一个崭新的关键性时期。随着经济的全球化、市场化和多元化，全球性的经济竞争日趋激烈。这种竞争给企业的发展带来了全方位的挑战，而就是在这种日趋激烈的竞争时刻，由美国次贷危机引发的新的国际金融危机，又对全球实体经济形成了新的冲击，导致全球经济陷入新的衰退。这一切都使人们更加清醒地认识到，21世纪带给人们的不仅仅是新的机遇，而且也带来了更为严峻的困难和挑战。如何迎接这一世纪性的机遇与挑战，将成为各国政府、企业界、理论界共同关注的课题。

中国历经30多年的改革开放，已经全面进入竞争日趋激烈的世界大市场，更深刻地融入了国际经济大循环。中国尽管取得举世瞩目的成就，也逐步确立了一个国际大国的国际地位，但是，应该看到，随着国际市场竞争的日趋激烈和管理水平的不断创新与提高，中国经济要在全球化和经济一体化的国际竞争中立足与发展：一方面，要在宏观上把握经济运行的规律，继续做好宏观调控；另一方面，要尽快转变经济发展方式，调整经济结构；更重要的方面是要在企业层面上进行管理创新。而管理创新的关键是管理人才培养模式的创新，也就是说，中国已经进入了一个与创新管理相结合的改革和与改革相结合的管理创新时期。在这一关键时期，谁能够拥有一流的管理创新人才、最快地吸收各种管理学的最新知识并加以创新性的运用，谁就会获得竞争的话语权与主动权，谁就能够赢得未来。

正是在这样一种宏观背景的促使下，根据国家教育部关于高等学校本科教学质量与教学改革工程的相关文件精神，为了提高国内各高校经济管理类核心课程教师的教学水平，满足高校培养应用型管理人才的需要，科学出版社组织策划了本教材系列。本教材系列的编著者主要由各高等院校长期从事经济管理方面教学、研究以及企业决策咨询的专家组成。因此，本教材系列具有如下特点：注重系统性；突出专业性；强调实用性，即注重案例教学；关注学科发展的先进性；结构上注意编排的体系性，利于师生的教与学。本教材系列具有广阔的适用范围，既适用于各高校管理类专业的本科生，又可作为大学教师、研究人员的参考书，也可供那些运筹帷幄、决战商场的企业家参考。

大家都知道，每一项成功的管理模式，都是管理理论和具体管理实践相结合的产物，因此，任何一种先进的管理理论都有待创新和发展。所以，本教材系列编写过程中在体系的编排、内容的选取以及案例选择的贴切性等方面或许还存在一些不尽如人意之处，恳请广大读者提出批评意见。

　　最后，感谢科学出版社在本教材系列策划、出版过程中所作出的贡献，感谢各位编著者为本教材系列付出辛勤的劳动。

梁仕云

研究员

广西大学行健文理学院副院长

工商管理硕士生导师，公共管理硕士生导师

2010 年 7 月 31 日

前　言

经济学主要研究当代市场经济中的经济理论和经济政策，作为高等院校经管类的专业基础课程，大学本科阶段要求学生掌握的是微观经济学和宏观经济学的基本原理。无论是微观部分还是宏观部分，其经济理论都反映了市场经济的普遍规律，揭示了市场经济运行的一般机制和通行原则，提供了解决经济问题的操作思路和调控政策。经济学的研究思路被广泛采用，经济学各分支都是在这一理论基础之上发展而来的，都是经济学的基本原理在其他领域中的具体运用，国内也因此而出版了很多经济学的教材，这些教材各具特色，有些注重基本原理的讲解，有些注重数理模型的推导，对我国经济学这门学科的发展起到了很大的推动作用，对我国经济学知识的普及也做出了很大的贡献。但综观这些教材，较少从促进我国应用型本科人才培养的角度来编写。正是基于这样的现状，作者编写了本书，以期通过此书的出版激发学生对经济学的兴趣，帮助他们养成一种经济学的思维方式，去探寻、剖析、反思身边日常世界中的各种问题。为此，本书力求能体现以下几方面的特点。

1. 应用性强。编写突破以往重数理轻案例、重原理轻应用的思维，坚持以案例为导向，力求内容深入浅出，以增强学生学习的主动性。帮助学生把经济学知识和企业实践、现实问题结合起来，培养学生分析、理解所面临的诸多经济问题的能力。

2. 趣味性与科学性相结合。内容和形式安排上力求生动有趣，从而激发学生的学习兴趣，同时以知识拓展、阅读资料、复习题等来展示经济学严谨、完美的数学表达方式，为他们进一步学习打下坚实的基础。

3. 通俗易懂。不仅用通俗易懂的语言对复杂的理论和模型进行透彻的分析，对重要的问题进行深入浅出的阐述，而且配备了很多例题和案例，以使学生能尽快掌握理论和模型的实质；此外，还提供了大量的图表，以使复杂的问题直观化和简明化。

本书编者分别来自广西大学商学院、广西大学行健文理学院、广西民族大学相思湖学院、广西师范大学漓江学院、桂林电子科技大学信息科技学院、桂林理工大学博文管理学院、广西工学院鹿山学院和广西工程职业学院，他们多年从事经济学的教学和理论研究工作。具体编写工作分工如下：导论（谭春枝）、第一章（谭春枝、彭高彬）、第二章（李娅）、第三章（覃顺梅）、第四章（李国英、杨阳）、第五章（李为）、第六章（郭敏）、第七章（李国英）、第八章（申茜）、第九章（王铁梅）、第十章（谢筱琳）、第十一章（杨帆）、第十二章（李燕）、第十三章（陈妙剑）；谭春枝负责编写大纲的拟定、最后的统改和定稿。

本书综合了编者们的相关研究成果，并得到了广西大学行健文理学院重点教材建设立项。本书得以顺利完成，要感谢广西区独立学院经管类教材建设委员会和广西大学行健文理学院的大力支持，还要感谢科学出版社的编辑们，他们为本书的出版付出了艰辛的劳动。

　　本书在编写过程中参考和引用了大量国内外有关研究成果和文献，对此向相关作者表示衷心的感谢。由于编者水平有限，不当和疏漏之处在所难免，恳请广大读者批评指正。

目　录

导　论

↘ **教学目标**

本章通过介绍经济学的研究对象来概括经济学的定义，使读者从总体上了解什么是经济学、学习经济学有何用途。读者通过学习微观经济学与宏观经济学的区别与联系及经济学的研究方法，可以从全局角度认识经济学，培养经济学思维方式。

↘ **学习任务**

通过本章内容的学习，要达到以下几个目的：

- 理解经济学的定义和经济学分析问题的思维方式；
- 掌握微观经济学与宏观经济学的区别与联系；
- 掌握经济学的分析方法。

♻ **导入案例**

疯狂的绿豆价格

洮南市，全国绿豆40%产自于此。2010年年初以来，一股凌厉、"过山车"般的绿豆价格涨跌潮，使这个吉林省西北部的边陲小城一举而全国闻名。地处东三省与内蒙古东部交界中心的洮南市，隶属于吉林省白城市，长白公路从境内贯穿而过。在长白公路洮南段从南到北约4.5千米处的道路两侧，排列着98家绿豆收购商，他们组成了洮南市杂粮杂豆交易市场。由于今年以来绿豆价格的暴涨，这里俨然成了全国绿豆价格飙升的风暴眼——这里的绿豆价格不仅左右着国内市场，甚至也是整个东南亚地区绿豆价格的风向标。洮南市绿豆全年交易量达55万吨，交易额18亿元。

2009年9月，新豆子刚上市时，收购价格也不过3.5元1斤，10月的收购价格为3.8元1斤，11月4元1斤，到了2010年元旦前后，绿豆价格上涨到了4.5元1斤，疯狂的绿豆价格出现在2010年春节过后。春节刚过，洮南当地的绿豆收购价格一下蹿上了5元1斤。接下来的3月和4月，绿豆价格一路高歌猛进，每斤以一元递增的速度快速上涨。到了5月中旬，绿豆身价达到破纪录的9元多钱1斤，这还仅仅是洮南当地的收购价，在上海、广州等南方城市，绿豆的零售价格更是达到了每斤12元、13元的"天价"，而同期市场的猪肉价格也不过每斤9元多，一时舆论一片哗然。

（资料来源：http://finance.sina.com.cn）

5 月份 CPI 同比上涨 3.1% PPI 上涨 7.1%

国家统计局 2010 年 6 月 11 日公布 5 月份经济数据显示，5 月份居民消费价格指数（CPI）同比增长 3.1%，环比下降 0.1%，其中食品类环比下降 0.5%，非食品类上涨 0.1%。5 月份工业品出厂价格指数（PPI）同比上涨 7.1%，环比上涨 0.6%。从 5 月份情况来看，当前的物价以及今后价格上涨的压力有缓解的趋势。从全年来看，CPI 控制在 3% 左右，应该说是有基础的。虽然压力较大，但经过努力预期目标有可能实现。

通胀压力的减小降低了加息预期。中信建投首席宏观分析师魏凤春表示，中国经济未来增速可能有所放缓，因此即使考虑加息也要在几个月以后。另外，加息会使得热钱加速流入，在一定程度上加剧经济波动风险，因而央行在加息问题上可能更为慎重。

（资料来源：http://business.sohu.com）

生活在高速发展的信息技术时代，每天都会有大量的经济新闻围绕在人们周围。不管是否理解或关心经济话题，它的确是时刻在影响着人们。

以上两则财经新闻分别涉及经济学中微观和宏观两个领域的内容。是什么导致绿豆价格如此疯狂？其背后的原因是什么？CPI、PPI 这些数据的升降表示什么？它们的变动会带给人们什么影响？国家又会出台哪些政策？这些都是经济学要回答的问题。那么，到底什么是经济学？经济学原理能帮助读者认识哪些问题？从中又可以学到哪些解决问题的方法呢？

一、经济学的定义

"经济"一词的英文名词是 economy，来自希腊文，原意是家务劳动或家政管理，后来引申为节俭的意思。直到 20 世纪 20 年代，英国经济学家罗宾斯（Robbins）概括了现代通行的经济学概念。20 世纪 80 年代以来，经济学已逐渐成为各门类经济学科的总称，具有经济科学的含义。

（一）经济学的研究对象

1. 稀缺性

在诸多的经济问题中，不难体会到这些问题大都与经济资源（economic resource）有关，而其中的资源可能包括一个人所拥有的钱、所拥有的时间或是所拥有的能力。更重要的是，这些资源都是有限的，例如：每个人所拥有的时间是有限的；每个月的薪水是有限的；学生的考试时间是有限的；小到一家厂商，大到一个国家，它们所拥有的资源都是有限的；中国虽地大物博，但人口众多，俄罗斯的土地丰富、沙特阿拉伯的石油储量很大，但终究都是有限的。随着污染的加剧，本来水、空气是自由取用的物品，现在也变成经济物品。

用来满足人们欲望的物品可以分成自由物品（free goods）和经济物品（economic

goods）自由物品是指价格为零供给为无穷大的物品，经济物品是指价格为零供给即为零的物品，而满足人们需要的主要来自经济物品。与人类无穷的欲望相比，经济物品的数量、质量和种类总是不足的，这种不足就是稀缺性（scarcity）。

2．欲望

经济物品总是稀缺的，而人们的"欲望"却是无限的。有的人希望既能看演唱会又能买漂亮的时装，如果可能，最好再买一双鞋子搭配；厂商总希望多生产一些产品，增加自己的收益；政府大都希望多花一些钱在社会福利上，同时又希望多花些钱在公共建设上；人们总是希望自己多拥有些东西，买了电脑，想有个MP3，有了MP3又想有个数码相机，有了数码相机又想再有个DV。

欲望（wants）是指人们的需要，它既是一种缺乏与不满足的感觉以及求得满足的愿望，它是一种心理现象。

由于人类需要层次的多样性，因而人的欲望是无穷无尽的。在一种欲望得到满足后（甚至还没有完全得到满足时），新的欲望就会产生。无穷的欲望都要靠资源所生产的物品与劳务去满足。当资源被投入生产过程用以生产满足人们欲望的最终产品与劳务时，它又被称为生产要素（production factor）。

3．选择

由于人们的欲望是无穷的，而满足人们欲望的资源是有限的。因此，人们都必须作出选择（choice），以决定将稀缺的资源配置于哪一类产品与劳务的生产，满足人们哪一方面的欲望。如何选择才能达到最大的满足呢？政府的税收有限，不可能花太多钱在社会福利与公共建设上，同时还保留一些钱供教育及国防军备使用。政府该如何分配支出，使得国民的福利最高？或者直接说，政府应当如何花这些钱才能使它未来的选票最多？厂商可以多雇用工人来生产，也可以多使用机器设备，或者两者都用，但厂商的资源是有限的，他该如何选择生产方式，才能一方面使生产成本最少，另一方面又使产量最大呢？

具体地说，经济学中的选择问题包括以下几个方面。

1）生产什么，生产多少（what）。一种经济资源可以有多种用途，那么在资源总量既定的条件下，作出选择和取舍，生产哪些产品，生产多少，都有其最优组合。如果以大米作为民用品的代表，以大炮作为军用品的代表，则一国在既定技术条件下能够生产的大米与大炮最大组合的轨迹，称为生产可能性曲线（production possibilities frontier）。如图0.1所示，可以选择A点处的生产，也可以选择B点处的生产，但A点表示更多的资源用于生产军用品，B点表示更多的资源用于生产民用品。

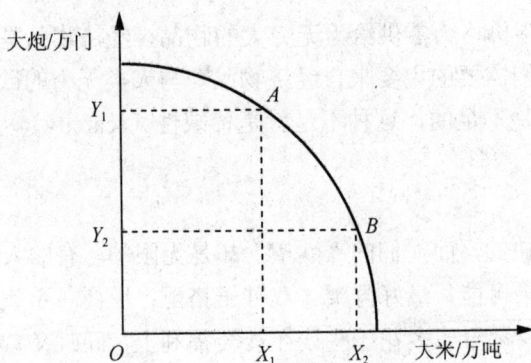

图 0.1　生产可能性曲线

2）怎么生产（how）。同一种产品的生产，可以采用不同的技术、材料和工艺，或是劳动密集型，或是资本密集型。增加一种产品的产量，可以通过扩大外延的粗放方式（extension），也可以通过增加内涵的集约方式（intension）。实践表明，由于技术不同，一定投入的生产效率可以相差几倍乃至几十倍。在现代化生产中，技术进步是决定性因素，发达国家的经济增长有50%~80%来自技术进步。因此，资源禀赋相同的国家，可能有不同的生产可能性曲线，技术进步可以使图0.1中的生产可能性曲线外移。

3）为谁生产（for whom）。无论生产什么和怎么生产，都有一个为谁生产的问题，也就是产品分配的问题。一国在图0.1中生产可能性曲线上选择的产品组合，能够表明这个国家是怎样解决这个问题的。如果爱好和平，会选择将大部分资源用于生产大米等民用品，只有少部分用于国防安全所必需的大炮；如果搞军国主义，即使人民忍饥挨饿，也要将大部分资源用于生产大炮等军用品，以侵犯其他国家。同理，也可以用图中两轴表示农产品和工业品，必需品和奢侈品，分别研究它们之间的选择问题。

4）何时生产（when）。何时生产是指经济资源利用的时间配置，即发展计划。正因为一国经济资源有限，绝不能"今朝有酒今朝醉"，必须作好动态规划，达到可持续发展的目的。例如，中国海上石油蕴藏丰富，但开采需要资金和技术。如果充分利用外资，"有水快流"，虽然可以马上得到工业化急需的石油，但根据合同有一半产量必须分给外国；如果一味自力更生，具备条件再开采，虽然全部原油都可以为自己所用，但又会延缓工业化的进程。从子孙后代的长远利益出发，海上油田应当选择何种开发战略？发展战略不同，图0.1中的生产可能性曲线也不同。可见，如果将这张平面图变成立体图，生产可能性曲线还有一个在时间维度上的动态配置问题。

5）谁作决策（who）。生产什么、怎么生产、为谁生产、何时生产这4个问题，究竟由谁来决定呢？这就是经济体制的问题。迄今为止，人类历史上存在过3种经济体制：由个体决策为主的市场经济；由政府决策为主的计划经济；个体决策与政府决策相结合的混合经济。在现代经济中，前两种传统的经济体制已不复存在，各国都采用个体决策与政府决策、市场经济与计划调节在不同程度上的结合的经济体制。显然，经济体制将最终决定生产可能性曲线及其产品组合。

（二）经济学的定义

迄今为止，西方经济学界并不存在一个为人们所接受的关于西方经济学的统一定义。比较流行的说法或定义是：经济学是研究各种稀缺资源在可供选择的用途中进行配置以便更好地满足人们欲望的科学。但不管如何定义，都包括 3 个方面的内容：无限的欲望、稀缺性以及由此产生的选择。

亚当·斯密（Adam Smith）认为经济学是"财富之学"，着重研究一国财富的本质、原因及外在因素。

英国经济学大师 A.马歇尔（A.Marshall）认为，经济学是"日常生活中对人的研究"。

一个比较被人们广泛接受的定义是萨缪尔森作出的：经济学是研究人类和社会如何作出选择，在使用或不使用货币的情况下，用具有不同用途的"稀有"资源，生产不同的货物，以满足社会中不同的个人与团体目前或将来的消费。此外，经济学还分析改善资源分配形态的成本与效益。

人们喜欢使用的一个经济学的定义是：经济学是一门学问，研究人类如何选择使用有限的生产资源以生产不同的物品，来满足几乎无穷尽的欲望，并将之分配给社会的不同成员。

二、微观经济学和宏观经济学

从以上可以知道经济学是研究资源配置和资源利用的科学，由此出发，经济学的基本内容就可以分为研究个体经济规律的微观经济学和研究整体经济规律的宏观经济学。

微观经济学（micro-economics）中"微观"的英文为"micro"，源于希腊文，意思是"小"，以单个经济主体作为研究对象，研究单个消费者、单个厂商的经济行为和相应的经济变量单项数值的决定，以此来说明价格机制如何解决社会的资源配置问题。所以，微观经济分析又称个量分析。

微观经济学主要包括均衡价格理论、效用理论、生产理论、市场理论、要素理论、市场失灵及矫正，即本书的第一章至第六章。

宏观经济学（marco-economics）中"宏观"的英文为"marco"，它也源于希腊文，原意是"大"。宏观经济学以整个国民经济为研究对象，通过研究经济中各有关总量的决定及其变化，来说明资源如何才能得到充分利用。

宏观经济学主要包括国民收入核算理论、国民收入决定理论、失业与通货膨胀理论、经济周期和经济增长理论和宏观经济政策，即本书的第七章至第十三章。

微观经济学与宏观经济学两个分支共同构成了现代经济学。通过上面的定义也可以看出，两者在研究对象、研究方法、中心理论、解决的问题等各方面都存在区别，如表 0.1 所示。

表 0.1　微观经济学与宏观经济学的区别

区别	微观经济学	宏观经济学
研究对象	单个经济单位	整个国民经济
解决的问题	资源配置	资源利用
中心理论	价格理论	国民收入决定理论
研究方法	个量分析	总量分析

但二者之间又存在密切联系，具体如下。

1）二者相互补充。微观经济学是研究资源的配置问题，而宏观经济学是研究资源充分利用的问题，经济学的研究目的是实现社会福利的最大化，这一目标既要实现资源的最优配置，又要实现资源的充分利用。从这个意义上说，两者互为补充。

2）微观经济学是宏观经济学的基础。整体是由个体组成的，宏观经济分析越来越注重总体经济现象的微观基础。

3）两者都侧重实证分析方法。二者在研究经济问题时，只是客观说明引起问题的原因以及结果，不对这一过程作正误判断，即只回答"是什么"的问题，而不回答"应该是什么"的问题。

应该强调的是，微观经济学与宏观经济学是西方经济学中的基本原理，其他的经济学分支，如管理经济学、国际经济学、发展经济学、财政学、货币银行学、区域经济学、家庭经济学、人口经济学、政府经济学等，都是在这一基础之上发展而来的，是微观经济学与宏观经济学的原理在其他领域中的具体运用。因此，在学习与研究西方经济学时，应该从微观经济学与宏观经济学入手。

三、经济学的分析方法

（一）理性人假定

阅读资料

过于理性的经济学家

有一个经济学家、一个医生和一个牧师约好某天去打高尔夫球。玩兴正浓时，他们发现有一个人总是在球场上漫无目的地乱跑，这严重影响了打高尔夫球的兴致，于是决定去与球场管理人员交涉。球场的管理人员向他们解释："球场为了向残疾人献爱心，星期一下午向盲人免费开放。今天是星期一，那个到处乱跑的人是盲人。如果他的行为影响了你们，我向你们道歉。"三人听后，有 3 种不同的反应。牧师听后大为感动，遂决定抽出一定时间，免费为残疾人祈祷，祈求上苍保佑，为残疾人带来福音；医生听后，马上决定向球场学习，并准备在他的诊所里，留出一定的时间免费为残疾人提供医疗服务；经济学家却不以为然地说："我有些不明白，你们球场为什么不把向盲人开放的时间从白天改到晚上？"

（资料来源：何耀文. 2009. 生活中的钱规则. 南京：凤凰出版社）

经济学赖以建立的一个基本理论假定便是人们的经济行为是合乎理性的。经济学把现实社会中的人看作为"经济人"，即经济个体都会在既定条件下追求自身利益的最大化，这便是经济行为的理性化。作为消费者，追求的是既定收入条件下效用的最大化；作为生产者，追求的是既定资源条件下利润的最大化；作为生产要素所有者，追求的是要素拥有既定条件下要素收益的最大化。

1776年，亚当·斯密出版了《国民财富的性质和原因的研究》一书，也就是著名的《国富论》。这本书的出版，标志着经济学正式诞生。亚当·斯密是近代经济学的创始人。在这部伟大的著作中，他描述了后来广为人知的"看不见的手"的原理。

亚当·斯密说，每个人都不知道如何增加他人的利益，仅仅从自己的利益出发去行事。但是当他这么做的时候，有一只"看不见的手"在引导着他，使他在追求自己利益的过程中，去实现他人的或者公众的利益，虽然这不是他的本意。

（二）经济模型

经济模型是在对现实的经济事物的主要特征和内在联系进行概括和抽象的基础上，对现实的经济事物进行的系统描述。西方经济学家认为，由于现实的经济事物是错综复杂的，所以，在研究每一个经济事物时，往往要舍弃一些非基本的因素，只就经济事物的基本因素及其相互之间的联系进行研究，从而使得经济理论能够说明经济事物的主要特征和相关的基本因素之间的因果关系。

经济模型可简单、可复杂，一段文字、一个图形、一个方程或方程组都可能是一个经济模型。在现代经济中，数学在经济模型中运用越来越广泛，发挥作用也越来越大，但这个作用发挥的效果依赖于经济思想的正确与否。

（三）静态分析、比较静态分析与动态分析

经济模型可以被区分为静态模型和动态模型。从分析方法上讲，与静态模型相联系的有静态分析法和比较静态分析法，与动态模型相联系的是动态分析法。

静态分析法是指抽象掉时间因素和事物发展变化的过程，分析经济现象的均衡状态及其形成条件。比较静态分析法是指对两个均衡状态的比较分析，它并不论及怎样从原有的均衡状态过渡到新的均衡状态的变化过程。动态分析法是指在经济研究中纳入时间因素，分析从一个均衡状态进入另一均衡状态的变化。

（四）局部均衡分析与一般均衡分析

"均衡"一词来源于物理学上的平衡。在一个经济体系或在被考察的某一经济事物中，当所有变量处于平衡状态，因而能够继续维持该种状态不变，这便称之为均衡（equilibrium）或均衡状态。均衡并不意味着静止不变，经济社会中，旧的均衡不断被打破，经济变量不断变化和调整引向新的均衡，正是在这一系列的过程中，经济个体和经济社会才得以发展。均衡分析分为局部均衡分析和一般均衡分析。

局部均衡分析研究的是单个（产品或要素）市场，其方法是把所考虑的某个市场从相互联系的构成整个经济体系的市场全体中"取出"来单独加以研究。例如，2008 年全球金融危机以来，国际油价一路下跌，如果只研究原油市场的供求及均衡价格问题，就是局部均衡分析。同时原油市场价格的波动还会影响到汽油市场、煤市场和汽车市场，把这四个相互联系的市场作为一个整体来研究，就是一般均衡分析，即是将所有相互联系的各个市场作为一个整体来加以研究的分析方法。

（五）边际分析

阅读资料

总统连任三届的感想

美国前总统富兰克林·德拉诺·罗斯福（Franklin Delano Roosevelt）连任三届后，曾有记者问他有何感想，总统一言不发，只是拿出一块三明治面包让记者吃，这位记者不明白总统的用意，又不便问，只好吃了。接着总统拿出第二块，记者还是勉强吃了。紧接着总统拿出第三块，记者为了不撑破肚皮，赶紧婉言谢绝。这时，罗斯福总统微微一笑："现在你知道我连任三届总统的滋味了吧！"这个故事揭示了经济学中一个重要的原理：边际效用递减规律。

（资料来源：郑普飞．2007．7 天教你读懂日常经济学．北京：金城出版社）

边际分析来源于数学中的增量分析。边际分析就是考察一个或几个自变量发生微小变动时，因变量如何变动。正是依据边际分析，产生了微观经济学中一系列极为重要的边际概念和边际法则。

西方经济学家普遍非常重视"边际分析方法"，把边际分析法的发展和应用看成是一场"边际革命"。自 19 世纪 70 年代"边际革命"兴起后，边际概念和边际分析法立刻广泛传播，并构成西方经济学的重要组成部分。

（六）实证分析与规范分析

实证分析（positive analysis）企图超脱或排斥一切价值判断，只研究经济本身的内在规律，并根据这些规律，分析和预测人们经济行为的效果。它要回答"是什么"（what is）的问题，即经济现象现状如何？有几种可供选择的方案？如果选择了某方案，后果如何？至于是不是作出这种选择则不予讨论。例如，在资本主义社会，富人的狗得到大量精美食品，穷人的孩子则营养不良，符合供求规律与经济效率，至于应该不应该生产狗食品则不予研究。

规范分析（normative analysis）以一定的价值判断为基础，提出某些标准作为分析处理经济问题的依据，树立经济理论的前提作为制定经济政策的依据，并研究如何才能符合这些标准。它力求回答"应该是什么"（what ought to be）的问题，即为什么要作出这样的选择，而不作另外的选择？它涉及是非善恶、应该与否、合理与否的问题。由于人们的立场观念、伦理道德标准不同，对于同一事物，就会有截然不同的看法，所以规范经济学不具有客观性。

经济生活是纷繁复杂的，一个经济变量的变动要受很多因素的影响。研究经济问题、经济规律时，如果将所有的因素都考虑在内，就根本没法展开研究。因此，经济学的基本原理和基本命题只是在某一层次上或从某一角度对经济现实的一种解释、描述，经济理论总是建立在严格的假定基础上。有时候这些假定可能并不影响经济变量变动的理论趋势，但有时候如果假定严重背离实际则会影响分析的有效性。某些经济理论的合理性可能只在一定的历史条件下才存在，因此学习经济理论不是学习死的教条，而是要学习活的思想方法。

阅读资料

经济学发展简史

西方经济学从开始系统的研究到现在有 300 多年的历史。300 多年来，西方经济学的发展大致经历了 4 个阶段。

1. 古典经济学阶段

古典经济学产生于 17 世纪中叶，在英国由威廉·配第（William Petty）开始，经亚当·斯密发展为完整的体系，最后被大卫·李嘉图（David Ricardo）推向高峰；在法国则由布阿吉尔贝尔（Boisguillebert）开始，经过魁奈（F.Quesnay）和杜尔哥（Turgot）的进一步发展，到西斯蒙第（Sismondi）而告完结。古典经济学把经济研究从流通领域，它们研究的中心问题是国民财富如何增长的问题。古典经济学反映了自由竞争时期资本主义经济发展的要求，此时经济学已逐步成为一门具有独立体系的科学，真正意义的经济学便由此产生。

2. 传统经济学发展阶段

19 世纪初至 20 世纪 30 年代，是传统经济学的发展阶段。随着古典经济学的接替，法国经济学家萨伊（Say）和英国经济学家马尔萨斯（Malthus）的学说得到广泛的传播，形成了传统经济学。这一时期具有代表性的还有 3 个学派：历史学派、边际效用学派和新古典经济学派。传统经济学主张自由竞争、自行调节和自由放任的经济原则。它认为主要市场价格体系的调节能够自行实现社会资源的有效配置，政府不必干预经济。

3. 凯恩斯经济学的发展阶段

英国经济学家凯恩斯（Keynes）于 1936 年发表了他的重要著作《就业、利息和货币通论》，否定了传统经济学的两个基本原理，提出了政府干预的思想，建立宏观经济学的思想体系，被称为"凯恩斯革命"。凯恩斯经济学在发展过程中逐渐形成了两个流派：新古典综合派和新剑桥学派。

4. 当代经济学发展阶段

20 世纪 80 年代是各个西方经济学流派的调整时期，货币学派、供给学派、理性预期学派等自由主义流派迅速崛起。到 90 年代，西方经济学界形成了以新凯恩斯主义学派经济学、新古典主义学派经济学为代表的主流经济学的格局。

小 结

稀缺是人类面临的一个恒久矛盾，源于人类无穷的欲望和经济物品的有限供给。

经济学是一门学问，研究人类如何选择使用有限的生产资源以生产不同的物品，来满足几乎无穷尽的欲望，并将之分配给社会的不同成员。

经济学的基本内容分为研究个体经济规律的微观经济学和研究整体经济规律的宏观经济学。

经济学把现实社会中的人看作为"经济人"，即经济个体都会在既定条件下追求自身利益的最大化，这便是经济行为的理性化。

实证分析超脱或排斥一切价值判断，只研究经济本身的内在规律，它要回答"是什么"的问题；规范分析以一定的价值判断为基础，提出某些标准作为分析处理经济问题的依据，它力求回答"应该是什么"的问题。

复 习 题

一、选择题

1. 下列（　　）是最不具稀缺的。
    A. 医生　　　　　　　B. 苹果　　　　　C. 铁矿石　　　　D. 空气
2. 以下问题中不是微观经济学所考察的问题的是（　　　）。
    A. 一个厂商的产出水平　　　　　　B. 失业率的上升或下降
    C. 某个市场上苹果的销售价格　　　D. 某一企业雇用工人的数量
3. 下列问题中属于规范经济问题的是（　　）。
    A. 通货膨胀和失业是由什么引起的
    B. 政府应该雇用所有失业的工人吗
    C. 消费者如何对较低的价格作出反应
    D. 收入和储蓄之间的关系是什么
4. 政府征税和给家庭转移支付最直接的影响是（　　）。
    A. 生产什么　　　　　　　　　　　B. 如何生产
    C. 生产可能性曲线的位置　　　　　D. 为谁生产

二、名词解释

经济学　　　经济人　　　实证分析　　　规范分析　　　边际分析

案 例 分 析　　第一章

小偷的哲学

案例背景

一个小偷入室盗窃被当场抓获，社区保安将小偷带入审讯室，要求小偷交代盗窃事实并接受处罚。小偷不服，据理力争，他说："从个人角度来讲，我打破了那家人的门窗，给他造成一定损失，对他家来说是不幸的。但是从社会角度来看，结果完全相反。为什么呢？因为被我打破的门窗需要修理，维修工和玻璃店因此就有了收入。维修工有了收入就可以到市场购买商品，商品销售商因此可以得到收益。商品销售商和玻璃店因为有了收益才有钱给工人发工资，工人有了工资就可以消费，消费量的增加能够带动整个商品市场交易的繁荣。而市场繁荣了，厂商赚钱了，才能给工人发更多工资，工人生活水平得到改善。工人生活改善了就可以消费更多商品，从而厂商也更赚钱了。看看我不经意的行为给社会带来的福利改善吧。所以从社会角度来说，你们不仅不应该惩罚我，还应该奖励我。"

案例解析

这个小偷描述了社会各经济主体相互影响的一个事实，消费者的一个简单购买行为的确可以引起经济一系列的连锁反应。这个事实将在宏观经济学中的乘数理论里进行详细分析。这里小偷为自己辩解的策略是讲明一个事实，他在讲述事实时并不涉及价值观和道德的问题，只是讲述了一个经济运行的规律，这就是实证的分析方法。

（资料来源：王静涛. 2008. 西方经济学. 北京：化学工业出版社）

讨论：

1）你同意这个观点吗？

2）你该如何用所学知识来反驳小偷？

第一章 需求、供给与均衡价格

教学目标

本章主要介绍了需求、供给的基本原理，需求和供给共同决定均衡价格，在此基础上分析均衡价格理论的应用，并引入弹性理论来进一步说明价格与供求之间的关系，最后简单介绍一下蛛网模型。

学习任务

通过本章内容的学习，要达到以下几个目的：
- 掌握供求理论的基本概念和基本原理；
- 理解并运用各种弹性来分析解释经济问题；
- 具有计算均衡价格和产量、弧弹性和点弹性的能力。

导入案例

画 家 之 死

有一篇短篇小说是美国作家写的，其中说一个画家总不得志，作品卖不出去。于是，他和朋友策划了一个骗局，宣称该画家已死，并请一些评论家对其作品进行狂轰滥炸式的宣传。因此，这些原本卖不出去的画价格狂升，他们着实发了一笔财，但是已成名的画家却无法以原来的身份生活并作画了。人死画才值钱，这并不奇怪。印象派大师梵高生前作品无人问津，死后却卖出了天价。当然，小说中的情况实际是为钱而"死"的骗局。

设计这个骗局的人也许并不懂经济学，但他们的策划却符合经济学的道理。价格取决于供求，要想控制价格，必须控制供求。在这个骗局中控制供求的中心是让画家死。换言之，画家之死既影响需求，又影响供给。

（资料来源：郭万超等. 2005. 轻松学经济. 北京：对外经济贸易大学出版社）

第一节 需求与供给

一、需求的基本原理

（一）需求及需求函数

1. 需求

一种商品的需求（demand）是指一定时期内，在各种可能的价格水平上，愿意并且能够购买的商品的数量。

需求的概念说明了两个含义：首先，需求指的是有支付能力的欲望，即既有购买欲望又有支付能力；其次，需求这个概念涉及两个变量：商品的价格及与该价格相对应的购买量，因此它实际上反映了人们购买的商品数量与商品价格这两个变量之间的关系。

需求可以分为个人需求与市场需求。个人需求是指单个消费者或家庭于某一特定时间内，在各种可能价格下，愿意并且能够购买的某种商品的相应数量。市场需求是指在某一特定市场和某一特定时期内，所有购买者在各种可能价格下将购买的某种商品的总数量。市场需求是个人需求的水平加总。

影响需求的因素很多，概括起来主要有：商品本身的价格（P）；相关商品（替代品和互补品）价格的变化（P_r）；消费者的偏好（F）；消费者的收入水平（Y）；消费者对未来价格的预期（P_E）；其他因素，如人口规模及人口构成、收入分配是否公平、气候、时间、消费信贷、广告包装、信息畅通、政府政策等。

2. 需求函数

如果把影响需求的各种因素和需求之间用一个函数关系表示出来，就可以得到需求函数，即表示一种商品的需求数量和影响该需求数量的各种因素之间的相互关系。其计算公式为

$$Q_d=f(P,P_r,F,Y,P_E,\ldots) \tag{1.1}$$

由于商品本身的价格是决定需求量最基本的因素，所以假定其他因素保持不变，仅仅分析一种商品的价格对该商品需求量的影响，即把一种商品的需求量仅仅看成是这种商品价格的函数。其计算公式为

$$Q_d=f(P) \tag{1.2}$$

在不影响结论的前提下，大多使用线性需求函数，线性需求函数通常表示为

$$Q_d=a-bP \tag{1.3}$$

式中，a、b 为常数，且 a、$b>0$。

（二）需求表与需求曲线

1. 需求表

需求表是指在其他因素不变的情况下，商品价格与需求量之间关系的数字序列表。表 1.1 为某消费者在各种可能的价格水平上愿意购买的商品数量的组合。

表 1.1　需求表

价格-数量组合	价　格	需　求　量
A	1	700
B	2	600
C	3	500
D	4	400
E	5	300
F	6	200
G	7	100

2. 需求曲线

需求曲线是指表示商品价格与需求量之间关系的曲线。可以根据需求表中商品不同的价格-需求量的组合在平面坐标图上绘制而成，如图1.1所示。

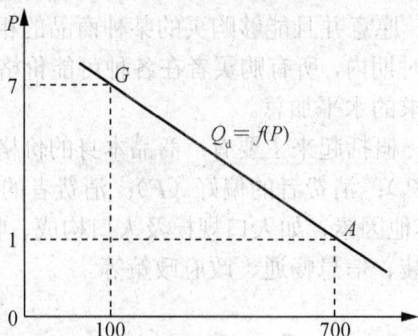

图1.1　需求曲线

当需求函数为线性函数时，相应的需求曲线是一条直线，直线上各点的斜率是相等的。

当需求函数为非线性函数时，相应的需求曲线是一条曲线，曲线上各点的斜率是不相等的。

（三）需求规律

根据上面的分析，很容易得出一个需求规律，即在其他条件不变的情况下，某商品的需求量与价格之间成反方向变动，也就是说，需求量随着商品本身价格的上升而减少，随商品本身价格的下降而增加。

需求规律是在其他因素不变这一前提下，研究商品本身价格与需求量之间的关系，对绝大多数商品是成立的。但这一规律也有例外的情况，有些商品的需求与价格是成同方向变化的，如炫耀性消费的商品和吉芬商品。

知识拓展

吉 芬 商 品

英国统计学家罗伯特·吉芬（Robert Giffen）最早发现，1845年爱尔兰发生灾荒，土豆价格上升，但是土豆需求量反而增加了。这一现象在当时被称为"吉芬难题"。英国经济学家马歇尔（Marshall）在其著名的《经济学原理》一书中详细讨论了这个问题，并在分析中提及罗伯特·吉芬的看法，从而使得"吉芬商品"这一名词流传下来。

（资料来源：郭万超等. 2005. 轻松学经济. 北京：对外经济贸易大学出版社）

（四）需求量的变动与需求的变动

猪筒骨的畅销

曾在一段时期内，补钙之风刮遍了全国，各种各样关于补钙品的广告令人目不暇接。与此同时，受电视广播和报纸杂志上补钙广告的影响，人们日常的饮食结构也出现了一种新的趋势，这就是人们开始通过吃动物的骨头来补钙。于是，曾经备受冷落的肉骨头竟然成为卖肉摊上最为畅销的东西。因为，在厂家们关于补钙对人体重要性的大肆宣传之后，人们越发地意识到吃什么补什么的原理。吃肉骨头不仅要比吃补钙药品便宜，而且能避免药品所带来的对身体有害的副作用。

由于人们观念的改变，也因为肉骨头含钙量的丰富，人们在买菜时开始把目光停留在猪骨头上，原来需要降价促销的猪筒骨，现在成了肉摊上的抢手货，需求一路上升。

（资料来源：唐渊. 2009. 人人都该知道的经济学. 北京：中国致公出版社）

原来肉摊上需要降价才能增加猪筒骨的需求量，而补钙之风刮过之后，价格并没有下降，甚至上涨，猪筒骨的需求量却是大幅增加，这前后有什么不同呢？经济学把上述两者引起商品需求数量的变动分别称为需求量的变动和需求的变动。

1. 需求量的变动

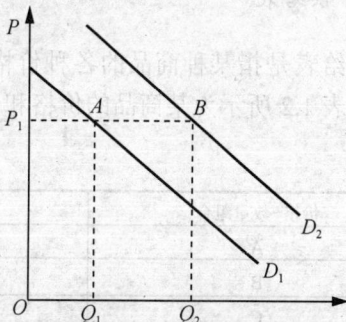

商品本身价格变动所引起的需求量变化，称为需求量的变动。如图 1.2 所示，当价格由 P_1 下降为 P_2 时，相对应的需求量由 Q_1 增加到 Q_2，表现在需求曲线 D 上由 A 点移动到 B，即表现为在一条既定的需求曲线上点的位置的移动。

2. 需求的变动

当商品本身价格不变时，由于其他因素变动引起的需求量的变化，称为需求的变动。如图 1.3 所示，商品本身的价格没变，始终是 P_1，由于其他因素使得需求曲线由 D_1 移动到 D_2，即表现为需求曲线的移动。

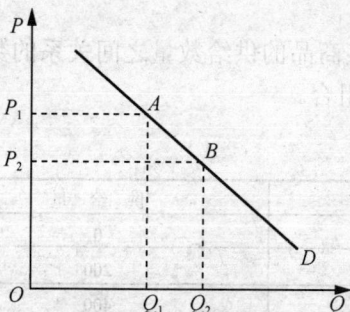

图 1.2 需求量的变动　　图 1.3 需求的变动

二、供给的基本原理

（一）供给及供给函数

1. 供给

供给（supply）是指生产者（厂商）在一定时期和一定价格水平上愿意并且能够提供的某种商品的数量。供给的定义说明了两个含义：第一，作为经济学中的供给是指现实供给，即既有供给意愿又有能力；第二，供给概念涉及两个变量，商品价格与该价格相对应的供给量。实际上反映了厂商供给量与商品价格这两个变量之间的关系。

与需求一样，供给也分为个别供给与市场供给。个别供给（单个厂商的供给）是指在某一特定时期内，单个生产者在各种可能的价格上愿意并且能够生产的某种商品的数量。市场供给是指某一特定时期内，在各种可能的价格上，生产某种商品的所有生产者愿意并且能够生产的某种商品的数量，市场供给是单个厂商供给的水平加总。

影响供给的因素也有很多，如商品本身的价格；生产要素价格的变化；相关商品的价格；厂商对未来的预期；政府的政策；其他还有气候、政府政策、政治事件、时间因素等。

2. 供给函数

一种商品的供给量是所有影响这种商品供给量的因素的函数，即用函数关系表示的某种商品供给与其影响因素之间的关系。如果其他因素均不发生变化，仅考虑一种商品的价格变化对其供给量的影响，即把一种商品的供给量只看作是这种商品价格的函数，则供给函数就可以表示为

$$Q_s = f(P) \tag{1.4}$$
$$Q_s = -c + dP \tag{1.5}$$

式中，c、d 为常数，且 c、$d>0$。

（二）供给表与供给曲线

1. 供给表

供给表是指某种商品的各种价格和相对应的该商品的供给数量之间关系的数字序列表。表 1.2 所示为某商品的价格和供给量之间的组合。

表 1.2　供给表

价格-数量组合	价　格	供　给　量
A	2	0
B	3	200
C	4	400
D	5	600
E	6	800

2. 供给曲线

供给曲线是指根据供给表中商品的价格 供给量组合在平面坐标图上所绘制的一条曲线，即表示商品供给量与价格的关系的曲线，如图 1.4 所示。

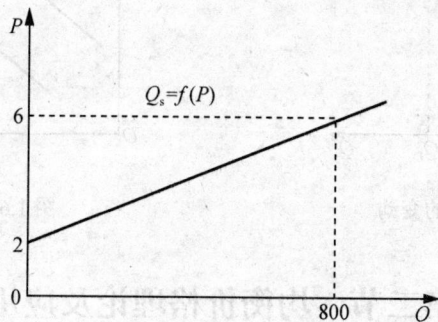

图 1.4　供给曲线

（三）供给规律

供给规律是指在其他条件不变的情况下，某商品的供给量与价格之间成同方向变动，即供给量随着商品本身价格的上升而增加，随商品本身价格的下降而减少。

供给规律是在假定影响供给的其他因素不变的前提下，研究商品本身价格与供给量之间的关系。离开这一前提，供给规律就无法成立。供给规律也有例外的情况，如有些商品的供给量是固定的，价格上升，供给也无法增加；有些商品虽然价格下降，但厂商仍然愿意提供更多的商品。

（四）供给量的变动与供给的变动

1. 供给量的变动

供给量的变动是指在其他条件不变的情况下，商品本身价格变动所引起的供给量的变动。供给量的变动表现为同一条供给曲线上的点的移动。如图 1.5 所示，从 A 点移动到 B 点。

2. 供给的变动

供给的变动是指在商品本身价格不变的情况下，其他因素变动所引起的供给的变动。供给的变动表现为供给曲线的平行移动。如图 1.6 所示，供给曲线由 S_1 移动到 S_2。

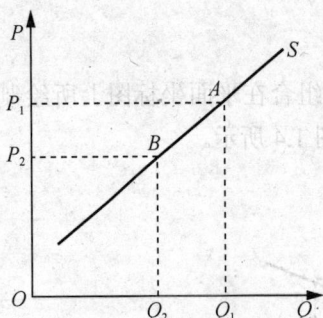

图 1.5 供给量的变动

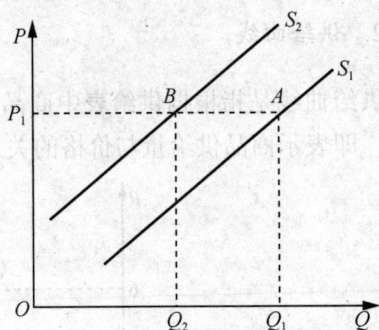

图 1.6 供给的变动

第二节 均衡价格理论及应用

价格扭曲的背后

美国前总统胡佛，在 1928 年提出的竞选口号十分诱人，要实现"顿顿有鸡，户户有车"。愿望如此美好，无人反对。问题是：由谁去负责养鸡呢？由谁去负责造车呢？很显然，如果说有人有权利低价或免费得到这些，那就是说有人必须有义务低价或免费提供。他们分别是谁？还有"究竟是否可行"的问题。政府提供了低价车票，便有了票贩子；政府提供了低价医疗，便有人收受红包，号贩子也应运而生；政府提供了义务教育，便出现了乱收费的现象。从道义上说，这些现象绝对不是好现象，但作为了解经济学的人，有自己的判断，这是违背供求规律的必然出现的现象。

（资料来源：唐渊. 2009. 人人都该知道的经济学. 中国致公出版社）

一、均衡价格及变动

（一）均衡价格

从上一节的分析中，可以得知价格是影响一种商品的需求量和供给量的主要因素，那么当市场上某种商品的需求量和供给量相等的时候意味着什么呢？这时达到了一种均衡状态，在经济学上把经济事物中的有关变量在一定条件的相互作用下所达到的一种相对静止的状态称为均衡。

均衡价格是指某种商品的市场需求量和该商品供给量相等时的价格。市场均衡时确定的商品的数量即为均衡产量或均衡交易量。如图 1.7 所示，以鸡蛋为例，鸡蛋的需求曲线用 D 表示，鸡蛋的供给曲线用 S 表示，则 E 点为均衡点，这时确定的 P_0 即为均衡价格，Q_0 为均衡产量或均衡交易量。

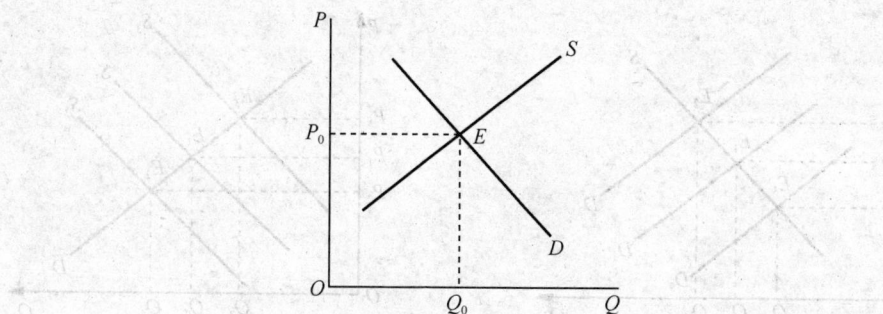

图 1.7　均衡价格

西方经济学认为,均衡价格是市场供求力量自发调节形成的,市场价格围绕均衡价格上下波动。

（二）均衡价格的变动

一种商品的均衡价格以及均衡数量是由需求与供给共同决定的,所以,需求或供给任何一方的变动都会引起均衡价格的变动。

1. 需求变动的影响

这里仍以鸡蛋的供求为例,如图 1.8 所示,假设在供给不变的情况下,S 是既定不变的供给曲线,D_1 是原有的需求曲线,那么 E_1 点为均衡点,这时鸡蛋的供求达到均衡,均衡价格为 P_1,均衡交易量为 Q_1。当非价格因素促使需求增加时,如人们认识到鸡蛋的营养更丰富,需求曲线向右上移至 D_2 处,此时的均衡点为 E_2,这时的均衡价格为 P_2,均衡交易量为 Q_2,比原来都上升了。反之,当非价格因素促使需求减少时,需求曲线向左下移至 D_3 处,均衡价格和均衡交易量都下降了,如图中 P_3 和 Q_3 所示。

2. 供给变动的影响

在假定需求不变的情况下,如图 1.9 所示,D 是既定不变的需求曲线,S_1 是原有的供给曲线,那么 E_1 点为均衡点,这时鸡蛋的供求达到均衡,均衡价格为 P_1,均衡交易量为 Q_1。当非价格因素促使供给增加时,如养鸡的增多,鸡蛋供给量增加,这时供给曲线向右下方移至 S_2 处,这时均衡点为 E_2,均衡价格为 P_2,均衡交易量为 Q_2,价格下降,但均衡交易量上升。反之,当非价格因素促使供给减少时,供给曲线向左上移至 S_3 处,这时均衡价格上升了,但均衡交易量减少了,如图中 P_3 和 Q_3 所示。

综上所述,在其他条件不变的情况下,需求变动分别引起均衡价格和均衡数量的同方向变动;供给变动分别引起均衡价格的反方向变动和均衡数量的同方向变动。这就是均衡价格理论,也称为供求规律。

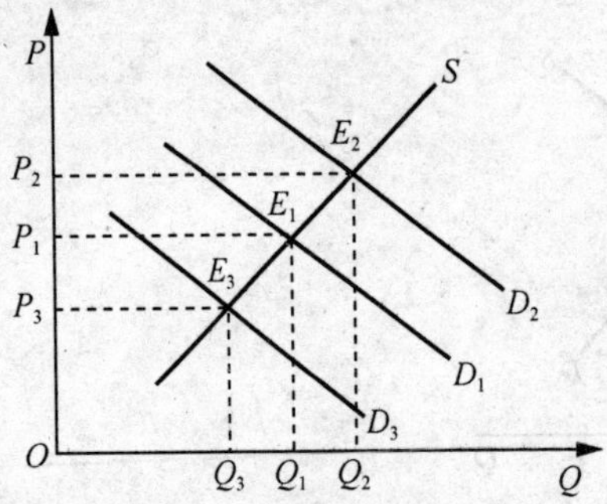

图 1.8　需求变动的曲线

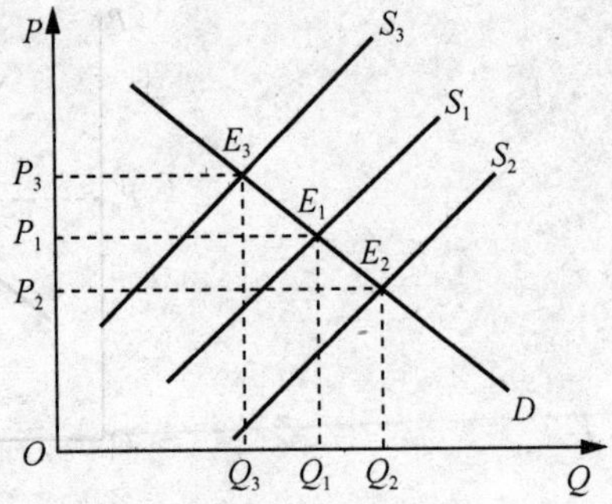

图 1.9　供给变动的曲线

如果需求和供给同时变动，商品的均衡价格和均衡数量的变化是难以确定的，这取决于需求和供给变动幅度的大小。

二、均衡价格理论

（一）支持价格

支持价格是指政府为了支持某一行业的发展，对该行业产品规定的高于市场均衡价格的最低价格。如果政府认为由市场供求力量自发决定的某种产品的价格太低，不利于该行业的发展，政府就可以对该产品实行支持价格，支持价格总是高于市场均衡价格。

农产品生产周期比较长，而且其需求的价格弹性比较小。过低的农产品价格会降低农户的收益，挫伤农民的积极性，谷贱伤农。因此，许多国家的政府对农产品实行支持价格。实行支持价格，不可避免地会出现过剩产品，政府需要通过收购过剩商品，出口、援助、储备、开发新用途；或对该产品生产实行产量限制。如图 1.10 所示，市场上形成的均衡价格为 P_1，政府规定一个高于 P_1 的支持价格 P_2，这时供给量增加到 Q_2，需求量减少到 Q_3，有 Q_3Q_2 的过剩产品卖不出去。

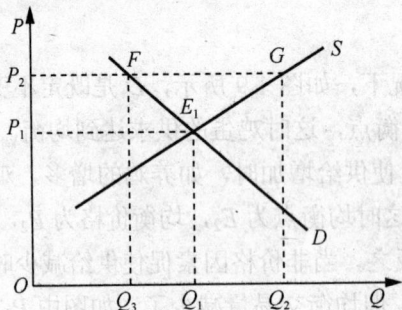

图 1.10　支持价格

（二）限制价格

限制价格是政府为了限制某些物品的价格而对其规定的低于市场均衡价格的最高

价格。在限制价格情况下，就会出现需求量明显大于供给量，市场上出现供不应求的状态。如图 1.11 所示，市场上形成的均衡价格为 P_1，政府规定一个低于 P_1 的限制价格 P_2，这时需求量增加到 Q_2，供给量减少到 Q_3，有 Q_3Q_2 的产品短缺。

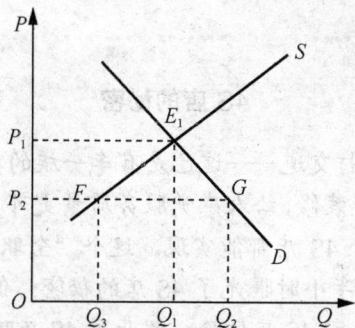

图 1.11 限制价格

限制价格一般是在战争或自然灾害等特殊时期使用。但也有些国家对某些生活必需品长期实行限制价格政策。

（三）政府税收对均衡价格的影响

政府往往根据经济结构调整、产业转移等需要，采取一些税收政策来影响某个行业的发展。假定政府对厂商征收 T 单位从量税，如图 1.12 所示，将使厂商的生产成本和供应成本相应提高，因此供给曲线向左移动，S_1 移动到 S_2，移动距离 T，均衡点 E_1 移至 E_2，销售价格从 P_1 上升到 P_2，销售量 Q_1 减到 Q_2。这就是政府对厂商征收销售税的效应。

假定政府对消费者征收 T 单位消费税，如图 1.13 所示，将使消费者的收入相应减少，因此需求曲线向左移动。由 D_1 移动到 D_2，移动距离为 T，均衡点 E_1 移至 E_2，销售价格为 P_2，销售量为 Q_2。这就是政府对消费者征收消费税的效应。

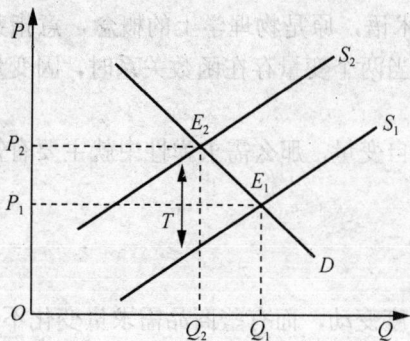

图 1.12 政府对厂商征收销售税的效应

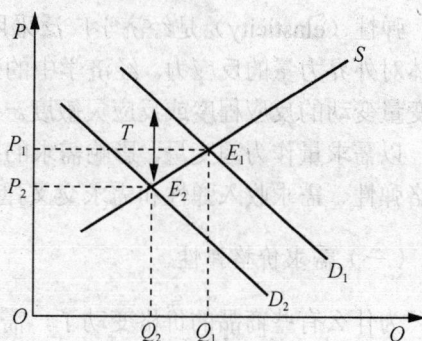

图 1.13 政府对消费者征收消费税的效应

最后看看交易税的税额是由谁负担的。通过分析，得出这么两点：第一，税收抑制了市场活动；第二，买者与卖者分摊税收负担。至于税收负担最终在消费者和生产者之间的分配比例取决于需求弹性和供给弹性的相对大小，在下节学习了弹性就明白了。

第三节 弹 性 理 论

4S 店的秘密

买车就意味着和 4S 店打交道——这已是有车一族的共识。4S 店有汽车厂家统一的标志和动辄上千万的豪华装修,给人感觉服务质量更可靠,更像汽车的"全职保姆",保养、维修、上保险,到了 4S 店都能实现。这个"全职保姆"是否真能让人放心? 2009 年 12 月 7 日央视经济半小时曝光了 4S 店的秘密:低价配件天价卖。

央视记者先后到北京几家 4S 店体验,解开了 4S 店暗藏的一些黑幕。在 4S 店需要 3 483 元钱才能换成的变光开关,同样配件,在汽配城仅需 760 元就可以解决。记者走访了近 10 家 4S 店,询价中发现,20 万左右中等价位的家庭用车,除换灯泡外,随便换一个配件,就要三四百元,最高达八九千元,其中工时费的价格,基本是配件价格的 15%～50%,有的项目工时费甚至超过了配件的费用。4S 店一位工作人员称:"把一辆车拆了卖零件,能卖出两辆车的价钱。"

一些 4S 店为何不惜一切拼命卖配件,北京汽车配件业商会常务理事王永占道出了其中的缘由:"车天天在降价,整车不赚钱,靠什么挣钱,就靠配件的利润、售后赚钱来获取巨额利润。"也即汽车的零配件相对汽车而言,是缺乏弹性的,因此很多汽车厂家降价销售汽车,以扩大需求,占领市场,而通过高价销售零配件,赚取利润。

(资料来源:http://www.cctv.com.cn)

一、需求弹性

弹性(elasticity)是经济学广泛采用的一个术语,原是物理学上的概念,意指某一物体对外界力量的反应力。经济学中的弹性是指当两个变量存在函数关系时,因变量对自变量变动的反应程度或反应灵敏度。

以需求量作为因变量,影响需求的因素作为自变量,那么需求弹性中就主要有需求价格弹性、需求收入弹性和需求交叉弹性。

(一)需求价格弹性

为什么有些商品的价格变动了,需求量大幅度变动,而有些商品需求量变化不大,主要是因为它们的需求价格弹性不同。需求价格弹性是指一种商品需求量对其价格变动的反应程度,简称为需求弹性,其大小用弹性系数来表示,等于需求量变动百分比除以价格变动百分比。即

$$E_d = -\frac{需求量变动百分比}{价格变动百分比} = -\frac{\Delta Q/Q}{\Delta P/P} = -\frac{\Delta Q}{\Delta P} \cdot \frac{P}{Q} \tag{1.6}$$

因为需求量与价格反向变动，需求价格弹性为负值。为了计算方便，前面加负号，这样计算出的需求价格弹性就为正值。需求价格弹性计算方法有两种：需求曲线上两点之间的一段弧的弹性，称为弧弹性；需求曲线上某一点的弹性，称点弹性。

1. 弧弹性

需求曲线上 A、B 两点之间的弧弹性的计算结果与从 A 到 B 还是从 B 到 A 有关系，所以一般用弧中点公式。即

$$E_d = -\frac{\Delta Q}{(Q_1+Q_2)/2} \div \frac{\Delta P}{(P_1+P_2)/2} = -\frac{\Delta Q}{Q_1+Q_2} \times \frac{P_1+P_2}{\Delta P}$$

$$= -\frac{\Delta Q}{\Delta P} \times \frac{P_1+P_2}{Q_1+Q_2} \tag{1.7}$$

根据弹性系数的大小，需求弧弹性可以划分为以下 5 种类型。

1）当 $E_d>1$ 时为需求富有弹性，即需求量对价格反应很灵敏，需求量变动的比率大于价格变动的比率，如奢侈品。如图 1.14（a）所示，富有弹性的需求曲线比较平坦。

2）当 $E_d<1$ 时为需求缺乏弹性，即需求量对价格反应不灵敏，需求量变动的比率小于价格变动的比率，如生活必需品、农产品等。如图 1.14（b）所示，缺乏弹性的需求曲线比较陡峭。

3）当 $E_d=1$ 时为需求单位弹性，即需求量变动的比率等于价格变动的比率。如图 1.14（c）所示，这种弹性的需求曲线与横纵两轴的距离是一样的。

4）当 $E_d=\infty$ 时为需求完全弹性，既定价格水平上需求量无限，如政府收购黄金、农产品等。如图 1.14（d）所示，这种弹性的需求曲线是水平的。

5）当 $E_d=0$ 时为需求完全无弹性，无论价格怎么变动，需求量不变，如火葬、特效药等。如图 1.14（e）所示，这种弹性的需求曲线是垂直的。

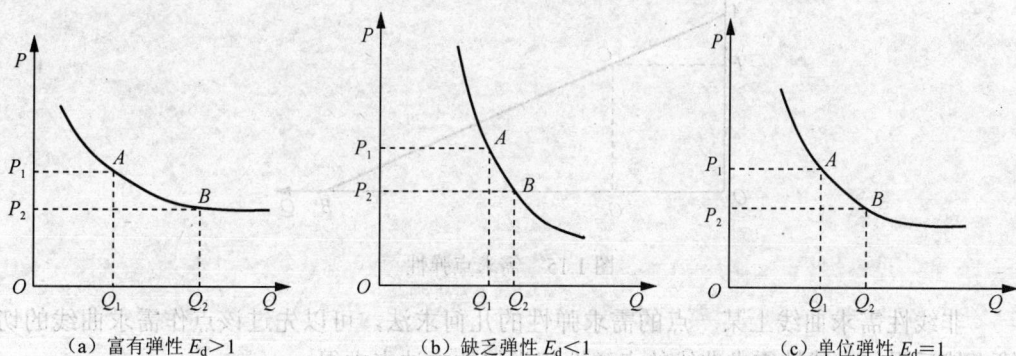

（a）富有弹性 $E_d>1$　　（b）缺乏弹性 $E_d<1$　　（c）单位弹性 $E_d=1$

图 1.14　需求弧弹性

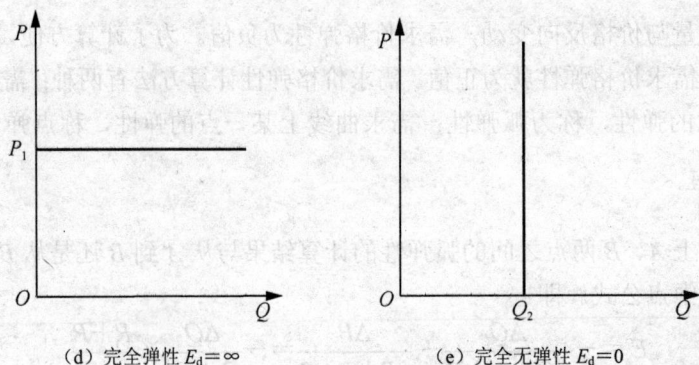

（d）完全弹性 $E_d = \infty$ 　　　　（e）完全无弹性 $E_d = 0$

图 1.14　需求弧弹性（续）

2. 需求点弹性

需求点弹性是指在某一个价格水平上，当价格波动很微小时，所引起的需求量变化的敏感程度。其计算公式为

$$E_d = \lim_{\Delta P \to 0} -\frac{\Delta Q}{\Delta P} \cdot \frac{P}{Q} = -\frac{dQ}{dP} \cdot \frac{P}{Q} \tag{1.8}$$

需求曲线上任一点的点弹性也可以用向价格轴和数量轴引垂线的几何方法求得。如图 1.15，令 C 点为线性需求曲线上的任意一点，根据点弹性的定义，C 点需求的价格弹性为

$$E_d = -\frac{dQ}{dP} \cdot \frac{P}{Q} = \frac{GB}{CG} \cdot \frac{CG}{OG} = \frac{CB}{AC} = \frac{FO}{AF} \tag{1.9}$$

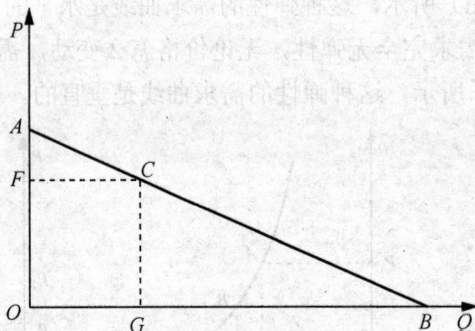

图 1.15　需求点弹性

非线性需求曲线上某一点的需求弹性的几何求法，可以先过该点作需求曲线的切线，然后用与求线性需求曲线的点弹性相类似的方法来求得。

显然，线性需求曲线上点弹性有一个明显特征：在线性需求曲线上点的位置越高，相应的点弹性的系数值就越大；相反位置越低，相应的点弹性系数值会越小。如图 1.16 所示。

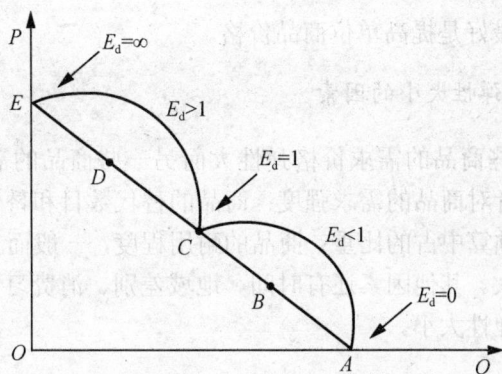

图 1.16 线性需求曲线上点弹性的特征

3. 需求的价格弹性与销售总收益的关系

阅读资料

降价也会遭遇尴尬

某粮店开张，但顾客并没有老板预想的多。当老板听到满街的商店降价促销的吆喝声不绝于耳，打折出售的招牌随处可见，而看到这些红红火火的顾客盈门的场面，老板心想"薄利多销"是很有道理的。于是，老板将贴在外面的价目表改了一下，在原来的"1.8 元 1 斤"上用红笔划去了"1.8"换成了"1.7"，即"1.7 元 1 斤"。价格便宜了 1 角，但是并没有多吸引多少顾客。老板想，可能是因为降价的幅度不大，于是将"1.7"改为了"1.5"，变成了"1.5 元 1 斤"，这是非常便宜的价格了。但老板发现，吸引的顾客还是不多。等到晚上算账的时候，销售收入几乎没有增加。这使粮店老板十分纳闷：为什么销售收入没有增加？

(资料来源：何耀文. 2009. 生活中的钱规则. 南京：凤凰出版社)

在这里提出了一个面对市场需求销售商品时，如何增加销售收入的问题，是采用降价薄利多销，还是提高单位商品价格才能增加销售收入呢？在初步了解了需求价格弹性后，就可以回答这个问题了。销售收入也就是总收益 TR 等于单位商品价格 P 和需求量 Q 的乘积，表 1.3 列出了不同弹性条件下的价格变动带来的总收益变动的情况。

表 1.3 不同弹性条件下的总收益变动情况

需求价格弹性	价格（P）变动	需求量（Q）变动	总收益（TR）变动
$E_d>1$	上 升	下降更多	减少
	下 降	上升更多	增加
$E_d<1$	上 升	下降较少	增加
	下 降	上升较少	减少

从表 1.3 中可以看出，需求富有弹性的商品，价格下降时，总收益增加，这种商品可以采用薄利多销的方式增加销售收入。而需求缺乏弹性的商品，价格下降，总收益减

少，要增加销售收入最好是提高单位商品价格。

4. 影响需求价格弹性大小的因素

哪些因素使得一些商品的需求价格弹性大而另一些商品的需求价格弹性小呢？这些因素主要有：消费者对商品的需求强度；商品的替代数目和替代程度；商品用途的广泛性；商品在消费者预算中占的比重；商品的耐用程度，一般而言，使用寿命长的耐用消费品需求价格弹性大。其他因素还有时间、地域差别、消费习惯、商品质量、售后服务等也影响需求价格弹性大小。

（二）需求收入弹性

需求收入弹性（income elasticity of demand）是指一种商品的需求量对消费者收入变动的反应程度。其弹性系数等于需求量变动百分比与收入变动百分比之比。如果用 E_I 表示需求的收入弹性系数，I 和 ΔI 分别表示收入和收入的变动量，Q 和 ΔQ 分别表示需求量与需求量的变动量，则需求的收入弹性公式为

$$E_I = \frac{\Delta Q/Q}{\Delta I/I} = \frac{\Delta Q}{\Delta I} \cdot \frac{I}{Q} \tag{1.10}$$

一般情况下，收入提高，对商品的需求量会增加。但是，收入提高时，并不是所有商品的需求量都增加，收入下降时，也并非所有商品的需求量都减少，根据 E_I 的大小可以将各种产品分成两大类：正常品和劣等品。

1. 正常品（$E_I > 0$）

当某种产品的需求量随消费者收入的提高而增加，即需求量与收入成正向变动时，称为正常品（normal goods），正常品的 $E_I > 0$。其具体又可以分为必需品和奢侈品：如果 $0 < E_I < 1$，说明收入发生相对变动时，需求量变动较小，这种产品称为必需品（necessities）；如果 $E_I > 1$，说明收入发生相对变动时，需求量变动大，这种产品称为奢侈品（luxury goods）。

2. 劣等品（$E_I < 0$）

有些产品，当消费者收入增加时，需求量反而减少。需求量随收入增加而减少的产品，称为劣等品（inferior goods），劣等品的 $E_I < 0$。例如，我国收入水平低的年代，北方人在入冬时家家都要大量储存大白菜，以应付冬天所需的蔬菜。现在生活水平提高了，人们不再储存大白菜，大白菜已由正常品变成了劣等品。

（三）需求交叉弹性

需求交叉弹性（cross elasticity of demand）是指一种商品的需求量对另一种商品价格变动的反应程度。其弹性系数等于一种商品需求量变动的百分比与另一种商品价格变动的百分比之比。如果用 X、Y 代表两种商品，E_{XY} 代表 X 商品的需求量对 Y 商品价格

的反应程度，则需求的交叉弹性公式为

$$E_{xy} = \frac{X商品需求量的变动百分比}{Y商品价格变动的百分比} = \frac{\Delta Q_X / Q_X}{\Delta P_Y / P_Y} = \frac{\Delta Q_X}{\Delta P_Y} \cdot \frac{P_Y}{P_X} \tag{1.11}$$

需求交叉弹性分为以下 3 种情况。

1）如果两种商品是替代品，消费者在购买这两种替代品时，其中一种商品的价格上涨，另一种商品的需求量就会增加；反之，一种商品的价格下降，另一种商品的需求量就会减少。这时交叉弹性系数为正值，即 $E_{XY} > 0$。

2）如果两种商品是互补品，其中一种商品价格上升，另一种商品的需求量就会减少；反之，一种商品价格下降，另一种商品需求量就会增加。这时交叉弹性系数为负值，即 $E_{XY} < 0$。

3）如果两种商品没有替代和互补的关系，一种商品价格变动，另一种商品需求量变动为 0，这时交叉弹性系数为 0，即 $E_{XY} = 0$。

二、供给弹性

在供给弹性中，供给的价格弹性是最基本的，这里主要介绍供给价格弹性。

1. 供给价格弹性定义及公式

供给的价格弹性（price elasticity of supply）是指一种商品的供给量对其价格变动的反应程度。其弹性系数等于供给量变动百分比与价格变动百分比之比。用 E_S 表示供给弹性系数，Q 和 ΔQ 分别表示供给量和供给量的变动量，P 和 ΔP 分别表示价格和价格的变动量，则供给弹性系数为

$$E_S = \frac{供给量变动百分比}{价格变动百分比} = \frac{\Delta Q / Q}{\Delta P / P} = \frac{\Delta Q}{\Delta P} \cdot \frac{P}{Q} \tag{1.12}$$

与需求弹性一样，供给弹性也分为供给弧弹性与供给点弹性。供给弧弹性表示某商品供给曲线上两点之间的弹性。供给点弹性表示某商品供给曲线上某一点的弹性。供给弧弹性公式为

$$E_S = \frac{\Delta Q}{(Q_1 + Q_2)/2} \div \frac{\Delta P}{(P_1 + P_2)/2} = \frac{\Delta Q}{Q_1 + Q_2} \times \frac{P_1 + P_2}{\Delta P}$$
$$= \frac{\Delta Q}{\Delta P} \times \frac{P_1 + P_2}{Q_1 + Q_2} \tag{1.13}$$

供给点弹性公式为

$$E_S = \lim_{\Delta P \to 0} \frac{\Delta Q}{\Delta P} \cdot \frac{P}{Q} = \frac{\mathrm{d}Q}{\mathrm{d}P} \cdot \frac{P}{Q} \tag{1.14}$$

2. 供给价格弹性的分类

在通常情况下，商品的供给量与商品的价格是成同方向变动的，因此供给弹性系数为正值。供给价格弹性可以分为以下几种情况。

1）供给完全无弹性：$E_S=0$，价格再怎样变动，供给量都不会变动（如土地、文物）。

2）供给完全弹性：$E_S=\infty$，在既定价格上，供给量无限（商品严重过剩时）。

3）供给单位弹性：$E_S=1$，供给量与价格按同一比率变动。

4）供给富有弹性：$E_S>1$，供给量变动的比率大于价格变动的比率。

5）供给缺乏弹性：$E_S<1$，供给量变动的比率小于价格变动的比率。

影响供给价格弹性的因素很多，如生产的难易程度，一般情况下难度高，弹性小，难度小，弹性大；生产规模和规模变化的难易程度；成本的变化；时间长短；生产周期长短，等等。

第四节　蛛网模型

前面分析属于静态分析，现在采用动态分析，进一步分析市场均衡的变动和趋势。这里可以用蛛网模型（cobweb model）来分析。

阅读资料

跳不出的旋涡

2004年冬天，白菜大丰收，河北固安的白菜收购价低至1分钱1斤，很多白菜烂在地里无人管，甚至出现了拿白菜喂羊、喂鹅的现象。当时，北京最大的农贸市场新发地的大白菜批发价格为7分钱一斤，最低4分钱一斤，创下了六七年来的最低价。2004年后，很多农民退出了白菜种植，结果，2005年白菜价格一路高涨。2005年的白菜"大热"又让菜农们在2006年开始大量种植白菜，结果大白菜最低批发价跌至每斤0.03元。时隔两年，相同的状况再度出现，有人评价说，大白菜陷入恶性循环怪圈，哪里爬起来哪里摔下去。

（资料来源：唐渊. 2009. 人人都该知道的经济学. 北京：中国致公出版社）

像白菜这种农产品的市场表现，说明了市场经济并不是十全十美的，其调节经济的自发性和滞后性就是它的内在缺陷。经济学中的"蛛网理论"揭示了这一点。

蛛网理论是用弹性理论考察价格波动对下一周期生产的影响及由此产生的均衡变动情况，是一种动态分析。按照这种理论绘制出来的模型，形状近似蛛网，故该模型被称为"蛛网模型"。蛛网模型通常分为三种情况：收敛型蛛网、发散型蛛网和封闭型蛛网。

一、收敛型蛛网

在这种模型中，需求价格弹性大于供给价格弹性，即供给曲线比需求曲线陡峭，价格和产量以越来越小的幅度波动，直到达到均衡为止。这种蛛网波动称为收敛型蛛网，如图 1.17 所示。

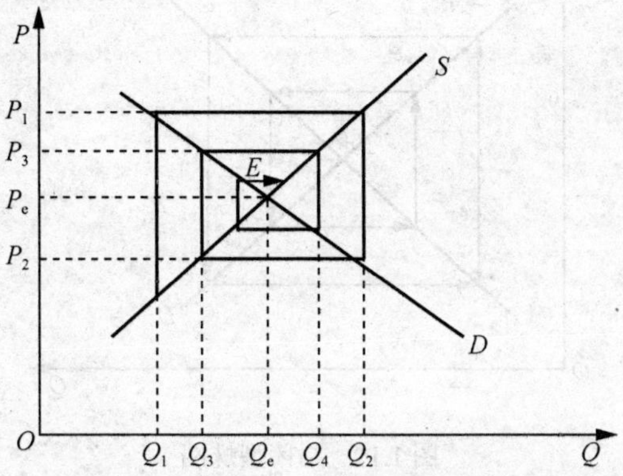

图 1.17 收敛型蛛网

二、发散型蛛网

在这种模型中，供给价格弹性大于需求价格弹性，供给曲线比需求曲线平缓，价格变动引起的供给量的变动大于需求量的变动，一旦出现市场失衡状态，竞争机制不仅不能使其恢复均衡，而且会使价格和产销量变动离均衡点越来越远。这种蛛网波动称为发散型蛛网，如图 1.18 所示。

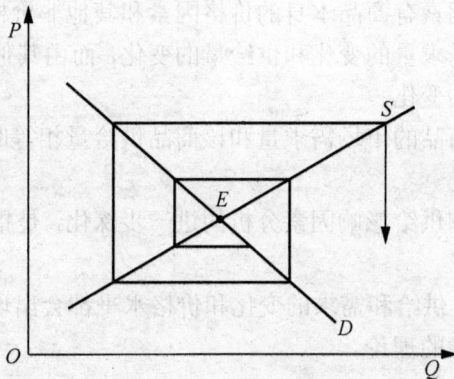

图 1.18 发散型蛛网

三、封闭型蛛网

在这种模型中，供给价格弹性等于需求价格弹性，价格波动与需求量波动始终保持相同的程度，既不趋向均衡点，也不远离均衡点。这种蛛网波动称为封闭型蛛网，如图 1.19 所示。

一般而言，农产品的供给对价格变动的反应大，但需求较为稳定，对价格变动反应小，所以存在最广泛的是发散型蛛网。

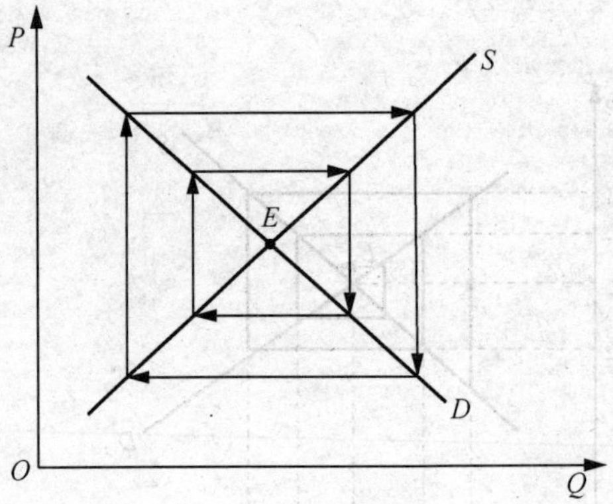

图 1.19　封闭型蛛网

小　结

　　需求是指在一定时期内，在各种可能的价格水平上，愿意并且能够购买的商品的数量。需求可以分为个人需求与市场需求。

　　供给是指生产者（厂商）在一定时期和一定价格水平上愿意并且能够提供的某种商品的数量。供给也分为个别供给与市场供给。

　　影响供给和需求的因素有商品本身的价格因素和其他非价格因素。商品本身价格因素引起的供求变化称为需求量的变化和供给量的变化，而由其他因素引起的供求的变化称为需求的变化和供给的变化。

　　均衡价格是指某种商品的市场需求量和该商品供给量相等时的价格。市场均衡会因供求变化而发生变动。

　　弹性理论是对需求和供给影响因素分析的进一步深化，是指因变量对自变量的反应程度。

　　考虑到时间因素后，供给和需求的变化和价格水平都会出现一些新的特征，蛛网模型的分析就是较具代表性的理论。

复　习　题

一、选择题

　　1. 假定某耐用消费品的需求函数 $Q_d=400-5P$ 时的均衡价格为 50，当需求函数变为 $Q_d=600-5P$ 时（供给不变），均衡价格将（　　　）。

　　　　A. 低于 50　　　　B. 高于 50　　　　C. 等于 50　　　　D. 以上都不对

　　2. 当乘坐出租车的价格下调后，对公共汽车服务的（　　　）。

　　　　A. 需求量减少　　　　　　　　B. 需求量增加

C. 需求曲线左移　　　　　　　　D. 需求无法确定

3. 下列商品中,需求价格弹性最大的是（　　）。

　　A. 服装　　　　B. 化妆品　　　C. 金银首饰　　　D. 食盐

4. 某一时期,电冰箱的供给曲线向右移动的原因可能为（　　）。

　　A. 电冰箱的价格下降　　　　　　B. 生产者对电冰箱的预期价格上升

　　C. 生产冰箱的要素成本上升　　　D. 消费者的收入上升

5. 下列几组商品的交叉价格弹性为正向（大于 0）的是（　　）。

　　A. 汽油和汽车　　　　　　　　　B. 面粉和大米

　　C. 苹果和自行车　　　　　　　　D. 猪肉和大米

6. 食盐市场的需求是缺乏弹性的, 由于某种非价格因素的影响使食盐产量下降20%, 在这种情况下（　　）。

　　A. 食盐生产者的收入减少, 因为食盐产量下降 20%

　　B. 食盐生产者的收入增加, 因为食盐价格上升低于 20%

　　C. 食盐生产者的收入增加, 因为食盐价格上升超过 20%

　　D. 食盐生产者的收入不变, 因为食盐价格上升等于 20%

7. 在得出棉花种植户的供给曲线时, 下列除（　　）因素以外, 其余均保持为常数。

　　A. 土壤的肥沃程度　　　　　　　B. 棉花种植面积

　　C. 技术水平　　　　　　　　　　D. 棉花的价格

8. 当某消费者的收入上升 20%, 其对某商品的需求量上升 5%, 则商品的需求收入弹性（　　）。

　　A. 大于 1　　　　B. 小于 1　　　C. 等于 1　　　D. 等于 0

9. 在两种替代品之间, 其中一种商品价格上升, 会使另一种商品的价格（供给不变）（　　）。

　　A. 上升　　　　　B. 下降　　　　C. 不变　　　　D. 不确定

10. 如果两种商品是互补关系, 则一种商品的需求量与另一种商品的价格之间是（　　）。

　　A. 反方向变动关系　　　　　　　B. 同方向变动关系

　　C. 没有关系　　　　　　　　　　D. 难以确定

二、计算题

1. 已知某一时期内某商品的需求函数为 $Q_d=50-5P$, $Q_s=-10+5P$。

1）求均衡价格 P_e 和均衡产量 Q_e。

2）假定供给函数不变, 需求函数变为 $Q_d=60-5P$, 求均衡价格 P_e 和均衡产量 Q_e。

3）假定需求函数不变, 供给函数变为 $Q_s=-5+5P$, 求均衡价格 P_e 和均衡产量 Q_e。

4）利用上述结论, 说明需求变动和供给变动对均衡价格和均衡产量的影响。

2. 假定下表是需求函数 $Q_d = 500 - 100P$ 在一定价格范围内的需求表。

价格/元	1	2	3	4	5
需求量	400	300	200	100	0

（1）求出价格 2 元和 4 元之间的需求的价格弧弹性。

（2）根据给出的需求函数，求 $P=2$ 时的需求的价格点弹性。

3. 某商品的价格由 24 元上升到 30 元后，需求量相应减少 10%，问：该商品的需求弹性是多少？该商品价格变化对总收益有何影响？

三、简答题

1）需求和供给的变动对均衡价格、均衡数量产生怎样的影响？

2）影响需求价格弹性的因素有哪些？

3）何为需求价格弹性？需求价格弹性的大小与销售收入变动有何关系？

案 例 分 析

案例背景

2006 年 10 月，陕西省的芹菜大丰收，但价格出现了历史最低，每公斤只卖 0.12 元。西安市阎良区五屯镇，种植芹菜的农民都是愁眉不展地守在田间地头，面对满地的芹菜犯愁。一位农民由于地里的芹菜卖不出去，还要赶着种植冬小麦，无奈地用拖拉机将 4 亩地的芹菜全部搅碎，埋到地下。同期，河北大白菜最低批发价跌至每斤 0.03 元。2009 年 10 月，辽宁的白菜同样大丰收，也遭遇了低价却仍然卖不出去的境况，同期还有北京密云的苹果、广西的香蕉严重滞销。

案例解析

上述案例中的现象在现实生活中比比皆是，对于菜农、果农来说当然希望所种植蔬菜、水果大丰收，但丰收的结果往往是增产不增收，菜农、果农苦不堪言。

讨论：

1）为什么丰收了，菜农、果农收入反而可能下降？

2）你认为有哪些对策？

第二章　消费者行为

本章将在上一章基础上探讨隐藏在需求曲线背后的消费者行为的动机,通过对消费者行为的分析研究消费者如何实现效用最大化,进而从对消费者行为的分析中推导出需求曲线。并进一步分析价格和收入变化对消费者均衡的影响。

学习任务

通过本章内容的学习,要达到以下几个目的:

- 理解效用、消费者均衡的含义,了解基数效用论与序数效用论的差别;
- 掌握基础效用论推导需求曲线的方法;
- 理解无差异曲线的含义、特征,掌握序数效用论推导需求曲线的方法;
- 理解价格变动和收入变动对消费者均衡的影响,并了解价格变动引起的两种效应;
- 了解不确定性条件下消费者行为的态度及其决策。

导入案例

金子换馒头

村子里有一个穷人和一个富人。有一天突然发洪水了,穷人背着家里最贵重的东西——一袋馒头爬上了一棵树,富人背着家里最贵重的东西——一袋金子也爬上了这棵树。洪水没有消退的迹象。第一天,穷人吃了一个馒头,富人什么也没吃,眼睁睁地看着穷人吃。第二天,穷人又吃了一个馒头,富人的肚子已经直打鼓。到了第三天,富人实在是忍不住了,于是富人对穷人说:"我用一锭金子换你一个馒头。"在这种"不等价交换"下,富人和穷人最终撑过了这段艰难时期。这段时期,馒头对人的效用无疑比金子大。

（资料来源:何耀文. 2009. 生活中的钱规则. 南京:凤凰出版社）

第一节　效　用　概　述

一、效用

为了分析消费者在千千万万种不同的消费可能性之间进行选择的方式,经济学家提出了"效用"这一概念。效用是消费者从消费某种商品时感受到的满足程度。一种商品对消费者是否有效用或效用大小，不仅取决于商品或服务是否具有满足消费者欲望的能力，还取决于消费者是否有消费该商品或服务的欲望，以及消费者对其满足程度的自我感受。效用是消费者对商品满足自己欲望的能力的一种主观心理评价。

二、基数效用与序数效用

效用是消费者在消费商品时得到的满足程度，那么，如果消费者消费了一定数量的商品，他到底得到了多大程度的满足呢?这就有一个"满足程度"，即效用大小的度量问题。围绕这一问题，经济学家提出了两种不同的效用概念，一种是基数效用（cardinal utility）；另一种是序数效用（ordinal utility）。与基数效用和序数效用的区别相适应，形成了分析消费者行为的两种方法，一种是基数效用论采用的边际效用分析方法，另一种是序数效用论采用的无差异曲线分析方法。

基数与序数是两个数学概念。基数是指 1、2、3……普通整数，它可以加总求和，如 3 加 5 等于 8，2 加 3 等于 5 等。序数则是指第一、第二、第三……表示次序或等级的数。序数只表示两个事物的先后顺序。

早期的经济学家普遍使用基数效用的概念。他们认为，效用如同重量可以用法码度量、长度可以用尺子度量一样，是可以用单位来度量的，度量效用大小的单位叫"效用单位"。并且效用也可以像重量、长度一样，用基数 1、2、3……来计量，可以加总求和。例如，消费者可以从吃一顿饭中得到 10 个效用单位，从看一场电影中得道 50 个效用单位，等等。消费者从这两种消费中可以得到 60 个效用单位。

基数效用论假定效用可以用基数计量，并可加总求和。这种假定是以人们能够说出每件商品的效用为前提的。但效用是很主观的一个概念，有点类似于香、臭、美、丑那样的概念，不同的人对同一件商品的评价是不同的，同一个人在不同的条件下对同一件商品的评价也是不同的。消费者在选择商品时，谁也不知道商品的准确效用是多少，也不知道哪种满足程度才是 1 个效用单位。实际上，消费者购买商品根本不需要弄清商品的效用到底是多少，而只需知道哪件商品能使自己得到较大的满足就可以了。或者说，消费者只要能够排出自己的偏好次序就可以了。因此，基数效用论的假定过于严格，很难合乎现实。进入 20 世纪 30 年代，序数效用的概念为大多数经济学家所接受使用。

序数效用论者认为，效用的大小无法用单位具体度量，效用大小的比较只能通过顺序或等级表示，即消费者只能回答哪一种消费的效用是第一的，哪一种消费的效用是第二的。就上面的例子来说，消费者要回答的是吃饭和看电影的效用哪个是第一的，哪个是第二的。或者说，是宁愿吃一顿饭，还是看一场电影。在现代微观经济学的分析中，通常使用的是序数效用的概念。本章第二节介绍基数效用论者分析消费者行为的方法，第三节介绍序数效用论者分析消费者行为的方法。

最好吃的东西

兔子和猫争论,世界上什么东西最好吃。

兔子说:"世界上萝卜最好吃。萝卜又甜又脆又解渴,我一想起萝卜就要流口水。"

猫不同意,说:"世界上最好吃的东西是老鼠。老鼠的肉非常嫩,嚼起来又酥又松,味道美极了!"

兔子和猫争论不休、相持不下,跑去请猴子评理。

猴子听了,不由得大笑起来:"瞧你们这两个傻瓜蛋,连这点儿常识都不懂!世界上最好吃的东西是什么?是桃子!桃子不但美味可口,而且长得漂亮。我每天做梦都梦见吃桃子。"

兔子和猫听了,全都直摇头。那么,世界上到底什么东西最好吃?

第二节 基数效用论:边际效用分析

基数效用论者提出了效用可以用单位度量的假定,同时提出边际效用递减规律的假定。在此基础上分析消费者行为的动机,并进一步推导出消费者的需求曲线。

一、总效用和边际效用

基数效用论将效用分为总效用(TU)和边际效用(MU)。

总效用(total utility)是指消费者在一定时间内从一定数量的商品消费中所得到的效用量的总和。也即消费者消费的多种商品的效用量的数量加总。

边际效用(marginal utility)是指消费者增加一单位商品的消费中所得到的效用量的增量。

假设消费者对一种商品的消费数量为 Q,则总效用函数为

$$TU = f(Q) \tag{2.1}$$

相应的边际效用函数为

$$MU = \frac{\Delta TU(Q)}{\Delta Q} \tag{2.2}$$

当 $\Delta Q \to 0$ 时有

$$MU = \lim_{\Delta Q \to 0} \frac{\Delta TU(Q)}{\Delta Q} = \frac{dTU(Q)}{dQ} \tag{2.3}$$

下面可以利用表 2.1 进一步说明总效用和边际效用之间的关系,当商品的消费量由

0 逐渐增加至 6 时，消费者由此得到的总效用是先增加达到最大值 20 后再减少，而边际效用则是一直减少直至为 0 为负，并且当总效用达到最大时边际效用为 0。

表 2.1　某消费者消费某种商品的效用表

商品数量（Q）	总效用（TU）	边际效用（MU）	P
0	0	—	—
1	8	8	4
2	14	6	3
3	18	4	2
4	20	2	1
5	20	0	0
6	18	−2	—

这里可以进一步用图形把二者的关系表示出来，如图 2.1 所示。TU、MU 分别表示总效用曲线和边际效用曲线，TU 先递增达到最大后再下降，MU 一直下降，并且 TU 的最高点对应 MU 为 0 的点。

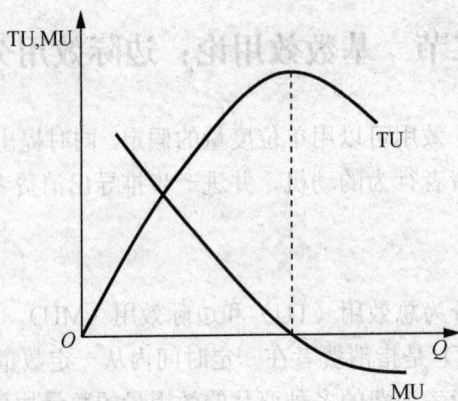

图 2.1　总效用（TU）与边际效应（MU）的关系

二、边际效用递减规律

在图 2.1 中，MU 曲线是向右下方倾斜的，它反映的是边际效用递减规律。

边际效用递减规律的内容：一定时间内，在其他商品的消费数量不变的条件下，随着消费者对某种商品消费量的增加，消费者从该种商品连续增加的每一消费单位中所得到的效用增量即边际效用是递减的。

对于消费者来说，起初消费某种商品的欲望较强烈，所以某种商品起初带给消费者的边际效用较大，但随着该种商品消费量增加，从同一种商品消费中得到的生理满足程度，或心理上对重复刺激的反应程度是递减的。对于一个饥饿的人，第一个馒头给他带来的效用是很大的，而随着这个人所吃的馒头数量的连续增加，虽然总效用是不断增加的，但是增加的每一个馒头给他所带来的效用增量即边际效用却是递减的。当他完全吃饱时，所有馒头的总效用达到最大值，而边际效用却降为零。此时，如果还要求他继续吃馒头，他就会感到不舒服，也就是说边际效用进一步降为负数，总效用也开始下降。

阅读资料

春晚怪现象

大约从 20 世纪 80 年代初期开始，我国老百姓在过春节的年夜饭中增添了一套诱人的内容，那就是春节联欢晚会。1982 年第一届春节联欢晚会的出台，在当时娱乐事业尚不发达的我国引起了极大的轰动。晚会的节目成为全国老百姓在街头巷尾和茶余饭后津津乐道的题材。

晚会年复一年地办下来了，投入的人力、物力越来越大，技术越来越先进，场面设计越来越宏大，节目种类也越来越丰富。但不知从哪一年起，人们对春节联欢晚会的评价却越来越差了。原先在街头巷尾和茶余饭后的赞美之词变成了一片骂声，春节联欢晚会成了一道众口难调的大菜，晚会也陷入了"年年办，年年骂；年年骂，年年办。"的怪圈。

（资料来源：李仁君. 2002-9-25. 吃苹果与看晚会. 海南日报）

三、消费者均衡

消费者行为理论的核心问题是消费者均衡问题。消费者均衡是指在消费者收入既定，他面临的各种可供选择的商品的价格也既定的情况下，把其有限收入分配在这些商品的购买中，获得了总效用最大的一种相对静止的状态。消费者行为的动机就是追求消费者均衡。

在基数效用论者那里，消费者实现效用最大化的均衡条件是：在消费者的收入既定和市场上各种商品的价格已知的条件下，消费者应该使自己所购买的各种商品的边际效用与价格之比相等。或者说，消费者应使自己花费在各种商品购买上的最后一元钱所带来的边际效用相等。用公式可以表示为

$$\frac{MU_X}{P_X} = \frac{MU_Y}{P_Y} = \ldots = \lambda \qquad (2.4)$$

为什么必须符合这一条件呢？如果花费在任何一种商品上的最后 1 元钱能够提供的边际效用更大，那么钱就会从其他商品的花费中转移到该商品上——直到边际效用递减规律使得花费在该商品上的最后 1 元钱的边际效用下降到与其他商品相等时为止。这样做可以增加消费者的总效用。反之，如果花费在某种商品上的最后 1 元钱所带来的边际效用低于其他商品一般的边际效用水平，那么消费者就会减少该商品购买量，相应地增加其他商品购买量，直到花费在该商品上的最后 1 元钱所达到的边际效用水平上升到一般的边际效用水平为止。消费者达到均衡时用于各种商品的最后 1 元钱获得的一般的边

际效用称为 1 元钱的货币的边际效用，经济学家假定它是一个固定不变的常数（通常用 λ 表示）。

其实，适用于稀缺货币配置的分析，同样也适合于用在时间问题的分析上。时间是最公平的，每个人的每一天都是只有 24 小时。假设下星期将面临 3 门功课的考核，为了最大化总分数，但只有有限的时间可利用，应该如何把时间分配在各门功课的复习上呢？每一门课花费相同的时间吗？当然不是。如果花费在经济学上最后 1 个小时产生的边际分数大于数学，那么把学习时间从数学转移到经济学上来，直到花费在每一门功课上的最后 1 个小时所产生的边际分数相等，那么总成绩就会最高。

效用最大化的原理可以运用于生活中许多不同领域，包括锻炼身体、升学等。这不仅仅是一条经济学规律，也是一条关于理性选择的规律。

四、需求曲线的推导

从上一章可以知道，绝大多数商品的需求曲线都是往右下方倾斜的：其他条件不变，一种商品的价格越高，需求数量越少，价格越低，需求数量越多。为什么呢？这是由消费者的边际效用递减及其追求消费者均衡的动机决定的。现在考虑消费者购买一种商品的情况，那么，上述消费者均衡的条件可以写为

$$\frac{MU}{P} = \lambda \qquad (2.5)$$

式（2.5）表示：为了实现消费者均衡，消费者必须使得花费在任何一种商品上的最后 1 元钱所带来的边际效用恰好等于 1 元钱的货币的边际效用。又由于存在边际效用 MU 递减的现象，为了保证式（2.5）均衡条件的实现，在 1 元钱的货币的边际效用 λ 不变的前提下，商品的需求价格 P 必然同比例于 MU 递减而递减。

以表 2.1 为例来说明。假定表中 $\lambda = 2$。为了实现 $\frac{MU}{P} = \lambda$ 的均衡条件，当商品数量为 1 时，边际效用为 8，则消费者为购买第 1 个单位的商品所愿意支付的最高价格为 4；当商品数量为 2 时，边际效用递减为 6，则消费者为购买第 2 单位的商品所愿意支付的最高价格同比例地下降为 3，以此类推，消费者为购买第 3、第 4 单位的商品所愿支付的最高价格分别为 2、1。显然，商品的需求价格同比例于 MU 递减而递减。将表 2.1 的第 2 栏至第 6 栏绘制成图 2.2，即是消费者对该种商品的需求曲线。

基数效用论者运用边际效用递减规律以及消费者追求效用最大化的均衡条件推导出消费者的需求曲线，解释了需求曲线向右下方倾斜的原因，同时说明了需求曲线上的每一个点都是能够使得消费者获得效用最大化的商品的价格－需求数量组合点。

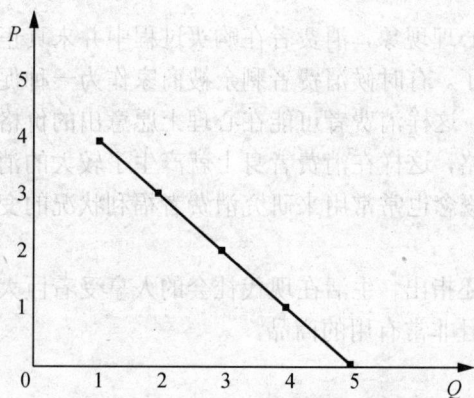

图 2.2　单个消费者的需求曲线

五、消费者剩余

消费者剩余（consumer surplus）是消费者为消费某种商品而愿意支付的最高价格与其购买该商品时实际支付的价格之间的差额。消费者剩余是边际效用递减的直接结果。随着消费者对某一商品消费量的增加，边际效用递减。对于最初边际效用大的商品，消费者愿意支付较大的价格，对于以后边际效用较小的商品，消费者只愿支付较小的价格。如表 2.1 所示，消费者愿为第 1 单位的商品支付的最高价格是 4，愿为第 2 单位的商品支付的最高价格是 3，愿为第 3 单位的商品支付的最高价格是 2，愿为第 4 单位的商品支付的最高价格是 1，当消费者购买 4 个单位该商品时，消费者愿意支付的最高价格是 4＋3＋2＋1＝10。而消费者实际所付价格是 4×1＝4，其差额 6 就是消费者剩余。消费者获得消费者剩余的多少依赖于所购商品的市场价格与所购商品的数量，商品的市场价格越低，购买的数量越多，所获得的消费者剩余越多。消费者剩余可以用几何图形中消费者需求曲线以下、市场价格以上的面积表示，如图 2.3 的阴影部分面积所示。

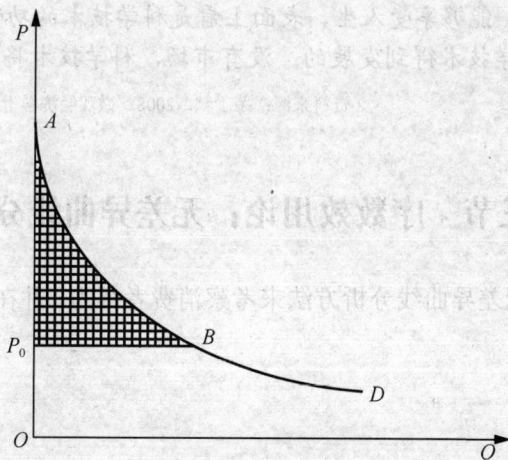

图 2.3　消费者剩余

消费者剩余是一种心理现象，消费者在购买过程中并未真正得到实在的利益，只不过他在心理上认为得到了。有时候消费者剩余被商家作为一种促销的手段，即首先故意将商品的价格定得很高，这样消费者可能在心理上愿意出的价格也相应较高，然后报出与原先报价低得多的价格，这样在消费者身上就产生了较大的消费者剩余，生意往往更容易成交。消费者剩余概念也常常用来研究消费者福利状况的变化，以及评价政府的公共支出与税收政策等。

消费者剩余的概念还指出，生活在现代社会的人享受着巨大的特权。每个人都能以低价购买大量品种繁多且非常有用的商品。

阅读资料

形成消费者剩余的主要原因是社会分工。拿生产火柴来说，从削木头、配火药、涂磷片……火柴厂里的每一道工序都由专门的人员和设备来完成，其效率比普通人高出数十倍，这样，人们才能以几毛钱的价格买到对自己来说效用极高的火柴。再如飞机的制造，一个人根本无法单独完成，它涉及无数的专业知识，需要多种技术人员合作才能生产。但作为消费者，只需要花几百块钱就可以享受到它的便利。其他如一辆汽车的制造有上万个零件、上百个行业的支持，一台电视机要用到几十种不同的金属，每种金属要由不同的工厂去生产等，都是同样的道理。

由于分工，生产力被亿万倍地放大了，再通过市场，就能购买到各种各样功能卓越的产品。由于这些产品的价格远远低于每个人自给自足时可能需要支付的成本，这样就得到了不计其数的消费者剩余。现代社会丰裕富足的物质生活即由此而来。人类社会有几千年文字记载的历史，但是真正富裕起来也就是两三百年的时间，尤其是最近半个多世纪。现代科学技术的成果，如飞机、汽车、火车、电力、计算机、彩电、远洋运输、空调、数码相机、石油纤维、塑料等都是近几十年来才普及的。现代人彻底摆脱了饥饿、疾病，能够享受人生，表面上看是科学技术的功劳，其实是市场力量的推动，是市场让科学技术得到发展的。没有市场，科学技术将没有用武之地。

（资料来源：茅于轼. 2008. 微观经济学十讲. 广州：暨南大学出版社）

第三节　序数效用论：无差异曲线分析

序数效用论者用无差异曲线分析方法来考察消费者行为，并在此基础上推导出消费者的需求曲线。

一、无差异曲线

1. 定义

为了简化分析，假定消费者只消费两种商品。这样，就可以直接在平面图上讨论无差异曲线。无差异曲线（indifference curve）是指给消费者带来相同效用水平的两种商品的各种不同数量组合的轨迹。或者说，在同一条无差异曲线上的任何一点所代表的商品组合不同，但给消费者带来的满足程度是相同的，无差异曲线也称为等效用线。

假设消费者消费两种商品 X 和 Y，无差异曲线如图 2.4 中 U_1、U_2、U_3 所示。图中横轴为商品 X 数量，纵轴为商品 Y 数量。

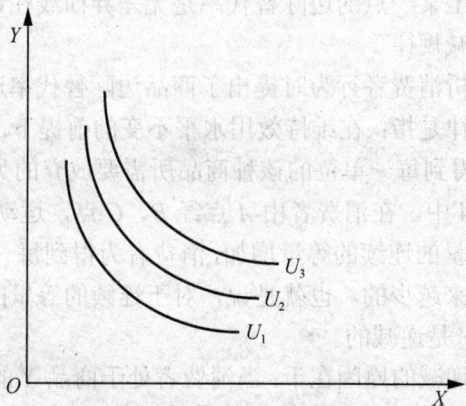

图 2.4 无差异曲线

2．特点

1）同一个坐标平面上有无数条无差异曲线，离原点越远的无差异曲线代表的效用水平越高，离原点越近的无差异曲线代表的效用水平越低。在图 2.4 中，U_3 代表的效用水平大于 U_2，U_2 代表的效用水平大于 U_1。当然同一条无差异曲线上各点的商品组合代表的效用水平相同。

2）同一坐标平面上任何两条无差异曲线不会相交。否则与不同位置的无差异曲线代表不同程度的效用水平的理论命题相矛盾。

3）无差异曲线是向右下方倾斜的，即其斜率是负值；并且无差异曲线是凸向原点的，即其斜率的绝对值是递减的。这是由商品的边际替代率递减规律决定的。

3．边际替代率递减规律

（1）边际替代率

消费者如果要维持效用水平不变，则在增加一种商品的消费量的同时，必然会减少另一种商品的消费量。由此，经济学家得到商品的边际替代率（marginal rate of substitution）的概念：商品 X 对商品 Y 的边际替代率是指，在维持效用水平不变的前提下，每增加 1 单位 X 商品的消费，必须减少的 Y 商品的消费数量，用 MRS_{XY} 表示。用公式表示边际替代率的定义为

$$\mathrm{MRS}_{XY} = -\frac{\Delta Y}{\Delta X} \qquad (2.6)$$

式中，ΔX 和 ΔY 分别表示商品 X 和商品 Y 的变化量。由于它们的变化方向是相反的，为了使商品的边际替代率取正值以便于比较，所以，通常在公式前加一个负号。

当商品数量的变化趋向于无穷小时，则商品的边际替代率公式为

$$MRS_{XY} = \lim_{\Delta X \to 0} -\frac{\Delta Y}{\Delta X} = -\frac{dY}{dX} \qquad (2.7)$$

显然，无差异曲线上某一点的边际替代率是无差异曲线在该点的斜率的绝对值。

（2）边际替代率递减规律

序数效用论者在分析消费者行为时提出了商品边际替代率递减规律。

边际替代率递减规律是指：在维持效用水平不变的前提下，随着一种商品消费数量的连续增加，消费者为得到每一单位的该种商品所需要放弃的另一种商品的消费数量是递减的。例如，在图 2.4 中，在消费者由 A 点经 B、C 点，运动到 D 点的过程中，随着消费者对商品 X 的消费量的连续的等量增加，消费者为得到每一单位的商品 X 所需放弃的商品 Y 的消费量是越来越少的。也就是说，对于连续的等量的商品 X 的变化量 ΔX 而言，商品 Y 的变化量 ΔY 是递减的。

商品的边际替代率递减的原因在于：当消费者处于商品 X 的数量较少和商品 Y 的数量较多的 A 点时，消费者会由于拥有较少数量的商品 X 而对每一单位的商品 X 较为偏好，同时，会由于拥有较多数量的商品 Y 而对每一单位的商品 Y 的偏爱程度较低。于是，每一单位的商品 X 所能替代的商品 Y 的数量是比较多的，即商品的边际替代率较大。但是，随着消费者由 A 点逐步运动到 D 点，消费者拥有的商品 X 的数量会越来越多，相应地，对每一单位商品 X 的偏爱程度会越来越低。与此同时，消费者拥有的商品 Y 的数量会越来越少，相应地，对每一单位商品 Y 的偏爱程度会越来越高。于是，每一单位的商品 X 所能替代的商品 Y 的数量便越来越少。也就是说，商品边际替代率是递减的。

从几何意义上讲，商品边际替代率递减表示无差异曲线斜率的绝对值是递减的。商品边际替代率递减规律决定了无差异曲线的形状是凸向原点的。

二、预算线

1. 预算线

消费者主观上总想购买更高的无差异曲线所代表的商品组合，但消费者在购买商品时总要受到一定收入水平的限制，即消费者总要根据自己的收入水平来确定如何把一定量的收入分配于具有特定价格的各种商品和劳务的购买量上。这就引出预算线的概念。消费者的预算线（budget line）又称为消费可能线，是指在消费者收入和商品价格既定的条件下，消费者的全部收入所能购买到的两种商品不同数量的各种组合。

假设消费者的收入 $I=8$ 元，只用于购买商品 X 和商品 Y，商品 X 和商品 Y 的价格分别为 1 元和 2 元。消费者如果将其收入全部用来购买 X，可购买 8 个单位；消费者如果将其收入全部用来购买 Y，可购买 4 个单位。当然还可以购买 4 个单位 X 和 2 个单位 Y。从数学意义看，消费者还可以购买其他一系列这两种商品的组合。根据上述数据，消费者的预算线如图 2.5 所示。

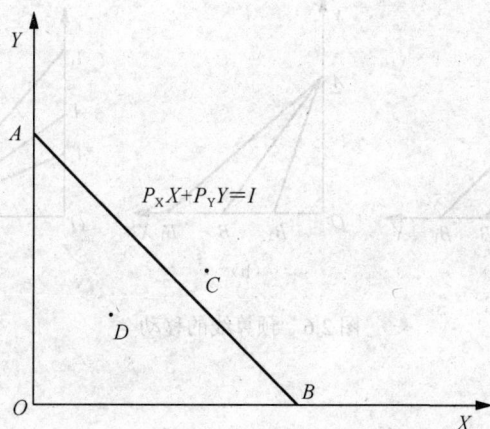

图 2.5　消费者的预算线

一般意义上，假定某消费者的既定收入为 I，全部用来购买商品 X 和商品 Y，商品 X 的价格为 P_X，商品 Y 的价格是 P_Y。这个消费者的预算线可以用下列方程式来表示：

$$P_X X + P_Y Y = I \tag{2.8}$$

如图 2.5 所示，预算线把平面坐标图划分为 3 个区域：预算线 AB 以外区域中的任何一点，如 C 点，是消费者的有限收入不可能实现的商品购买的组合点；预算线 AB 之内区域的任何一点，如 D 点，表示消费者的全部收入没有用完，尚有剩余；只有预算线 AB 上的任何一点，才是消费者在收入和价格既定条件下可能购买的这两种商品的最大组合。

预算线的斜率可表示为

$$-\frac{OA}{OB} = -\frac{I/P_Y}{I/P_X} = -\frac{P_X}{P_Y} \tag{2.9}$$

2. 预算线的变动

如果消费者的收入水平、两种商品的价格变动了，预算线就会跟着变动，具体有以下几种情况：

1）两种商品价格不变，收入变动：如图 2.6 中（a）所示，这时预算线平行移动，收入增加平行外移，反之，内移。

2）收入不变，两种商品价格同比例同方向变动：这时预算线平行移动，也可以用图 2.6 中（a）来说明，价格同比例上升，预算线平行内移，反之，平行外移。

3）收入不变，一种商品价格不变，另一种商品价格变动：如图 2.6 中（b）和（c）所示，这时预算线以不变价格的顶点为轴心旋转。

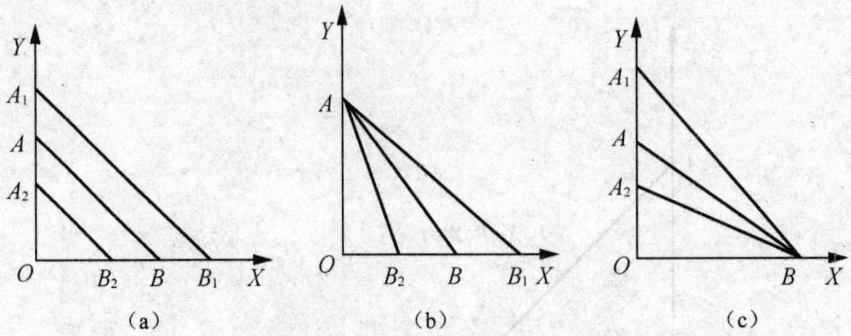

图 2.6 预算线的移动

三、消费者均衡

在已知消费者的偏好和预算线约束的前提下，就可以分析消费者对最优化商品组合的选择。具体做法是，将前面考察的消费者的无差异曲线和预算线结合在一起，来分析消费者追求效用最大化的购买选择行为。

如图 2.7 所示，在平面上有无数条无差异曲线，这里画出有代表性的三条 U_1、U_2、U_3。在消费者的收入及两种商品价格既定的条件下，确定了消费者唯一的一条预算线 AB。只有预算线 AB 与无差异曲线 U_2 的相切点 E 才是消费者在给定的预算约束下能够获得最大效用的均衡点。在均衡点 E，相应的最优购买组合为（$\bar{X}$，$\bar{Y}$）。

为什么只有 E 点才是效用最大化的均衡点呢？因为根据前面分析，实现效用最大化的点只能在预算线 AB 上。对于无差异曲线 U_3，虽然代表更高的效用水平，但与 AB 既无交点也无切点，说明消费者现有的收入水平无法实现 U_3 上任何一点的商品组合的购买。对于无差异曲线 U_1，虽然与 AB 有交点 F、G，说明消费者现有的收入水平可以购买 F、G 两点的商品组合。但理性的消费者只要沿着 AB 线段由 F 点往左或由 G 点往右的运动，效用总在增加，最后必定在 E 点达到均衡。所以，只有 E 点是实现消费者效用最大化的均衡点。

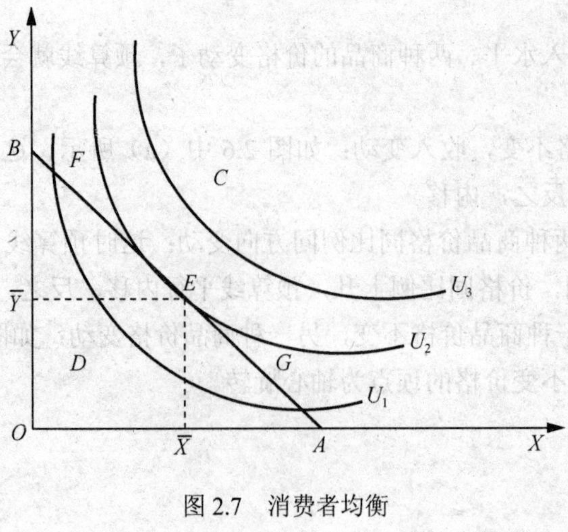

图 2.7 消费者均衡

在 E 点，无差异曲线的斜率等于预算线的斜率。由前面可以知道，无差异曲线斜率的绝对值是商品的边际替代率 MRS_{XY}，预算线斜率的绝对值是两种商品价格之比 $\dfrac{P_X}{P_Y}$，则在均衡点 E 有

$$\mathrm{MRS}_{XY} = \frac{P_X}{P_Y} \tag{2.10}$$

这就是序数效用论者运用无差异曲线分析方法研究消费者行为，推导出的消费者为达到消费者均衡必须满足的条件。虽然与上一节介绍的基数效用论者运用边际效用分析法的方法不同，但两者得出的消费者实现效用最大化的均衡条件实质上是相同的。以下推导说明这一点。

由于在保持效用水平不变的前提下，消费者增加商品 X 的消费量所带来的效用增加量和相应减少的商品 Y 的消费量所带来的效用减少量必定是相等的，即有

$$|\mathrm{MU}_X \cdot \Delta X| = |\mathrm{MU}_Y \cdot \Delta Y|$$
$$\Rightarrow \mathrm{MU}_X \cdot \Delta X = -\mathrm{MU}_Y \cdot \Delta Y$$
$$\Rightarrow \mathrm{MRS}_{XY} = -\frac{\Delta Y}{\Delta X} = \frac{\mathrm{MU}_X}{\mathrm{MU}_Y} \tag{2.11}$$

$$或 \mathrm{MRS}_{XY} = \lim_{\Delta X \to 0} -\frac{\Delta Y}{\Delta X} = -\frac{\mathrm{d}Y}{\mathrm{d}X} = \frac{\mathrm{MU}_X}{\mathrm{MU}_Y}$$

所以，序数效用论者关于消费者均衡的条件 $\mathrm{MRS}_{XY} = \dfrac{P_X}{P_Y}$ 可以改写为

$$\mathrm{MRS}_{XY} = \frac{\mathrm{MU}_X}{\mathrm{MU}_Y} = \frac{P_X}{P_Y} \tag{2.12}$$

即

$$\frac{\mathrm{MU}_X}{P_X} = \frac{\mathrm{MU}_Y}{P_Y} = \lambda$$

四、价格变化和收入变化对消费者均衡的影响

1. 价格变化：价格-消费曲线

如图 2.8（a）所示，假定消费者的收入和 Y 商品的价格不变，X 商品的价格不断下降，预算线将如何变化呢？预算线将以 A 点为轴心沿逆时针方向由 AB_1 运动到 AB_2，再运动到 AB_3。这样，在商品 X 商品不同的价格水平上，不同的预算线与不同水平的无差异曲线存在一系列的切点，即消费者效用最大化的均衡点为 E_1、E_2、E_3 ... 将这些均衡点以一条平滑的曲线连接起来，便形成了价格-消费曲线（price-consumption curve），即 PCC。PCC 表示在消费者的收入、偏好、相关商品的价格等因素保持不变的前提下，某种商品的价格发生变化时所导致的消费者均衡点的移动轨迹。

根据价格-消费曲线，转换坐标可画出消费者对 X 商品的需求曲线。如图 2.8（b）所示。

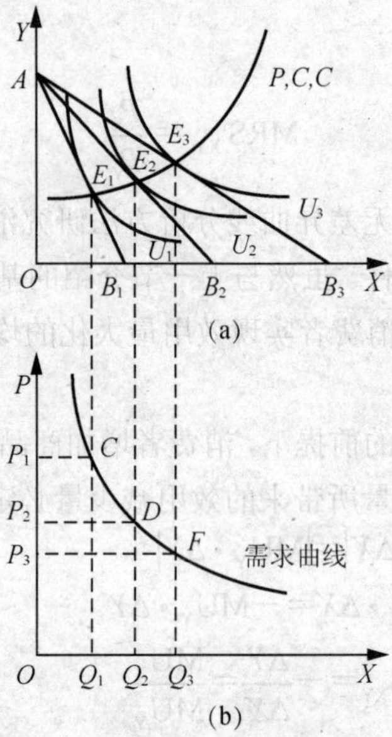

图 2.8　价格消费曲线与需求曲线

2. 收入变化：收入-消费曲线

收入-消费曲线表示在其他条件不变情况下，由于消费者收入变动引起的消费者均衡点变动的轨迹，如图 2.9 所示，消费者的收入由 I_1 增加到 I_2 再增加到 I_3 时，预算线由 A_1B_1 移到 A_2B_2 再移到 A_3B_3，分别与无差异曲线 U_1、U_2 和 U_3 相切于 E_1、E_2 和 E_3 点，把这 3 个点连成的线称为收入-消费曲线，即 ICC 线。

根据收入-消费曲线，可以推导出恩格尔曲线，即收入-需求曲线。它反映了消费者的货币收入量与某种商品需求量之间的函数关系。可以在收入-消费曲线的下面画出消费者的收入和对商品 X 的需求数量的图形，并把均衡点上商品 X 的需求数量一一对应到下面的图形上，当消费者的收入是 I_1 时，实现消费者均衡对商品 X 的需求数量为 Q_1；当消费者的收入是 I_2 时，对商品 X 的需求数量为 Q_2；当消费者的收入是 I_3，对商品 X 的需求数量为 Q_3，这样可以得到消费者的收入和需求量的组合点，把这些点连起来就得到收入-需求曲线。因为德国统计学家和经济学家 E.恩格尔曾专门研究过消费者的收入与某种商品需求量之间的关系，故收入-需求曲线又被称为恩格尔曲线。

一般情况下，消费者收入增加后，会使消费者对两种商品的消费量都增加，如图 2.9 中的情况。但也可能有这样的商品，当人们的收入提高时，对这种商品的需求量反而减少了，如低档品。如图 2.10 所示，人们在收入提高后，就改用档次较高的商品，对低档商品的需求量就减少了。这时的恩格尔曲线就变成向后弯曲的曲线。

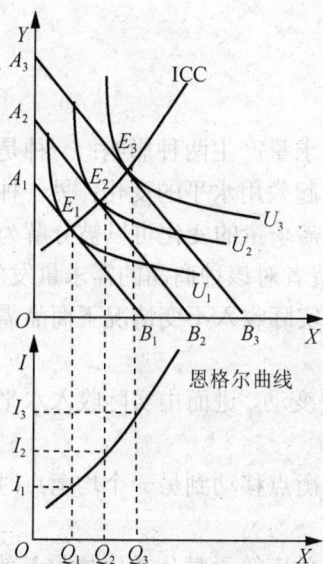

图 2.9　收入消费曲线

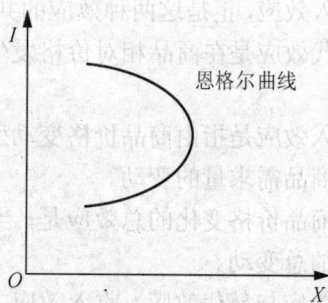

图 2.10　恩格尔曲线

恩格尔根据统计资料分析人们的收入水平与消费结构，发现收入水平越低的家庭，用于购买食品的支出占其全部消费支出的比例就越大，随着人们收入水平的提高，人们用于食品的支出在全部消费支出中的比例会逐步下降。这种情况被人们称为"恩格尔定律"（Engel's law）。用于食品的支出占全部消费支出的比例被称为恩格尔系数（Engel's coefficient）。

阅读资料

吃了吗

过去，中国人见了面，习惯打招呼："吃了吗？"但这一在中国流行了上千年的问候语不知道什么时候就被一句"你好"取代了。

中国人习惯的"吃文化"已经深入社会文化的各个角落，打人称为"吃拳头"；行不通说"吃不开"；受不了称为"吃不消"；靠女人的男人称为"吃软饭"；打官司称为"吃官司"。可见，"吃"在人们心目中多么重要！

为什么"吃了吗？"慢慢被"你好"替代了呢？经济学家认为，随着经济的发展，人们在"吃"上的支出比例越来越少，而在服装、汽车、娱乐上的消费比例越来越多了，"吃"在人们心目中的地位下降了。这种现象被称为恩格尔系数降低。

（资料来源：何耀文. 2009. 生活中的钱规则. 南京：凤凰出版社）

根据一个国家或家庭的消费结构，看它用于食品支出占总支出的比例，可以大致地判断出其贫富的情况。一般而言，恩格尔系数较高的国家或家庭相对比较贫穷，恩格尔系数较低的国家或家庭相对比较富裕。当前世界上的发展中国家，其恩格尔系数大多在

0.5 以上，而发达国家的恩格尔系数大多在 0.2 左右。

五、替代效应和收入效应

一种商品的价格发生变化后，会同时对商品的需求量产生两种影响：一种是使消费者的实际收入水平发生变化，实际收入水平变化会引起效用水平的变化；另一种是商品的相对价格发生变化，商品的相对价格变化所引起的需求量的变化可以被分解为替代效应和收入效应，正是这两种效应的共同作用，使得消费者对该种商品的需求量发生变化。

替代效应是在商品相对价格发生变化，而消费者实际收入不变情况下商品需求量的变化。

收入效应是指由商品价格变动引起实际收入水平变动，进而由实际收入水平变动所引起的商品需求量的变动。

某商品价格变化的总效应是，当消费者从一个均衡点移动到另一个均衡点时该商品需求量的总变动。

总效应与替代效应、收入效应之间的关系是，总效应等于替代效应加收入效应。收入效应表示消费者的效用水平发生变化，替代效应则不改变消费者的效用水平。

1. 正常商品的替代效应和收入效应

替代效应和收入效应都与价格成反方向的变动，在它们的共同作用下，总效应必定与价格成反方向变动。正因为如此，正常商品的需求曲线是向右下方倾斜的。

图 2.11 反映的是正常商品的替代效应和收入效应的变化，横轴和纵轴分别表示消费者购买的两种商品 X 和 Y 的数量，在消费者收入和两种商品价格确定条件下，可以先画出预算线 AB，与无差异曲线 U_1 相切于 M 点，这时对商品 X 的最优购买量为 X_1，接着商品 X 价格下降，预算线向右旋转到 AB_1，与无差异曲线 U_2 相切于 N，这时对商品 X 的最优购买量为 X_3，则 X_1X_3 即为价格下降带来的总效应。

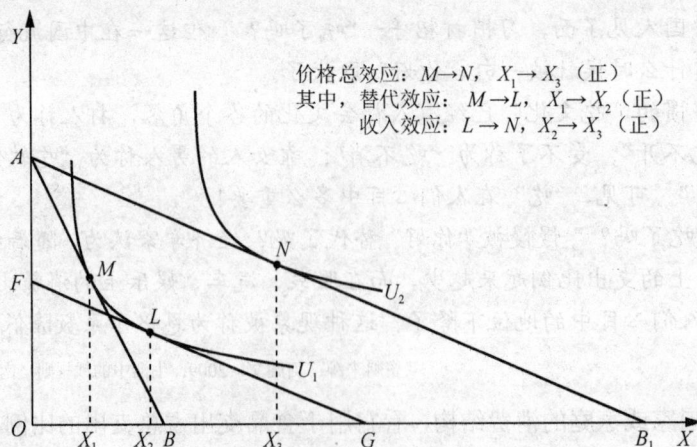

图 2.11　正常商品的替代效应和收入效应

下面要区分 X_1X_3 哪些是由替代效应引起的，哪些是由收入效应引起的，可以做一条与 AB_1 平行并且与 U_1 相切于 L 点的补偿预算线 FG，这时对商品 X 的最优购买量为 X_2，做这条辅助线的目的就相当于把价格下降带来的实际收入增加的那一部分剔除掉，这样 X_1X_2 即为替代效应，X_2X_3 为收入效应。

2. 低档商品的替代效应与收入效应

低档商品与正常商品不同，随着消费者收入水平的提高，消费者对低档商品的需求量会减少，因此收入效应是负的，但替代效应仍是正的，并且大于收入效应，因此总效应为正。如图 2.12 所示。

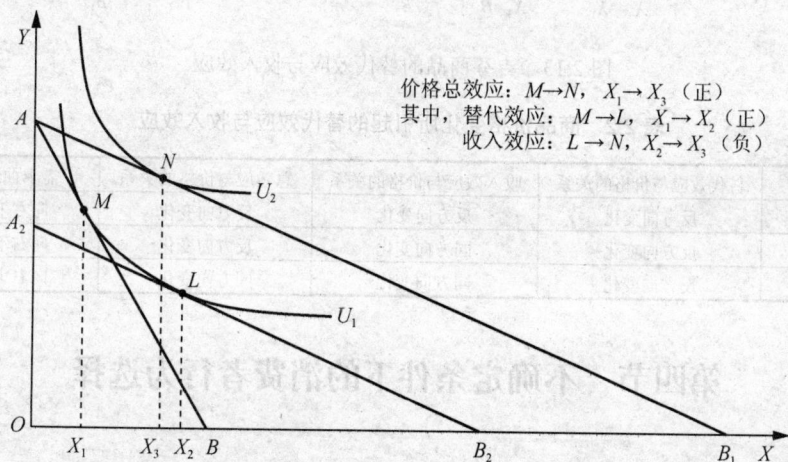

价格总效应：$M \rightarrow N$，$X_1 \rightarrow X_3$（正）
其中，替代效应：$M \rightarrow L$，$X_1 \rightarrow X_2$（正）
收入效应：$L \rightarrow N$，$X_2 \rightarrow X_3$（负）

图 2.12　低档商品的替代效应与收入效应

3. 吉芬商品的替代效应与收入效应

在经济学上，人们把随着价格提高需求量反而会增加的那些低档商品称为吉芬商品。由于吉芬商品收入效应的作用大于替代效应的作用，因此，吉芬商品的需求曲线向上方倾斜。

非常明显，吉芬商品是一种特殊的低档商品。如图 2.13 所示，作为低档商品，吉芬商品的替代效应与价格成反方向变动，收入效应则与价格成同方向变动。只是吉芬商品的收入效应很大，以至于超过了替代效应的作用，从而使得总效应与价格成同方向变动。这就是吉芬商品的需求曲线向右上方倾斜的原因。

在本节的最后，可以借助于表 2.2 将正常商品、低档商品与吉芬商品的替代效应与收入效应作一总结。

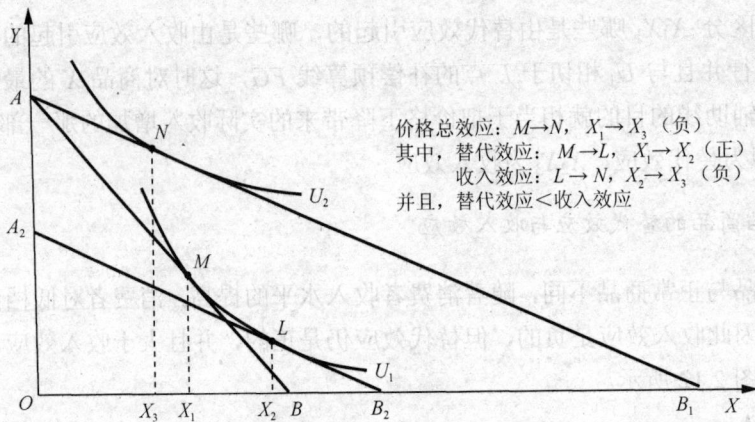

价格总效应：$M \to N$，$X_1 \to X_3$（负）
其中，替代效应：$M \to L$，$X_1 \to X_2$（正）
收入效应：$L \to N$，$X_2 \to X_3$（负）
并且，替代效应＜收入效应

图 2.13　吉芬商品的替代效应与收入效应

表 2.2　商品价格变化所引起的替代效应与收入效应

商品类别	替代效应与价格的关系	收入效应与价格的关系	总效应与价格的关系	需求曲线的形状
正常商品	反方向变化	反方向变化	反方向变化	向右下方倾斜
低档商品	反方向变化	同方向变化	反方向变化	向右下方倾斜
吉芬商品	反方向变化	同方向变化	同方向变化	向右上方倾斜

第四节　不确定条件下的消费者行为选择

一、风险与不确定性

　　本章前面几节所讨论的消费者选择行为是在确定的条件下进行的。例如，商品价格、消费者收入等相关变量及其变化都被假定是可以确切知道的，在此情况下，消费者选择购买怎样的商品组合等。但现实经济生活中，消费者在进行选择行为时面临着许多不确定性。不确定性是指经济行为者在事先不能准确地知道自己某种决策的结果，或者说，只要经济行为者的一种决策的可能结果不止一种，就产生了不确定性。再例如，某消费者准备用一笔钱购买某品牌某型号的一部手机，假设在该种手机市场上，手机的质量有的是合格的，有的是不合格的，这样，消费者购买手机这样一种行为决策的结果是不确定的。可能的结果有两种，一种结果是他购买到了一部合格的手机，另一种结果是他得到一部质量不合格的手机。当然，可能的结果是很多的，如即使是购买到了合格的产品，有可能是百分之九十合格的产品，有可能是百分之八十合格的产品，如此等等。这样的不确定性在现实生活中随处可见：消费者未来的收入带有不确定性，可能增加，也可能减少；商品的价格也带有不确定性；消费者选择的职业可能面临萧条并进而导致失业的风险，等等。

　　在消费者知道自己某种行为决策的各种可能的结果时，如果消费者还知道各种可能的结果发生的概率，则可以称这种不确定性的情况为风险。例如，投掷一枚正常的硬币，不但知道落地时向上的一面只有正面或反面两种情况，而且也知道这两种情况出现的概率各为 50%，这就属于典型的风险问题。

本节就是要讨论消费者在进行消费决策和其他决策时，怎样将不确定因素和风险加以考虑，或者说，在有风险和不确定性的条件下，消费者是如何进行各种选择的，消费者的选择行为是怎样的。

二、消费者对待风险的态度

根据消费者对待风险的态度基本上把他们分为以下 3 类。

1）风险规避者。如果某消费者认为在无风险条件下持有一笔确定的货币财富量的效用大于在有风险条件下等值的期望收入的效用，则该消费者为风险规避者。

2）风险中性者。如果某消费者认为在无风险条件下持有一笔确定的货币财富量的效用等于在有风险条件下等值的期望收入的效用，则该消费者为风险中性者。

3）风险喜好者。如果某消费者认为在无风险条件下持有一笔确定的货币财富量的效用小于在有风险条件下等值的期望收入的效用，则该消费者为风险喜好者。

举例来说，某种赌博游戏要求游戏者支付一定数额的钱，该游戏的结果用掷硬币的方式决定。如果硬币正面朝上，可以得到 20 元；如果反面朝上，回报为零。假定硬币正反面朝上的次数一样多，则预期的期望收入应为 10 元（计算如下：$20 \times 0.5 + 0 \times 0.5 = 10$）。如果游戏的成本大于或等于预期回报，厌恶规避者就不愿意参加游戏。换句话说，如果让其在确定的 10 元和预期回报为 10 元的游戏（也就是完全公平的赌博）中进行选择，风险规避者会选择确定的 10 元。事实上，即使游戏的成本低于 10 元，如9 元，厌恶规避者也不一定愿意参加游戏。一个人越是不喜欢风险，使他认为确定数额的钱和游戏收益没有区别的游戏成本也就越低。相比之下，即使游戏成本是 10 元或高于 10 元，风险喜好者也愿意参加游戏，而对于风险中性者来说，确定的 10 元或是游戏都无所谓。

一般地说，人们都不愿冒风险，即更多的人是风险规避者。在其他条件相同的情况下，相对不确定的消费水平来说，更喜欢做有把握的事情。也就是说，同样的平均值下人们愿意要不确定性小的结果。由于这个原因，降低消费不确定性的活动会导致经济福利的改善。这是由边际效用递减规律决定的。

例如，倘若某人是一个种玉米的农民，则必然要与农业自然灾害作斗争。然而，他是否也要承担玉米价格的风险呢？假定玉米的预期价格为每公斤 4 元钱，这是根据每公斤 3 元钱和 5 元钱这两种价格以相同的可能性出现而得出来的。除非他能摆脱价格风险，否则，他就被迫面对一场赌博，按抛玉米价格的结果，或者以 30 000 元钱或以 50 000元钱的价格售出 10 000 千克的玉米。

然而，按照风险规避和边际效用递减的原理，他会宁愿选择有把握的事，即以 4 元钱的预期价格出售玉米，获得 40 000 元钱的总收入以避开价格风险。为什么呢？这是因为损失掉 10 000 元钱的前景所造成的痛苦比得到 10 000 元钱收益的前景所带来的快乐更加令人难以接受。如果收入减少到只有 30 000 元钱，那么，就会不得不削减一些重要的消费，如支付孩子的大学学费和房屋维修费。而另一方面，额外增加的 10 000 元钱的重要性可能不大，很可能只是用来过个好年，买部摩托车。

三、规避风险的措施

人们所从事的许多活动都面临着风险，对于那些风险规避者来说，有 3 种常见的方法应付可能发生的风险，分别是多样化、购买保险、获取更多的信息。采取其中任何一种，都会降低所面临的风险。

1. 多样化

多样化是指在所从事的活动将要面临风险的情况下，人们可以采取多样化的行动，以便降低风险。例如，消费者可以以多种形式来持有资产，以免仅持有单一的资产发生风险；商业推销人员为了保证销售收入可以同时推销多种商品，以免在只推销一种商品的情况下，一旦产品推销不出去，发生无收入的风险。

现举一个例子说明多样化的方式可以降低所面临的风险。在我国一些农村地区，农民为了确保农作物的收益，往往采取农作物套种的方式经营农作物。例如，采取芝麻与绿豆套种的方式获得稳定的收益。由于芝麻耐旱而不耐涝，绿豆耐涝而不耐旱，如果只种芝麻，一旦发生涝情，收益将大幅度下降；如果只种绿豆，一旦发生旱情，收益也将大幅度下降。如果芝麻与绿豆套种，则不管发生旱情还是涝情，都可以获得稳定的收益。下面以具体的数值来加以说明。

为了使问题简化，这里排除既不旱也不涝的情况（这种排除并非完全合理，因为农业经营中完全不旱或完全不涝的情况是不多见的），假定发生旱情或涝情的可能性各为一半（即概率各为 50%）。如果只种芝麻，在旱而不涝的情况下，某农户可以获得 5000 元的收入；在涝而不旱的情况下，该农户只能获得 1000 元的收入。如果只种绿豆，结果正好相反：在涝而不旱的情况下，该农户可获得 5000 元的收入；在旱而不涝的情况下，该农户只能获得 1000 元的收入。如果实行芝麻与绿豆套种，在旱而不涝的情况下，该农户得自芝麻的收益是 2500 元，得自绿豆的收益是 500 元；在涝而不旱的情况下，该农户得自绿豆的收益是 2500 元，得自芝麻的收益是 500 元。现在可以对这 3 种不同的农作物经营方式所产生的收益进行比较。不管是只种绿豆还是只种芝麻，所产生的期望收益都是 3000 元（50%×1000 元＋50%×5000 元）；实行芝麻与绿豆套种的方式，不管是出现旱情还是出现涝情，该农户都可以稳定地获得 3000 元（2500 元＋500 元）的收益。如果该农户是风险规避者，他显然会选择芝麻和绿豆套种的方式。

此例中，选择了两种收益变化方向相反的经营方式。事实上，只要经济活动的结果不是密切正相关，就能够降低风险。

2. 购买保险

市场机制通过风险分摊来应付各种风险。这一过程就是把对一个人来说可能是很大的风险分摊给许多人，从而使每个人所承担的风险很小。风险分摊的主要形式是保险。人们通过购买保险，可以把不确定性的情况变成自己确定的可预期的情况。

例如，在购买住宅火灾保险时，房主就好像是就他的房屋会不会被烧毁与保险公司打赌，如果房屋不发生火灾，房主就得付出一小笔保险费用。但如果房屋真的起火焚毁，则保险公司必须按合同规定的价格赔偿房主的惨重损失。火灾保险的道理也适用于人寿、事故、汽车或其他种类的保险。

保险公司通过集中各种不同的风险来分摊风险，就是说，它为数以百万计的住宅、生命或汽车提供保险。保险公司的优越之处就在于，对个人来说是难以预料的事件，对整个人群来说则具有很强的预见性。例如，某个保险公司为100万所住宅保险；每一所住宅的价值为10万元人民币。一年当中，每所房屋发生火灾的概率为1/1 000，于是该公司的预期损失值为0.001×100 000元人民币，即每年一所住房的保险费用为100元。保险公司向每个房主收取100元保险费用再加100元的管理费用并将其储蓄起来。

每个房主所面对的问题是，要么每年失去200元的固定损失，要么就承担有千分之一可能性的10万人民币的火灾损失。由于不愿承担风险，房主会选择购买成本高于损失期望值的保险，以避免即使是很小可能性的重大损失。保险公司收取保险金为公司赢利，同时使个人预期效用得以实现。

3. 获取更多信息

在不确定性的情况下，消费者的决策是建立在有限信息基础上的。如果消费者可以获得更多的信息，将会降低决策的风险。获得信息并不是没有代价的。例如，作为商品销售人员，要想通过销售活动获得尽可能多的利润，必须进行市场调查与研究，以便获得较多的商品需求信息，减少决策的风险。要进行市场调查研究，就必须花费一定的费用。不亲自进行市场调查，而向他人购买信息，也可以减少决策的风险。这说明信息是有价值的。

小　结

效用是消费者消费商品时所得到的满足程度，取决于消费者的主观心理评价。

消费者均衡研究消费者的收入既定，他面临的商品的价格确定时，应该如何把他的既定收入安排在各种商品的购买上，以获得总效用水平最高。消费者行为的动机是追求消费者均衡，这种动机决定了他的需求曲线。

基数效用论者分析消费者行为建立在边际效用递减的假定上，序数效用论者采用无差异曲线分析方法分析消费者行为。他们得到的实现消费者均衡的条件本质是一样的，即 $\dfrac{MU_X}{P_X} = \dfrac{MU_Y}{P_Y} = \lambda$。

由价格变动引起的消费者均衡点变动的轨迹称为价格-消费线，由收入变动引起的消费者均衡点变动的轨迹称为收入-消费线。

一种商品价格的变化会引起该商品的需求量的变化，这种变化可以分解为替代效应和收入效应。

风险规避者可以通过多样化、购买保险和获取更多信息来降低风险。

复 习 题

一、选择题

1. 基数效用论关于消费者均衡的条件是（　　）。
   - A. 无差异曲线与预算线相切
   - B. $MRCS_{XY}=P_X/P_Y$
   - C. $MU_X/P_Y=MU_Y/P_X$
   - D. $MU_X/MU_Y=P_X/P_Y$

2. $MRCS_{XY}$ 递减，意味着当商品 X 的消费量不断增加时，能代替的商品 Y 的数量（　　）。
   - A. 越来越多
   - B. 越来越少
   - C. 保持不变
   - D. 以上均不正确

3. 当消费者对商品 X 的消费达到饱和点时，则边际效用 MU_X 为（　　）。
   - A. 正值
   - B. 负值
   - C. 零
   - D. 不确定

4. 在同一条无差异曲线上，如果增加 1 个单位商品 X 的购买，需要减少 2 个单位的商品 Y 的消费，则有（　　）。
   - A. $MRS_{XY}=2$
   - B. $MRCS_{XY}=1/2$
   - C. $MU_X/MU_Y=-2$
   - D. $MU_X/MU_Y=1/2$

5. 正常物品价格上升导致需求量减少的原因在于（　　）。
   - A. 替代效应使需求量增加，收入效应使需求量减少
   - B. 替代效应使需求量增加，收入效应使需求量增加
   - C. 替代效应使需求量减少，收入效应使需求量减少
   - D. 替代效应使需求量减少，收入效应使需求量增加

6. 当只有商品价格变化时，连接消费者各均衡点的轨迹称作（　　）。
   - A. 需求曲线
   - B. 价格-消费曲线
   - C. 恩格尔曲线
   - D. 收入-消费曲线

7. 低档商品价格下降，其需求量（　　）
   - A. 增加
   - B. 减少
   - C. 替代效应的效果大于收入效应的效果时增加
   - D. 替代效应的效果小于收入效应的效果时增加

8. $I=P_X X+P_Y Y$ 是消费者的（　　）。
   - A. 需求函数
   - B. 效用函数
   - C. 预算约束方程
   - D. 不确定函数

9. 消费者剩余是（　　）。
   - A. 消费者获得的总效用
   - B. 消费者消费不了的商品
   - C. 消费者愿意支付的价格与实际支付的价格的差额
   - D. 消费者的货币剩余

10. 商品的边际替代率递减规律决定了无差异曲线（　　）。
    - A. 凸向原点
    - B. 凹向原点
    - C. 垂直于横轴
    - D. 平行于横轴

二、分析题

1. 为什么富人对于丢失 500 元现金表现得无所谓，而穷人对于丢失 50 元现金却已经焦虑不安？

2. 一位大学生即将参加三门功课的期终考试，他能够用来复习功课的时间只有 6 小时。

又设每门功课占用的复习时间和相应的成绩如下表所示。

小时数	0	1	2	3	4	5	6
经济学分数	30	44	65	75	83	88	90
数学分数	40	52	62	70	77	83	88
统计学分数	70	80	88	90	91	92	93

试问：为使这三门功课的成绩总分最高，他应怎样分配复习时间？说明你的理由。

三、计算题

1. 已知某消费者每月收入 120 元，全部花费于 X 和 Y 两种商品，他的效用函数为 $U=XY$，X 的价格是 2 元，Y 的价格是 3 元。求：

（1）为使获得的效用最大，他购买的 X 和 Y 各为多少？

（2）货币的边际效用和他获得的总效用各为多少？

2. 一个消费者在考虑是否需要花费一笔 2000 元的钱去买股票。假定他一年中估计有 25%的概率赚进 1000 元，有 75%的概率亏损 200 元，再假定这笔钱存在银行，年利率是 5%，试问该消费者如果是风险规避者、风险喜好者或风险中立者，对购买股票会做出什么决策？

案 例 分 析

价 值 悖 论

案例背景

价值悖论（paradox of value）又称价值之谜，是亚当·斯密在 200 多年前《国富论》中提出的，内容是"为什么像水那样对生命如此不可缺少的东西只有很低的价格，而对于生命并非必不可少的钻石却极其昂贵？"

案例解析

亚当·斯密所提出的"价值悖论"意思是说有些东西效用很大，但价格很低（如水）；有些东西效用不大，但价格却很高（如钻石）。

讨论：

请用所学知识解释这一现象。

第三章　生产与成本

本章主要分析厂商的目标和行为，成本的各种概念及其各种成本之间的相互关系，旨在掌握供给曲线背后的生产者行为，即厂商作为经济人为实现利润最大化，应如何选择生产的合理投入区域和最优的生产要素投入组合，为最终分析厂商利润最大化的行为做准备。

通过本章内容的学习，要达到以下几个目的：

- 了解生产函数和成本的概念；
- 掌握短期生产函数及其分析应用；
- 掌握各种成本及其各种成本之间的关系；
- 理解边际报酬递减规律。

♻ 导入案例

大企业的低价

在现实经济中，有许多大大小小的企业生机勃勃地存活在市场经济的沃土里，而且每一天都有无数小企业如雨后春笋一般诞生。但是小企业并不是适合于任何行业和任何门类的。在市场中，大企业具有绝对的价格优势。例如，湖南有一家"老百姓大药房"，开业的时候对外宣称，5000 多种药品的价格，将比原来国家核定的零售价降低 45%，有的降价竟达到了 60% 以上。一般的小药店能和他们比吗？同样的，在很多大型超市里，它们的商品价格的确很低，它们出售的商品甚至比其他一些商家的进货价格还要低。

（资料来源：http://www.100jingji.com/HP/20100629/DetailD1188774.shtml）

思考：

小企业在价格上为什么竞争不过大企业呢？请加以解释。

沉没成本与企业决策

QC 公司是世界上最大的食品生产企业之一，2000 年，QC 公司瞄准发展中的中国饮用水行业，投资近 2 亿元人民币在天津兴建矿泉水厂。2006 年又耗资 4000 万元人民币收购上海某饮料厂，并增加投资 3 亿元人民币扩建成年产 5 亿公升纯净水的现代化生产基地。

然而，QC 在中国饮用水市场上面临严峻挑战。第一，从市场需求角度看，中国由于收入水平、消费者对茶饮料偏好等方面因素，饮用水市场总体规模还比较小。第二，从市场竞争情况看，中国市场上有几千家质量低、效率低但成本也很低的地方瓶装水厂。由于饮用水缺乏明确的卫生和技术质量标准，进入门槛比较低。QC 公司基于在饮用水行业的经验和对自身品牌的严格质量要求，引进意大利、法国等现代化大型设备，严格控制生产流程，检测要求精益求精，使其产品质量优异但生产成本（特别是固定资产折旧成本）高昂。因而，QC 饮用水面临的困难是，相对于国内很多竞争对手缺少价格优势，相对于如达能集团这样的国际竞争对手又缺少规模优势。

在上述背景下，虽然 QC 公司凭借其成功的中国营销队伍、优质品牌效益可以吸引一部分高端客户群并占有一定市场，然而维持低价销售且无法达到规模产量，长期亏损则不可避免，退出似乎成为不得不考虑的选择。然而，实际上，由于存在巨大的沉没成本，QC 想要退出也不容易。QC 在华饮用水项目固定投资巨大，上海、天津两家工厂总投资迄今超过 5.4 亿元人民币，再加上每年大约 3000 万元人民币广告投入，累计达 3 亿元人民币。如果退出，厂房、土地、通用机器设备虽有可能部分收回，但资产处置时间很长，针对饮用水的广告成本完全付之东流，沉没成本总计超过 8 亿元人民币。

反过来看，如果维持经营，市场分析结果表明 QC 公司仍有机会在高端产品保持优势，占有一定市场份额。特别在 5 加仑大桶水市场，QC 公司有丰富经验，是美国等地的市场领导者，具有明显优势。经过努力，饮用水产量可能达到 1.5 亿公升以上。虽然仅为设计生产能力的 1/3，但是公司可以至少保持每年 20%～30% 的毛利，约为 2000 万元人民币。

经过全面的市场调研和缜密分析，该公司董事会决定继续饮用水工厂的生产经营。提出利用 QC 公司在中国的成功的营销网络和经验，继续扩大市场和销售。同时公司还实施减少外籍人员、加快管理人员本地化，压缩广告开支等节流措施，努力降低亏损额。从 2008 年情况看，公司销售业绩与去年大体持平，但是管理费用和销售费用明显下降，净亏损大幅度下降，董事会维持亏损经营决策得到了较好贯彻。

（资料来源：http://blog.sina.com.cn/s/blog_4a7859cf0100cen2.html）

思考：

1）影响企业决策的成本因素有哪些？

2）请你分析或预测本案例中企业决策的后果如何？你倾向于哪种决策？

3）将来如果你是一个企业的决策者，你将如何避免沉没成本的发生？

第一节　生产函数概述

在经济学中，生产者也称厂商或企业，它是指能够做出统一的生产决策的单个经济单位，它决定生产什么、生产多少以及如何生产。企业的本质或者说企业之所以存在的理由，在于降低交易成本。企业的组织形式主要有 3 种：个人企业、合伙制企业和公司制企业。

一、生产函数

生产函数（production function）表示在技术水平不变情况下，生产中所使用的各种生产要素的数量与所能生产的最大产量之间的关系。

生产任何一种产品都需要投入生产要素，生产要素一般可以划分为劳动、资本和土地。劳动是指人们在生产过程中以体力和脑力的形式提供的各种劳务；资本是指在生产过程中被生产出来的而又被用于下期生产中投入的物品；土地不仅指土地本身，还包括与相应土地有关的一切自然资源。也有人把企业家才能归于生产要素。企业家才能是指建立、组织和经营企业的人员所表现出来的才能。厂商通过把这些要素组合在一起，生产出有形或无形的产品。

如果用 Q 表示某种产品最大产出量，用 X_1，X_2，…，X_n 表示各种生产要素的投入量，则生产函数的方程式就是

$$Q = f(X_1, X_2, ..., X_n) \tag{3.1}$$

一般情况下，经济学分析中通常假定生产过程中只使用劳动和资本两种生产要素，因而一个特定的生产函数可以表示为

$$Q = f(L, K) \tag{3.2}$$

需要注意的是，生产函数中的产量，是指一定的投入要素组合所可能生产的最大的产品数量，或者说，生产函数所反映的投入与产出之间的关系是以企业经营管理得好，一切投入要素的使用都非常有效，或者说是在现有的技术条件下，生产要素组合情况下最大产量与投入的关系。

知识拓展

常见的生产函数

1. 柯布－道格拉斯生产函数

柯布－道格拉斯生产函数（Cobb-Douglas production function）是由数学家柯布（Cobb）和经济学家道格拉斯（Douglas）于 20 世纪 30 年代初一起提出来的。柯布－道格拉斯生产函数被认为是一种很有用的生产函数，因为该函数以其简单的形式描述了经济学家关心的一些性质，它在经济理论的分析和实证研究中都具有一定意义。该生产函数形式为 $Q = AL\alpha K\beta$，这里 Q 代表产量，A 代表技术水平，L、K 分别代表劳动与资本的投入量，α、β 是系数，他们通过对美国 1899～1922 年有关经济资料的分析和估算，得出在这一期间的总产量增加中约有 3/4 是劳动的贡献（即 $\alpha = 3/4$），1/4 是资本的贡献（即 $\beta = 1/4$）。

2. 固定替代比例生产函数

固定替代比例生产函数表示在每一产量水平上任何两种生产要素之间的替代比

例都是固定的。假定生产过程中只使用劳动和资本两种要素，则固定替代比例生产函数通常形式为：$Q = \text{Minimum}\ (L/u, K/v)$，其中，$Q$为产量，$L$和$K$分别表示劳动和资本的投入量，常数$u$和$v$分别为固定的劳动和资本的生产技术系数，它们分别表示生产一单位产品所需要的固定的劳动投入量和固定的资本投入量。

二、短期和长期

在对厂商行为进行分析前，需要区分生产中的长期与短期。"长期"和"短期"，不是指一个具体的时间跨度，而是指能否使厂商来得及调整生产规模（固定的生产要素和生产能力）所需要的时间长度。"长期"是指时间长到可以使厂商调整生产规模来达到调整产量的目的，而"短期"则指时间短到厂商来不及调整生产规模来达到调整产量的目的，而只能在原有厂房、机器、设备条件下来调整产量。也就是说，在短期内，厂商不能根据市场状况调整生产规模，而只能改变部分生产要素的投入量。在这种情况下，如果市场繁荣，厂商就多投入劳动、原材料等，从而使产量增加；如果市场萧条，厂商就减少劳动、原材料的投入量，使产量减少。在产量的这些变动中，生产规模并没有改变。在长期中，一切生产要素都是可以变动的，不仅劳动投入量，原材料使用量可变，而且资本设备量也可变。而在短期中，只有一部分要素如劳动投入量及原材料数量是可变的，而另外一些生产要素不随产品变动而变动，如机器、设备、厂房等。

需要指出，经济学中涉及的短期生产和长期生产的概念并没有一个严格的时间范围，"短期"、"长期"的区分是相对的。在有些生产部门中，如汽车业、机器制造业等部门中，所需资本设备数量多，技术要求高，变动生产规模不容易，则几年也许算是"短期"；反之，有些行业如普通服务业，食品加工业，所需资本设备数量少，技术要求低，变动生产规模比较容易，也许几个月可算是"长期"。

生产中两种最重要的投入是劳动与资本，因此，在经济分析中，通常假定企业只使用这两种要素。在短期内，假设资本数量不变，用$\overline{K}$表示，只有劳动可随产量变化，用L表示，则短期生产函数可表示为$Q = f(L, \overline{K})$。在长期内，资本和劳动都可变，则生产函数称为长期生产函数，表示为$Q = f(L, K)$。

第二节　短期生产函数

在短期内，厂商无法调整固定要素，生产规模是给定的。这时，假定只有一种要素如劳动投入量可变，如何使这种投入要素得到最优的利用（即这种使用量能使企业利润最大）？本节将从短期角度研究这一问题。

一、总产量、平均产量和边际产量

通过短期生产函数$Q = f(L, \overline{K})$可以得出劳动的总产量（total product）、劳动的平均产量（average product）和劳动的边际产量（marginal product）这3个概念。总产量、平均产量和边际产量的英文简写依次为 TP、AP、MP。

劳动的总产量（TP_L）是指一定的劳动投入量可以生产出来的最大产量，公式表示为

$$TP_L = Q = f(L, \bar{K}) \tag{3.3}$$

劳动的平均产量（AP_L）是指每单位劳动所生产的产量，公式表示为

$$AP_L = TP_L / L \tag{3.4}$$

劳动的边际产量（MP_L）是指增加一单位的劳动投入量所增加的产量，公式表示为

$$MP_L = \Delta TP_L / \Delta L \tag{3.5}$$

或

$$MP_L = dTP_L / dL \tag{3.6}$$

举例说明总产量、平均产量与边际产量如何随投入量的变化而变化，可以考虑一个小型面包作坊的生产，计算其劳动投入的变化所引起的面包产量的变化。表 3.1 描述了这种变化。

表 3.1　劳动投入变化所引起的面包产量变化

劳动投入量 （L）	总产量 （TP_L）	平均产量 （AP_L）	边际产量 （MP_L）
0	0	0	—
1	10	10.0	10
2	25	12.5	15
3	35	11.7	10
4	40	10.0	5
5	42	8.4	2
6	42	7.0	0
7	41	5.9	-1

根据表 3.1 可作出图 3.1。

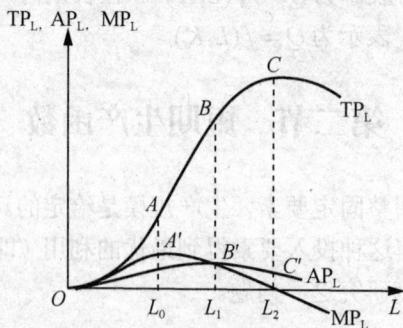

图 3.1　总产量、平均产量和边际产量的曲线

在图 3.1 中，横轴代表劳动量，纵轴代表总产量、平均产量和边际产量。TP_L 为总产量曲线，AP_L 为平均产量曲线，MP_L 为边际产量曲线，分别表示随劳动量变动总产量、

平均产量与边际产量变动的趋势，根据此图可以看出总产量、平均产量和边际产量之间有以下几个关系和特点。

1）在资本量不变的情况下，随着劳动量的增加，最初总产量、平均产量和边际产量都是递增的，但各自增加到一定程度后就分别递减。所以，总产量曲线、平均产量曲线和边际产量曲线都是先上升而后下降。

2）总产量与边际产量之间的关系。当边际产量上升时，总产量以递增的速率增加；当边际产量下降时，总产量以递减的速率增加；当边际产量为负的值时，总产量开始绝对地减少；当边际产量为零时，总产量达到最大。产生这种结果是毫不奇怪的。因为根据定义，边际产量是总产量的一阶导数，边际产量恰好就是总产量的变化率。

3）平均产量与边际产量的关系。边际产量曲线与平均产量曲线相交于平均产量曲线的最高点。在相交前，平均产量是递增的，边际产量大于平均产量（$MP_L > AP_L$）；在相交后，平均产量是递减的，边际产量小于平均产量（$MP_L < AP_L$）；在相交时，平均产量达到最大，边际产量等于平均产量（$MP_L = AP_L$）。

二、边际报酬递减规律

由图 3.1 可以清楚地看到，边际产量表现出先上升而最终下降的特征，这一特征被称为边际报酬递减规律（the law of diminishing marginal return），有时也被称为边际产量递减规律或边际收益递减规律。

经济学家指出，在技术水平不变的条件下，连续不断地把一种可变的生产要素与一种或几种不变的生产要素相结合投入到生产过程之中，当这种可变生产要素的投入量超过某一特定值时，再增加一单位该要素的投入量所带来的边际产量是逐渐递减的。这就是边际报酬递减规律。边际报酬递减规律是短期生产的一条基本规律。

在理解这一规律时，需要注意以下几点。

1）这一规律在短期内适用。在短期内，固定投入不变，生产技术也不会变，这样，一种投入的增加就最终会引起边际产量减少。

2）这一规律所研究的是，当其他生产要素投入为不变时，一种投入变动与产量变动之间的关系。如果所有投入同时变动则不属于这一规律所研究的。

3）在其他生产要素不变时，一种生产要素增加所引起的产量或收益的变动可以分为 3 个阶段。第一阶段：产量递增，即这种可变生产要素的增加使产量或收益增加。这是因为，在开始时不变的生产要素没有得到充分利用，这时增加可变生产要素，可以使不变的生产要素得到充分利用，从而产量递增。第二阶段：边际产量递减，即这种可变生产要素的增加仍可使总产量增加，但增加的比率，即增加的每一单位生产要素的边际产量是递减的。这是因为，在这一阶段，不变生产要素已接近于充分利用。可变生产要素的增加已不能像第一阶段那样使产量迅速增加。第三阶段：产量绝对减少，即这种可变生产要素的增加使总产量减少。这是因为，这时不变生产要素已经得到充分利用，再增加可变生产要素只会降低生产效率，减少总产量。

4）这一规律普遍存在于各个行业。也许现实中有的行业处于收益递增阶段，有的已进入收益递减状态，但只要可变投入一直增加下去，最终都会出现收益递减。例如，在农业中，当土地等生产要素不变时，增加施肥量；某些企业中富余人员的存在，机关庞大办事效率低下都是收益递减规律的不同表现形式。

知识拓展

马尔萨斯人口论与边际报酬递减规律

经济学家马尔萨斯（1766～1834）的人口论的一个主要依据便是报酬递减定律。他认为，随着人口的膨胀，越来越多的劳动力耕种土地，地球上有限的土地将无法提供足够的食物，最终劳动的边际产出与平均产出下降，但又有更多的人需要食物，因而会产生大的饥荒。幸运的是，人类的历史并没有按马尔萨斯的预言发展（尽管他正确地指出了"劳动边际报酬"递减）。

20世纪，技术发展突飞猛进，改变了许多国家（包括发展中国家，如印度）的食物的生产方式，劳动的平均产出因而上升。这些进步包括高产抗病的良种，更高效的化肥，更先进的收割机械。第二次世界大战结束后，世界上总的食物生产的增幅总是或多或少地高于同期人口的增长。

粮食产量增长的源泉之一是农用土地的增加。例如，1961～1975年，非洲农业用地所占的百分比从32%上升至33.3%，拉丁美洲从19.6%上升至22.4%，在远东地区，该比值从21.9%上升至22.6%。但同时，北美的农业用地则从26.1%降至25.5%，西欧从46.3%降至43.7%。显然，粮食产量的增加更大程度上是由于技术的改进，而不是农业用地的增加。

在世界其他一些地区，如非洲的撒哈拉，饥荒仍是一个严重的问题。劳动生产率低下是其原因之一。虽然其他一些国家存在着农业剩余，但由于食物从生产率高的地区向生产率低的地区再分配的困难和生产率低的地区收入也低的缘故，饥荒仍威胁着部分人群。

（资料来源：平狄克，鲁宾费尔德. 2002. 微观经济学. 北京：经济科学出版社）

三、短期生产要素合理投入区域

既然可变要素投入的增加到最后反而引起总产量的减少，那么，厂商如何确定可变要素的最佳投入量呢？下面产量3个阶段的分析有助于解决这一问题。

根据总产量曲线、平均产量曲线和边际产量曲线之间的关系，可以把一种可变要素的投入区间划分为3个阶段（见图3.2）。其中，投入的第Ⅰ阶段为投入量由0到平均产量的最大值（L_1），第Ⅱ阶段由平均产量的最大值至边际产量为0（L_2），第Ⅲ阶段为边际产量为负值的阶段。

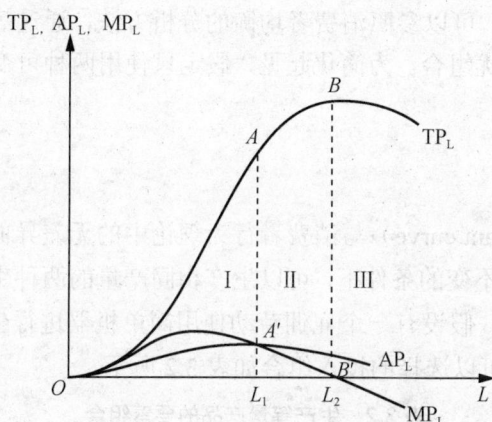

图 3.2 生产要素投入的 3 个阶段

在第 I 阶段，平均产量呈上升趋势，某种变动要素的边际产量大于其平均产量，在这一区域，增加劳动量投入是有利可图的，这不仅会充分利用固定要素，而且带来总产量以递增的比率增加，任何有理性的厂商通常不会把可变要素投入的使用量限制在这一区域内。

与这一区域相对应的是第 III 阶段，边际产量为负值，总产量开始递减，这时每减少一个单位的可变要素投入反而能提高总产量，表明与固定要素投入相比，可变要素投入太多，也不经济。显然，理性的厂商也不会在这一区域进行生产。

可见，理性的厂商必然要在第 II 区域生产。在这一阶段内，平均产量开始下降，边际产量递减，即增加劳动量仍可使总产量增加，但增加的比率是递减的。由于边际产量仍然大于零，总产量仍在增加，在劳动量增加到 L_2 时，总产量达到最大。在生产的第 II 阶段，生产者可以得到由第 I 阶段增加可变要素投入所带来的全部好处，又可以避免将可变要素投入增加到第 III 阶段而带来的不利影响。因此，第 II 阶段是生产者进行短期生产的决策区间。

从以上的分析可以看出，劳动量的增加应在第 II 区域为宜，但应在第 II 区域的哪一点上呢？这就要考虑到其他因素。首先要考虑厂商的目标，如果厂商的目标是使平均产量达到最大，那么，劳动量增加到 L_1 就可以了；如果厂商的目标是使总产量达到最大，那么，劳动量就可以增加到 L_2。其次，如果厂商是以利润最大化为目标，那么就要考虑成本、产品价格等因素才能确定。

第三节　长期生产函数

在短期内，假定投入要素只有一种可变，其他要素不变，来考察投入与产出的关系。在长期内，一切投入要素均可变，又如何确定最优的要素投入组合，即在成本一定的条件下，投入要素之间怎样组合才能使产量最大，或在产量一定的条件下，怎样组合才能使成本最低。在方法上，可以参照消费者均衡的分析方法，通过等产量曲线和等成本曲线来寻找投入要素的最优组合。为简化起见，假定只使用两种可变要素生产一种产品的情况。

一、等产量曲线

等产量曲线（isoquant curve）与消费者行为理论中的无差异曲线是很相似的。等产量曲线表示在技术水平不变的条件下，可以生产相同产量的两种生产要素不同数量组合描述出来的轨迹。例如，假设有一个雇佣劳动使用简单机器进行生产的制衣公司，计划每天生产 50 件成衣，它可以选择的投入组合如表 3.2 所示。

表 3.2　生产等量产品的要素组合

要 素 组 合	劳动投入量（L）	资本投入量（K）	总产量（Q）
A	1	6	50
B	2	3	50
C	3	2	50
D	6	1	50

对应于表 3.2 可以得到生产 50 件成衣的等产量曲线。

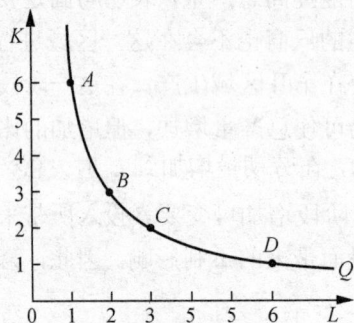

图 3.3　等产量曲线

在图 3.3 中，L 代表劳动量，K 代表资本量，Q 为等产量曲线，即曲线上任何一点所表示的资本与劳动不同数量的组合，都能生产出相等的产量。等产量曲线与无差异曲线相似，所不同的是，它代表的是产量而不是效用。

一条等产量曲线表示一个既定的产量水平可以由两种可变要素的不同数量组合生产出来。这意味着生产者可以通过对两要素之间的相互替代，来维持一个既定的产量水平。例如，为了生产 50 单位的成衣，生产者可以使用较多的劳动和较少的资本，也可以使用较少的劳动和较多的资本。前者可以看出是劳动对资本的替代，后者可以看成是资本对劳动的替代。研究要素间相互替代关系的一个重要概念是边际技术替代率（marginal rate of technical substitution，MRTS），它是指在维持产量水平不变的条件下，增

加一单位某种生产要素投入量时所减少的另一种要素的投入数量。劳动对资本的边际技术替代率的定义公式为

$$MRTS_{LK} = -\frac{\Delta K}{\Delta L} \quad\quad (3.7)$$

式中，ΔK、ΔL 分别为资本投入量的变化量和劳动投入量的变化量。公式中加一负号是为了使 MRTS 值在一般情况下为正值，以便于比较。

边际技术替代率还可以表示为两要素的边际产量之比。这是因为，边际技术替代率是建立在等产量曲线基础上的，所以对于任意一条给定的等产量曲线来说，当用劳动投入去替代资本投入时，在维持产量水平不变的前提下，由增加劳动投入量所带来的总产量的增加量和由减少资本量所带来的总产量的减少量必定是相等的，则有

$$|\Delta L \cdot MP_L| = |\Delta K \cdot MP_K| \quad\quad (3.8)$$

整理得

$$-\frac{\Delta K}{\Delta L} = \frac{MP_L}{MP_K} \qu\quad\quad (3.9)$$

由边际技术替代率的定义公式得

$$MRTS_{LK} = -\frac{\Delta K}{\Delta L} = \frac{MP_L}{MP_K} \quad\quad (3.10)$$

可见，边际技术替代率可以表示为两要素的边际产量之比[①]。

通常，边际技术替代率是递减的。这个特征是不难理解的，因为这是边际报酬递减规律作用的结果。根据 $MRTS_{LK} = \frac{MP_L}{MP_K}$，当用劳动替代资本时，劳动投入量增加，则劳动的边际产量 MP_L 递减；当资本使用量减少，则资本的边际产量 MP_K 递增。所以，MP_L / MP_K 递减。

等产量曲线通常具有下列特征。

1）表示某一生产函数的等产量曲线图中，可以画出无数条等产量曲线，并且任何两条等产量曲线不能相交。

2）等产量曲线有无数多条，其中每一条代表着一个产量值，并且离原点越远，代表的产量就越大。

3）等产量曲线上任何一点的斜率等于该点的边际技术替代率，不仅为负值，而且其绝对值是递减的。

---

① 微分的方法同样可以证明。对于生产函数 $Q = f(L, K)$，用劳动代替资本而维持产出水平不变意味着当劳动投入增加而资本投入减少时，产出水平保持为 $Q = f(L, K) = Q_0$，对该式进行全微分，得到

$$\frac{\partial Q}{\partial L}dL + \frac{\partial Q}{\partial K}dK = 0$$

整理上式可得

$$-\frac{dK}{dL} = \frac{\partial Q}{\partial L} \Big/ \frac{\partial Q}{\partial K} = \frac{MP_L}{MP_K} = MRTS_{LK}$$

4）由于等产量曲线斜率的绝对值递减，因此等产量曲线一般都凸向原点。

二、等成本曲线

追求利润最大化的厂商使用生产要素还必须考虑成本因素，下面将引入等成本曲线加以分析。

等成本曲线（isocost curve）是一个和消费者行为理论中的预算线非常相似的分析工具。等成本曲线是指在既定的成本和既定的生产要素价格条件下生产者可以购买的两种生产要素的各种不同数量组合的轨迹。假定市场上生产要素价格既定，单个厂商是生产要素价格的接受者，用 ω 代表劳动的价格即工资率，用 γ 代表资本的价格即利息率，厂商既定的成本支出为 C，则成本方程为

$$C = \omega L + \gamma K \tag{3.11}$$

等成本曲线还可以表示为

$$K = \frac{C}{\gamma} - \frac{\omega}{\gamma} L \tag{3.12}$$

根据以上式子，可以得到等成本曲线，如图 3.4 所示。图中横轴上的点 $\frac{C}{\omega}$ 表示既定的全部成本都购买劳动时的数量，纵轴上的点 $\frac{C}{\gamma}$ 表示既定的全部成本都购买资本时的数量。等成本曲线的斜率为 $-\frac{\omega}{\gamma}$，它的绝对值是劳动与资本的价格比率。等成本曲线内的区域是厂商可以购买的要素组合，线外的区域是厂商在现有的成本约束下无法实现的要素组合。另外，如果厂商花费的成本总量或者生产要素的价格发生变动，那么等成本曲线也会相应地变动。其中，成本增加，等成本曲线向右上方平行移动；价格变动将导致等成本曲线旋转。

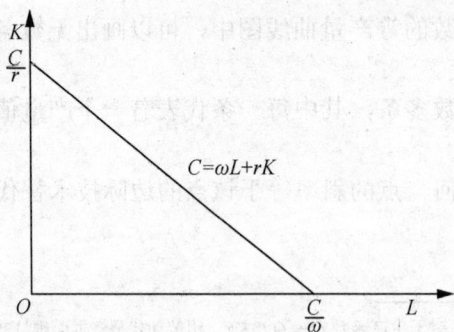

图 3.4　等成本曲线

三、生产要素的最优投入组合

在长期内，所有的要素投入都是可变的，理性的厂商如何选择最优的生产要素组合进行生产，本部分将对此进行分析。

要解决生产要素的最优组合问题，就需要把等产量曲线和等成本曲线结合在一起。要素的最优组合可以是产量一定时成本最低的要素组合，也可以是成本一定时产量最高的要素组合。

1. 既定成本下的产量最大化

假定在一定的技术条件下厂商用两种可变生产要素劳动和资本生产一种产品，且劳动和资本的价格是已知的，厂商用于购买这两种要素的全部成本是既定的，那么厂商如何选择最优的劳动投入量和资本投入量组合在既定的成本下获得最大的产量呢？

在图 3.5 中，Q_1，Q_2，Q_3 为 3 条等产量曲线，其产量大小的顺序为 $Q_1 < Q_2 < Q_3$，AB 为等成本曲线。AB 线与 Q_2 相切于 E，这时实现了生产要素的最适组合，即在厂商的成本与生产要素价格既定的条件下，OM 的劳动和 ON 的资本结合，能实现最大的产量。

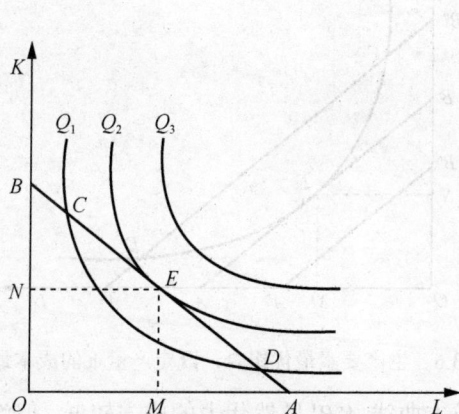

图 3.5 生产要素最优组合：既定成本下的产量最大

为什么只有在 E 点时才能实现生产要素的最适组合呢？从图 3.5 上看，等产量曲线 Q_3 代表的产量虽然高于等产量曲线 Q_2，但等产量曲线 Q_3 与等成本曲线 AB 既无交点也无切点，这表明厂商利用既定成本是无法达到 Q_3 的产量。再看等产量曲线 Q_1，与等成本曲线 AB 相交于 C 和 D 两点，但 $Q_1 < Q_2$，因此，厂商在不增加成本的情况下，只需要沿着既定的等成本曲线 AB 由 C 点出发向右或由 D 点出发向左改变要素组合，就可以增加产量。所以，只有在唯一的等成本曲线 AB 和等产量曲线 Q_2 的相切点 E 才是既定成本时的最大产量的要素组合。于是在 E 点有

$$\text{MRTS}_{LK} = \frac{\omega}{\gamma} \tag{3.13}$$

式（3.13）表示：为了实现既定成本条件下的最大产量，厂商必须选择最优的生产要素组合，使得两要素的边际技术替代率等于两要素的价格比例。这就是两种生产要素的最优组合原则。

由于边际技术替代率可以表示为两要素的边际产量之比，上述式子又可以写成

$$\text{MRTS}_{\text{LK}} = \frac{\text{MP}_{\text{L}}}{\text{MP}_{\text{K}}} = \frac{\omega}{\gamma} \qquad (3.14)$$

2. 既定产量下的成本最小化

厂商使用生产要素的最优组合也可以理解为，厂商生产既定的产量力求成本为最小。

在图 3.6 中，有一条等产量曲线 Q 代表既定的产量，3 条等成本曲线具有相同的斜率但代表 3 个不同的成本量，成本最高的为 $A''B''$，成本最低的为 $A'B'$，唯一的等产量曲线 Q 与等成本曲线 AB 相切于 E 点，这就是最优要素组合点。它表示：在既定的产量下，厂商应该选择 E 点的要素组合（OM, ON），才能实现最小的成本。

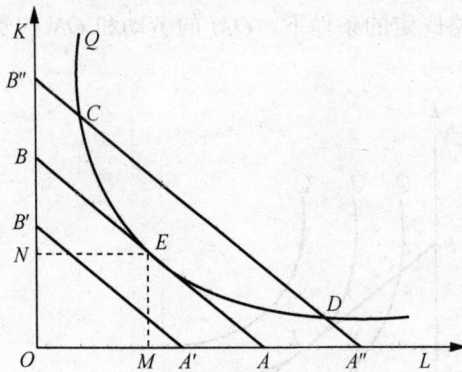

图 3.6　生产要素最优组合：既定产量下的成本最小

原因不难理解，等成本曲线 $A'B'$ 虽然代表的成本较低，但没有与既定的等产量曲线 Q 相交或相切，等成本曲线 $A''B''$ 虽然与等产量曲线 Q 相交于 C 点和 D 点，但它代表的成本过高，所以，只有在切点 E 处才是在既定产量条件下实现最小成本的要素组合。

可见，在既定产量条件下实现最小成本的要素组合条件仍然是

$$\text{MRTS}_{\text{LK}} = \frac{\text{MP}_{\text{L}}}{\text{MP}_{\text{K}}} = \frac{\omega}{\gamma} \qquad (3.15)$$

3.　扩展线

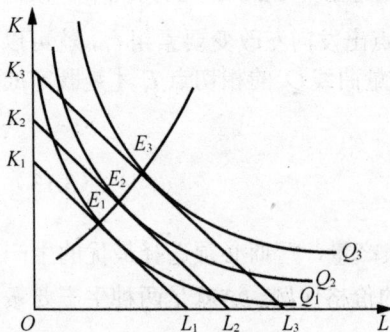

图 3.7　扩展线

在生产要素的价格、生产技术和其他条件不变时，如果厂商改变成本，等成本线就会发生平移；如果厂商改变产量，等产量曲线也会发生平移，这些不同的等产量曲线将与不同的等成本线相切，形成一系列不同的生产均衡点，这些生产均衡点的轨迹就是扩展线（expansion path），又称扩张路线。如 3.7 所示，连结 E_1、E_2、E_3 所得到的曲线就是扩展线。

扩展线的经济学意义在于当生产的成本或产量发生变化时，企业必然会沿着扩展线来选择最优的生产要素组合，从而实现既定成本条件下的最大产量，或实现既定产量条件下的最小成本。扩展线是厂商在长期的扩张或收缩生产时所必须遵循的路线。

四、规模报酬

前面探讨了在长期两种投入要素均可变动时的最优生产要素组合，现在将问题进一步扩展，厂商生产规模扩大情况下产出又具有何种变化规律？为简化问题，假定厂商在生产中所投入的要素按相同的比例变动。相应的，规模报酬变化是指在其他条件不变的情况下，企业内部各种生产要素按相同比例变化时带来的产量变化。企业的规模报酬变化可以分为规模报酬递增、规模报酬不变和规模报酬递减 3 种情况。

（一）规模报酬变化的 3 种情况

1. 规模报酬递增

对于生产函数 $Q = f(L,K)$ 而言，如果 $f(\lambda K, \lambda L) > \lambda f(K,L)$，即产量增加的比例大于各种生产要素增加的比例，则称为规模报酬递增。

图 3.8 表明，对于规模报酬递增的生产函数来说，劳动和资本扩大一个较小的倍数就可以导致产出扩大较大的倍数。当劳动与资本投入分别为 3 个单位时，产出为 100 个单位，但是生产 200 单位的产量所需要的劳动与资本投入分别少于 6 个单位。产出是原来的 2 倍，投入却不到原来的 2 倍。

规模报酬递增的原因主要有：生产规模扩大以后，企业能够利用更先进的技术和机器设备等生产要素，随着对较多的人力和机器的使用，企业内部的生产分工能够更合理和专业化。另外，生产规模扩大时，容易实行现代化管理。现代化的管理，会造成一种新的生产力，合理的、先进的管理可以更进一步充分发挥各要素的组合功能，带来更大的效率和收益。

2. 规模报酬不变

对于生产函数 $Q = f(L,K)$ 而言，如果 $f(\lambda K, \lambda L) = \lambda f(K,L)$，即产量增加的比例等于各种生产要素增加的比例，则称为规模报酬不变。

图 3.9 表明，对于规模报酬不变的生产函数来说，投入扩大某一倍数，产出也扩大相应的倍数。当劳动和资本投入分别为 3 个单位时，产出为 100 个单位；当劳动和资本投入分别为 6 个单位时，产出为 200 个单位。产出与投入扩大了相同的倍数。

规模报酬不变的原因主要是由于规模报酬递增的因素吸收完毕，某种生产组合的调整受到了技术上的限制。假定一个生产操纵 2 台机器已达到最大效率，这时要增加产量，除非是改进机器，或采用新机器（代表效率更高的生产技术），否则，这时候产量只会与投入同比例变化，使规模报酬成为常数状态。

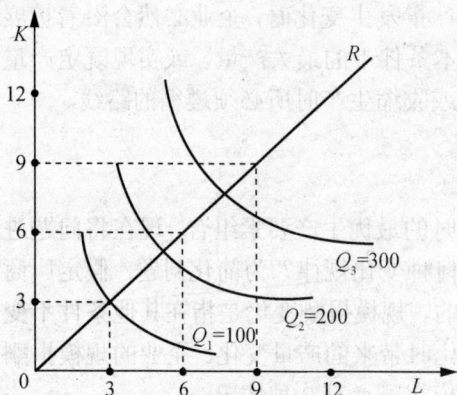

图 3.8 规模报酬递增生产函数

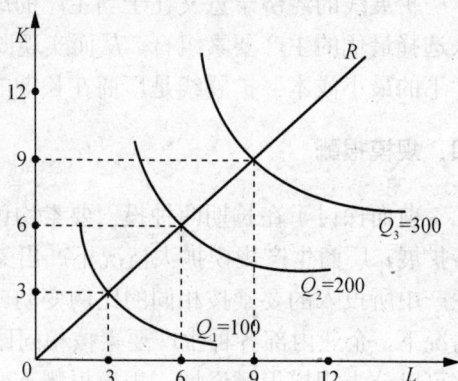

图 3.9 规模报酬不变生产函数

3. 规模报酬递减

对于生产函数 $Q=f(L,K)$ 而言，如果 $f(\lambda K,\lambda L)<\lambda f(K,L)$，即产量增加的比例小于各种生产要素增加的比例，则称为规模报酬递减。

图 3.10 表明，对于规模报酬递减的生产函数来讲，劳动和资本扩大一个较大的倍数

图 3.10 规模报酬递减生产函数

只能导致产出扩大较小的倍数。当劳动与资本投入分别为 3 个单位时，产出为 100 个单位；但是当劳动与资本投入分别为 6 单位时，产出低于 200 个单位。投入是原来的 2 倍，但是产出却不到原来的 2 倍。

规模报酬递减的原因，主要是规模过大造成管理效率的下降、决策的时间滞后。表现在管理上，内部机制难以协调，管理与指挥系统十分庞杂，一些重要问题只能一级一级反映给决策者，而重要的决定要由决策者一级一级传达给生产者，这样会贻误时机，造成规模报酬的递减。

通常，一个企业在发展过程中会经历规模报酬递增、规模报酬不变和规模报酬递减 3 个阶段。当企业从最初很小的生产规模开始逐步扩大的时候，企业面临的是规模报酬递增阶段；当企业得到了由生产规模扩大所带来的产量递增的全部好处以后，一般会继续扩大生产规模，将生产规模保持在规模报酬不变的阶段。这个阶段可能会比较长，在这以后，企业如果继续扩大生产规模，就会进入一个规模报酬递减的阶段。

（二）规模报酬变动的原因

西方经济学家用内在经济与外在经济来解释规模报酬的变动问题。内在经济（internal economics）是指一个厂商在生产规模扩大时从自身内部所引起的收益增加。例

如，一个厂商的生产规模扩大，可以实现更加精细的内部分工，可以充分发挥管理人员的效率，减少管理人员的比例，可以对副产品进行综合利用，可以减少生产和购销费用等，但是，如果一个厂商的生产规模过大则会由自身内部原因引起收益的减少，这就是内在不经济。再例如，一个厂商的生产规模过大，会使得管理不便，管理效率降低，内部通信联系费用增加，在购销方面需要增设机构，等等。

外在经济（external economics）是指整个行业规模扩大时给个别厂商所带来的收益增加。例如，整个行业的发展可以使个别厂商在交通、信息、人才等方面获得某些好处而增加了收益。但是，如果一个行业的规模过大也会给个别厂商带来损失，使它们的成本增加，收益减少，这就是外在不经济。再例如，整个行业扩大引起生产要素的供给不足，产品销售困难，交通运输紧张，环境污染等，从而使个别厂商的收益减少。

总之，一个行业或一个厂商生产规模过大或过小都是不利的，每个行业或厂商都应根据自己生产的特点确定一个适度规模。厂商选择适度规模的原则，是尽可能使生产规模处在规模收益不变阶段。如果一个厂商的规模收益是递增的，则说明该厂商的生产规模过小，此时应扩大规模以取得规模收益递增的利益直到规模收益不变为止；如果一个厂商的规模收益是递减的，则说明厂商的生产规模过大，此时应缩小生产规模以减少规模过大的损失，直到规模收益不变为止。

阅读资料

印度外包产业大洗牌

外包是指公司自己不生产，而是从其他地方购买产品和服务。公司外包业务的形式很多，如生产、营销和流通等。信息技术不断进步和通信成本迅速下降。外包业务包括办公室后台管理、网上客服管理、设计以及研发等。

最近，印度信息技术中心班加罗尔出现了外包产业兼并热潮。前不久，印度一流的软件服务企业——信息系统技术公司宣布出售一个价值10亿美元的子公司的股票。在同一天，美国通用电气公司（GE）将它在新德里的一个外包产业子公司的价值5亿美元的股份出售给美国投资者。

班加罗尔是印度年收入160亿美元的外包产业的中心。由于更多的外国公司把办公室工作、软件编写、会计工作，以及其他业务，发包给印度的电话呼叫中心和计算机工作站，印度的外包产业以每年30%以上的比率增长。据印度的软件服务贸易协会Nasscom估计，到2008年，这个产业将达到500亿美元。这个协会认为，西方企业30%的高技术工作都可以外包，目前外包的工作量不到10%。

世界各地的投资者都看好印度外包产业的潜力。投资银行家预测，外包产业的竞争者为了实现规模效益，使每一项工作——从呼叫中心到金融分析，更好地为客户服务，在今后一段时间内，将出现一股合并和兼并热潮，将会出现更多的管理重组、更多的合并和更多的美国上市登记。

在印度的外包产业领域，跨国公司和本地公司将发生利益上的冲突。虽然业务量正在增长，但是许多公司之间的价格竞争也变得激烈。目前，印度共有400家接受外包业务的企业——从仅有25名雇员的小企业到有1.3万名雇员的韦普罗有限公司。由于这些企业对大学毕业生的需求很大，每年大约有一半的雇员"跳槽"，另寻待遇更好的工作。这就增加了从事外包工作的企业成本。韦普罗公司和信息系统技术公司今年增加雇员工资10%～15%，试图使雇员队伍保持稳定。一些大的企业将管理重组作为减少竞争的方法。

外包产业是印度人开辟的，经营得最成功的也是印度本地企业。在这个领域，除了美国通用电气公司和花旗银行，其他外国企业来印度较晚，并且正在努力追赶。在4月份，"IBM全球服务公司"以1.5亿美元购买了新德里的"达克希公司"（Daksh），这个呼叫中心经营商有6000名雇员为世界各地的客户服务。这个购买行动使IBM进入印度一流的外包业务承包商的行列。业内人士说，其他的美国服务公司可能寻求类似的兼并交易。

正如通用电气公司的交易所显示的，供人竞购的不仅是本地企业。这家美国巨型企业于1997年在印度建立了它的办公室支持（back-office）企业"通用资本国际服务公司"（Gecis）。从那时以来，Gecis的销售额增长到4.3亿美元，在4个国家有雇员1.7万人。它的业务除了客户服务，还处理复杂的程序，如数字模型和保险统计分析。GE认为，Gecis作为一个半独立的单位，为不同的客户服务，而不是只为GE服务，它将经营得更好。所以，Gecis60%的股份将出售给美国的风险基金。Gecis的总裁普拉莫德·巴辛说："我们要建立一个全球性的企业。"

银行家预测将有更多这种形式的出售。例如，与Gecis类似的美国运通公司和标准渣打银行在印度经营的呼叫中心和办公室支持业务，由于其规模迅速扩大和运作成本比当地企业高，将其保持在企业内部很不划算。这两个单位在印度有4 000多名雇员。这样的单位仅为它们的母公司服务，它们就不像本地企业那样有进取心。分析家说，这些所谓的"被母公司控制的企业"的成本，比本地企业高40%。所以，这些企业的母公司与GE决定分离它的办公室支持业务一样，都面对同样的压力。

（资料来源：老郎．2005-01-28．印度外包产业大洗牌．市场报．）

第四节　成本及成本函数

为了追求利润最大化，企业在制定生产决策时，不仅要考虑生产要素投入与产出之间的物质关系（即生产函数），而且还要考虑生产耗费与产出之间的经济关系，本节将在前面分析的基础上集中分析有关企业的生产成本问题，揭示企业成本变动与产出变动的关系。

一、成本的定义

成本（cost）是指厂商生产一定数量的商品或提供一定数量的服务所耗费的生产要素的价值，它等于投入的每种生产要素的数量与每种生产要素单位价格的乘积的总和。厂商是否愿意并能够向市场按某种价格提供一定数量的某种产品，其中最基本的决定因素就是产品的生产成本。

二、成本的分类

经济分析中的成本与会计中的成本概念是有区别的。因此，成本概念有许多不同的用法和含义，主要有以下几个方面。

1. 会计成本和机会成本

财务分析使用会计成本，它是企业在生产过程中按市场价格直接支付的一切费用，是已发生的历史成本，这些成本一般均可通过会计账目反映出来。

经济分析使用机会成本，这是从经济资源的稀缺性这一前提出发，当一个社会或一个企业用一定的经济资源生产一定数量的一种或几种产品时，这些经济资源就不能同时被用在其他的生产用途方面。这就是说，这个社会或这个企业所获得的一定数量的产品收入，是以放弃用同样的经济资源来生产其他产品时所能获得的收入为代价的。由此，便产生了机会成本的概念：生产一单位的某种商品的机会成本是指生产者所放弃的使用相同的生产要素在其他生产用途中所能得到的最高收入。例如，当人们将一吨原油用作燃料发电时，就不可能再用这一吨原油生产化纤等其他石化产品，假如化纤在各种石化产品中收入最高，那么，一吨原油生产化纤的收入便是这一吨原油用于发电的机会成本，否则，追求利润最大的企业便会将这一吨原油从发电改为化纤。由于经济分析的目的在于考察资源的最优配置，而采用机会成本能够促使各种要素用于最优的途径，故经济分析首先研究投入要素的机会成本，然后根据各种投入的机会成本计算产品的经济成本。

利用机会成本概念进行经济分析时，需要具备相应的前提条件：资源是稀缺的；资源有多种用途；资源可以自由流动。

阅读资料

比尔·盖茨的选择——机会成本

选择就要付出代价。当得到一个机会时，往往会失去另一个机会。而该选择哪个机会，人们则需要通过计算机会成本来加以权衡，即选择一件东西的机会成本是为了得到这件东西所放弃的其他东西的价值。

面对有限的资源，为了能够得到想要的，人们必须选择放弃。

选择有时很容易，但有时却很难，难就难在备选的双方都有多种多样或者不相上下的优势。不过，只要了解了其中的经济学原理——机会成本（opportunity cost），人们就会明智地做出最经济、所获利益最大化的选择。

机会成本又称择一成本或替代性成本，是指在经济决策过程中，因选取某一方案而放弃另一方案所付出的代价或丧失的潜在利益。要想对备选方案的经济效益做出正确的判断与评价，必须在作决策前进行分析，将已放弃的方案可能获得的潜在收益作为被选取方案的机会成本计算在内。生活中到处存在着机会成本的例子，下面来看一下世界首富、微软公司前任总裁比尔·盖茨（Bill Gates）在面对选择时，是如何计算机会成本的。

比尔·盖茨于 1973 年进入哈佛大学法律系学习，可是他对法律一直没有兴趣，反而对计算机情有独钟。19岁时，盖茨有了创办软件公司的想法，随之而来的就是他要面临一项选择，是继续读书直到拿到很多人梦寐以求的哈佛大学学位证书，还是辍学开办自己的软件公司？比尔·盖茨热爱学习，顺利完成学业是他的梦想，哈佛大学的毕业证书是他所渴望的，可是经营自己的软件公司也是他所钟爱的。在经过一番思考后，他毅然决定放弃学业，开办软件公司。事实证明了他的选择是对的，在1999年美国《福布斯》杂志的世界富豪评选中，比尔·盖茨以净资产850亿美元理所当然地登上了榜首。

1999年3月27日，比尔·盖茨回母校参加募捐活动时，有记者问他是否愿意继续回哈佛上学，弥补他曾经的遗憾。对此，比尔·盖茨只是微微一笑，没有做出任何回答。不难看出，比尔·盖茨已不愿意为了哈佛的学位证书而放弃自己已有的事业。

这是为什么呢？按照常理，上学是盖茨喜欢的事情，在实现了创办软件公司的愿望后，他完全可以静下心来继续学习，实现他的哈佛梦想，可是他为什么又选择放弃呢？如果从经济学的角度看，这个问题就不再那么令人困惑了。因为，对于当时的盖茨而言，比起放弃学业继续经营公司，放弃经营公司去上学的机会成本更大。而且，他在计算机领域的技术水平已经相当高，上学对他来说得到的.利益不可能比他经营公司的利益大，所以他当然会选择机会成本较小、利益较大的一方。

机会成本并非会计学意义上的成本，而是一个纯粹的经济学概念。从经济学角度来说，人们计算机会成本一般只是为了找到最佳的要素组合，从总体上得到最大的利益。我国也有一个与盖茨类似的不愿意上大学的例子，那就是姚明。姚明同火箭队签订了5年的合同，火箭队付给他的薪酬是7000万美元，加上平时代理的广告收入，据说年收入已突破1亿美元，但是如果他选择去读大学，这些收入很可能都会失去，也就是说，与在NBA打球相比，他选择上大学的机会成本要大得多。

机会成本不仅仅是名人做出选择时才会用到的，人们在日常生活中，也都会面临各种各样的选择，有选择就需要计算机会成本，因此，这是一个对于任何人都很重要的经济学概念。人们在决策时，经常会比较各个备选项的成本和收益，只有所获利益高于成本，人们才更倾向于采取行动。

（资料来源：罗宁. 2006. 生活离不开经济学. 北京：人民邮电出版社）

2. 显成本和隐成本

显成本是厂商购买所需投入物的实际支出，包括支付给雇员的工资，购买的原材料、燃料和其他生产资源，也包括支付的利息、租金、保险费等。隐成本是厂商在生产或经营过程中使用的自己拥有的投入物的价值。例如，厂商将自有的房屋建筑作为厂房，在会计账目上并无租金支出，不属于显成本，但经济学家认为既然租用他人的房屋需要支付租金，那么当使用厂商自有房屋时，也应支付这笔租金，所不同的是，这时厂商是向自己支付租金。从机会成本的角度看，隐成本必须按照企业自有生产要素在其他用途中所能得到的最高收入来支付，否则，厂商就会把自有生产要素转移到其他用途上，以获得更多的报酬。显成本和隐成本之和就是厂商在使用生产要素时应该支付的成本也称为经济成本。

经济学中的成本概念与会计学中的成本概念之间的关系，可以用公式表示为

会计成本＝显成本

经济成本＝显成本＋隐成本

3. 增量成本和沉没成本

增量成本是由于某项生产决策而产生的相关成本，即总成本的增量。它主要是因新增产量而增加的直接材料、直接人工和制造费用，即变动成本。

沉没成本是已经花费而又无法补偿的成本，或不因生产决策有所改变的成本。沉没成本如同溢出的牛奶和摔破了的罐，所有的生产和经营活动几乎都有一定的沉没成本。举例来说，如果预订了一张电影票，已经付了票款且假设不能退票。此时付的价钱已经不能收回，就算不看电影钱也收不回来，电影票的价钱算作沉没成本。在任何决策中，可以完全忘掉沉没成本。如果打算自己经营小饭馆，首先得熟悉饭馆业务。花在学习饭馆业务的时间、精力和资源大多是沉没成本，因此一旦决定不从事这门生意，那些资源便白白浪费了。又如，某生产过程使用一种特殊机床，该机床在该生产之外一无所用，那么，当企业停止生产时，该机床的成本便会是沉没成本。由于沉没成本一旦形成之后再也不可避免，因此，涉及沉没成本的决策具有战略性意义。

4. 私人成本与社会成本

私人成本是企业从事生产活动实际支付的一切成本。社会成本是整个社会为这项生产活动所支付的一切成本。例如，一个化工厂将生产过程中产生的废物倒入厂边的小河，对该厂来说，处理废物的私人成本就是将废物投入河中的费用。但是，一旦河流被污染，由此带来疾病，生态环境被破坏，就需要其他方面支付费用进行治理，从而构成社会成本。

三、成本函数

如果理解了生产函数，那么对成本函数的理解并不困难。如果给定生产函数 $Q=f(L,K)$，资本价格为 γ，劳动价格为 ω，生产产量 Q 的成本为 $C(Q)=\gamma K+\omega L$，这种产品数量和相应的产品成本之间的函数关系称为成本函数，记作 $C=f(Q)$。

成本理论之所以要讨论成本函数，是因为企业决定生产多少产量，必须比较收益和成本的关系以求利润极大化，而收益和成本都是会随产量变动的。成本函数取决于两个因素，生产函数和投入要素的单位价格。生产函数所反映的是投入的生产要素与产出之间的物质技术关系，它揭示在各种形式下厂商为了得到一定数量产品至少要投入多少单位生产要素。生产函数结合投入要素的单位价格就决定了成本函数。

生产函数有短期和长期之分，相应地，成本函数也有短期成本函数和长期成本函数之分。前者用于企业的日常经济决策，以确定最优出率，后者一般用于长期规划，以确定最佳生产规模。短期内厂商并不能调整所有的生产要素，因而成本可以区分为不变成本和可变成本。而在长期内，这种区分则没有意义。在短期和长期中，厂商成本的变动会有所差异。

第五节 短期成本和长期成本

一、短期成本

企业在短期内投入的生产要素分为不变要素和可变要素，因而有固定成本、平均固定成本、总成本、平均成本、边际成本、可变成本和平均可变成本等 7 个成本函数。

（一）短期成本的分类

1. 总成本、固定成本和可变成本

1）固定成本（fixed cost，FC）是厂商花费在所有固定投入上的费用，它不随产量的变化而变化，因而是一个常数，即使企业停产，也要照样支付，包括借入资金的利息，租用厂房或设备的租金，固定资产折旧费，停产期间无法解雇的雇员的薪金及保险费等。如图 3.11（a）所示，Q 代表产量，C 代表成本，固定成本为一条水平线，表明固定成本是一个既定的数量，它不随产量的增减而改变。

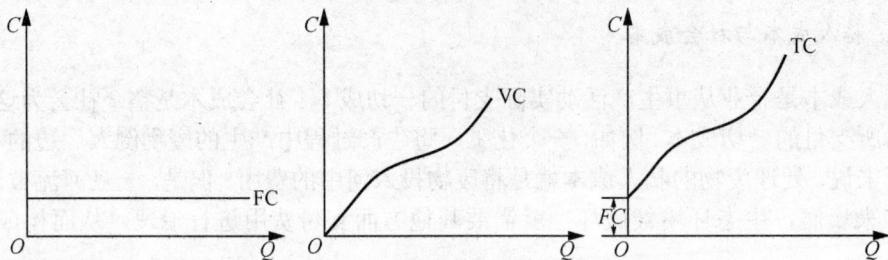

（a）短期固定成本曲线　　　（b）短期可变成本曲线　　　（c）短期总成本曲线

图 3.11　短期固定成本、可变成本和总成本曲线

2）可变成本（variable cost，VC）是厂商花费在所有变动投入上的费用，可变成本随产量变化而变化，包括临时工人的工资，原材料和燃料的费用等。如图 3.11（b）所示，可变成本曲线从原点出发，表明产量为零时，可变成本为零，随着产量的增加，可变成本也相应增加。可变成本曲线形状主要取决于投入要素的边际产出，在初始阶段，投入要素的边际产出递增，可变成本以递减的速度增加；到达一定点后，可变投入要素的边际产出递减，于是，可变成本以递增的速度增加。这种变化的特征与生产函数中短期总产量曲线呈现对偶性，而造成这两种曲线变化呈现对偶特征是同一个原因，即边际报酬递减规律在起作用。

3）总成本（total cost，TC）是厂商生产一定数量的产品对全部生产要素所支出的成本之和，包括固定成本和可变成本。如图 3.11（c）所示，总成本曲线形状与可变成本曲线一样，它只不过是可变成本曲线向上平行移动一段相当于 FC 大小的距离，即总成本曲线与可变成本曲线在任一产量上的垂直距离等于固定成本 FC。

上述成本关系用公式表示为

$$总成本（TC）＝固定成本（FC）＋可变成本（VC）$$

2. 平均成本、平均固定成本、平均可变成本与边际成本

1）平均固定成本（average fixed cost，AFC）是每单位产品上分摊的固定成本，等于总固定成本除以产量，即

$$AFC = \frac{FC}{q} \tag{3.16}$$

如图 3.12（a）所示，AFC 曲线是一条向两轴渐近的双曲线。AFC 曲线表示：随着产量的增加，AFC 逐渐变小，即产量越大，分摊到单位产品上的固定成本越少。

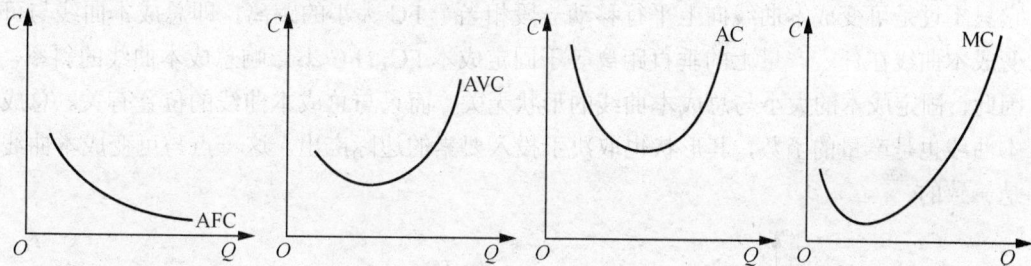

（a）平均固定成本曲线　　（b）平均可变成本曲线　　（c）平均成本曲线　　（d）边际成本曲线

图 3.12　短期平均固定成本、平均可变成本、平均成本、边际成本曲线

2）平均可变成本（average variable cost，AVC）是每单位产品上分摊的可变成本，它等于可变成本除以产量，即

$$AVC = \frac{VC}{Q} \tag{3.17}$$

3）平均成本（average cost，AC）是指每单位产量 Q 所花费的总成本，记作 AC，包括平均固定成本和平均可变成本。平均成本等于企业的总成本除以产量，用公式表示为

$$AC = \frac{TC}{Q} \tag{3.18}$$

平均成本、平均固定成本、平均可变成本之间的关系可以表示为

$$AC = AFC + AVC \tag{3.19}$$

4）边际成本（marginal cost，MC）是指增加一单位产量 Q 所增加的成本量，通常记作 MC，用公式表示为

$$MC = \frac{\Delta TC}{\Delta Q} \ 或 \ MC = \frac{dTC}{dQ} \tag{3.20}$$

由于不变成本不随产量变动而变动，因而当产量增加时，不变成本的改变量等于 0，即增加产量只影响可变成本。所以，边际成本又可以表示为

$$MC = \frac{\Delta VC}{\Delta Q} \quad \text{或} \quad MC = \frac{dVC}{dQ} \tag{3.21}$$

平均可变成本曲线、平均成本曲线和边际成本曲线如图3.12（b）、（c）、（d）所示。这3条曲线都呈现U形特征。它们表示：随着产量的增加，平均可变成本、平均成本和边际成本都是先递减，各自达到本身的最低点之后再递增。

（二）短期成本的变动规律及其关系

1. 短期总成本、固定成本和可变成本

总成本是固定成本与可变成本之和，其形状与可变成本曲线一样，如图3.13所示，它只不过是可变成本曲线向上平行移动一段相当于FC大小的距离，即总成本曲线与可变成本曲线在任一产量上的垂直距离等于固定成本FC，FC不影响总成本曲线的斜率，因此，固定成本的大小与总成本曲线的形状无关，而只与总成本曲线的位置有关。总成本曲线也是产量的函数，其形状也取决于投入要素的边际产出。这一点与可变成本曲线是一致的。

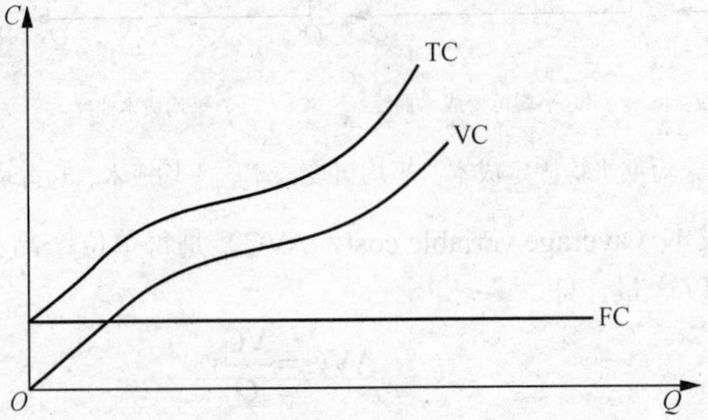

图3.13　短期总成本、固定成本和可变成本的关系

2. 短期平均成本、平均固定成本和平均可变成本

平均固定成本随产量增加而递减，其曲线是一条向右下方倾斜的曲线。变动规律是起初减少的幅度很大，以后减少的幅度越来越小。

平均可变成本起初随着产量的增加、生产要素的效率逐渐得到发挥而减少，但产量增加到一定程度后，由于边际收益递减规律而增加。

平均成本的变动规律是由平均固定成本与平均可变成本决定的。当产量增加时，平均固定成本迅速下降，加之平均可变成本也在下降，因此，短期平均成本迅速下降。以后，随着平均固定成本越来越小，它在平均成本中也越来越不重要，这时平均成本随平均可变成本的变动而变动。

在图 3.14 所示中，AC 曲线的位置在 AVC 曲线之上，两条曲线之间的垂直距离即为平均固定成本 AFC。由于 AFC 随产量增大而递减，因此，AC 曲线与 AVC 曲线的垂直距离也随产量增大而渐趋缩小。AC 曲线的最低点与 AVC 曲线的最低点不在同一条垂直线上，AVC 先达到最低点，这是因为 AC＝AVC＋AFC，AFC 是单调递减的，AVC 从最低点转而上升，当其增量少于 AFC 的减少量时，AC 仍是呈下降之势，只有当 AVC 的增量正好等于 AFC 的减少量，这时 AC 才达到最低点。

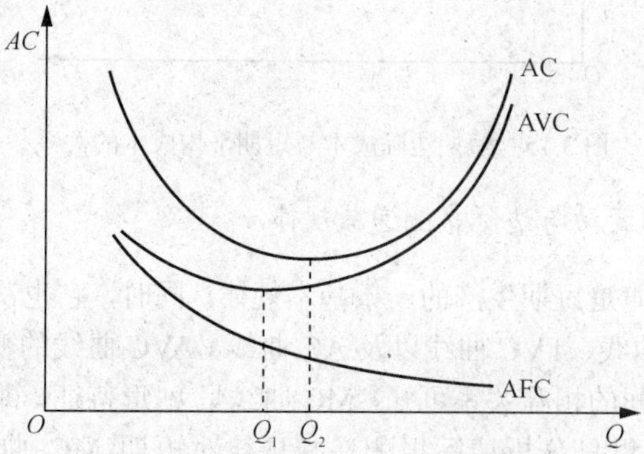

图 3.14 短期平均成本、平均固定成本和平均可变成本的关系

3. 短期边际成本与短期平均成本

短期边际成本（short-run marginal cost，SMC）是指短期中每增加一单位产量所增加的短期成本，它的变动取决于短期平均可变成本，因为新增加的成本是短期可变成本。如图 3.15 所示，在开始时，短期边际成本随产量的增加而减少，而且其水平低于短期平均成本（short-run average cost，SAC），因为短期边际成本的增加中没有短期固定成本。短期边际成本与短期平均成本的关系是：当短期边际成本低于短期平均成本时，短期平均成本是下降的；当短期边际成本的增加大于短期平均成本时，短期平均成本就要增加；短期边际成本与短期平均成本相交于短期平均成本的最低点。[①]

---

① AC 曲线和 MC 曲线之间的关系可以用数学证明，即

$$\frac{\mathrm{d}}{\mathrm{d}Q}AC = \frac{\mathrm{d}}{\mathrm{d}Q}\left(\frac{TC}{Q}\right) = \frac{TC' \cdot Q - TC}{Q^2} = \frac{1}{Q}(MC - AC)$$

由于 $Q>0$，所以，当 MC<AC 时，AC 曲线的斜率 $\frac{\mathrm{d}}{\mathrm{d}Q}AC$ 为负，AC 曲线是下降的；当 MC>AC 时，AC 曲线的斜率 $\frac{\mathrm{d}}{\mathrm{d}Q}AC$ 为正，AC 曲线是上升的；当 MC=AC 时，AC 曲线的斜率 $\frac{\mathrm{d}}{\mathrm{d}Q}AC$ 为零，AC 曲线达到极值点（在此为极小值点）。

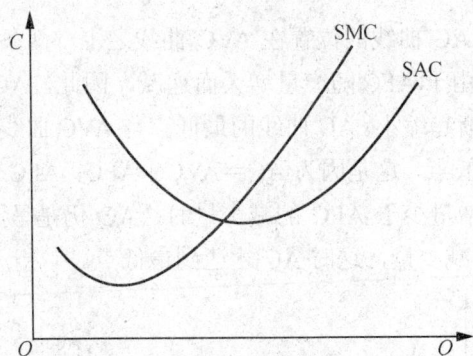

图 3.15 短期边际成本与短期平均成本的关系

（三）短期成本的变动与边际报酬递减规律

边际报酬递减规律是短期生产的一条基本规律，同时，它也决定了短期成本曲线的特征，可以解释 TC 曲线、TVC 曲线以及 AC 曲线、AVC 曲线的变化规律，根据前面分析的各种短期成本之间的相互关系可知，MC 曲线呈 U 形特征，即 MC 随产量的增加先递减后递增，所以这里只分析边际报酬递减规律对短期 MC 曲线的形状所起的决定作用。

MC 曲线的 U 形特征是由短期生产中的边际报酬递减规律所决定的。边际报酬递减规律是指在其他条件不变时，随着一种可变要素投入量连续增加，它所带来的边际产量先是递增的，达到最大值以后再递减。边际报酬递减规律的作用也可以通过以下的形式表示出来：在其他条件不变时，尤其是固定要素投入量和要素价格不变时，当产量由零开始不断增加，起初由于可变要素投入量相对固定要素投入量是较少的，因此，增加可变要素投入量会提高生产效率，边际成本是递减的。但当可变要素投入量增加到最佳比例以后，再继续增加可变要素投入量，就会降低生产效率，边际成本是递增的。这就说明，短期生产函数和短期成本函数之间存在着某种对应关系。这种对应关系表现为：边际报酬的递增阶段对应的是边际成本的递减阶段，边际报酬的递减阶段对应的是边际成本的递增阶段，与边际报酬的极大值相对应的是边际成本的极小值。正因为如此，MC 曲线表现出先降后升的 U 形特征。

二、长期成本

在长期，厂商所投入的所有生产要素都可以变动，生产规模可以任意选择，因而所有的成本都可以变动，不存在固定成本与变动成本之分。因此，厂商的长期成本可以分为长期总成本、长期平均成本和长期边际成本，它们的英文缩写依次为 LTC、LAC、LMC。

在"短期"和在"长期"，厂商所作的决策是完全不同的。在短期，厂商必须在既定的生产规模下作出决策，这种决策是确定可变要素的投入数量或要素的组合比例，以获得每单位产品的最低平均成本，称之为寻求投入要素的最优组合；在长期，厂商在所有生产要素的数量和质量都是可变的条件下所作出的决策是寻找一个最佳的生产规模来生产事先计划的产量，在短期中确定的东西在这里是不确定的，但一旦厂商选择了一个特定的生产规模，他的产量决策马上又转化成短期的决策。因此，厂商的经营决策在短期，而战略规划在长期，长期计划的执行决定了该企业未来特定的短期中运行的状况。

（一）长期总成本

在长期，厂商对全部要素投入量的调整意味着对企业的生产规模的调整，也就是说，厂商总可以在每一个产量水平上选择最优的生产规模进行生产。因此，长期总成本（long-run total cost，LTC）是指厂商在长期中在每一个产量水平上通过选择最优的生产规模所能达到的最低总成本。

长期总成本曲线可以由短期总成本（short-run total cost，STC）曲线推导出来。

如图 3.16 所示，有 3 条短期总成本曲线 STC_1、STC_2、STC_3，它们分别代表 3 个不同的生产规模，由于短期总成本曲线的纵轴截距表示相应的固定成本，而固定成本的多少（如厂房、机器设备等）往往表示生产规模的大小。因此，从 3 条短期总成本曲线所代表的生产规模看，STC_1 曲线最小，STC_2 曲线居中，STC_3 最大。

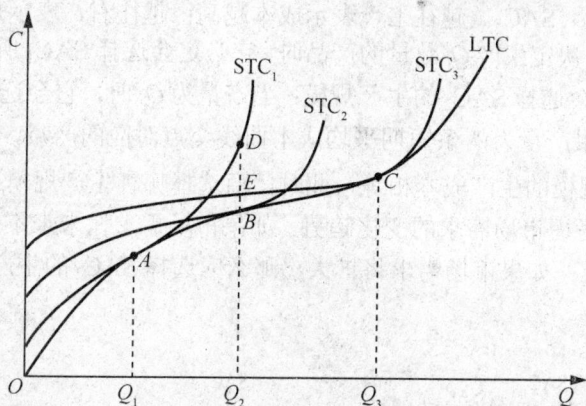

图 3.16 长期总成本

如果企业根据市场需求预测决定生产 Q_2，在短期内，厂商可能面临 STC_1 曲线所代表的过小的生产规模或 STC_3 曲线所代表的过大的生产规模，短期内企业无法调整自己的生产规模，只能按较高的总成本来生产 Q_2，即在 STC_1 曲线上的 D 点或 STC_3 的 E 点生产。而在长期，追求利润最大化的厂商可以变动全部的要素投入量，选择总成本最低的 STC_2 曲线上的 B 点进行生产。类似的，当产量为 Q_1，厂商会选择 STC_1 曲线所代表的生产规模上的 A 点进行生产；当产量为 Q_3，厂商会选择 STC_3 曲线所代表的生产规模上的 C 点生产，这样，厂商就在每一个既定的产量水平实现了最低的总成本。

在现实的生产经营中，企业生产规模远不止这几种，厂商可以在任何一个产量水平上都找到相应的一个最优生产规模，即可以找到无数个类似于 A、B、C 的点，把这些点连接起来，就形成了长期总成本 LTC 曲线。

长期总成本曲线是短期总成本曲线的包络线，即长期总成本曲线与每条短期总成本曲线相切但不相交，从下方将无数条短期总成本曲线包围起来。长期总成本曲线形状的经济含义是：长期总成本是每一种产出水平下可以实现的最低总成本。

LTC 曲线的形状与 STC 曲线的形状一样，但它们有两点区别。第一，LTC 曲线从原点出发而 STC 曲线不从原点出发。这是因为，在长期，不存在固定成本，所以产量为零时，长期总成本也为零。第二，STC 曲线和 LTC 曲线的形状的决定因素是不同的。STC 曲线的形状是由于可变投入要素的边际收益率先递增后递减决定的，而在长期，由于所有的投入要素都是可变的，因此，这里面对应的不是要素边际收益率问题而是要素的规模报酬问题，LTC 曲线的形状是由规模报酬先递增后递减决定的。

（二）长期平均成本

长期平均成本（long-run average cost，LAC）是指长期中平均每单位产品的成本，即 LAC＝LTC/Q。长期平均成本是生产各种产量所需的最低平均成本点的轨迹，可由短期平均成本曲线 SAC 导出，它是短期平均成本曲线的包络线。

在图 3.17 中，假设某厂商生产某种产品可以选择的生产规模有 5 种，分别记为 SAC_1、SAC_2、SAC_3、SAC_4、SAC_5。越往上，表示成本越高；越往右，表示规模越大。从长期生产来考虑，当厂商决定生产 Q_1 数量的产品时，它必定会选择 SAC_1 所代表的生产规模；当产量为 Q_3 时，它会选择 SAC_2 的生产规模；当产量为 Q_5 时，它会选择 SAC_3 的生产规模；依次类推。如果产量为两条短期平均成本曲线交点对应的产量，如产量 Q_2，SAC_1 和 SAC_2 两种生产规模的生产成本相等，此时厂商选择哪种生产规模最佳不仅要考虑使成本最低，而且应考虑市场需求的变化趋势。如果市场需求在未来不会扩大，那么应选择 SAC_1 的生产规模；如果市场需求将扩大，那么应选择 SAC_2 的生产规模。

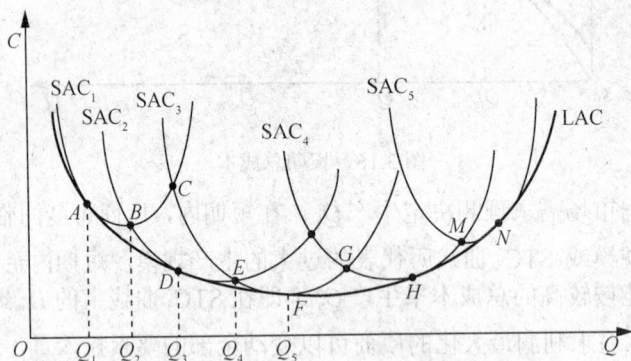

图 3.17　长期平均成本

如果厂商可供选择的生产规模数目非常多，则短期平均成本曲线的数目也非常多。这样一来，厂商可以在任何一个产量水平上，都找到相应的一个最优生产规模，都可以把平均成本降到最低水平。也就是说，长期平均成本曲线是无数条短期平均成本曲线的包络线。在这条包络线上，在连续变化的每一个产量水平上，都存在着 LAC 曲线与一条 SAC 曲线的相切点，该 SAC 曲线所代表的生产规模就是生产该产量的最优生产规模，该切点所对应的平均成本就是生产该产量的最低平均成本。所以，LAC 曲线表示长期内厂商在每一产量水平上由最优生产规模所带来的最小生产平均成本。

需要注意的是，虽然作为 SAC 包络线的 LAC 曲线的每一点，都是与某一既定的 SAC 曲线相切之点。但每一个相切的点，并不都是该 SAC 曲线的最低点。当 LAC 处于递减阶段时，LAC 曲线与 SAC 曲线的切点，必然位于该 SAC 曲线最低点的左上方；当 LAC 处于递增阶段时，LAC 曲线与 SAC 曲线的切点，必然位于该 SAC 曲线最低点的右上方；只有当 LAC 曲线本身处于最低点时，与之相应的 SAC 曲线的切点才是该 SAC 曲线的最低点。

长期平均成本曲线呈先降后升的 U 形，这种形状和短期平均成本曲线很相似。但是，这两者形成 U 形的原因并不相同。如前所述，短期平均成本曲线呈 U 形的原因是短期的边际报酬递减规律的作用。但在长期内，所有生产要素的投入量都可变，边际报酬递减规律不对长期平均成本曲线的形状产生影响。长期平均成本曲线的 U 形特征主要是由长期生产中的规模经济和规模不经济所决定的。在初始阶段，规模经济带来长期平均成本下降；当产量到达一定数量后，规模不经济又引起平均成本上升。规模不经济通常是由信息不通、管理无效、决策失误等造成的。

（三）长期边际成本

长期边际成本（long-run marginal cost，LMC）是指长期中每增加一单位产量所增加的长期总成本，公式表示为：$LMC = \Delta LTC / \Delta Q$ 或 $LMC = dLTC / dQ$。

因此，长期边际成本曲线是长期总成本曲线上各点的斜率值的轨迹。

长期总成本曲线是短期总成本曲线的包络线，在长期内的每一个产量上，LTC 曲线都与一条代表最优生产规模的 STC 曲线相切，这说明这两条曲线的斜率是相等的。由于 LTC 曲线的斜率是相应的 LMC 值，STC 曲线的斜率是相应的 SMC 值，因此可以推知，在长期内的每一个产量上，LMC 值都与代表最优生产规模的 SMC 值相等。根据这种关系，便可以由 SMC 曲线推导出 LMC 曲线。但是，与长期总成本曲线和长期平均成本曲线的推导不同，长期边际成本曲线不是短期边际成本曲线的包络线。它的推导如图 3.18 所示。

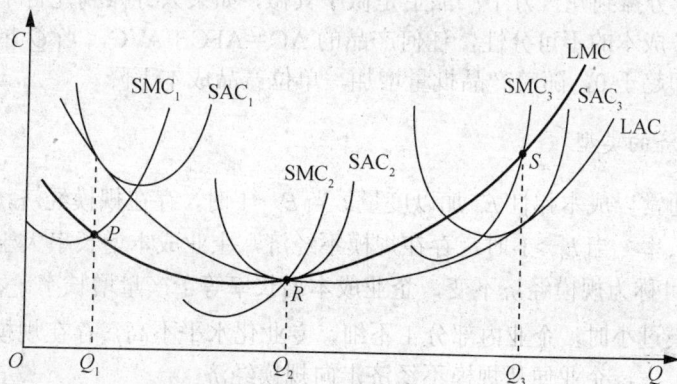

图 3.18　长期边际成本

图 3.18 中每一个产量上代表最优生产规模的 SAC 曲线都有一条相应的 SMC 曲线，每一条 SMC 曲线都过相应的 SAC 曲线最低点。在 Q_1 的产量上，生产该产量的最优生产规模由 SAC$_1$ 曲线和 SMC$_1$ 曲线所代表，相应的短期边际成本由点 P 给出，PQ_1 既是短期边际成本，又是长期边际成本，即有 LMC $=$ SMC$_1$ $= PQ_1$。同理，在 Q_2 的产量上，有 LMC $=$ SMC$_2$ $= RQ_2$；在 Q_3 的产量上，有 LMC $=$ SMC$_3$ $= SQ_3$。在生产规模可以无限细分的条件下，可以得到无数个类似于 P、R、S 的点，将这些点连接起来便得到一条光滑的 LMC 曲线。

长期边际成本也是随着产量的增加先递减后递增的，因此，长期边际成本曲线也是一条先降后升的 U 形曲线，它可以由 LTC 曲线推导出来。

当长期总成本递减地增加时，LTC 曲线的斜率逐渐减小，所以长期边际成本下降；当长期总成本递增地增加时，LTC 曲线的斜率逐渐增大，所以长期边际成本上升；当长期总成本由递减地增加转为递增地增加时，即处于 LTC 曲线的拐点时，LTC 曲线斜率最小，长期边际成本最小。

（四）规模经济

规模经济（economics of scale）是指随着生产规模的扩大，平均成本逐渐下降的趋势。如果随着企业生产规模的扩大，平均成本不断上升，则称为规模不经济。

1. 规模经济形成的原因

（1）生产分工的专业性

随着生产规模的扩大，专业化分工更细，各种要素的专业性更强，这将大大提高生产效率，降低生产成本。

（2）生产经营的不可分性

生产经营的不可分性表现在 3 个方面：一是生产设备的不可分性，一辆 32 吨的载重卡车，不会因为只载货 20 吨而减少某些必要的费用。二是经营过程的不可分性，产品生产要经历供、产、销等阶段，哪怕只生产一件产品也要经历全过程，耗费相应的资源。一笔广告费分摊到几百万个产品上是微乎其微，如果只分摊到几百个产品上便数量可观。三是财务成本的不可分性，任何产品的 AC $=$ AFC $+$ AVC，当 Q 趋于无穷大时，平均固定成本却趋于 0，随着产品批量增加，单位产品成本下降。

2. 规模经济的类型

规模经济通常以成本弹性 E_c 加以度量。当 $E_c <1$ 时，存在规模经济，企业成本增长率小于产量增长率；当 $E_c >1$ 时，存在规模不经济，企业成本增长率大于产量增长率；当 $E_c =1$ 时，可称为规模经济不变，企业成本增长率等于产量增长率。

当生产规模过小时，企业内部分工不细，专业化水平不高，存在规模不经济。随着生产规模不断扩大，企业便从规模不经济走向规模经济。

但是，当生产规模过大时，由于管理层次过多，原材料采购发生困难，市场销售也会出现问题，导致交易成本上升，企业又会从规模经济转为规模不经济。

在规模经济与规模不经济之间，往往会出现很长的规模经济不变阶段。这是因为，企业组织与管理的创新既可以尽量保持规模经济的优势，又可以尽量推迟规模不经济的到来，以致在相当大的范围内，生产规模的变动并不影响经济效益。

3. 规模经济与规模报酬的联系和区别

规模经济与规模报酬递增相联系，表现为长期平均成本曲线下降阶段；规模不经济与规模报酬递减相联系，表现为长期平均成本曲线上升阶段。规模报酬来自规模经济，规模经济是因，规模报酬是果。

尽管规模经济与规模报酬紧密联系，但绝不能由此而将两者完全等同起来。规模报酬是投入与产出的变化率之比，重在实物形态，规模经济是成本与产出的变化率之比，重在价值形态。规模经济形成规模报酬，但规模经济不一定都表现为规模报酬。在规模报酬不变的情况下，企业可以通过集体培训提高职工的熟练程度而提高生产效率，降低成产成本；企业还可以通过市场势力压低投入价格，以取得货币规模经济。

阅读资料

全球每 4 个微波炉就有一台格兰仕

面临着越来越广阔的市场，每个企业都有两种战略选择：一是多产业、小规模，低市场占有率；二是少产业，大规模，高市场占有率。格兰仕选择的是后者。格兰仕的微波炉，在国内已达到 70% 的市场占有率；在国外已达到 35% 的市场占有率。

格兰仕的成功就运用规模经济的理论，即某种产品的生产，只有达到一定的规模时，才能取得较好的效益。微波炉生产的最小经济规模为 100 万台。早在 1996～1997 年，格兰仕就达到了这一规模。随后，规模每上一个台阶，生产成本就下降一个台阶。这就为企业的产品降价提供了条件。格兰仕的做法是，当生产规模达到 100 万台时，将出厂价定在规模 80 万台企业的成本价以下；当规模达到 400 万台时，将出厂价又调到规模为 200 万台企业的成本价以下；而现在规模达到 1000 万台以上时，又把出厂价降到规模为 500 万台企业的成本价以下。这种在成本下降的基础上所进行的降价，是一种合理的降价。降价的结果是将价格平衡点以下的企业一次又一次大规模淘汰，使行业的集中度、规模经济水平不断提高，由此带动整个行业社会必要劳动时间不断下降，进而带来整个行业的成本不断下降。

成本低价格必然就低，降价最大的受益者是广大消费者。从 1993 年格兰仕进入微波炉行业到现在的 10 年之内，微波炉的价格由每台 3000 元以上降到每台 300 元左右，降掉了 90% 以上，这不能不说是格兰仕的功劳，不能不说是格兰仕对中国广大消费者的巨大贡献。

（资料来源：钟朋荣．2003-7-16．格兰仕给中国制造业的启示．经济参考报）

小 结

生产函数表示在技术水平不变情况下，生产中所使用的各种生产要素的数量与所能生产的最大产量之间的关系。

厂商的生产可以分为短期生产和长期生产。短期是指在生产中厂商至少有一种生产要素来不及调整的时期；长期是指在生产中厂商对于所有的生产要素都可以进行调整的时期。

短期生产的基本规律是边际报酬递减规律；长期生产理论的主要分析工具是等产量曲线和等成本曲线，规模报酬属于长期生产的概念，包括规模报酬递增、不变和递减。

厂商的生产成本不能简单地仅从厂商向他人购买生产要素的成本支出的角度来理解。一个重要的成本概念是机会成本。

成本理论以生产理论为基础。成本理论也相应区分为短期成本理论和长期成本理论。

短期成本有 7 种：总成本、固定成本、短期可变成本、短期平均成本、短期平均固定成本、短期平均可变成本及短期边际成本。长期成本有 3 种：长期总成本、长期平均成本和长期边际成本。

复 习 题

一、单选题

1. 边际报酬递减规律适用的条件（　　）。
   A. 所有生产要素投入量同比例变动
   B. 两种生产要素按不同的比例发生变化
   C. 生产技术发生变化
   D. 其他生产要素投入量不变，只有一种投入量改变对产量的影响

2. 下列说法中错误的是（　　）。
   A. 只要总产量减少，边际产量一定为负数
   B. 只要边际产量减少，总产量一定减少
   C. 边际产量曲线与平均产量曲线在平均产量曲线的最高点相交
   D. 只要平均产量增加，边际产量就大于平均产量

3. 等产量曲线是指在这条曲线上的各点代表（　　）。
   A. 生产同等产量投入要素的各种组合比例相同
   B. 生产同等产量投入要素的价格是不变的
   C. 不管投入各种要素量如何，产量总是相等
   D. 投入要素的各种组合所能生产的产量都相等

4. 随着产量的增加，短期固定成本（　　）。

    A. 增加　　　　　　B. 减少　　　　　　C. 不变　　　　　　D. 先增后减

5. 短期平均成本曲线呈 U 形，是因为（　　）。

    A. 外部经济问题　　　　　　　　B. 内部经济问题

    C. 规模收益问题　　　　　　　　D. 边际报酬问题

6. 根据等产量曲线与等成本曲线相结合分析，两种生产要素的最优组合是（　　）。

    A. 等产量曲线与等成本曲线相交之点

    B. 等产量曲线与等成本曲线相切之点

    C. 离原点最远的等产量曲线上的任一点

    D. 离原点最近的等产量曲线上的任一点

二、问答题

1. 简要说明边际报酬递减规律及其适用条件。

2. 运用生产理论分析说明理性的厂商应如何确定生产要素的投入量？

3. 试说明使用两种生产要素的理性生产者应如何组织生产？

4. 用图说明短期成本曲线相互之间的关系。

5. 请解释经济学家关于成本的概念为什么与会计上的概念不同。

三、计算题

1. 农民老陈讲授农技课程每小时可得到 20 美元。今年，他在自己的土地上用 10 小时种了价值 100 美元的种子。他所引起的机会成本是多少？他的会计师衡量的成本是多少？

2. 企业以变动要素 L 生产产品 X，短期生产函数为 $Q=12L+6L^2-0.1L^3$，求：

（1）平均产量最大时，需雇用多少工人？

（2）边际产量最大时，需雇用多少工人？

3. 厂商的生产函数为 $Q=L^{2/3}K^{1/3}$，生产要素 L 和 K 的价格分别为 $\omega=2$ 和 $\gamma=1$，求：

（1）当成本 $C=7000$ 时，企业实现最大产量的 L、K、Q 的均衡值；

（2）当产量 $Q=2000$ 时，企业实现最小成本的 L、K、Q 的均衡值。

4. 已知厂商的生产函数为 $Q=L^{1/2}K^{1/2}$，生产要素 L 和 K 的价格分别为 $\omega=2$ 和 $\gamma=3$，如果厂商使用资本投入量 $K=4$，求厂商的短期总成本、平均成本、平均可变成本及边际成本函数。

5. 已知 $MC=9Q^2+4Q+5$，$Q=10$，$TC=3000$，分别求 TC、AC、VC 和 AVC 的函数形式。

案例分析

农场主的经济学

案例背景

随着土地的集约经营，每个人都有可能成为一个农场主。为此，让所有人来关注北方农场的经验。北方农场的投入主要是土地和劳动两种要素，以生产小麦为主。根据历年的经验，北方农场的产量和要素投入的关系大致可以表示为

$$Q = 0.5L^{1/2}K^{1/2}$$

其中，Q 表示小麦的产量（吨），L 表示劳动的投入量，K 表示土地的投入量（亩）。

最初农场租用 25 亩土地，第一年雇用了 4 个人，在实际耕种过程中，农场主发现人手非常紧张，以至于有很多土地上麦苗长得不齐，并且锄草也不是很好，所以第二年他决定增加人手，雇用了 9 个人。不过，一年下来农场主仍觉得还没有做到精耕细作，决定继续增加人手，第三年雇用人数增加到 16 个人。

（资料来源：http://jiaowu.ruc.edu.cn/jpkt/107020/frame/first.htm）

案例解析

上述案例涉及到的是生产要素组合与产量之间的关系，在短期生产中分为固定要素和可变要素，在其他条件不变情况下，随着可变要素的不断增加，其平均产量和边际产量呈现一定的变化趋势。

讨论：

1）计算第二年和第三年该农场主劳动的平均产量和边际产量。

2）根据上题得到的数据，说明平均产量和边际产量发生变化的原因。

商业银行设立分支机构的规模经济

案例背景

一家商业银行是否应该在这个城市的每个角落都设立一个储蓄所，还是把人力和物力集中于总部或者少数几家分支机构，以便获得更高的效率？

金融分析师为人们设计了一个"营运比率"。他们首先将运作一个分支机构的所有成本加总，包括工资和补贴、租金、日用设备费、维修费、税收和保险、办公用具和从计算机到灯管等其他设备费。他们往往用这些营运成本除以储蓄总额，这就给出了营运比率。

近期的研究表明，当一家商业银行分支机构的存款规模达到 5 亿元以前，随着规模的扩大，营运比率就会提高。拥有两个存款规模为 2.5 亿元的分支机构，比拥有一个存款规模为 5 亿元的分支机构要多花 20% 的费用。但是，当一个分支机构的存款规模超过

5亿美元时，就不再会有任何效率上的收益。

（资料来源：http://jiaowu.ruc.edu.cn/jpkt/107020/frame/first.htm）

案例解析

商业银行在一个城市的设立几个营业网点才能使它的经营效率更高？这很大程度上取决于商业银行对收益与成本的分析，这就涉及到经济学上所讲的规模收益情况。

讨论：

1）解释什么是规模收益递增、规模收益递减和规模收益不变。并说明商业银行的规模收益情况。

2）试分析产生规模收益递增和规模收益递减的原因。

第四章　不同市场类型下价格与产量的决定

教学目标

本章在生产者行为理论的基础上进一步探究厂商如何在不同的市场类型下决定最优的产量和对应的价格。市场结构决定着厂商的行为，即市场理论要说明的是不同的市场类型下厂商如何在短期和长期根据利润最大化原则来做出价格与产量的决定。

学习任务

通过本章内容的学习，要达到以下几个目的：

- 熟练掌握各种市场结构的特征；
- 理解厂商在不同的市场结构条件下，为达到利润最大化而进行的产量和价格决策；
- 能从经济学的角度比较分析和评价不同的市场结构；
- 了解博弈论的基础知识。

导入案例

减价和提价

保罗和彼得在同一条河上经营航运。他们各自拥有一个航运公司，整日在河上运送货物和旅客。保罗想，如果河上只有我一家航运公司，生意该更红火了。保罗共有 20 条大船，彼得只有 10 条，保罗比彼得的资本雄厚得多，而且，彼得还欠下银行的大笔债务。于是，保罗降低了票价，打起了价格战。彼得没有办法，只得跟着降价。保罗再次降价，彼得再次跟上，如此反复交锋，乘客大占便宜，两位大老板都受到重大损失。保罗亏损巨大，彼得更是负债累累、行将破产。最后彼得不得不将所有的船都出售给保罗。保罗获胜了，成了河上唯一的航运公司。保罗逐步提高了票价，很快成为当地首富。来往的乘客一面抱怨着票价太高，一面却只得坐他的船，让自己的血汗钱填满了保罗的口袋。

在完全垄断市场下，由于厂商可以完全控制产品的产量和定价，消费者是最大的利益受损者。既然价格和产量完全由保罗控制，保罗是不是就可以随意规定价格和船只数量呢？也就是说，既然只有保罗一家公司，保罗老板可以为所欲为吗？

（资料来源：王静涛. 2008. 西方经济学. 北京：化学工业出版社）

作为市场行为主体之一的厂商，他们的生产目标就是追求利润最大化。厂商的利润取决于收益和成本，成本在上一章已详细论述，而收益则取决于产品价格和市场对其产品的需求情况。在不同市场类型条件下，厂商所面临的产品需求状况是不同的，因此，在分析厂商的利润最大化决策时，必须区分不同的市场类型。

第一节　市场的基本类型和利润最大化原则

一、市场的基本类型

市场（market）是商品买卖双方互相作用并得以决定其交易价格和交易数量的一种组织形式或制度安排，是指从事某一种商品买卖的交易场所（有形市场）或接触点（利用现代化通信工具进行商品交易的无形市场）。任何一种商品都有一个市场，如电视机市场、玉米市场等。

在经济分析中，根据竞争程度的强弱将市场划分为 4 种类型：完全竞争市场、垄断竞争市场、寡头垄断市场和完全垄断市场。后面 3 个市场类型中的厂商都能或多或少地控制或影响其产品的市场价格，也把它们统称为不完全竞争市场。决定这 4 种市场类型划分的主要因素有以下 4 个。

1）市场上厂商的数目。

2）厂商间各自提供产品的差别程度。

3）单个厂商对市场价格的控制程度。

4）厂商进入或退出一个行业的难易程度。

表 4.1 简单介绍了 4 种不同类型市场的特征，本章将详细分析不同市场结构下厂商的产量和价格决策。

表 4.1　市场类型的划分和特征

市场类型	厂商数目	产品差别	对价格的控制程度	进出一个行业的难易程度	比较接近的市场
完全竞争	很多	完全无差别	没有	很容易	一些农产品如玉米，小麦
垄断竞争	很多	有差别	有一些	比较容易	一些轻工业品、零售业（服装、食品）
寡头垄断	几个	有差别或无差别	相当程度	比较困难	一些重要能源如钢铁、石油
完全垄断	唯一	唯一的产品，且无相近的替代品	很大程度但常受管制	很困难，几乎不可能	公用事业，如水、电

与市场这一概念相对应的另一个概念是行业。行业（industry）是指为同类商品市场生产和提供产品的所有厂商的总体。在分析市场结构时，市场就是指行业，一个行业就是一个市场，如汽车行业就是汽车市场。

二、利润最大化原则

经济学分析中假定厂商的生产目标是追求利润最大化，指的就是经济利润的最大化，即总收益与总成本的差额最大化。厂商的经济利润，指厂商的总收益和总成本之间的差额。

有关经济利润的含义，还要区分两种情况：如果厂商的总收益减去总成本的差额大于零，即经济利润大于零，那么就说厂商存在超额利润；如果经济利润等于零，那么说厂商只获得了正常利润。正常利润是指厂商对自己所提供的企业家才能的报酬的支付。正常利润以隐性成本的形式计入总成本，因而从本质上讲，正常利润不是利润，而是成本。

为理解这一点，可以从机会成本的角度来分析，一个企业家可以自己开公司当经理，也可以到别的企业当经理。如果给别的企业当经理，那他可以获得收入报酬，如果他在自己的公司里当经理，那他每年的经营收益中，应该有一部分是给自己的报酬，而他自己做老板的机会成本就是为别人打工应得的收入报酬。如果自己做老板的报酬小于他在别的企业当经理的收入，那他的理性选择就是给别的企业当经理。所以企业家选择自己做老板的报酬数额，应该至少等于他受雇于人的报酬。

企业账目上显示的利润即会计利润，等于总收益减去显成本，是我们平时理解的有关利润的概念。

上一章对成本问题进行了分析，这里开始分析收益问题。

厂商收益是指厂商的销售收入，可分为总收益、平均收益和边际收益。

总收益（total revenue，TR）是指厂商销售一定量商品所得到的全部收入，用公式表示为

$$\text{TR}(Q) = P \cdot Q \tag{4.1}$$

平均收益（average revenue，AR）是指厂商平均销售每一单位商品所得到的收入用公式表示为

$$\text{AR}(Q) = \frac{\text{TR}(Q)}{Q} = P \tag{4.2}$$

边际收益（marginal revenue，MR）是指厂商每多销售一单位商品所引起的总收入的增加值，用公式表示为

$$\text{MR}(Q) = \frac{\Delta \text{TR}(Q)}{\Delta Q} = \frac{d\text{TR}(Q)}{dQ} \tag{4.3}$$

厂商的收益取决于市场上对其产品的需求状况，一般厂商在决定生产多少商品时，总是比较出售一单位商品所得到的收益和生产这一单位商品所付出的成本，也就是比较边际收益和边际成本。例如，一个玩具厂商生产一个喜洋洋毛绒玩具增加的收益即边际收益 MR 为 10 元，而其增加的成本即边际成本 MC 为 8 元，每多生产一个喜洋洋就赚了 2 元。这时，厂商一定要增加生产，因为只要增加生产就有钱赚。如果厂商增加生产

了就表明原来的产量没有实现利润最大化，即没有把该赚的钱赚到。反之，如果边际收益 MR 为 8 元，边际成本 MC 为 10 元，每多生产一个喜洋洋赔了 2 元。这时，厂商一定要减少生产。他减少生产就表明原来的产量也没有实现利润最大化，还赔了。当边际收益与边际成本相等时，厂商既不增加产量，也不减少产量，说明这种产量实现了利润最大化。

因此，边际收益 MR 等于边际成本 MC 是厂商实现利润最大化的均衡条件，通常记作 MR＝MC。厂商的产量和价格决策都是围绕这一条件来确定的，称之为利润最大化原则。需要说明的是，利润最大化原则有时也称为亏损最小化原则。这就是说，如果 MR＝MC 时，厂商是获得利润的，则厂商所获得的一定是相对最大的利润；相反，如果 MR＝MC 时，厂商是亏损的，则厂商遭受的一定是相对最小的亏损。

利润最大化原则也可以通过数学方法来证明。请读者利用数学中求极值的方法来证明。

第二节　完全竞争市场的价格与产量的决定

阅读资料

年货市场

每年春节前，人们都会为过一个喜气洋洋的春节而做各种准备，其中逛年货市场买各种糖果、瓜子、花生等各种零食是必不可少的，人们逛过几次后不难发现，年货市场上各个摊位上的糖果、瓜子、花生等零食的质量、品种和价格几乎是一样的，各摊位的差别不大，为什么呢？现在来看看经济学家怎么说，其实很简单，在年货市场上的糖果、瓜子、花生等，是接近完全竞争的，也就是它们处于一种接近完全竞争的市场之中。

一、完全竞争市场的特征

完全竞争（perfect competition）又称纯粹竞争，是指竞争不受任何限制和干扰、不存在垄断因素的市场结构。一个完全竞争的市场必须符合以下主要条件。

1）市场上有无数的买者和卖者。

2）同一行业内每个厂商生产的产品是完全无差别的。

3）厂商进入或退出一个行业是完全自由的。

4）信息是完全的，即市场中每一个从事交易活动的人都准确地掌握与自己的经济决策有关的全部信息。

完全竞争市场所要求的条件十分严格，现实中，真正意义上的完全竞争市场并不存在。一般认为，农产品市场比较接近完全竞争市场的条件要求，可以作为典型来分析完全竞争市场的情况。

二、完全竞争市场的需求曲线

市场上对某个厂商的产品的需求情况，可以用该厂商所面临的需求曲线来表示，该曲线也被称为厂商的需求曲线。在完全竞争条件下，市场的供求决定市场的价格，厂商只能在这一价格水平下销售自己所生产的商品，所以，完全竞争厂商的需求曲线是一条由既定市场价格水平出发的水平线。

如图 4.1 所示，图（a）中市场供给曲线 S 和市场需求曲线 D 相交的均衡点 E 所决定的市场价格为 P_1，相应的，图（b）中以 P_1 为纵坐标值的水平线 d 就是单个厂商的需求曲线。水平的需求曲线意味着：厂商只能被动接受市场价格，且厂商不会也没有必要去改变这一价格水平。

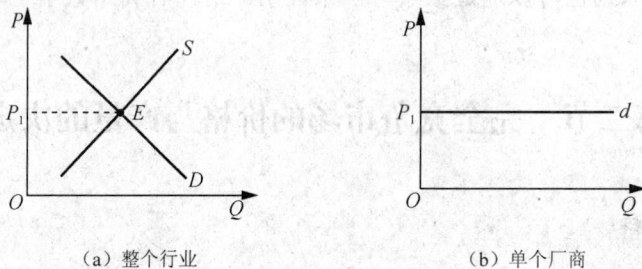

（a）整个行业　　　　　　　　　　（b）单个厂商

图 4.1　完全竞争市场的需求曲线

需要注意的是，厂商在既定价格销售自己的商品并不是说商品价格就是固定不变的，当一些因素变化导致市场供求发生变化时，完全竞争市场的均衡价格也会发生变化。例如，天气变化导致小麦减产，市场上小麦供给减少，在需求不变时引起小麦价格上涨；或者国家政策、生产技术、消费者收入水平等的变化，使得众多消费者的需求量和众多生产者的供给量发生变化时，供求曲线的位置发生移动，从而形成新的均衡价格。在这种情况下，就会得到一条以新均衡价格为纵坐标值的水平线。

三、完全竞争厂商的收益曲线

厂商的收益取决于市场上产品价格及对其产品的需求状况，或者说，厂商的收益取决于厂商的需求曲线的特征。在完全竞争市场情况下，厂商面临水平的需求曲线，即厂商每销售一单位商品的价格是固定不变的。根据前面对 TR、AR 和 MR 的定义式，完全竞争厂商的收益情况如图 4.2 所示。

由此，AR＝MR＝P，在以销量 Q 为横轴，收益 P 为纵轴的坐标系中，完全竞争厂商的 AR 曲线和 MR 曲线都与需求曲线重合，为水平线；总收益曲线是一条由原点出发的斜率为 P 的直线。

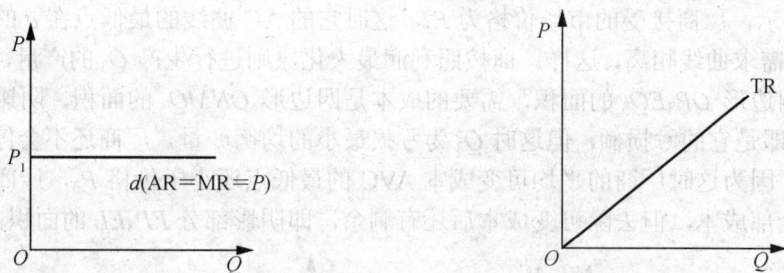

（a）AR 曲线、MR 曲线与需求曲线的关系　　　　　（b）总收益曲线

图 4.2　完全竞争厂商的收益曲线

四、完全竞争厂商的短期均衡

在完全竞争厂商的短期生产中，因为市场价格是给定的，而且生产中不变要素的投入量无法变动，生产的规模也是给定的。因此，在短期，厂商是在给定的生产规模下，通过对产量的调整来实现 MR＝SMC 的利润最大化的均衡条件。当厂商实现 MR＝MC 时，可能获得利润，也可能亏损。把各种情况考虑在内，完全竞争厂商的短期均衡可以用图形来分析。

1）获得超额利润。厂商接受的 P 水平高于 AC 的最低点。如图 4.3 所示，厂商接受的市场价格为 P_1，这时它的 AC 曲线的最低点在 d 的下方，即 AC 曲线与需求曲线相交，这样厂商按照利润最大化原则进行生产 Q_1 的产量，它获得的总收益是四边形 OP_1EQ_1 的面积，需要的成本是四边形 $OFNQ_1$ 的面积，阴影部分的面积即是它赚的超额利润。

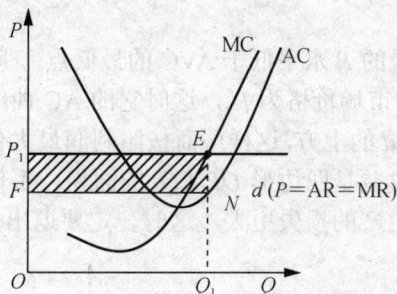

图 4.3　完全竞争厂商获得超额利润

2）获得正常利润。厂商接受的 P 水平等于 AC 的最低点，只能获得正常利润的均衡产量。如图 4.4 所示，厂商接受的市场价格为 P_2，这时它的 AC 曲线的最低点的纵坐标值刚好与 P_2 相等，即 AC 曲线与需求曲线相切，这样厂商按照利润最大化原则进行生产 Q_2 的产量，它获得的总收益是四边形 OP_2EQ_2 的面积，需要的成本也是四边形 OP_2EQ_2 的面积，超额利润为 0，只能获得正常利润。所以 AC 曲线的最低点也叫做收支均衡点。

3）亏损，但不停产。厂商接受的 P 水平低于 AC 的最低点，但高于 AVC 的最低点。

如图 4.5 所示，厂商接受的市场价格为 P_3，这时它的 AC 曲线的最低点在 d 的上方，即 AC 曲线与需求曲线相离，这样厂商按照利润最大化原则进行生产 Q_3 的产量，它获得的总收益是四边形 OP_3EQ_3 的面积，需要的成本是四边形 $ONMQ_3$ 的面积，阴影部分的面积 P_3NME 即是它的亏损额，但这时 Q_3 为亏损最小的均衡产量，厂商还不会停产，停产损失更大。因为这时厂商的平均可变成本 AVC 的最低点还小于价格 P_3，厂商的总收益弥补不了全部成本，但去除可变成本后还有剩余，即阴影部分 FP_3EL 的面积。

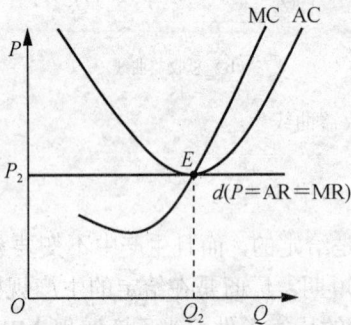

图 4.4　完全竞争厂商获得正常利润　　图 4.5　完全竞争厂商亏损，但不停产

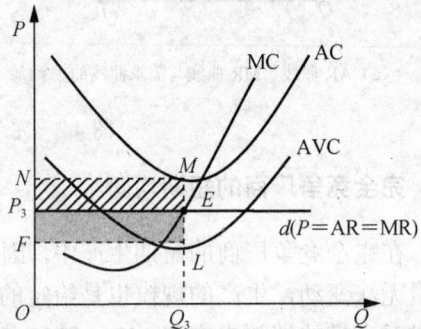

4）停止营业点。厂商接受的 P 水平等于 AVC 的最低点，收回全部可变成本的均衡产量。如图 4.6 所示，厂商接受的市场价格为 P_4，这时它的 AC 曲线的最低点在 d 的上方，而且 AVC 曲线的最低点的纵坐标值与 P_4 相等，这样厂商按照利润最大化原则进行生产 Q_4 的产量，可以看到它获得的全部总收益是四边形 OP_4EQ_4 的面积，只能弥补全部的可变成本，厂商生产与不生产的损失是一样的，所以也把 AVC 的最低点叫做停止营业点。

5）退出生产。厂商接受的 P 水平低于 AVC 的最低点。理性的厂商一定会退出生产。如图 4.7 所示，厂商接受的市场价格为 P_5，这时它的 AC 曲线的最低点在 d 的上方，而且 AVC 曲线的最低点也在 d 的上方，这样厂商按照利润最大化原则进行生产 Q_5 的产量，可以看到它获得的全部总收益是四边形 OP_5EQ_5 的面积，不仅弥补不了全部成本，连可变成本也弥补不了，厂商生产的损失更大，这时一定要退出生产。

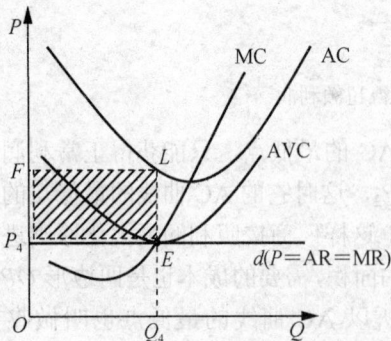

图 4.6　完全竞争厂商停止营业点　　图 4.7　退出生产

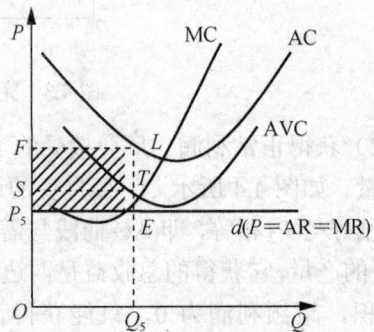

五、完全竞争厂商的长期均衡

在长期,完全竞争厂商通过对全部生产要素投入量的调整来实现 MR＝LMC 的利润最大化的均衡条件。完全竞争厂商在长期对全部生产要素的调整可以分为两个方面:一方面表现为厂商对生产规模的调整;另一方面表现为厂商进入或退出一个行业,即行业内厂商数量的调整。

（一）厂商规模和产量的调整

在长期,厂商通过对各种生产要素投入的调整来实现最优生产规模,从而达到利润最大化。这一过程可用图 4.8 予以说明。

在短期,厂商接受的 P_0 水平高于 SAC 的最低点。这样厂商按照利润最大化原则进行生产 Q_1 的产量,它获得的总收益是四边形 $OP_0E_1Q_1$ 的面积,需要的成本是四边形 $OFGQ_1$ 的面积,阴影部分 FP_0E_1G 的面积即是它赚的超额利润。在长期,厂商可以改变要素投入,从而改变生产规模实现更大的利润,即在长期厂商按照 MR＝LMC 的利润最大化原则扩大产量到 Q_2,它获得的总收益是四边形 $OP_0E_2Q_2$ 的面积,需要的成本是四边形 $OHIQ_2$ 的面积从而可以看到它可以获得超过原有的更多的超额利润,为阴影部分 HP_0E_2I 的面积。

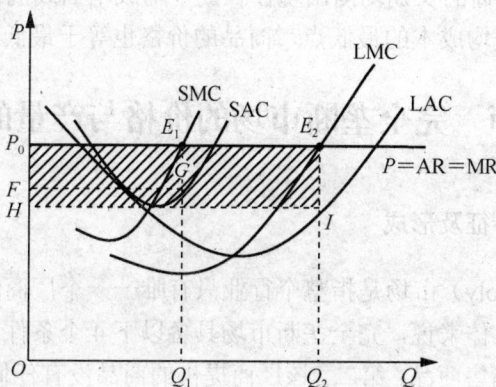

图 4.8　厂商规模和产量的调整

（二）厂商与行业的长期均衡

在完全竞争市场条件下,厂商是可以自由进出一个行业的。如图 4.9 所示,厂商进入或退出一个行业将引起市场上商品供给的增加或减少,从而影响商品价格。如果市场价格水平较高（如 P_1）,单个厂商有超额利润,这将会吸引新厂商加入这个行业,已有厂商也会不断扩大生产规模。随着新厂商的进入和原有厂商产量的提高,整个行业的供给量增加,从而市场价格下降,直至降到使单个厂商的超额利润消失为止（如 P_2）,这时不会再有新厂商进入,原有厂商也不再扩大规模,市场稳定;如果市场价格水平低（如 P_3）,单个厂商存在亏损,这时将会有部分厂商退出这一行业,整个行业的供给量因此将减少，从而市场价格上升，直至升到使单个厂商的亏损消失为止（如 P_2），这时不会再有厂商退出，市场稳定。当市场稳定时，根据长期均衡条件 MR＝LMC，厂商将在 E_2 点生产 Q_2 的产量。

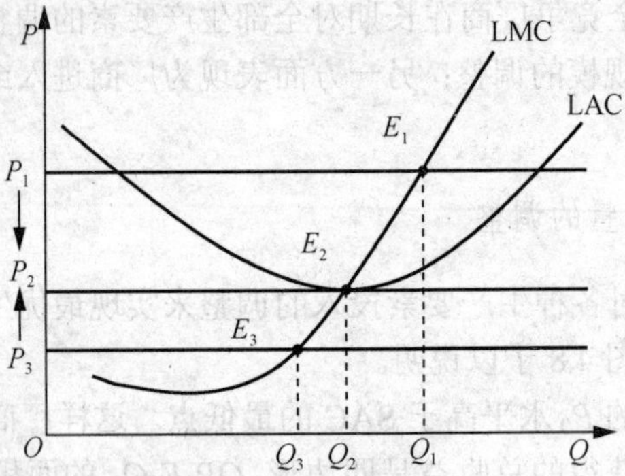

图 4.9 厂商与行业的长期均衡

综上可知，完全竞争厂商的长期均衡条件为

$$MR＝LMC＝SMC＝LAC＝SAC \tag{4.4}$$

其中，MR＝AR＝P。此时单个厂商的超额利润为零，市场上厂商的数目是稳定的。

可见，完全竞争厂商的长期均衡出现在长期平均成本曲线的最低点，这时厂商生产的平均成本降到长期平均成本的最低点，商品的价格也等于最低的长期平均成本。

第三节 完全垄断市场的价格与产量的决定

一、完全垄断市场的特征及形成

完全垄断（monopoly）市场是指整个行业只有唯一一个厂商的市场组织，这个厂商就是完全垄断厂商。具体来说，完全垄断市场具备以下 4 个条件：第一，市场上只有唯一的一个厂商生产和销售商品；第二，该厂商提供的商品没有任何相近的替代品；第三，其他厂商进入该行业极为困难或不可能；第四，在完全垄断市场条件下，垄断厂商可以控制和操纵市场价格。

形成完全垄断市场的条件一般有下面几个。

1）政府特许。政府借助于政权对某一行业进行完全垄断，如许多国家对铁路、供电、供水等公用事业形成政府垄断。

2）独家垄断厂商控制了生产某种商品的全部资源或基本资源的供给，如控制某种原料的供应，由此形成对商品供给的控制，如南非的德比尔钻石公司垄断了世界钻石的80%左右。

3）独家垄断厂商拥有生产某种商品的专利权，使得其他厂商无法参与、与之竞争，如抗病毒的特效药物达菲只有瑞士的罗氏公司拥有其专利权。

4）自然垄断。是指由规模经济引起的垄断，即企业生产的规模经济需要在一个很大的产量范围和相应巨大的资本、设备的生产运行水平上才能得到充分的体现，也就是说，生产这类产品的厂商必须在很大规模下生产，产量足够大才有利润可赚。在这类产品的生产中，厂商的前期成本投入极大，以致整个行业的产量由一个厂商来生产销售时成本才能收回，只有经济实力雄厚并具有多项优势的厂商才可能经营，由此形成对新进厂商的进入壁垒。这就是自然垄断，如自来水、煤气、电力供应和污水处理等行业。

如同完全竞争市场一样，完全垄断市场的假设条件也是很严格的。在现实的经济生活里，垄断市场也几乎是不存在的，即使有这样的厂商，也是相对一定的时间和空间范围而言的。一般公用事业容易形成完全垄断市场。

二、完全垄断厂商的需求曲线

完全垄断意味着一个行业只有一家厂商，所以行业的需求曲线也就是厂商的需求曲线，曲线的形状是向右下方倾斜。如图 4.10 所示，d 曲线即为完全垄断厂商的需求曲线。

由于完全垄断市场上只有一个厂商，所以，市场的需求曲线就是垄断厂商的需求曲线。由于完全垄断厂商是市场上价格的决定者，它可以通过改变产量来决定价格，垄断厂商想增加产量，就会对产品价格产生向下的压力；相反，如果厂商减少产量，则价格有上升的压力。因此，完全垄断厂商的需求曲线是向右下方倾斜的。

如图 4.10 所示，以横轴表示产量 Q，纵轴表示价格 P，d 需求曲线即为垄断厂商面临的需求曲线。

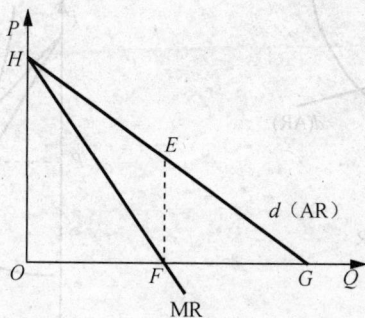

图 4.10 完全垄断厂商的需求曲线

三、完全垄断厂商的收益曲线

厂商的收益直接与市场的需求相关，这就意味着厂商面临的需求曲线的特征将决定厂商的收益曲线的特征。

1）平均收益曲线。完全垄断厂商的平均收益曲线和需求曲线重叠，都是同一条向右下方倾斜的曲线，表明在每一个销售量上 AR＝P，图 4.10 中的 d 曲线也是 AR 曲线。

2）边际收益曲线。完全垄断厂商的边际收益曲线位于需求曲线的左下方，且边际收益曲线也向右下方倾斜的曲线。两条曲线在纵轴的截距是一样的，边际收益曲线在横轴的截距是需求曲线在横轴的截距的一半，即图 4.10 中的 MR 曲线。

3）总收益曲线。由于每一销售量上的 MR 值就是相应的 TR 曲线的斜率。所以 TR 曲线是先增后减的曲线，即：当 MR＞0 时，TR 曲线的斜率为正；当 MR＜0 时，TR 曲线的斜率为负；当 MR＝0 时，TR 曲线达到最大值，如图 4.11 所示。

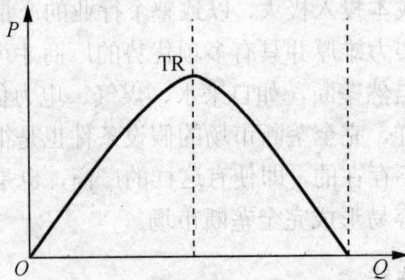

图 4.11　完全垄断厂商的总收益曲线

四、完全垄断厂商的短期均衡

在短期，完全垄断厂商是在既定的生产规模下通过对产量和价格的调整来实现 MR＝SMC 的利润最大化的原则。受市场需求的限制，完全垄断厂商在短期均衡时的获利情况有 3 种：获得超额利润、获得正常利润、存在亏损。可以用图形来说明。图 4.12～图 4.14 中 SMC 曲线和 SAC 曲线代表既定生产规模下厂商的成本情况。

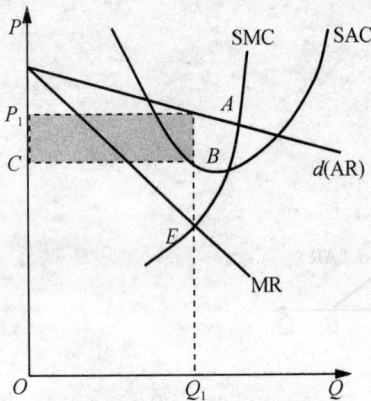

图 4.12　完全垄断厂商获得超额利润

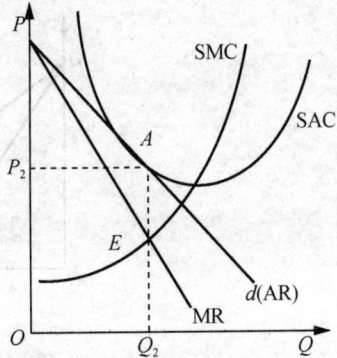

图 4.13　完全垄断厂商获得正常利润

图 4.12 中，d（AR）曲线和 MR 曲线代表完全垄断厂商的需求和收益状况。完全垄断厂商根据 MR＝MC 的利润最大化原则将产量和价格分别调整到 Q_1 和 P_1 的水平。这样完全垄断厂商的平均收益大于平均成本，总收益为四边形 OP_1AQ_1 的面积，总成本为四边形 $OCBQ_1$ 的面积，阴影部分的面积为垄断厂商获得超额利润。

如果完全垄断厂商面临的市场需求曲线如图 4.13 中 d 曲线所示，厂商的生产规模和成本状况不变，根据利润最大化原则，厂商将产量定在 Q_2 上，价格定在 P_2，在厂商的短期均衡点 E 点，平均收益等于平均成本，总收益和总成本都为四边形 OP_2AQ_2 的面积，此时垄断厂商只得到正常利润。

如果垄断厂商面临的市场需求继续下降，如图 4.14 中的 d 曲线所示，厂商在短期均衡点 E 将产量定在 Q_3，价格定在 P_3，此时，平均收益小于平均成本，阴影部分的面积为垄断厂商的亏损额，由以上分析得到完全垄断厂商的短期均衡条件为 MR＝SMC。

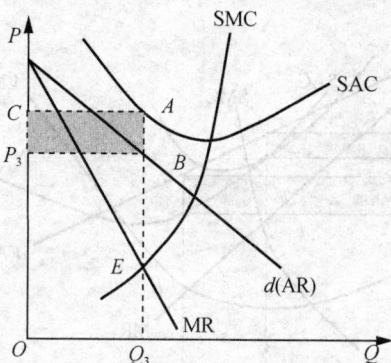

图 4.14　完全垄断厂商存在亏损

综上分析可知，完全垄断厂商在经营中并不总是盈利的，它也可能存在亏损。一般来说，引起垄断厂商亏损的原因主要有两方面：一方面是厂商生产规模过大，导致厂商的销售收入很难支撑高昂的费用支出（表现为成本曲线位置过高）；另一方面可能是由于厂商面临的市场需求过小（表现为需求曲线位置过低）。

电力公司是一个典型完全垄断厂商的案例，电力公司的高额垄断利润是吸引大众眼球的一大特征。从新中国成立后到 1980 年左右，我国的电力公司基本处于亏损状态，主要靠国家补贴维持生存。其中一个主要原因就在于那个年代市场对电这种商品的需求过小，导致电力公司高昂的成本投入无法收回。随着经济发展，市场对电的需求越来越大，电力公司经营开始有垄断利润。

五、完全垄断厂商的长期均衡

完全垄断厂商在长期可以调整全部生产要素的投入量即生产规模，从而实现最大利润。垄断厂商在长期对生产的调整一般有 3 种情况。

1）完全垄断厂商在短期是亏损的，长期经过调整后仍没有获利，则厂商会退出这个行业。

2）完全垄断厂商在短期是亏损的，长期通过对最优生产规模的选择，摆脱了亏损的状况，甚至获得利润。

3）完全垄断厂商在短期是获利的，长期经过调整可以实现更多超额利润，如图 4.15 所示。

在短期，垄断厂商获得利润为图 4.15 较小阴影部分的四边形面积，在长期按照 MR＝LMC 的长期利润最大化原则，完全垄断厂商调整规模至长期均衡点 E_2，长期均衡产量和价格分别为 Q_2 和 P_2，此时厂商获得比短期更多的超额利润，利润总额为图 4.15 更大阴影部分的四边形面积。

值得注意的是，当完全垄断厂商实现长期均衡时，也必然同时实现了短期均衡，完全垄断厂商的长期均衡条件为

$$MR = LMC = SMC$$

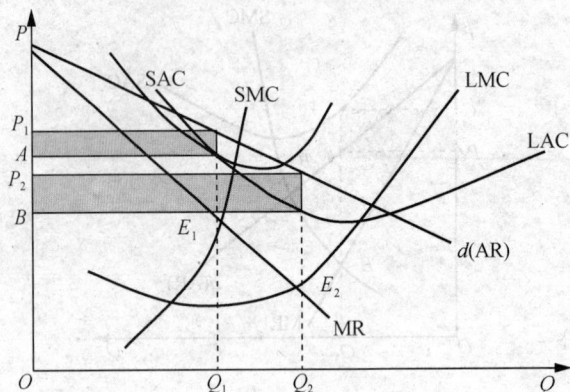

图 4.15　完全垄断厂商实现更多超额利润

六、价格歧视

阅读资料

有钱人多花钱

大部分超市里，只要顾客出示会员卡或者积分卡，便有可能买到便宜货；如果谁提前半年通过旅行社预订的机票，那么价格与即买即走的机票价格相比，可以相差好几倍；日本汽车跨洋远销到美国，在美国的价格竟然比在日本本土的售价还要低；餐厅里同样的一桌饭菜，如果客人是老顾客，可以享受八折优惠；两个学生即使成绩相当，贫穷的学生却可以获得助学金，实际上是贫穷的学生少缴点学费……

（资料来源：唐渊. 2009. 人人都该知道的经济学. 北京：中国致公出版社）

同样的产品、同样的服务，但针对不同的顾客，价格却大不一样，这种现象无处不在。可以说这是"价格歧视"、"不公平"、"不正当竞争"，也可以说这是"让利"、"优惠"。在完全垄断市场上，由于厂商可以控制价格和产量，为了获得尽可能多的利润，完全垄断厂商更有可能会对同一种商品收取不同的价格，如电力公司的定价策略，一般对居民用电的收费小于对工业用电的收费。这种以不同价格销售同一种产品的定价形式，被称为价格歧视。

（一）价格歧视

价格歧视（或差别价格）是指垄断者在同一时间内对同一成本的产品向不同的购买者收取不同的价格。完全垄断厂商实施歧视价格必须具备以下基本条件。

1）消费者具有不同的偏好，且这些偏好可以被区分开来。这样，厂商才能根据个人的喜好程度不同收取不同价格。

2）不同的消费者群体或不同的销售市场是可以相互隔离的。这样就避免了中间商低买高卖从中获利的机会，利润全由完全垄断厂商获得。

厂商实施价格歧视的目的是获得更多超额利润，实施价格歧视的原则是在价格富有弹性的市场定低价，在价格缺乏弹性的市场定高价。

仍以电力市场为例，民用电市场是富有价格弹性的，如果电费高，居民可能会尽可能少地使用家用电器；如果电费低，居民可能不会为了省电而很"节约地"使用他们的家用电器。居民用电量的大小受电费影响很大。如果是工业用电，厂商在日常生产经营中的耗电量基本很难减少，即使电费涨了，厂商为了维持生产，仍然需要耗用相当的电力。因此在工业用电中，耗电量受电费影响不大，电力公司对工业用电的收费要高于居民用电。

（二）类型

根据垄断厂商对产品需求者、消费者剩余的占有情况不同，价格歧视可以分为一级价格歧视、二级价格歧视和三级价格歧视。

1. 一级价格歧视

一级价格歧视（first-degree price discrimination）是指厂商对每一单位产品都按消费者所愿意支付的最高价格出售。一级价格歧视也被称为完全价格歧视。在这种定价策略下，消费者每消费一单位产品都是按自己愿意支付的最高价支付的，因此消费者的全部消费者剩余被厂商占有，如拍卖会上最后成交的拍品就类似一级价格歧视。

2. 二级价格歧视

二级价格歧视（second-degree price discrimination）是指垄断厂商按商品的购买量不同而索取不同的价格，即对于一个特殊的数量收取统一的单位价格，数量越多，价格越便宜，也称数量价格歧视。

人们平时会碰到很多类似的情况，如节假日商家都会开展各种各样的促销活动，像团购，尤其是大宗商品，团购得到的价格要便宜很多。在二级价格歧视下，完全垄断厂商只占有部分消费者剩余。

3. 三级价格歧视

三级价格歧视（third-degree price discrimination）是指垄断厂商在两个可以相互独立的市场上定出不同的价格。厂商在需求弹性较大的市场上定出较低的价格，而在需求弹性较小的市场上定出较高的价格。这样可以保证在两个市场上获得相同的收益，也称消费者价格歧视。例如，同一品牌的同一款汽车在北京、上海、广州等大城市的售价比在中小城市便宜，就属于三级价格歧视。

在产量一定条件下，实行价格歧视的完全垄断厂商获得的利润大于实行单一价格的厂商所获得的利润。

第四节　垄断竞争市场的价格与产量的决定

一、垄断竞争市场的特征

垄断竞争（monopolistic competition）是指许多厂商生产和销售有差别的同类产品，市场中既有竞争又有垄断的市场结构。

具体而言，垄断竞争市场主要具有以下特征。

1）厂商的数量众多，对整个市场的影响有限。

2）各厂商生产有差别的同种产品（differentiated product），这些产品之间都是非常接近的替代品。所谓有差别的同类产品是指同类产品在质量、构造、外观、销售服务、商标、广告等方面的差别，如同样是牙膏，市场有黑妹、高露洁、云南白药等不同品牌，即使同一品牌又有不同功效和香味。产品差别也可能是主观引起的虚拟差别，如茅台酒被普遍认为是我国的国酒，它的价格自然不菲，比其他白酒价格高出数倍甚至数十倍。

3）单个厂商凭借产品的有限差别可以对价格施加有限的影响。

4）厂商的生产规模都比较小，他们能较为自由地进入或者退出该行业。因此，即使存在产品差别，竞争仍然是不可避免的。

二、垄断竞争厂商的需求曲线

在垄断竞争市场上，由于存在垄断因素，使得每一生产有差别产品的厂商对自己产品的销量和价格都有一定的控制能力，垄断竞争厂商不是市场价格接受者，而是可以影响价格。同时，由于生产同类产品的厂商数目较多，每个厂商对自己产品价格和销量的控制力有限，不像完全垄断厂商具有决定性的控制力。因此，垄断竞争市场上厂商面临的需求曲线既不像完全竞争厂商那样是水平的，也不像完全垄断厂商那样陡峭，而是比较平缓的向右下方倾斜。如图 4.16 中 d 曲线所示。

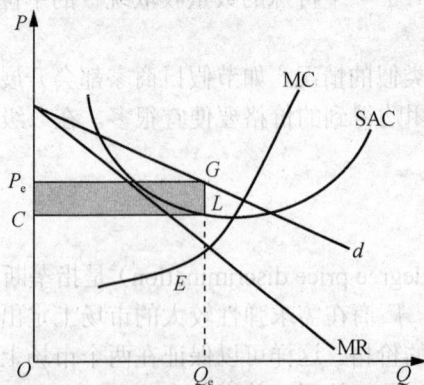

图 4.16　垄断竞争条件下的短期均衡

三、垄断竞争条件下的短期均衡

在短期，垄断竞争厂商是在现有的生产规模下通过对产量和价格的调整来实现 MR＝MC 的均衡条件。

如图 4.16 所示，厂商在 SMC 曲线和 SAC 曲线代表的生产规模下生产，d 为厂商的需求曲线，MR 曲线是相对 d 曲线的边际收益曲线。经过对产量和价格的调整，垄断竞争厂商在 E 点实现了短期均衡，均衡产量为 Q_E，均衡价格为 P_E。此时厂商获得超额利润，利润额为图中阴影部分面积，即四边形 CP_EGL。

垄断竞争厂商在实现短期均衡时并非一定有超额利润，可能只获得正常利润，也可能是亏损的，这要取决于需求曲线和 SAC 曲线的位置关系。如果厂商亏损，只要总收益超过总可变成本，厂商就会继续生产，否则，厂商就会退出这个行业。关于厂商均衡时的获利分析，与前面对完全竞争市场和完全垄断市场的分析类似，这里不再赘述。

综上分析，垄断竞争厂商的短期均衡条件为

$$MR＝SMC$$

四、垄断竞争条件下的长期均衡

在长期，虽然垄断竞争厂商的产品存在着差别，但它不能完全排除其他厂商的竞争，也不能排除其他厂商进入该行业。当超额利润存在时，其他厂商纷纷涌进该行业，导致超额利润减少直至完全消失，其他厂商不再进入该行业，市场达到均衡。反之，当亏损存在时，一些厂商退出该行业，直至亏损消失。所以在长期垄断竞争厂商是没有超额利润的。

如图 4.17 所示，垄断竞争厂商调整各种要素投入到 SAC 曲线和 SMC 曲线所代表的最优规模，并在该规模下把产量定在 Q_E，价格定在 P_E，就实现了符合利润最大化原则的长期均衡。此时，由于垄断竞争厂商的平均成本等于平均收益，所以厂商获得的垄断利润为零，几何上表现为 LAC 曲线与 AR 曲线相切于 B 点。显然，当垄断竞争厂商达到长期均衡时的条件为

$$MR＝LMC＝SMC$$
$$AR＝LAC＝SAC$$

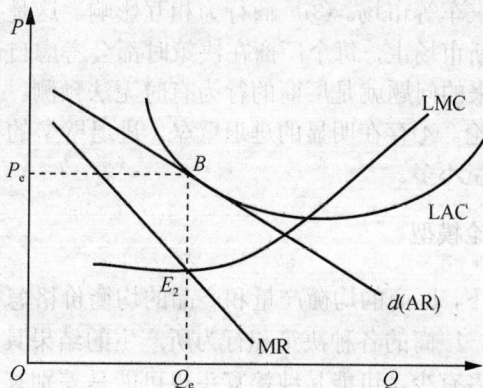

图 4.17　垄断竞争条件下的长期均衡

圆珠笔的垄断与竞争

圆珠笔最早是由一对匈牙利兄弟发明的，产品在第二次世界大战期间由阿根廷进行生产。第二次世界大战后，美国商人雷诺兹从阿根廷带回了这种圆珠笔，也欲进行制造和销售。其实，早在 1888 年，美国人劳德就提出了圆珠笔的构造并取得了相应的专利。匈牙利兄弟的圆珠笔是在劳德基础上的进一步创新和完善。雷诺兹与律师对圆珠笔及专利进行深入的研究和分析之后，成功地制造出了靠重力输送墨水的圆珠笔。雷诺兹既没有侵犯别人的专利，又创造了新颖的、使用更方便的圆珠笔。

1945 年，雷诺兹获得了圆珠笔的专利后成立了雷诺兹圆珠笔公司。把成本仅为每支 80 美分左右的圆珠笔卖到 12.5 美元，谋取高额的垄断利润。在生产初期的几个月中，公司的月利润高达 50 万美元。

高额的利润诱使其他厂商绕过专利限制参与圆珠笔生产和销售的竞争，一年以后，美国生产圆珠笔的厂商多达一百多家。激烈的市场竞争促使圆珠笔价格大大下跌。

（资料来源：赵英军. 2009. 西方经济学. 北京：机械工业出版社）

第五节　寡头垄断市场及厂商行为

一、寡头垄断市场的特征

寡头垄断（oligopoly）市场是指少数几家厂商生产和销售一个行业的全部或大部分产品，垄断了某一行业的市场类型。寡头垄断市场具备以下条件：①厂商数目少。市场上的厂商数目很少，每个厂商的市场份额都比较高，因此在市场上都具有影响力。②产品有差别或者无差别。如果产品是无差别的，这种寡头市场称为纯寡头垄断市场，如钢铁、铝、水泥等原材料行业的寡头垄断就属于这种类型；如果产品是有差别的，则称为差别寡头垄断市场，如汽车等市场。③厂商行为相互影响。这是寡头垄断市场上的一个关键的特征。在寡头垄断市场上，每个厂商在决策时都会考虑自己的决策对其他企业的影响，反之亦然，其带来的问题就是厂商的行为有时无法预测。分析这种相互影响的行为的有力工具就是博弈论。④存在明显的进退壁垒。进退壁垒的存在阻止了其他厂商的进入，从而使得厂商数量不多。

二、关于厂商均衡的理论模型

寡头垄断市场条件下，厂商的均衡产量和产品的均衡价格怎样决定呢？由于寡头垄断市场的情况非常复杂，厂商的各种决策和行为所产生的结果具有很大的不确定性。具体来说，厂商的数目有多有少，可能是纯粹寡头也可能是差别寡头，可能独立行动也可能彼此勾结，可能采取价格竞争也可能采取非价格竞争。因此，对于寡头垄断厂商的均衡产量和均衡价格的决定，多种理论模型从不同角度给予了分析和解释。著名的理论模型有古诺模型、张伯伦模型、伯特兰德模型、斯威齐模型等。由于寡头厂商千变万化的实际行为远远超过理论分析假设条件所设计的范围，所以，一些有关寡头厂商的理论往往缺乏实际意义。这里简单介绍一下古诺模型和斯威齐模型。

（一）古诺模型

古诺模型是早期的寡头模型。它是由法国经济学家古诺于 1838 年提出的。古诺模型通常被作为寡头理论分析的出发点。古诺模型是一个只有两个寡头厂商的简单模型，该模型也被称为"双寡头模型"。

古诺模型分析的是两个生产和出售相同矿泉水的生产成本为零的寡头厂商 A、B 的情况。A、B 两个厂商都准确地了解市场的需求曲线；两个厂商都是在已知对方产量的情况下，各自确定能够给自己带来最大利润的产量，最终按照利润最大化原则，它们各自的均衡产量为市场总需求量的 1/3，两个厂商共生产市场总需求量的 2/3。

双头古诺模型的结论可以推广。如果令寡头厂商的数量为 m，则可以得到一般的结论为

$$每个寡头厂商的均衡产量＝市场总容量/（m＋1）$$
$$行业的均衡总产量＝市场总容量×m/（m＋1）$$

（二）斯威齐模型

斯威齐模型也被称为弯折的需求曲线模型。该模型是由美国经济学家斯威齐于 1939 年提出的用来说明寡头市场价格刚性的寡头垄断模型。

所谓价格刚性，是指当企业生产成本或市场需求发生变化时，价格不会作相应的调整。古典经济学理论无法解释这一在当时出现的新现象。斯威齐从企业生产决策的角度对这一问题作了解释和回答。

阅读资料

皮革制品的价格刚性

在丹麦的皮革制品行业中有一个价格刚性的有趣例子。在与丹麦企业的经理们就他们的价格政策进行访谈时，一位经济学家发现，有一家企业对染色的制鞋用革的定价要比黑色皮革高。这种价格差别自 1890 年以来就一直存在，因为当时染色皮革的制作成本比黑色皮革要高。但是，在访谈时，染色皮革的成本已经下降。在问到为什么定价政策一直未变时，企业经理答道："也许我们应适当提高黑色皮革和降低染色皮革的价格，但我们不敢这样做。因为如果这样做，我们的竞争者也会降低染色皮鞋的价格，我们就会冒卖不出黑色皮鞋的风险。"降价的风险这么大吗？斯威齐模型提供了答案！

该模型的基本假设条件是：如果一个寡头厂商提高价格，行业中的其他寡头厂商

都不会跟着改变自己的价格，因而提价的寡头厂商销售量的减少是很多的；如果一个寡头厂商降低价格，行业中的其他寡头厂商会将价格下降到相同的水平，以避免销售份额的减少，因而该寡头厂商销售量的增加是很有限的。在这两个假设前提下，寡头厂商面临的需求曲线为弯折的。

经理的解释是与弯折的需求曲线模型一致的。他认为，黑色皮鞋涨价，竞争者不跟着涨价，就有可能失去大量销量。相比之下，染色皮鞋降价预期会导致竞争者也降价，因此，销售量只能增加极少一点。因此，黑皮鞋和染色皮鞋之间的价格差别一直保留下来，即使相对成本已经变化。

（资料来源：王静涛. 2008. 西方经济学. 北京：化学工业出版社）

该模型解释了市场上的价格刚性现象，但由于不跟涨的假设在现实中难以成立，也由于对如何确定已定的价格没有做出解释，因此受到经济学家批评，因而只能是关于寡头定价未完成模型。

阅读资料

卡 特 尔

卡特尔是在寡头垄断市场上企业通过明确的、公开的协议而形成的联合体（联盟），如欧佩克、德比尔钻石卡特尔。而到目前为止，历史上存在时间最长的卡特尔是1878年至1939年的国际碘卡特尔，当时，所有的销售都通过伦敦的一个中央卡特尔办公室来进行，这就防止了成员之间的欺诈。

OPEC（石油输出国组织）是1960年9月由5个主要石油输出国——伊朗、伊拉克、科威特、沙特阿拉伯和委内瑞拉设立。它的目的就是通过限制每个国家的石油输出数量，达到提高石油价格的目的。但实际上，各成员国因为配额分配、提交幅度等不同，而经常争吵。后来随着俄罗斯石油输出、英国北海石油开采，OPEC对世界石油市场的影响力有所削弱。

德比尔钻石卡特尔成立于1934年，它控制了钻石市场的80%，是世界上最大的钻石销售代理。它一直在努力地维持钻石价格不会下降。只要新矿开采出来，德比尔就给予它们足够的市场份额，以致它们同意通过德贝尔销售钻石，并接受德比尔的产量控制系统。如果有成员企业试图独立行动，它就会压制该企业生产的钻石的价格，迫使企业重返德比尔。例如，当坦桑尼亚决定独立行动时，德比尔就压制坦桑尼亚所生产的那种质量的钻石的价格，逼迫坦桑尼亚重新加入德比尔。

（资料来源：王静涛. 2008. 西方经济学. 北京：化学工业出版社）

第六节　博弈论与竞争策略

在现实经济社会中，企业都面临着与自己竞争的厂商或其他经济单位，如果一个企业经理，在决定自己的产品是否降价以及降价多少时，要考虑哪些问题呢？消费者会增加购买量吗？能增加多少呢？其他生产同种产品的厂家也会降价吗？如果它们也降价，对自己的企业又有什么影响呢？一个理性的企业在做出价格、产量等决策时，都必须将竞争者或其他行为主体的可能反应考虑在内，从而采取不同的竞争策略。博弈论（game theory）就是用来进一步分析厂商决策行为的，它研究决策主体的行为发生直接相互作用时的决策以及谋求这种决策的均衡问题。

一、博弈论的基本概念及分类

1. 博弈论

博弈论（game theory）又译为对策论、游戏理论，是描述和研究行为者之间策略相互依存和相互作用的一种决策理论。

严格地说，博弈论并不是经济学的一个分支。它是一种方法，应用范围并不局限于经济学。在政治学、军事学、外交学甚至犯罪学等多个领域都涉及博弈论知识。实际上，它属于数学知识。在相当长的一个时期内，博弈论专家纳什被认为是一个数学家而不是一个经济学家。

博弈论有哪些基本要素？下面通过一个著名的囚徒困境（prisoners dilemma）模型来说明。

阅读资料

囚　徒　困　境

甲、乙两人被怀疑是合谋偷窃的嫌疑犯被警方捉获。他们被分别关押分别审讯，且双方无法互通信息，防止他们串供或达成某种协议。根据坦白从宽、抗拒从严的法律原则，审讯人员分别告诉两个嫌疑人如下的惩罚措施："如果一人坦白而另一人没有坦白，那么坦白的一方只判刑 1 年，不坦白的判 10 年；如果你们两人都不坦白，那么两人将会以妨碍公务罪同时被判刑 2 年；如果两人都坦白，则每人被判刑 5 年。"

（资料来源：罗宇. 2008. 生活离不开经济学. 北京：人民邮电出版社）

从上面的案例中可以看出，博弈论有 3 个基本要素：参与者（player）、策略（strategies）和收益（payoff）。参与者是指博弈的参与者，一个博弈中一般至少有两个参与者。囚徒困境中甲和乙就是一对博弈参与者。策略是指博弈双方各自的行为决策。囚徒困境中甲和乙每个人都有两个可选择的策略：坦白或不坦白。作为博弈的结局，每个参与者都得到一定的报酬，即各自都得到一定的收益，其收益可以为正，可以为负，也可以为零。

囚徒困境中甲和乙被关押 1 年、2 年、5 年还是 10 年，就是收益。

2. 博弈的分类

经济学家从不同角度对博弈进行了分类。①根据参与者的数量，分为双人博弈和多人博弈。囚徒困境描述的就是典型的双人博弈。②根据参与者是否同时行动的角度，可以分为静态博弈和动态博弈。③根据博弈双方的收益结果加起来是否为零，分为零和博弈与非零博弈，非零博弈又分为正和博弈和负和博弈。④从参与主体是个体还是团体角度，分为合作博弈和非合作博弈。⑤根据博弈的次数，分为一次性博弈和重复博弈。

这些分类是根据不同的角度来划分的，因此有的博弈是属于其中几种的，如上所述的囚徒困境既是双人博弈又是静态博弈，既是非零博弈又是一次性博弈。

二、占优策略均衡与纳什均衡

（一）占优策略均衡

这里仍以囚徒困境的博弈来分析，用一个收益矩阵来表示，如表 4.2 所示。

表 4.2　囚徒困境的收益矩阵

		囚徒 B	
		坦白	不坦白
囚徒 A	坦白	−5, −5	−1, −10
	不坦白	−10, −1	−2, −2

分析这个收益矩阵可发现：如果甲、乙两者都选择坦白，则每人关押 5 年；如果甲、乙两者一方选择坦白，另一方选择不坦白，则坦白一方关押 1 年，不坦白一方关押 10 年。那么在表中所描述的 4 种可能的策略组合中，甲、乙双方博弈的最终结局是什么呢？显然，无论甲如何做，乙的最优选择就是坦白；同样，无论乙怎样做，甲的最优选择也是坦白。所以，坦白都是二人的最优选择，也称为占优策略。也就是说，无论其他参与者如何选择自己的策略，该参与者的最优策略选择是唯一的。

在博弈中，如果所有参与者都有占优策略存在，可以证明，博弈将在所有参与者占优策略的基础上达到均衡，这种均衡称为占优策略均衡。博弈均衡（equilibrium）是指所有参与者的最优策略或行动的组合。（坦白，坦白）即是囚徒困境中甲乙二人的占优策略均衡。

囚徒困境中，反映的一个深刻问题是：个人理性与团体理性的矛盾。从个人理性角度出发所选择的占优策略的结局（−5，−5），却不如合作策略结果（−2，−2）。或者说从个人理性角度所选择的占优策略的结局，从整体来看，却是最差的结局。现实生活中有很多囚徒困境的例子，如国家间军备竞赛、厂商间的价格战、公共物品的搭便车问题等。

（二）纳什均衡

前面已经讨论了占优策略均衡，但是在现实生活中，还有相当多的博弈，无法使用占优策略均衡的方法找出均衡解。例如，在性别之战（battle of the sexes）中，就不存在占优策略均衡。

阅读资料

性 别 之 战

大山和小惠是热恋中的小情侣。周末到了，安排什么节目好呢，大山是个超级影迷，接近年关，各种贺岁大片纷纷登场，正好在这个周末的晚上，新片《三枪拍案惊奇》上映，大山兴奋不已。小惠最崇尚钢琴、音乐会这样的高雅艺术，最喜欢听音乐会，刚好同一时间俄罗斯某名音乐团来演出，她又怎能放过这难得的机会，这么说，一个去看电影，一个去剧院听音乐会不就得了，问题在于谈恋爱的男女通常是不愿意分开活动的，分开各自度过这难得的周末时光，才是最不乐意的事情。这样一来，他们就面临一场温情笼罩下的博弈。过周末，一个喜欢看电影，一个喜欢听音乐会，将出现怎样的情况呢，想来大致有 3 种情况：一是两人争执不下，你想看电影，我偏不让，我想听音乐会，你偏不同意，于是，干脆在家里，谁都别去；二是你去看电影，我听音乐会，各自行动；三是其中一方说服对方，两人同看电影或同去听音乐会。

研究这类博弈的均衡解，需要引入纳什均衡（Nash equilibrium）。下面先看第 3 种情况，再进一步假定：如果男方和女方分开活动，男女双方的效用为 0；如果男方和女方一起去看电影，则男方的效用为 2，而女方的效用为 1；如果男方和女方一起去听音乐会，则男方的效用为 1，女方的效用为 2。根据上述假定，男女双方不同选择的所有结果及其效用组合如表 4.3 所示。

表 4.3　性别战的收益矩阵

		女方	
		看电影	听音乐会
男方	看电影	2, 1	0, 0
	听音乐会	0, 0	1, 2

这里有两个解，即男女双方一起去看电影和一起去听音乐会。这种情况下不存在占优策略均衡，但存在纳什均衡。纳什均衡是指在均衡中，每个博弈参与人都确信，在给定其他参与人选择的策略的情况下，该参与人选择了最优策略以回应对手的策略。

在占优策略均衡中，不论所有其他参与人选择什么策略，一个参与人的占优策略就是他的最优策略。显然，占优策略均衡一定是纳什均衡，而纳什均衡不一定就是占优策略均衡。

纳什均衡是著名博弈论专家纳什（John Nash）对博弈论的重要贡献之一。纳什在

1950 年和 1951 年的两篇重要论文中，从一般意义上给定了非合作博弈及其均衡解，并证明了解的存在性。正是纳什的这一贡献奠定了非合作博弈论的理论基础，纳什所定义的均衡称为"纳什均衡"。

三、负和博弈、零和博弈和正和博弈

下面从另外一个角度来看性别之战的 3 种情况，也就是博弈的 3 种类型：负和博弈、零和博弈和正和博弈。

（1）两败俱伤的"负和博弈"

生活中经常会出现这样的情况，由于博弈双方相互的冲突和矛盾，不能达到统一，都不让步，结果是双方都从中受损，两败俱伤，"博弈论"把这种情况称为"负和博弈"。如上面所举的例子，情侣俩如果互不让步，干脆既不去看电影，又不去听音乐会，这样对双方来说都受到损失；双方的愿望都没有实现，剩下的只能是两人生气冷战。由此不难看出，"负和博弈"，其结果是两败俱伤。

"负和博弈"是经济中经常出现的一种博弈现象，企业之间往往大打价格战，恶性竞争，其结果通常是两败俱伤。

（2）吃掉一方的"零和博弈"

有两个人合伙做生意，一个有钱出资金，一个有神通疏通关系。在共同努力下，他们的生意很红火。那个有神通的人便起了歹心，想独吞生意。于是，便向出资者提出还了那些资金，这份生意算他一个人的。出资人当然不愿意，因此双方僵持了很长时间，矛盾越来越尖锐，最后诉诸公堂。那个有神通的人不愧有神通，他在两人开始做生意时，便已经给对方下了套，在登记注册时，只注册他一个人的名字。虽然出资人是原告，却因对方早就下好了套而输了官司。结果，他眼睁睁让对方独吞了生意而没有办法。这便是一种典型的"零和博弈"。从博弈双方来看，有神通的人是占了便宜，他的所得正是出资人的所失。这对神通广大的人来说，是一时得利，但他这样的作为，从更深一层意义上看，所得也不一定比所失大。这个独吞别人利益的人，会让更多的人不愿意也不敢和他交往，最终也会失去了那份很好的生意。

阅读资料

有一对夫妻，妻子半身瘫痪，勉强可以拄着拐走路，丈夫是一个聋哑人，但他们生活得很幸福。譬如，他们要去城里，丈夫由于不会说话，当然不好交际，所以，如果他们要到城里买东西，这个聋哑丈夫一定会骑着三轮车，让妻子坐上，到了要买东西的地方，妻子坐在三轮车上谈价钱购货物。他们从来没有发生过争吵。为什么呢？因为他们虽然都有残疾，但却能默契配合，所以他们生活得也十分快乐，这不是他们有多大本领，而是他们能互相补充缺陷：妻子走路不方便，丈夫却有强健的身体；丈夫不会说话，妻子却有很好的口才。由于他们能取长补短，所以他们在一起仍生活得十分幸福。

（资料来源：肖剑. 2007. 听经济学家讲故事. 北京：当代世界出版社）

（3）互利互惠的"正和博弈"

这种能互利互惠的情况，便是"正和博弈"。可见，所谓"正和博弈"，是指博弈双方的利益都有所增加，或者至少是一方的利益增加，而另一方的利益不受损害，因而整体的利益有所增加。

由以上可以看出，"负和博弈"和"零和博弈"是一种对抗性博弈，或者称为不合作博弈；"正和博弈"是一种非对抗性博弈，或者称为合作性博弈。

四、重复博弈

重复博弈（repeated games）是动态博弈的一种特殊情况，是指同样结构的博弈反复进行所构成的博弈过程。显然，在一次性博弈的情况下，任何欺骗行为和违约行为都不会遭到报复，参与者的不合作是难以避免的。但在重复博弈中，情况就会得到改变。

先看一次性博弈的情况，还是以囚徒困境为例，假设二者是惯犯，而且比较清楚被抓后的量刑原则，因此在入狱前，二者已达成协议，被抓后都不坦白。但是入狱后囚徒甲另有打算，他想如果乙不坦白，我坦白，一年后我就可以出狱了，虽然乙以后可能回来报复我，但只要远走他乡再也见不到乙就没什么大事。二人的博弈变成一次性博弈，这样，囚徒困境的合作的均衡解就不存在了。

再看无限期重复博弈，在无限期重复博弈中，对于任何一个参与者的欺骗和违约行为，其他参与者总会有机会给予报复，如不再与其合作。这样一来，违约或欺骗方会遭受长期的惨重损失，因此每个参与者都不会采取违约或欺骗的行为，囚徒困境合作的均衡解是存在的。即，如果囚徒甲或乙中的一方不遵守约定选择了坦白，那么另一方将永远不再与他合作，而且坦白的一方还会遭到相当严重的报复，坦白方就无法从以后的合作中获利，而对于企业来说，合作的利益是相当丰厚的。由于双方都预期出狱后双方还可以无限期合作下去，所以谁都不会坦白。这就解决了囚徒的困境问题。

但如果是有限期的重复博弈，情况就有所不同了。用逆推法来分析博弈过程，可以表明，参与者如果明确合作到了最后一期，以后不会再有合作，那么，最后一期的博弈和一次性的博弈就没有区别，参与者的欺骗和违约行为是不可能被报复的，于是最后一期单个参与者的占优策略就是不合作的欺骗或违约。逆推到前一期，每个参与者都推知以后将不合作，所以也不会合作。如此等等，在有限期重复博弈中，囚徒困境博弈的纳什均衡是参与者的不合作。也就是说，在有限期博弈的最后一次合作后，甲、乙两个囚犯被抓，因为两人都知道以后双方没有合作，所以当前理性的选择就是坦白，这与单次合作的博弈结果是相同的。如果逆推回去，在倒数第二次合作后被抓，甲、乙双方都会猜测，下次博弈后对方肯定会坦白，那么现在的最优选择就是在对方坦白之前坦白，甲、乙都会这么想，因此最后的均衡就必然是（坦白，坦白）。同理，可以一直逆推到第一次合作的均衡解也必然是（坦白，坦白），这一结果同单次博弈是相同的。

其实，在现实生活中，企业之间的合作解通常又是存在的，这是因为每一个参与者都不确切地知道哪一期是最后一期，因而，每一个参与者在每一期都认定下一期还要继续相互合作，这就和无限期重复博弈没有什么区别。也就是说，在没有确定终止期的有限期重复博弈的模型中，纳什均衡的合作解是可以存在的，这个分析过程同无限期重复博弈是一样的。

小　结

依据竞争程度的强弱，经济学把市场分成4种类型：完全竞争市场、垄断竞争市场、寡头垄断市场和完全垄断市场。

完全竞争市场是一种不存在任何垄断因素的、不受任何阻碍、干扰的市场结构。它是一种高度抽象理想化的市场模式，现实生活中并不存在。

完全垄断市场是指一家厂商控制或独占整个行业，不存在任何竞争的市场。完全垄断厂商是某种商品的唯一卖者。形成垄断的因素有：政府特许、资源的独占、专利权和自然垄断。

垄断竞争市场的最大特征是产品差别。此特征也决定了垄断竞争厂商在进行价格竞争的同时有必要进行非价格竞争。

寡头垄断市场是介于完全垄断市场和完全竞争市场之间的，但更接近于完全垄断市场的结构。寡头垄断厂商之间相互影响、相互依赖是这一市场最大的特点。寡头垄断厂商在有着共同利益的同时也是竞争对手，因此他们既存在着彼此合作的动机，又存在不合作的可能。

博弈论是分析寡头垄断市场的一种非常有用的工具。在现实中，用途非常广泛，既可以用于寡头的理论分析，也可用于其他领域的分析。

复　习　题

一、选择题

1. 根据完全竞争市场的条件，以下（　　）最接近完全竞争行业。
   A. 家电行业　　　B. 汽车行业　　　C. 图书行业　　　D. 玉米行业

2. 作为市场价格接受者的厂商是（　　）。
   A. 完全竞争厂商　　　　　　　　B. 完全垄断厂商
   C. 垄断竞争厂商　　　　　　　　D. 寡头垄断厂商

3. 厂商获得最大利润的条件是（　　）。
   A. MR＞MC 的差额为最大　　　　B. MR＝MC
   C. P＞AC 的差额为最大　　　　D. TR＞TC 的差额为最大

4. 完全竞争行业内某一厂商在目前的产量水平上 MC＝AC＝AR＝2 元，则该厂商（　　）。
   A. 没有获得最大利润　　　　　　B. 只获得正常利润
   C. 获得了最少利润　　　　　　　D. 获得利润的情况不能确定

5. 在完全竞争厂商的短期均衡产量上，AR 小于 SAC 但大于 AVC，则厂商（ ）。

    A．亏损，立即停产   B．亏损，但应继续生产

    C．亏损，生产或不生产都可以   D．获得正常利润，继续生产

6. 垄断竞争厂商所面对的需求曲线（ ）。

    A．是平行于横轴的直线   B．是垂直于横轴的直线

    C．是向右下方倾斜的   D．以上结论都正确

7. 垄断竞争厂商长期均衡的条件是（ ）。

    A．MR＝MC

    B．MR＝LMC＝SMC＝LAC＝SAC

    C．MR＝LMC＝SMC，AR＝LAC＝SAC

    D．MR＝LMC＝AMC

8. 厂商之间关系最密切的市场是（ ）。

    A．完全竞争市场   B．寡头垄断市场

    C．垄断竞争市场   D．完全垄断市场

9. 根据古诺模型，在双头垄断条件下，厂商的产量是市场容量的（ ）。

    A．1/3 倍   B．2/3 倍   C．1 倍   D．不能确定

10. 垄断竞争厂商获得最大利润的方法是（ ）。

    A．质量竞争   B．调整价格从而确定产量

    C．广告竞争   D．上述方法都可以

11. 属于产品差别的是（ ）。

    A．同一种产品在质量、构造、外观、商标等方面的差别

    B．不同种产品在质量、构造、外观等方面的差别

    C．不同种产品在商标等方面的差别

    D．以上都不对

12. 博弈中，局中人从一个博弈中得到的结果被称为（ ）。

    A．收益   B．支付   C．决策   D．利润

13. 用囚徒困境来说明两个寡头企业的情况，说明了（ ）。

    A．每个企业在作决策时，不需考虑竞争对手的反应

    B．一个企业制定的价格对其他企业没有影响

    C．企业为了避免最差的结果，将不能得到更好的结果

    D．一个企业制定的产量对其他企业的产量没有影响

二、计算题

1. 已知某完全竞争行业中的单个厂商的短期成本函数为 $STC＝0.1Q^3－2Q^2＋15Q＋10$。求：

（1）当市场上产品的价格为 $P＝55$ 时，厂商的短期均衡产量和利润；

（2）当市场价格下降为多少时，厂商必须停产？

2．已知某完全竞争的成本不变行业中单个厂商的长期总成本函数 $LTC=Q^3-12Q^2+40Q$。求：

（1）当市场商品价格为 $P=100$ 时，厂商实现 $MR=LMC$ 的产量、平均成本和利润；

（2）该行业长期均衡时的价格和单个厂商的产量；

（3）当市场的需求函数为 $Q=660-15P$ 时，行业长期均衡的厂商数量。

案 例 分 析

钻石恒久远，一颗永流传

案例背景

20世纪30年代，由于全球经济不景气，钻石供应商德比尔公司主席欧内斯特爵士决定削减90%的产品以止住亏损。同时，他着手成立钻石贸易公司，由他的儿子哈里亲任掌门，从事新钻石产品的开发。哈里把"时尚"作为钻石产品的定位，但富人们对钻石的兴趣不大，一段时间后，经营业绩不升反降。哈里心灰意冷，打算淡出钻石行业，此前公司还有一大堆积压的钻石饰品，哈里就联系好好莱坞的赞助商，将它们作为一年一度的奥斯卡颁奖典礼的赠品。1945年，哈里照例出席了奥斯卡盛典，当他将一根镶有24克拉纯钻石的项链递到美丽动人的影后琼克劳馥手心时，影后当场叫出声来："真是太漂亮了，这是什么做的？""这是我们公司的产品，24克拉纯钻石项链。""钻石，它有些什么特别的意义呢？""钻石代表了坚硬、亘古不变的品质，就是您的下一代，再下一代之后它依然会保持今天的美丽和光鲜！""是吗？"琼克劳馥有些伤感，"要是一个人，能有像钻石一样的爱情，那该多好啊！"说者无意，听者有心，哈里似乎一下找到了钻石的灵魂，他当即调整了自己的营销策略，以爱情为主线，打出了名噪全球的广告"钻石恒久远，一颗永流传"。

案例解析

由关键资源所有权产生垄断的典型例子是南非的钻石公司德比尔。德比尔控制了世界钻石生产的80%左右。虽然这家企业的市场份额不是100%，但它也大到足以对世界钻石价格产生重大影响的程度。但是德比尔还是花费了巨额的广告费用，它的口号是"钻石恒久远，一颗永流传"。

（资料来源：蒋平．2005．当石头有了爱情．青年文摘，（5））

讨论：

德比尔钻石公司的这种决策似乎有点奇怪，既然它已经近乎一个垄断者，为何它还要花费巨资做广告？

第五章 要素价格与收入分配

教学目标

本章主要介绍了生产四要素：劳动、资本、土地和企业家才能，以及它们的价格决定，并从洛伦兹曲线和基尼系数出发简单介绍了社会收入分配。

学习任务

通过本章内容的学习，要达到以下几个目的：

- 了解要素需求的特征及影响因素；
- 了解有关要素的边际生产力的概念和边际生产力递减理论；
- 掌握在完全竞争条件下和不完全竞争条件下生产要素的均衡条件和相关计算；
- 了解反映社会收入分配公平的洛伦兹曲线和基尼系数。

导入案例

国际钢企抢滩印度 中国钢铁产品南下竞争更激烈

2010 年 1 月 28 日，日本新日铁公司与印度最大的钢企塔塔钢铁公司宣布，将投资 350 亿日元(3.88 亿美元)在印度成立一家生产汽车钢板的合资公司，双方分别拥有 49% 和 51% 的股份。

早在 2009 年 11 月，日本第二大钢企 JFE 与印度 JSW 钢铁公司签署全面合作协议，拟通过汽车钢材的技术合作等措施抢滩经济持续增长的印度市场，且未来有望在印度生产高级汽车钢板，并将根据 JSW 的投资计划考虑参资入股。同时，日本住友金属工业公司也与印度普绍钢铁公司牵手，计划投资 2 000 亿~3000 亿日元，计划在 2015 年投产建设年产能 600 万吨的钢厂。

印度市场的潜力，正在吸引越来越多的国际钢铁厂商。2009 年，印度政府的经济刺激计划对本国汽车消费拉动显著。当年，现代汽车在印度销量将近 29 万辆，创下历史新高。

相比之下，日本汽车市场则萎缩至 32 年来最低水平。这激发了日本钢厂在印度扩大汽车板建设的动力。

同样紧盯印度市场的，还有韩国浦项制铁和全球第一大钢厂安赛乐米塔尔。2010 年 1 月，浦项制铁已经宣布将新投资 3000 亿卢比，在印度卡纳塔克邦省新建一座年产能 600 万吨的工厂。而安赛乐米塔尔除了宣布将新建一个 600 万吨的工厂外，不久前还宣布，将在印度恰蒂斯加尔邦改建造一座年产能 1200 万吨钢厂。2009 年 9 月，安赛乐米塔尔公司还收购了印度乌塔姆镀锌钢公司的 5.6%股份，以快速进入印度汽车钢板市场。

与此同时，受限于中国国内巨额过剩产能，立足于两广沿海的钢铁精品基地项目——宝钢湛江项目和武钢防城港项目，目前尚不能全面启动。而在最初的设想中，方便原料输入、走沿海建设，虽为这两大项目建设的核心考量，但东南亚和中东市场的吸引力，也是重要原因。

（资料来源：http://www.cctv.com.cn）

思考：

1）本案例与要素价格有什么联系？

2）为什么国际钢企在印度设厂是有利可图的？

3）对钢材需求的主要来源于哪几个方面？

第一节 生产要素

一、生产要素的需求

在市场经济条件下，为提供某种产品和服务，企业需要投入各种经济资源——劳动、资本、土地以及企业家才能。因此，要获得这些资源必须从资源交易市场，也就是要素市场（factor market）购买。生产要素需求受到该产品和服务的供求状况影响，所以对生产要素的需求也称为引致需求。

本章导入案例所说的钢材在很多情况下属于生产要素，如可以用于建筑业或者汽车工业。那么钢材的需求就与建筑业和汽车工业的发展密切相关。对于新型工业国家，这两个行业发达，需求量大，国际钢企当然会争取在这些目标市场分得一杯羹，而对于这两个行业不发达的地区，国际钢企则会选择减产。

（一）生产要素需求特点

1. 该需求是引致需求或派生需求

产品市场上，哪个产品有市场，厂商就会加大该产品的生产，购进更多的原材料，雇用更多的劳动力参与生产，对生产要素的需求取决于该产品是否有市场，所以很明显，生产要素的需求是引致需求或者派生需求。

2. 该需求的主体是生产者，目的是追逐利润

在产品市场上，产品的需求者是个人，供给者是厂商，而在生产要素市场上，要素的需求者是厂商，供给者是个人。需求的目的是用于生产，加工成市场需要的产品，从而追求利润最大化的目标。

3. 该需求是一种联合需求或相互依存的需求

某一个产品的生产需要多种生产要素的参与才能完成。光有熟练的技术工人，没有适合的机器和场地就无法生产，反之，有机器和场地却没有熟练的技术工人也无法完成生产。某个产品生产时所需的要素数量除了取决于当时的生产技术状况外，各种生产要素之间的需求还受一定比例关系的约束，这样才有可能生产出合格的产品。对各种生产要素的组合还取决于各种生产要素的价格，厂商就是要通过各种生产要素的组合，实现成本最小化和利润最大化。

产品市场和生产要素市场构成了一个完整的市场体系。产品市场可以从完全竞争、完全垄断、垄断竞争、寡头垄断这几种形态来分析，生产要素市场也是类似的。以下重点讨论完全竞争的产品市场对生产要素的需求。

（二）影响生产要素需求的因素

1）市场对产品的需求。一般来说，市场对产品的需求越大，对生产该产品所需的生产要素的需求越大。

2）生产技术状况。如果所需技术是劳动密集型的，对劳动力的需求量大；如果所需技术是资本密集型的，则对资本的需求量大。

3）生产要素的价格。在某些生产要素可以相互替代的情况下，厂商会选择价格较低的生产要素部分替代价格较高的生产要素。

4）边际生产力（marginal productivity，MP）即边际产量。是指在其他条件不变的情况下，每增加一个单位生产要素的投入所增加的产量。边际生产力存在递减规律，即当某一个要素投入量不断增加，而其他要素不变，可变要素的边际产量在一个时期内可以增加或保持不变，但最终还是会递减的。

（三）有关要素的边际生产力的概念

1. 边际物质产品

要素的边际生产力可以用产品的实物形式来表示，这就是要素的边际物质产品（marginal physical product，MPP）。边际物质产品是指在其他条件不变的情况下，增加一单位某种生产要素的投入量所带来的实物产量的增加。很显然，要素的边际物质产品就是前面所提到的要素的边际生产力。在边际报酬递减规律作用下，任何一种生产要素的产量都是先递增后递减的，相应地，边际物质产品的曲线也是先上升后下降的。一般来说，由于利润最大化和规模效应的驱使，厂商都会扩大规模，将生产进行到边际物质产品递减阶段，故以下只取 MPP 曲线的下降阶段进行分析。

2. 边际收益

边际收益（marginal revenue，MR）是指在其他条件不变的情况下，每增加一个单位的实物产量所带来的收益增加值。

3. 边际收益产品

边际收益产品（marginal revenue product，MRP）是指在其他条件不变的情况下，增加一单位生产要素的投入所增加的实物产量所带来的收益。其计算公式为

$$MRP = MPP \times MR$$

显然，MRP 的变化取决于 MPP 和 MR 的变化。由于 MR 递减，MPP 也递减，对要素的需求递减，即要素需求量与价格成反方向变动。这就是边际生产力递减理论。

生产要素的边际生产力曲线、需求曲线分别如图 5.1、图 5.2 所示。

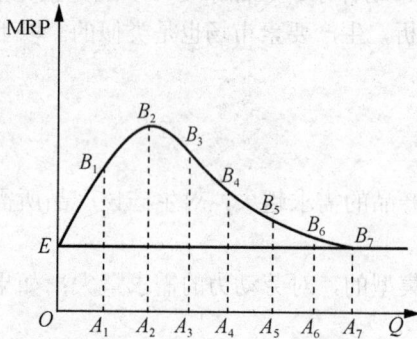

图 5.1　要素的边际生产力曲线

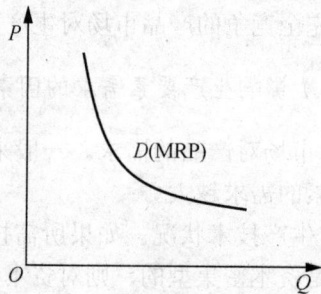

图 5.2　生产要素的需求曲线

二、生产要素的供给

生产要素的供给来自于个人或家庭。一般来说，某种生产要素的价格越高，个人或者家庭越愿意提供该要素，其供给数量与价格成同方向变化，如图 5.3 所示。

在生产要素供给方面，分别介绍以下几个成本方面的概念。

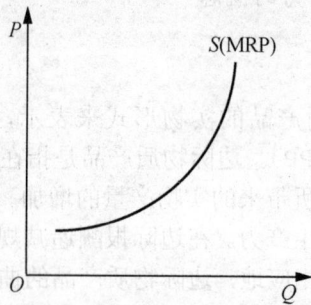

图 5.3　生产要素的供给曲线

1. 边际要素成本

边际要素成本（marginal factor cost，MFC）指的是在其他条件不变的前提下，每增加一单位要素使用量所带来的成本增加值。通常情况下等于生产要素的价格。

2. 平均要素成本

平均要素成本（average factor cost，AFC）指的是在其他条件不变的前提下，每购买一单位要素所花费的平均成本支出。

在对劳动、资本、土地以及企业家才能这4类主要的经济资源的供给进行分析后发现，后3种要素的供给与价格同方向变动，而劳动这种生产要素的供给具有特殊性，将在下一节介绍。

三、生产要素的均衡

一般来说，当厂商每增加一个单位的要素所增加的收益（MRP）与每增加一单位要素所增加的成本（MFC）相等时，厂商得到最大的收益，生产要素的供求达到均衡。厂商实现利润最大化的生产要素最佳组合原则为 MRP＝MFC。

在完全竞争要素市场，所有厂商都是价格的接受者，要素市场的价格就是边际要素成本。这样就决定了在完全竞争要素市场上的利润最大化原则为 MRP＝MFC＝P，如图5.4所示。

在不完全竞争要素市场，生产要素供求的均衡可以分为3类。

1）某厂商的产品市场是垄断的，而要素市场是完全竞争的。在这种情况下，由于产品市场是垄断的，厂商每使用一单位生产要素所带来的收益是 MRP，而由于要素市场是完全竞争的，则厂商每增加使用一单位的要素带来的成本是 W（生产要素的价格）。很显然，此时厂商生产要素使用的原则为 MRP＝W。

2）某厂商的产品市场是完全竞争的，而要素市场是垄断的。边际产品价值（value of marginal product，VMP）是指厂商每增加一个单位要素所带来的收益，即 VMP＝MP·P。在这种情况下，厂商每增加使用一单位的生产要素所带来的收益是 VMP，而成本是 MFC。很显然，此时厂商的生产要素使用原则为 VMP＝MFC。

3）当厂商在产品市场和要素市场均为垄断者。

由以上分析可知，厂商生产要素使用原则为 MRP＝MFC，如图5.5所示。

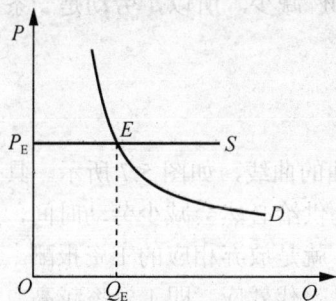

图 5.4 完全竞争要素市场均衡　　图 5.5 不完全竞争要素市场均衡

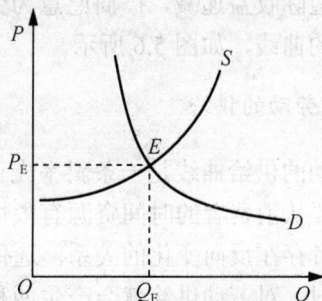

【**例5.1**】 假设某一厂商只使用可变要素劳动进行生产。其生产函数是 $Q＝36L＋L^2$

$-0.01L^3$，Q 为厂商每天产量，L 为工人的日劳动小时数，厂商为完全竞争厂商，产品价格为 0.10 元，小时工资为 4.80 元。求厂商利润最大时。

1）厂商每天投入多少劳动小时？

2）如果厂商每天支付的固定成本为 50 元，则厂商每天获得的纯利润是多少？

解：1）当厂商利润最大时，有

$$W = VMP = P \cdot MP = P \cdot dQ/dL$$

即

$$4.8 = 0.1 \times (36 + 2L - 0.03L^2)$$

解得 $L = 60$（保留）、20/3（非整数，舍去）。

可见，当厂商利润最大化时，每天应该投入 60 劳动小时。

2）纯利润为 $\Pi = TR - TC = P \times Q - FC - VC = P \times Q - FC - W \times L = 0.1 \times (36 \times 60 + 60^2 - 0.01 \times 60^3) - 50 - 4.8 \times 60 = 22$

所以厂商每天获得的纯利润为 22 元。

第二节　工资、利息、利润、地租的决定

一、工资的决定

对于劳动力市场可以思考以下几个问题。

1）目前相对更多的应届大学毕业生会选择考研究生、或应征入伍，这意味着什么？

2）人们已经不满足双休日的安排，而希望能得到更多的长假去看世界。那么提高工资他们是否会回单位加班呢？

3）如今的自由职业者越来越多，他们共同的初衷是什么？

工资指的是支付劳动力这一生产要素提供劳务的报酬。

1. 劳动的需求

劳动的需求取决于劳动这一要素的边际收益，在要素市场上，劳动的供应量上升，劳动的边际收益递减，厂商愿意为劳动支付的工资 W 减少。所以，劳动是一条向右下方倾斜的曲线，如图 5.6 所示。

2. 劳动的供给

劳动的供给曲线是一条斜率先正后负、向后弯曲的曲线，如图 5.7 所示。具体分析时，需要从消费者的时间资源有限性入手，增加劳动供给必然会减少劳动时间，反之亦然，两者存在反向变化的关系。选择闲暇的机会成本就是放弃相应的工资报酬。当工资率提高时，对劳动供给就会产生两种效应：第一种是替代效应，即工资率越高，对牺牲闲暇的补偿越大，劳动者越愿意用更多劳动替代闲暇；第二种是收入效应，即工资率越高，个人越有条件享受更多的娱乐，越不愿意增加劳动的供给。一般来说，在斜率为正值的这个阶段，工资从较低的 W_0 上升到 W_1，替代效应大于收入效应，劳动者不愿意为

了闲暇时间而放弃工资收入，而是劳动者看重货币收入的边际效用，劳动的供给量增加。随着工资 W_1 上升到 W_2，货币收入的边际效用不足以抵补劳动的负效用，劳动者更倾向于追求生活质量，从而增加对闲暇时间的需求，而减少劳动的供给，这个阶段收入效应大于替代效应，曲线斜率由正转负，向后折弯。

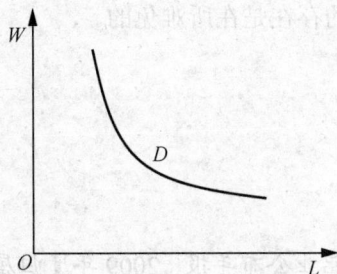

图 5.6 劳动需求曲线

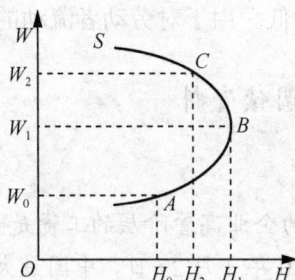

图 5.7 劳动供给曲线

3. 工资的决定

影响工资差别的因素多种多样，主要有以下几个方面。

1）教育水平和技术。产生劳动市场工资水平差异的一个重要根源是劳动者受教育程度的高低。不少实证研究表明，受教育程度与工资水平的高低呈正相关的关系。受过教育的劳动者的边际生产力要高于没有受过教育的劳动者，因此厂商愿意支付更高的工资。因为厂商认为受过教育的劳动者的学习能力强，有培养的潜力，从而愿意支付较高的工资。同样，技术水平也是重要的因素。在某些情况下，三个诸葛亮比不上一个臭皮匠，原因就是劳动者的动手能力存在差异，如今社会更注重个人的实践能力，高级技师的工资待遇也和教授水平相当。

2）产业的供求状况。高新技术产业的工资一般较高，而劳动密集型产业的工资较低。

3）劳动的紧张、繁重程度和对人体的威胁。高危劳动环境的劳动者收入高，普通劳动环境的劳动者收入低。

4）垄断因素。工会是垄断的一种表现形式。工会的存在造成一种差别，有组织的工人的市场力量得到增强，从而使工会人员的工资水平高于非工会人员。从这个意义上说，工会类似于卡特尔。工人常用的手段有：增加工会人员的劳动边际生产力；鼓励进口限制；支持最低工资法案；限制移民迁入和集体谈判。

5）制度因素。在一些发展中国家，由于历史和制度的原因，工资有所不同。中国劳动者的工资与越南劳动者的工资相比要高得多。

6）信息不对称。在落后的地区，由于劳动者信息不对称，厂商可以支付相对较低的工资，而在大城市，如果工资低，就没有办法吸引劳动者前来工作。像 2010 年春节过后的民工荒一样，很多农民工选择回家务农，也不愿意回到沿海地区的劳动密集型企业去工作。如果提高工资，才可能吸引他们回工厂工作。

7）劳动的正效应。亚当·斯密在《国富论》提到"能增加物的价值的劳动"，是指

123

劳动者能够创造出比维持自身需要更多价值的劳动,即能够创造出工资和利润的劳动。换言之,生产性劳动是能够带来剩余价值这个价值增量的劳动。无论是产品生产领域还是服务提供领域,都创造价值,一般来说,创造的价值越多,工资报酬就越多。

8)地区因素。在同一个国家里,处于发达地区的劳动者工资高,欠发达地区的劳动者工资低。由于对劳动者流动的限制,地区差别的存在是在所难免的。

阅读资料

穷庙里的富和尚

作为企业高管阶层的工资是如何决定的呢?

2010年3月27日,中国最大的铝业公司中国铝业公布年报,2009年度归属于母公司股东的净亏损为46.46亿元,与上年同期的净利润0.09亿元相比大幅下降52 824%。在业绩下滑的情况下,其高管从公司拿到的报酬却纷纷上涨。

如何杜绝穷庙里的富和尚呢?美国法律规定,美国各级国有企业只向联邦、州和市镇议会负责,高管任免及薪酬都必须经过同级议会审查批准;高管薪酬与企业经营业绩挂钩,企业经营业绩由审计署经过严格的审计后确认;与此同时,国有企业董事会由民主党与共和党代表、民众代表等成员共同组成,议事记录向公众公开。美国总统奥巴马2009年10月21日宣布,在次贷危机中得到政府资金救助的7家美国金融公司高管工资将受限制,要求这7家企业待遇最好的25名高管年薪比2008年平均下调90%。该规定适用于花旗银行、美国银行以及美国国际集团等已受美国政府救助的金融企业,也适用于未来需政府救助的其他企业。如果企业给予高管超过50万美元年薪的股票奖励,则这些股票也必须在该企业还清政府贷款后方能套现。中国也应该改变目前高管自己给自己发工资的情况,除了国企中高层管理者外,还应该充实一定数量的人大代表、政协委员、工人代表等,并且向公众公开董事会议事记录,以接受全社会的监督。惟其如此,才能铲除"富和尚"存在的制度环境。

(资料来源: http://finance.sina.com.cn/review/20100330/11067659551.shtml)

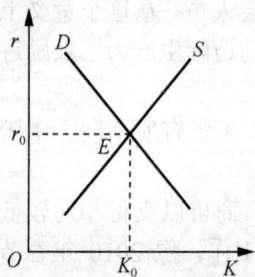

图 5.8 资本的需求与供给

二、利息的决定

利息是指厂商在一定时期内利用资本的生产力所支付的代价。它由资本的供求关系决定。

资本的需求决定于资本的边际生产力,是一条向下倾斜的曲线,资本市场利息 r 越低,厂商需要的资本量越多。供给主要取决于让渡资本的机会成本及风险成本。风险越大,相应支付的利息就越高。如图 5.8 所示,资本的供给曲线与需求曲线的交点 E 所对应的 r_0 就是均衡利率水平,K_0 就是均衡的资本量。

三、地租理论

地租即土地的价格，是指在一定时期内土地所有者因出让土地使用权而收取的报酬。

1. 均衡地租的决定

土地的需求取决于土地的边际生产力。威廉·配第爵士曾经用过这样一个形象而深刻的比喻：劳动是产品之父，而土地则是产品之母。如何界定土地这一要素对产品的贡献就是一个复杂的问题，地租也是由土地的供给和需求两方面共同决定的。

一国土地的全部供给量固定不变。由于数量有限及其不能再生性，土地的供给是一条垂直于横轴的线，土地的需求则是一条向下倾斜的曲线。

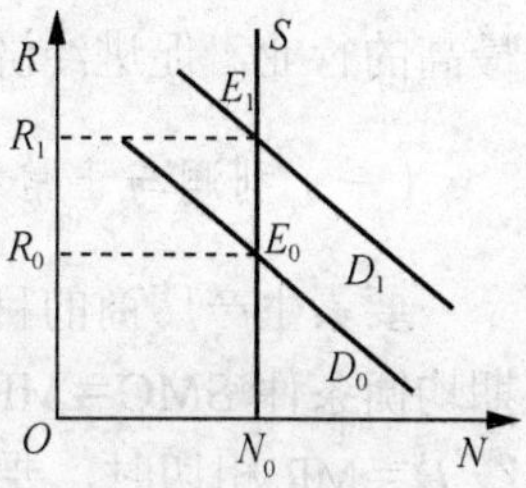

如图 5.9 所示，土地的需求曲线 D_0 与供给曲线 S 的交点 E_0 所对应的均衡价格 R_0，就是最初的均衡地租。当土地需求上升，需求曲线从 D_0 上升到 D_1，D_1 与 S 相交于新的均衡点 E_1。

图 5.9　土地与地租

2. 级差地租

级差地租是指由于土地的肥沃程度和地理位置等方面的差别而引起的收入差别。级差地租归土地所有者所有。

土地地理位置、气候、肥沃程度和矿藏等方面原因形成的土地质量和等级的差别，使得其边际生产力有大有小，边际生产力的差异又会导致对同一用途不同级别土地的需求不一样，从而决定的地租也不相同。

级别高的土地，边际生产力高，地租相应就高。所谓级差地租，就是不同级别的土地与同一用途的最劣土地之间的地租差额。

四、利润理论

利润是指厂商的销售收入扣除成本后的余额。利润可以分为两个组成部分：一是企业家的才能报酬；二是由于竞争的不完全性产生的垄断利润。

企业家是从事工商活动的个人，他可能直接从事企业的经营管理，也可能雇用经理人员从事事务性工作，但他始终是最终决策者，并承担损失和获得利润。作为一个企业家，他必须通过购买生产要素将劳动、土地、资本这些生产要素按一定比例结合在一起，生产产品或劳务。在生产过程中，企业家要根据市场条件决定生产什么，生产多少和以什么方式进行生产，以此获得利润收入。当企业家进行这些决策时，实际上是把他的才能作为一种投入要素，运用于生产过程。因此，成功的决策所带来的利润被视为支付企

125

业家才能这种要素的价格。

作为一种投入要素的企业家才能，可以归结为企业家所具有的风险决策能力和创新能力。风险决策或创新的成功，可以使企业家获得利润收入，但失误的决策给厂商带来的亏损也必须由企业家承担。因而，利润在量上具有强烈的不确定性，它可能为正值，也可能为负值。利润只是销售收入和其他要素价格的差额。而销售收入和其他要素价格是由种种因素决定的，故它们的差额有很大的收缩性，并不存在一个确定的利润率或亏损率。

利润可以鼓励或刺激企业家承担不确定性风险，刻意创新，有利于技术进步和经济增长。利润还是调节行业供给的指示器，它引导经济资源流向社会足以需要、生产效率最高的行业，促进经济资源的合理配置。

（一）利润与正常利润

要素生产厂商的目的是追求利润最大化，在第四章中曾经分析过完全竞争厂商的短期均衡条件 SMC=MR，即短期边际成本等于边际收益的原则。当 SAC 曲线与需求曲线 D=MR 相切时，要素生产厂商能得到正常利润。支付企业家的那部分利润，对企业家来说是正常利润。

（二）经济利润的来源

1. 利润是承担风险的报酬

风险是指企业家决策面临的盈亏可能性。任何决策总是面向未来的，而未来是不确定的，因而决策总是存在风险。在这些风险中，一部分如火灾、工伤事故、失窃等通常有一定概率，可以通过保险消除，保险费用被计入正常成本，不应该由企业家承担。由企业家承担的风险，主要是指市场活动的不确定性可能带来的损失，如产品需求、要素供给及竞争对手行为的不确定性、经济政治形势的变动等所带来的损失。为了使企业家能够从事特定的生产活动，为企业家承担的这种风险提供一定的报酬，使成功的决策能够获得利润收入，吸引企业家进行风险决策。

2. 利润是创新的结果

创新经济学之父熊彼特提到的创新是指对原有均衡的突破，它包括提供新产品、发明新技术和新工艺、开辟新市场、控制原材料的新来源、建立新的组织形式等。

创新是指企业家把新的发明引入经济领域，对生产要素进行重新组合的活动。它包括引进新产品、新技术、开辟新的市场、获得新的生产要素、发明或应用新的生产组织方式，等等。创新使厂商可以获得优于其他厂商的市场需求条件和成本条件，从而增加收益或降低成本，带来支付其他要素价格后的收益余额。这个余额被视为企业家的创新报酬，它具有准租金或才能租金的性质。任何创新都会被他人模仿，因而在竞争性市场，一次创新只能为企业家带来短期利润。随着他人的仿效，这部分利润就会消失，企业家只能在不断的创新中才能获得利润收入。

3. 利润是垄断的产物。

市场竞争的不完全性给垄断者带来的额外收入，称为垄断利润。它包括买方垄断利润和卖方垄断利润。如前所述，这部分收入不是来自风险决策和创新，不是作为一种投入要素的企业家才能的报酬，而是来自对产品消费者和要素所有者的"剥削"收入。因此，垄断利润没有任何积极意义，应该积极限制和实行社会调节。

（三）利润在经济社会中的作用

利润是经济社会进步的动力，激励着企业家努力工作，推动社会创新，勇于从事风险投资，有利于节约资源，有利于资源合理配置。

阅读资料

娱乐产业的超额利润

每个社会的需求都是随着时代的进步而改变的。从 2009 年中央电视台的春节联欢晚会上小沈阳一夜走红遍大江南北的事实，说明了观众对娱乐的需求加大，而他的出场费从 2006 年的 500 元增到 2010 年的 20 万元，说明了娱乐产业的弹性系数非常高，这个出场费的溢价就是小沈阳的"个人租金"。从目前报考艺术院校的考生今年来呈上升趋势的现象来看，这个明星的"个人租金"效应正得到大众的认可。在这个娱乐行业提供劳动所可能带来的超额利润，鼓励着一批艺术青年提高才艺，鼓励着从事艺术创作的人们创造出更好的艺术节目。

（资料来源：赵英军. 2009. 西方经济学（微观部分）. 北京：机械工业出版社）

第三节 公平和效率：洛伦兹曲线和基尼系数

一、洛伦兹曲线

洛伦兹曲线是用来反映社会收入分配或财产分布平等程度的曲线。如图 5.10 所示，横轴表示人口累计百分比，纵轴表示国民收入累计百分比，对角线 OY 为收入分配绝对平均曲线，曲线 OHY 代表实际的收入分配曲线，即洛伦兹曲线。OHY 离开对角线 OY 越远表示社会分配越不平均，离开对角线 OY 越近则表示社会分配越平均。

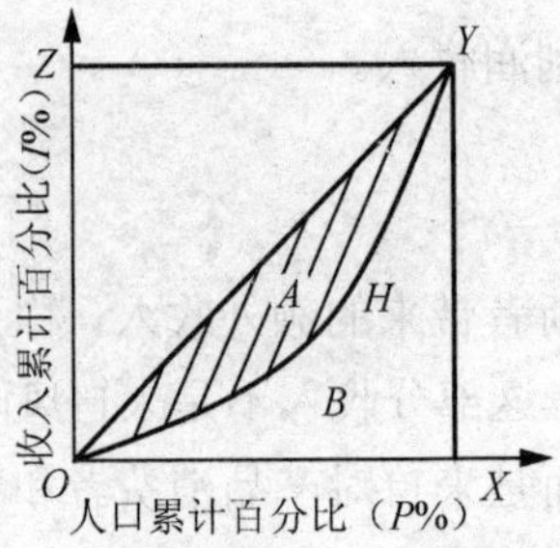

图 5.10　洛伦兹曲线

二、基尼系数

基尼系数（Gini coefficient）是利用洛伦兹曲线得到的衡量社会收入分配平等程度的一个指标。如图 5.10 所示，A 为洛伦兹曲线 OHY 与对角线 OY 之间的面积，即阴影部分的面积，B 为洛伦兹曲线 OHY 与折线 OXY 之间的面积，而基尼系数 G 为

$$G=\frac{A}{(A+B)} \quad (0\leqslant G\leqslant 1)$$

基尼系数的经济含义是：在全部居民收入中，用于进行不平均分配的那部分收入占总收入的百分比。基尼系数最大为"1"，最小等于"0"。前者表示居民之间的收入分配绝对不平均，即 100%的收入被一个单位的人全部占有了，而后者则表示居民之间的收入分配绝对平均，即人与人之间收入完全相等，没有任何差异。但这两种情况只是理论上的绝对化形式，在实际生活中一般不会出现。因此，基尼系数的实际数值只能介于 0～1。

目前，国际上用来分析和反映居民收入分配差距的方法和指标很多。基尼系数由于给出了反映居民之间贫富差异程度的数量界线，可以较客观、直观地反映和监测居民之间的贫富差距，预报、预警和防止居民之间出现贫富两极分化，因此得到世界各国的广泛认同和普遍采用。具体国际通用指标见表 5.1，其中 0.4 是贫富的警戒线。

表 5.1　基尼系数的国际通用指标

基 尼 系 数	收 入 分 配
小于 0.2	绝对平等
0.2～0.3	比较平等
0.3～0.4	基本合理
0.4～0.5	差距较大
0.5 以上	差距悬殊

阅读资料

中国的基尼系数

据美国波士顿咨询公司公布的《2006 全球财富报告》显示，2006 年中国（内地）

的基尼系数数值是 0.4725，仅比尼泊尔的 0.4730 低，但远远高于印度、韩国、中国台湾。从 1993 年到 2008 年，中国（内地）的基尼系数从 0.407 上升为 0.469，已达到拉丁美洲的平均水平。中国（内地）2009 年的基尼系数在 0.5 以上，以下是各省的基尼系数排名：第一位，广东，0.65；第二位，北京，0.61；第三位，上海，0.57；第四位，浙江，0.54；第五位，福建，0.53。

（资料来源：http://baike.baidu.com/）

小　结

完全竞争厂商在完全竞争要素市场的生产原则是 MRP＝MFC。

在不完全竞争要素市场，生产要素供求的均衡可以分为 3 类。

1）某厂商的产品市场是垄断的，而要素市场是完全竞争的，此时厂商生产要素使用的原则为 MRP＝W。

2）某厂商的产品市场是完全竞争的，而要素市场是垄断的，此时厂商的生产要素使用原则为 VMP＝MFC。

3）当厂商在产品市场和要素市场均为垄断者，此时厂商的生产要素使用原则为 MRP＝MFC。

消费者对劳动的供给曲线是一条向后折弯的曲线，其原因可以用劳动力市场的收入效应和替代效应来解释。

消费者对土地的供给曲线是一条垂直于横轴的曲线。

收入分配的两个指标：洛伦兹曲线的弯曲程度显示出某国收入分配的均匀程度，弯曲程度越大，收入分配越不公平。基尼系数 $G＝A/（A＋B）（0≤G≤1）$ 的经济含义是：基尼系数越小，收入分配越平等。

本章的核心内容是"边际生产率分配理论"，其基本含义为：每一种生产要素都得到各自对生产所作的贡献作为报酬。各要素的报酬决定于各要素的供求状况。

复　习　题

一、名词解释

边际生产力　　引致需求　　边际产品收益　　洛伦兹曲线　　基尼系数

二、简答题

1. 简述完全竞争厂商在完全竞争要素市场的生产原则。
2. 不完全竞争要素市场的类型有哪些？
3. 简述劳动力市场的收入效应和替代效应。

三、计算题

1. 设某一厂商的生产函数是 $Q=12L+6L^2-0.1L^3$，Q 为厂商每周产量，L 为每周雇用的劳动量，如果产品、要素市场均为完全竞争，产品价格为 30 元，周工资率为 360 元，厂商追求最大利润，求每周雇用的劳动量是多少？

2. 某人拥有的资源为：大学毕业学历，可找到年薪 40 000 元的工作，房子 3 间，每年出租有 30 000 租金，资金 5 万元，每年可获利息 5000 元。如果该人以这些资源开一家商店，年纯利为 110 000 元。他这样做是否合理？应如何做？

四、分析题

新的计算机技术应用改变着法学、医学、会计、建筑、银行保险等许多领域的工作前景。例如，在医学方面，一个叫做《伊利亚特》的程序能够帮助病人诊断出大约 1000 多种疾病，以及能从一系列的诊断中推论出 1500 多种情形。由于这些应用型软件的不断更新，对编程人员的需求会增加，但对某些职业技能的需求会减少。请分析在计算机应用技术变化的情况下，土地、劳动力、资本、企业家才能这 4 个主要要素市场会发生哪些变化？

案 例 分 析

2010 年广西南宁单宗地价之王

案例背景

在"2008 年第二期国有建设用地使用权拍卖会"上，广西南宁的土地拍卖应者寥寥，出现了 4 宗地 3 宗流拍的情况。2010 年 3 月 1 日，南宁金浦路地块成交价格创下南宁历史新高，成为南宁城建史上单宗地价之王。据拍卖现场消息，金浦路地块以 8 650 万元/亩成交，总价 159 203.509 5 万元。以此估算每亩楼面地价为 11 033 元/平方米。拍下这块首个南宁的每平方米高达万元地价的房地产公司，正是看中了南宁作为区域性国际城市未来的辐射力，从此案例中可以看出不同地段的差别地价。

案例解析

对拍下这块首个广西南宁的每平方米高达万元地价的房地产公司来说，它此次拍卖的得与失分别是什么呢？

首先来看看"得"：在目前信息时代，缺的是社会的关注度。如今的经济被人戏称为眼球经济，谁赚得了人们的眼球，谁就能吸引投资，最终才可能成为赢家。在众多的网上购物网站中，唯有淘宝吸引的网民最多，它也就吸引了众多的买家和卖家来利用其平台，其生产成本就必然降低。同样对这个房地产企业，它吸引了别人对其公司的关注，对这块地上未来建筑的关注，吸引了更多的投资参与者，有了投资，就能建成高档住宅，

针对海外房客或者业主才有吸引力。住宅越高档，其弹性越大，该公司未来的利润是可以期待的，

其"失"可能在于对风险性考虑不足，超额利润的获得需要承担更多的风险，对房地产企业其风险来自于多方面，首先是政府政策对其房价的影响力，近年来国家"抑制高房价"的举措不断出台，让人联想到 20 世纪 80 年代广西北海刚刚开发时期的房地产一片繁荣和 90 年代的开发商撤资后留下的一片烂尾楼，当时有多少房地产企业濒临破产。这种政策风险就可想而知了。国际金融海啸的影响还没有结束，在此背景下，南宁对海外房客有多大的吸引力，这个指标还很难正确衡量。

（资料来源：http://news.nn.soufun.com/zt/201003/bkzt.html）

讨论：

1）房地产企业如何利用级差地租制定相应的生产和营销策略？

2）房地产企业如何规避该行业的政策风险？

第六章　市场失灵及矫正

教学目标

本章主要介绍引起市场失灵的 4 个原因和相应的治理对策。这些内容对于认识市场经济中的现实问题有重要意义，有助于理解为什么市场有时候不能有效地配置资源，政府政策如何改善市场配置，以及哪种政策有可能更好地发挥作用。本章重点是掌握导致市场失灵的原因，难点是分析应对市场失灵的相关对策。

学习任务

通过本章内容的学习，要达到以下几个目的：

- 理解逆向选择与道德风险的概念及运用；
- 理解外部性的分类及消除外部性的措施；
- 理解垄断如何引起效率损失；
- 掌握市场失灵的 4 个原因和相应的治理对策。

导入案例

为什么黄牛没有绝种

在整个历史上，许多动物的物种都遭受到了灭绝的威胁。当欧洲人第一次到达北美洲时，这个大陆上野牛的数量超过 6 000 万头。但在 19 世纪猎杀野牛如此广泛，以至于到 1900 年在政府开始保护动物之前，这种动物只剩 400 头左右了。在现在的一些非洲国家，由于偷猎者为取得象牙而捕杀大象，大象面临着类似的困境。

但并不是所有具有商业价值的动物都面临着这种威胁。例如，黄牛是一种有价值的食物来源，但没有一个人担心黄牛将很快绝种。实际上，对牛肉的大量需求保证了这种动物延续地繁衍。

为什么象牙的商业价值威胁到大象，而牛肉的商业价值是黄牛的护身符呢？

（资料来源：曼昆. 1999. 经济学原理：微观经济学分册. 北京：北京大学出版社）

在前面的各章内容中，主要讨论了市场机制如何实现稀缺资源的有效配置，但市场不是万能的，自由放任基础上的价格机制并不是在任何场合、任何领域都能充分发挥作用，现实的市场经济中存在着一些自身难以克服的缺陷或不足，如有些产品无人生产、有些产品又生产过多或生产过少，这种状态被称为市场失灵。一般来说，市场失灵是指市场机制不能充分有效地配置资源。

本章主要逐个讨论引起市场失灵的 4 种原因：不完全信息、外部性、垄断和公共物品，并分别阐述了相应的治理对策。

第一节　不完全信息概述

一、不完全信息

前面的各章分析基本上都是建立在完全信息的基础上，所谓完全信息，是指市场交易双方对于交易对象具有所需要的一切信息。但这种假设只是一种理想状态，信息不完全、信息不对称的现象普遍存在。不完全信息是指市场上交易双方（买方与卖方）所掌握的信息是不对称的，交易的一方掌握的信息多些，另一方掌握的信息少些。一般情况下，卖方比买方拥有更多的信息。例如，某种商品的卖者对其所销售商品的性能和质量比买者要知道的多；雇员比他们的雇主更了解自己的工作能力和效率，等等。而有的时候买方掌握的信息比卖方多。如医疗保险的购买者比保险公司更了解自己的健康状况。

不完全信息产生的原因主要在于人们取得信息的能力有限，或获取信息的成本太高。随着劳动分工的发展和专业化程度的提高，卖方和买方之间信息差别会越来越大，人们对不完全信息及其市场的研究也越来越多。

由于信息不完全，会使市场的交换活动变得不顺畅，造成市场的无效率，这种效率损失主要表现为：逆向选择和道德风险。

二、逆向选择

逆向选择是指在买卖双方信息不对称的情况下，由于交易的一方无法观察到另一方重要的外部特征，结果质量差的商品总将质量好的商品驱逐出市场的现象。之所以称为逆向选择，是因为退出市场的行为不是"优胜劣汰"，而是"劣胜优汰"。

逆向选择的经典例子是二手车市场。美国经济学家诺贝尔经济学奖的获得者阿克洛夫在 1970 年发表的《柠檬①市场：质量的不确定和市场机制》一文中，对旧车交易中总是质量差的车充斥市场的状况作了理论分析，以下对这个模型作简单介绍。

假定市场上只有两种类型的旧车：质量好的和质量差的。质量好的旧车价值为80 000 元，质量差的旧车价值为 20 000 元。刚开始好车和差车各占一半。此时买者仅从外表和短程试驾中无法判断一辆旧车质量的好坏，但是他知道市场中好车与差车的比例。因此，作为一个理性经济人，他会按照旧车的"平均质量水平"所值的 50 000 元出价。可是由于他出价 50 000 元，价值 80 000 元质量好的旧车卖主不想做赔本的买卖就会退出，只有价值 20 000 元质量差的旧车卖主愿意出售。买主看到一些车退出，知道退出去的是质量比较好的车，因此他知道市场上剩下的都是质量差的旧车，从而只愿意出价20 000 元，最后市场上的均衡价格是 20 000 元，成交的都是质量差的旧车。结果，坏车将好车驱逐出市场。

---

① "柠檬"一词在美国俚语中表示"次品"或"不中用的东西"。

逆向选择的第二个例子出现在保险市场上。在购买医疗保险的人群中，有身体健康状况较好的，也有身体健康状况不好的。如果保险公司能清楚知道每个投保者的健康状况，就可以根据他们健康状况的不同，设计不同的投保费用，但这是不现实的，保险公司只知道他们的平均健康状况，只能根据每个人平均健康状况收取保费，身体健康的人会认为保费太高而不愿购买保险，只有身体不太健康的人愿意接受较高的保险费用，随着身体不太健康的投保人的比例越来越高，保险公司对每一投保人的平均赔偿额也将增加，保险公司为保证收入，保险费会持续上升，使得那些知道自己患病风险小的人不断退出保险市场，最终只有患病严重的人才愿意购买保险，而他们正是保险公司最不想要的顾客。

逆向选择的第三个例子出现在劳动力市场上，应聘者的能力有差别，如果招聘者能真正了解应聘者，就可以根据应聘者的工作能力设定不同的工资水平。但雇主并不知道谁的能力高，谁的能力低，只好按相同的工资水平招聘他们。如果雇主降低工资，那些工作能力高的雇员就会离开，而工作能力低的员工，即使工资较低，也愿意接受。这样工作能力强，效率高的雇员人数在不断下降，而工作能力差、工作效率低的雇员人数在不断增加。因此，企业只能选择支付高于均衡水平的工资，以吸引工作能力高的员工。

逆向选择的存在会使市场价格不能正确地反映供求关系，价格机制不能充分发挥其在资源配置中的积极作用，最终导致社会资源浪费和低效利用。当市场中大量存在逆向选择问题时，人们就会失去对市场的信任，市场就会崩溃。

三、道德风险

逆向选择发生在交易双方签约之前，属于事前信息不对称。道德风险发生在交易或合约关系形成以后，属于事后信息不对称。道德风险是指一个没有受到监督的人从事不忠诚或不合意行为的倾向。道德风险源于保险行业，主要指个人在获得保险公司投保后，防范意识降低而采取更加冒险的行为，使风险发生的概率增加。例如，有人买了一辆汽车但没有投保，为了防止汽车被盗就会采取诸如安装防盗锁或精心看管等措施尽力确保汽车安全，如果此人对汽车投了保险，在汽车丢失后会得到保险公司的赔偿，这时就不会采取相应的防盗措施了，从而导致汽车丢失的可能性大增。

当一个人（代理人）为另一个人或机构（委托人）工作，而工作的成果同时取决于投入的努力和无法控制的客观因素，由于信息不对称，委托人无法完全区分这两种不同因素，就可能产生代理人的败德行为，即代理人可能以牺牲委托人的利益为代价来追求自身的利益，这就产生了委托-代理问题。委托-代理问题在社会中广泛存在。例如，在企业内部，经济行为主体之间的目标是不一样的，企业所有者即委托人希望利润最大化，作为代理人的经理可能追求企业规模扩张来加强自己对企业的控制能力，这必然导致委托人与代理人之间利益冲突，但只有经理本人才能确切知道他们的努力程度，这样就可能出现经理人的败德行为。

道德风险的产生主要是由于卖方的信息不完全，他们想要避免损失只能寄希望于买方的道德水平。道德风险会破坏市场的运行，严重的情况下会使某些私人服务的市场难以建立。

阅读资料

"别小看它，这可是一件青铜器，有上千年历史。很稀罕的古董，就卖你 6000 元吧。"在北京专卖古旧玩物、各地饰物的潘家园旧货市场，一名中年摊主展开积极游说，他几乎把人们想得到或想不到的动听字句全用上了。陪记者一同前往潘家园的，是一名北京"地头虫"、潘家园常客。他扫了几眼，立刻来了一个惊人大幅度的还价："60 元。"站在一旁的记者以为自己听错了，心想，卖 6000 元的东西，还价 60 元，只是一个小零头，这样没诚意，会不会被人打？谁知道，那位卖主也随即以稀松平常的口气报出"一口价"："80，你拿去吧。"这可是一次难得的体验，原来可以这样漫天叫价，把一件烂东西吹成国宝、古董，又可以那样落地还价，只要吃准了是一件假货，就是不值钱的货色，给他 80，他还有赚。

潘家园卖假东西是出了名的。一位曾经上当的港客说，在那买古董茶具，用了 3000 元，回来才知道，300 元也不值。瓷器之假就更为甚，据说，不少陶瓷烧好之后，他们会将之丢下粪池沤一个月，再捞出来洗去异味，陶瓷又黄又旧，很像古董。

这里不是没有宝贝，但要寻宝，真要火眼金睛，同时还要有足够的识别能力。在京外籍人士不乏潘家园常客，港台客也爱在这里附庸风雅。难怪有人说，老外知道北京有长城、故宫，还有潘家园，这里还是带来不少就业机会。

（资料来源：张卫东．2003．微观经济学．北京：首都经济贸易大学出版社）

四、不完全信息问题的解决方法

1. 市场机制对不完全信息问题的纠正

对于逆向选择，市场本身可以解决部分问题。逆向选择是由事先隐藏的信息引起的，这种情况下，拥有信息优势的一方可以将自己真实的信息披露给另一方，缩小乃至消除双方信息差距，经济学上称为信号传递。信号传递方式很多，如广告宣传、产品凭证、质量鉴定、售后服务、声誉、产品标准化，等等。并且，要使一项行动成为一种有效的信号，成本应该是高昂的，如果信号是免费的，任何人都可以使用它，它也就传递不了信息。例如，某厂商向消费者作出产品质量有问题可以包退、包换、包修的"三包"承诺，这种"三包"的质量显示信号是劣质产品的生产者不敢做的，因为对他们来说"三包"的成本太高了。

声誉是一种非常有效的信号，所谓声誉，是指消费者使用产品或接受服务后对该产品或服务质量的良好评价。人们之所以要购买品牌产品，就是因为其有良好的声誉。声誉、信用是无形资产，一旦自己的声誉被破坏了，别人就不再愿意与你打交道了。当买卖关系相对固定时，声誉比较容易建立，反之，如果是一次性的、流动性的买卖，交易结束后买卖双方可能永远不会碰面，建立声誉就比较困难，这时候标准化或国家标准认证有助于解决这个问题。标准化可以保证消费者无论在何时何地都能得到质量一样的产品，就像麦当劳一样。标准化消除了顾客对质量的疑虑，也解决了信息不对称的问题。

文凭是劳动力市场中的一个强信号。不同等级、不同种类的文凭，实际上是持有者向雇主发出的一种信号，以证明自己的工作能力和工作效率，同时也使雇主区分高效率的劳动者和低效率的劳动者成为可能。

解决道德风险关键是加强对买方行为的监督，可以通过制定更加严密的制度来防止买方的不道德行为。例如，在保险行业中，商业保险公司应对相关投保信息进行谨慎评估，努力提高承保质量，加强核保、核赔等关键工作环节的管理。在实行退换制度和售后服务时，企业要对消费者使用商品的方法和程序进行严格的规定，把因消费者使用不当而造成的商品损坏排除在外。

委托-代理问题的中心就是解决在信息不对称的情况下，对代理人适当激励的问题，设计一个激励方案用以刺激代理人，使其行为符合委托人的利益。

2. 政府对不完全信息问题的纠正

市场机制并不能解决所有问题，在这种情况下，政府有必要对信息进行调控，通过制定法律和法规的方式，增加市场的透明度，消除信息不完全带来的不良后果。例如，政府要求一种商品上市之前必须通过国家指定部门检验，取得国家颁发的质量合格证书；禁止虚假的或欺骗性的广告宣传；某些产品必须有详细的说明书；香烟包装上必须标明"吸烟有害健康"的字样，等等。

第二节　外部性和产权

一、外部性及其分类

外部性（externality）是指当一个市场经济主体的行为对另一个市场经济主体的福利产生直接影响，而这种影响却没有在市场交易中显现出来。通常产生的影响有两种：一种是好的，积极的影响，如养蜂人与苹果生产者，一方面，蜜蜂在采蜜的同时为苹果树传播花粉，提高苹果产量；另一方面，苹果树为蜜蜂提供蜜源，增加蜂蜜的产量。另一种是坏的，消极的影响，如一条河流的上游有一个钢铁厂，下游有一个养鱼厂，钢铁厂生产过程中排放的废水，污染了河流，使养鱼厂的产量大大减少，但却不需要为此承担责任。

根据外部性产生影响的效果，可以将其分为正的外部性（外部经济）和负的外部性（外部不经济），前者是有益的，后者则是有害的。我国当前外部性的突出表现如表6.1所示。

1. 正外部性

生产者或消费者的一项经济活动给社会上其他成员带来好处，但他自己并不能因此获得相应的报酬，这就是正外部性。正外部性又可以进一步根据经济活动的主体分为生产的正外部性和消费的正外部性。当生产者给其他人带来利益，自己却不能为此收取报酬被称为生产的正外部性。例如，企业对其员工进行培训，而这些员工可能转到其他企业，该企业并不能获得补偿；当某人给交易以外的第三人带来了利益，而他自己却不能得到好处，这就是消费的正外部性。又如，某人在自己门前安装了一盏路灯，当他每天使用时，其他路过的人也可以免费使用而不用付钱。正外部性使私人收益小于社会收益，私人成本高于社会成本。

2. 负外部性

生产者或消费者的一项经济活动给社会上其他成员带来危害，但他自己并不为此而支付足够抵偿这种危害的成本，这就是负外部性。负外部性也可对应分为生产的负外部性和消费的负外部性。当生产者给其他人带来损害，自己却不必为此赔偿，则该生产者给其他人带来了负的外部性。例如，企业排放脏水污染了河流，排放烟尘污染了空气，使附近的人们和整个社会都遭受了损失；当某人给交易以外的第三人带来了损害，而他自己却不必为此支付赔偿，这就是消费活动的负外部性。又如，某人在公众场合吸烟给其他吸二手烟的人的健康造成危害，但并未为此而支付任何东西等。负外部性使私人收益大于社会收益，私人成本小于社会成本。

表 6.1　我国当前外部性的突出表现

正 外 部 性	负 外 部 性
文化教育	"三废"排放
医疗卫生	乱开矿藏
科学研究	滥伐森林
基础设施	涸泽而渔
植树造林	过度放牧
扶贫活动	假冒伪劣
见义勇为	霸王条款

二、外部性导致市场失灵

1. 正外部性对资源配置的影响

正外部性存在时，当事人得不到决策的全部利益，生产或消费的数量低于社会的最优水平，导致资源配置失当。

以教育为例进行说明。受教育者不仅可以使他本人获得知识、得到较好的工作和较高的工资，而且还可以使整个社会平均受教育水平提高，降低犯罪率，但该公民并不能因此向其他人收费，因此教育的社会收益大于私人收益，教育的社会收益曲线（MR_s）高于私人收益曲线（MR_p），如图 6.1 所示。如果没有任何激励措施，根据利润最大化原则 $MR = MC$，教育的需求数量由 $MR_p = MC$ 的交点 E_1 点决定，此时均衡数量为 Q_1，均衡价格为 P_1，显而易见，这时的教育数量不是最有效率的，从整个社会的角度看，应在 $MR_s = MC$ 的地方进行生产，即交点 E_2，这个交点决定了教育最有效率的水平，此时均

衡数量上升为 Q_2，均衡价格上升为 P_2。可见，从整个社会的角度看，教育这一产品多生产了，需要政府对正外部性进行补贴。

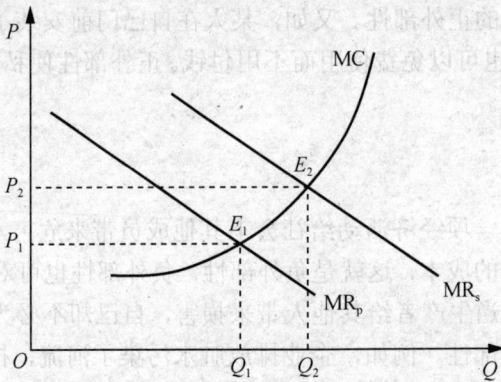

图 6.1　正外部性与资源配置

2. 负外部性对资源配置的影响

当存在负外部性时，由于当事人没有偿付生产过程中全部社会成本，生产或消费的数量就会超过社会最优水平，导致资源配置不合理。

以钢铁厂为例进行说明。假设一个钢铁厂向附近的河流排放污水，影响河流下游农民的捕捞，不考虑外部效应的情况下，私人边际成本应该等于社会边际成本，然而，因为钢铁厂向河流排放污水并没有承担相应成本，因此社会边际成本（MC_s）高于私人边际成本（MC_p），如图 6.2 所示。如果没有任何纠正外部性的措施，钢铁厂根据利润最大化原则进行生产，将会选择在 $MC_p=MR$ 的地方进行，此时均衡产量是 Q_1，均衡价格是 P_1，但从整个社会的角度看，应在 $MC_s=MR$ 的地方进行生产，即交点 E_2，这个交点决定了最有效率的供给水平，此时均衡产量就会减少到 Q_2，均衡价格上升到 P_2。可见，如果钢铁厂生产者不承担污染处理费，它们就会按私人成本将产量扩大到 Q_1，产品就会生产过多，并给环境造成严重的影响。

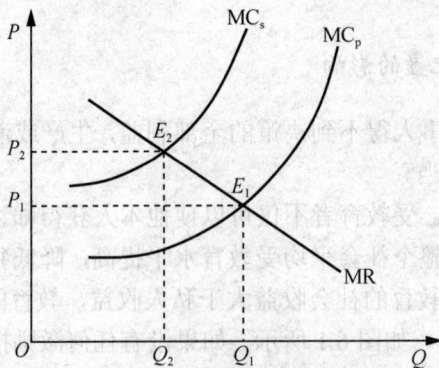

图 6.2　负外部性与资源配置

被污染围困的村庄

广州增城市增江街大埔围村被污染围困。村民多方反映，污染源头的惠州市博罗县福田镇竹筏埔村小作坊曾在 2007 年年中被查处，但之后又死灰复燃，污染依旧。

大埔围村和竹筏埔村交界，前者属于增城市增江街，后者属于惠州市博罗县福田镇。与城市相比，地处偏远的大埔围村，依山傍水，山清水秀，一条小溪蜿蜒穿过村庄，浇灌着几百亩农田，最终汇入珠江。两年前，大埔围村的上游——竹筏埔村的山坳里，几十家违法塑胶熔胶厂、废油提炼厂、豆制品厂以及养猪场，如雨后春笋般，纷纷在这里落脚生根。

彼时，流经村里的清澈溪水开始变得混浊，后来干脆成为墨汁状。小溪是村民灌溉农田必取之水。污染之初，村民没有其他清洁水源，只能用污水浇灌。冒险付出的代价是，被污水灌溉的菜苗枯黄腐烂，撒在地里的种子长不出幼苗。村民叶叔夜种地多年，过去都是赤脚在地里干活，如今只能穿着长统胶靴下地干活，"泡在污水里，手脚都会瘙痒、发炎。"

污染带来的困境远非这些，有水不能用，有地不能种，上百亩农田因无水滋养最终被迫抛荒。800 名村民生活在弥漫刺鼻气味的空气和污浊恶臭的溪水中，污染无时无刻不在侵蚀着他们的肌体。

（资料来源：http://epaper.nddaily.com/A/html/2010-04/03/content_1046221.htm）

三、有关外部性的政府政策

由于外部性的存在，某一商品有益或者有害的影响，不能通过市场价格反映出来，这种定价制度的缺陷，会使经济资源配置不能达到最优状态，具有正外部性商品的生产或消费可能不足，而有负外部性商品的生产或消费可能过多。为了解决这个问题，政府可以通过对有正外部性的商品提供补贴，对有负外部性的商品采用征税的办法使外部效应"内在化"。具体措施有以下几个方面。

1. 管制

政府可以出台一些规定或禁止某些行为来解决外部性问题，如规定排放污染的数量，排放前应进行何种处理，以及应达到的标准；规定不准随地吐痰，违反规定者处以一定数额的罚款；规定所有适龄儿童必须接受九年义务教育，等等。

2. 税收和津贴

对具有负外部性的企业，国家应该征税，并使其数额等于该企业给社会其他成员造成的损失，从而使企业的私人成本等于社会成本。例如，在生产污染的情况下，政府针对排放污染物向污染者征收特种税，其税额等于治理污染所需要的费用，从而提高企业生产成本。

反之，对具有正外部性的企业和个人，国家可以采用提供津贴的方法，使其私人利益等于社会利益。例如，教育和科研都能产生巨大的积极的外部影响，如果要求这些单位都成为营利机构，那么，它们提供的有利服务必将减少，效率也会下降。

税收和津贴方法使用遇到的最大困难在于外部影响的损失或利益很难用货币的形式准确衡量。在实践中，政府或有关部门往往是近似地估计这些成本。

3. 企业合并

将施加和接受外部成本或利益的经济单位合并是解决外部性的第二种手段，如果一个企业对另外一个企业产生负面影响，则第一个企业的生产就会超过社会的最优水平，但如果把这两个企业合并成一家企业，合并后的企业为了自己的利益，将会使生产确定在其边际成本等于边际收益的水平上，由于此时不存在外部影响，故合并后企业的成本与收益等于社会的成本和收益，外部影响就"消失"或"内部化"了，资源优化配置得以实现。前面钢铁厂和养鱼场的例子中，可以将钢铁厂和养鱼场合并成一个企业，合并后，为了自身利益，企业会把钢铁厂的产量推进到使上游钢铁厂的边际收益等于下游养鱼场的边际损失为止。

4. 界定产权

许多情况下，外部性之所以导致资源配置失当，是因为产权不明确，如果财产权完全确定并有充分的保障，则有些外部性可能不会发生。产权是指通过法律程序确定的，个体占有某种财富或资源的权力。例如，当人们对土地有产权时，他们可以在上面建筑或出售，并得到不受他人干扰的保护。河流上游的炼钢厂污染了河流，导致下游的养鱼场减产，如果把这条河流的使用权赋予养鱼场，则炼钢厂对河水的污染便侵犯了养鱼场的财产权，必须赔偿损失。这样，炼钢厂为了不受罚，便会与养鱼场协商，购买使用优质水的财产权，同时养鱼场也会使用他们出售污染权而得到的收入来治理河水。总之，由于污染者为其造成的损失支付了代价，他的私人成本等于社会成本。

通过明确产权解决外部影响的方法，是以科斯为代表的新制度经济学派提出来的，美国芝加哥大学教授认为：只要产权界定是明确的，则在交易成本为零的条件下，无论最初的产权赋予谁，市场总会有效配置资源并解决外部性问题。后来科斯这一思想被西方学者作为应用于解决外部影响的市场化思路，并概括为"科斯定理"。但这一定理在现实中很难实现，特别是交易成本的问题，交易成本通常指围绕自由交易而发生的一些费用，包括信息费、谈判费、策划费和实施契约费等，这些费用是客观存在的变量，斯蒂格利茨就曾经指出，一个没有交易费用的社会，宛如自然界没有摩擦力一样是非现实的。因此，交易成本一般不可能为零，甚至很高，这样通过市场也就很难有效解决外部影响的问题。

第三节 垄 断

一、垄断与效率损失

通过第四章内容的分析得知，与完全竞争企业只能得到正常利润不同，垄断企业能以最大超额利润为目标，可以控制整个行业的价格和产量，制定高于边际成本的价格，这意味着垄断企业以较高的价格出售了较少的产量。有垄断的市场结果从社会利益看往往并不是最好的，主要表现在资源浪费和社会福利的损失，具体表现为以下几个方面。

1）与竞争企业相比，垄断企业产量低而价格高，垄断企业通过限制产量抬高价格的方式向消费者榨取高额的垄断利润，使消费者福利受到损失，社会收入分配差距扩大。

2）竞争市场上，企业只能通过改进技术和管理以降低成本、提高产品质量来获取尽可能多的利润，而垄断企业却可以依靠其垄断地位保持高额的垄断利润，缺乏竞争的激励，从而会使改进技术和管理的动力大大下降。

3）垄断企业垄断地位的获得和维持，往往依靠政府有关部门赋予特权，因此一些垄断厂商为维护自己的垄断地位，往往需要付出一定代价，如向政府官员行贿，把高额垄断利润的一部分转移到有关行政部门，尤其是领导人的手中，这就是所谓的寻租行为。寻租破坏了公平竞争，干扰了市场秩序，使许多经济资源浪费在非生产性活动上，降低资源配置效率，并滋生腐败。

二、政府的反垄断政策

垄断常常导致资源配置缺乏效率，引发许多问题，因此政府有必要对垄断进行干预。具体表现为以下几个方面。

1. 对自然垄断的管制

政府解决垄断的一种方法是管制垄断者的行为，尤其是在自然垄断的情况下。当一个厂商能以低于两个或更多厂商的成本为整个市场供给一种物品和劳务时，这个行业就是自然垄断，如铁路、航空、邮电、煤气、电力等，这些行业通常是由一个厂商从事垄断性经营，他们有共同的特点：厂商的规模经济需要在一个很大产量和相当巨大的资本投入才能得到充分的体现，以至于整个行业的产量只由一家或很少厂商来生产才能达到，而且，只要发挥这一厂商在这一生产规模上的生产能力，就可以满足整个市场对该商品的需求。这种垄断是由技术条件和需求条件共同作用而形成的。以供水为例，为了向某个城市的居民供水，厂商必须铺设遍及全城的管道，如果在同一城市有两家水厂供水，相邻小区居民因为由不同水厂供水要安装两套供水管道，不仅厂商的生产成本过高，而且也必然会使居民用水价格难以下降，对生产者和消费者都不利，因此，由一家厂商来经营最为经济合理。

显然，自然垄断有其存在的合理性，政府不能禁止，但可以干预和管制，不允许这些厂商收取他们想要收取的任何价格，进行价格管制，这是政府常用的手段。但问题关键是确定多高的价格对自然垄断者才公平合理。

现在用图 6.3 进行说明，假设垄断厂商面临的需求曲线为 $D = AR$，MR 是边际收益曲线，MC 是边际成本曲线，AC 是平均成本曲线。由于自然垄断行业产品平均成本和边际成本会随着产量的增加而下降，且边际成本总低于平均成本（边际成本低于平均成本时，平均成本才下降），如果不进行管制，垄断厂商会按照 $MR = MC$ 利润最大化原则定价，把价格和产量定在 P_3 和 Q_3 的水平上，厂商获得超额的垄断利润。现在政府对其进行管制，确定最高限价，要求按价格等于边际成本原则定价，则价格定在 P_1 水平上，产量定在 Q_1 的水平上，这时资源得到了最佳利用，但价格 P_1 低于平均成本，厂商无法赚回平均成本，肯定会退出经营。在这种情况下，要使公共事业能继续经营下去，只能由政府对公用事业进行补贴。

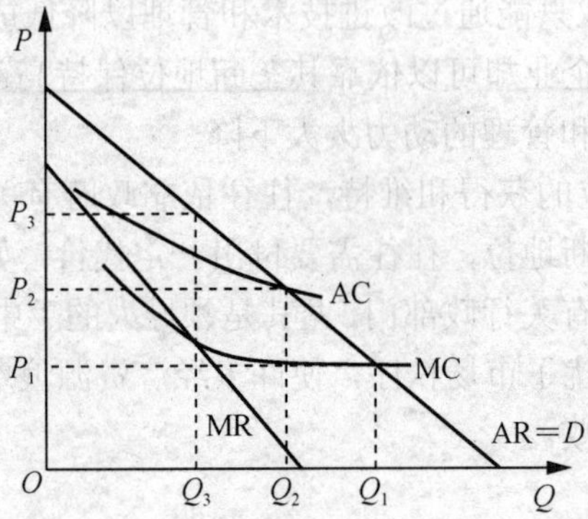

图 6.3　对自然垄断价格管制

为了使公用事业不亏本，管理者通常的做法是根据平均成本定价，即把价格定在 P_2 水平上，产量定在 Q_2，但这又会提高价格，减少产量。为了不限制产量，又尽可能做到不亏本，往往实行差别定价法，根据不同销售量，收取不同的费用。按平均成本定价是对自然垄断管制的一个好办法，然而，也会产生问题：由于按平均成本定价，因此厂商失去了降低成本而创新的动力，甚至有可能因过多使用设备和人力而形成浪费。

公有制也是解决问题的一种方法，政府不是管制自然垄断，而是采取将自然垄断行业国有化的办法对该行业直接加以控制，这种方法在欧洲许多国家是常见的，这些国家政府拥有并经营电话、供水和电力公司。在美国，政府经营邮政业务。事实证明，国有化企业经营往往效率较低，因而这些国家后来纷纷放弃国有化做法，仍让私人企业来经营，同时加强管理，尤其是定价管理。

2. 反垄断立法

政府对垄断更强烈的反应是制定反垄断法或反托拉斯法。这些政策主要是反对由于商标、专利、垄断原料来源等原因造成的垄断，不同于自然垄断，这些垄断是抑制竞争的，弊大于利。

西方很多国家都不同程度地制定了反垄断法，其中美国是最为突出的。19 世纪末以来，美国先后采取了一系列反垄断的政策和措施，其目标是通过禁止那些限制竞争或可能形成垄断的行为，保护竞争以维护市场的效率，主要内容包括以下几个方面。

1）禁止限制交易合同、联合或共谋。企业间不允许制定限制产量或将价格固定在竞争水平之上的协议。某些形式的隐蔽的串通也被认为违法。例如，通过公布价格信息导致企业之间的默契即可被判定违法。

2）垄断或试图垄断一个市场是违法的。法律禁止可能导致垄断的共谋，禁止可能导致垄断的企业兼并。

3）对已经合法获得垄断势力的企业行为加以限制。例如，在垄断势力较强时，企业的差别定价就可能成为反垄断的目标。

根据反垄断法，政府可以采取各种措施促进竞争，阻止企业合并或者拆分公司。例如，在 1984 年把大型通信公司——美国电话电报公司拆分为 8 个较小的公司，在 1994 年反垄断法阻止微软收购图文公司。

值得注意的是，近 20 年来，在美国，不仅反垄断法引起人们的争议，而且政府对反垄断的态度也有所松动，这主要是因为许多高新技术的进步在垄断行业发生居多，根据熊彼特的分析，大企业可以进行重大的开发与研究，以及技术创新，而中小企业没有这种能力。同时，在经济全球化浪潮中，世界各国的大公司以其巨额的财力、人力和技术在同一个世界市场上竞争。企业间的兼并和联合能更有效地降低成本，集聚雄厚的实力，虽然可能垄断了国内的行业，却使企业在国际竞争中保持优势。20 世纪 90 年代中期，美国政府没有禁止波音和麦道两大飞机制造公司合并，两公司的合并占据了美国国内飞机制造业 95% 以上的市场份额，但正是这样的巨型垄断企业却有利于美国在国际航空制造业中与欧洲的空中客车公司竞争。

我国政府一贯保护竞争，反对垄断。按照国际惯例，我国在 1993 年制定并实施的《反不正当竞争法》中，就有反垄断条款。目前《中华人民共和国反垄断法》由中华人民共和国第十届全国人民代表大会常务委员会第二十九次会议于 2007 年 8 月 30 日通过，从 2008 年 8 月 1 日开始施行。其宗旨是为了预防和制止垄断行为，保护市场公平竞争，提高经济运行效率，维护消费者利益和社会公共利益，促进社会主义市场经济健康发展。

第四节 公 共 物 品

一、公共物品与私人物品

在人们的生活中，大部分物品是由市场配置的，买者为了得到东西支付金钱，卖者因为提供这些东西而得到金钱，但一些物品可以免费得到，如国防、消防、免费公园、义务教育，这些都是公共物品。公共物品是这样一种物品，它可以便宜地向一部分消费者提供，但一旦向一部分消费者提供，就很难阻止其他人消费它。经济学中，把由私人部门提供的物品称为私人物品，把由公共部门提供的物品称为公共物品，分类的标准主要是根据是否具有排他性和竞争性。所谓排他性，是指一种物品具有可以阻止一个人使用该物品的特性；竞争性是指一个人使用一种物品将减少其他人对该物品的使用。根据这两个特性可以把物品分为4类，如表6.2所示。

表 6.2 物品的分类

	排他性	非排他性
竞争性	私人物品： 苹果、衣服、电脑、拥挤的收费的道路	公共资源： 公共公园、公共浴场、公共牧场、 拥挤的不收费的道路
非竞争性	准公共物品： 电影院、图书馆、不拥挤的收费的道路	纯公共物品： 国防、路灯、环保、不拥挤的不收费的道路

1. 私人物品

私人物品是指在消费中既有排他性又具有竞争性的物品。只有通过购买才能消费这种商品，而且一旦自己得到了，就是唯一的获益人。市场上绝大部分物品都是私人物品，如衣服、鞋子、水果等。如果一个人买了一个面包，别人就不能再消费这个面包。

2. 纯公共物品

纯公共物品是指在消费中具有非排他性和非竞争性的物品。例如，国防、公共卫生、交通安全、路灯，等等。这些物品作为一个整体被使用，每个人都能够免费从这类物品中获得好处，没有人能被排除在消费这种物品之外，因此具有非排他性。并且一个人享有一种公共物品并不减少另一个人对它的使用，因此具有非竞争性。国防是一个典型纯公共物品。国防的建设有赖于税收，但纳税多的人、纳税少的人、甚至不纳税的人都可以从国防提供的保护中受益。

3. 准公共物品

准公共物品是指在消费中具有排他性和非竞争性的物品。例如，有线电视、广播、医疗。一旦电视信号被播放，增加使用者得到信号的边际成本为零，而且不影响其他电视用户，因此是非竞争性的，但电视信号能够通过加密收费而具有排他性。

4. 公共资源

公共资源是指在消费中具有非排他性和竞争性的物品。与公共物品一样，公共资源是非排他性的，对于任何一个想要使用它们的人来说，都是免费的。但公用资源是一种可竞争性的物品，因为任何一个人使用了公用资源都会减少他人的使用。例如，海洋中的鱼是竞争性的物品，一个人捕的鱼越多，其他人捕的鱼就会越少，但没有办法阻止渔民在海洋中捕鱼，海洋是非排他性的。由于公共资源是公共的，使用权、收益权是模糊的，每个人都有权使用，就产生了过度消费的问题。公共江河湖海中的鱼被过度捕捞，公共山林被过度采伐，野生动物被灭绝性猎杀，等等。

　　尽管上面将物品清晰地分为 4 类，但这些物品间的界限是模糊的，因为随着技术条件、制度环境以及消费者人数的变化，会使物品的排他性和竞争性也随之改变。例如，一座不拥挤的桥上增加一辆车的通行，不会影响其他车辆的通行，因而不具有竞争性，但如果该桥已经处于十分拥挤的状态，再增加一辆车的通行，显然会妨碍其他车辆的通行，这时候竞争性大大增加。所以不拥挤的不收费的桥梁可能是纯公共物品，但拥挤的不收费的桥梁就变成了公共资源。不过，就分析问题而言，把物品划分为这 4 种类型是有帮助的。

阅读资料

灯塔是公共物品吗

　　经济学家早把灯塔作为公共物品的例子。灯塔是用来标出特殊的地点，以便过往船只可以避开有暗礁的水域。灯塔为船只提供的利益既无排他性又无竞争性，因此，每个船只都有搭便车的激励，既利用灯塔航行而又不为这种服务付费。由于这个搭便车问题，私人市场通常不能提供船长所需要的灯塔。因此，现在的大多数灯塔是由政府经营的。

　　但是，在一些情况下，灯塔也可以接近私人物品。例如，19 世纪英国海岸上有一些灯塔是由私人拥有并经营的。但是，当地灯塔的所有者并不向享有这种服务的船长收费，而是向附近港口的所有者收费。如果港口所有者不付费，灯塔所有者就关掉灯，而船只就会避开这个港口。

　　确定一种物品是不是公共物品时，必须确定受益者的人数以及能否把这些受益者排除在使用这种物品之外。当受益人数多，而且要排除任何一个受益者都不可能时，搭便车问题就出现了。如果一个灯塔使许多船长受益，它就是一种公共物品；但如果主要受益者为一个港口的所有者，它就更像一种私人物品。

（资料来源：曼昆. 1999. 经济学原理：微观经济学分册. 北京：北京大学出版社）

二、公共物品的提供

　　在经济中大多数的商品是由市场来分配的，但公共物品非排他性和非竞争性的特点决定了人们不用购买也可以消费，这种不为自己所获利益承担成本的行为被称为"搭便车"。如果所有的社会成员都成为免费搭乘者，公共物品很难在市场上通过收费的方式收回成本，追求利润最大化的利益主体就不可能生产公共物品，因为他们得不到任何激励。但很多公共物品，如国防、基础研究、消防是任何一个社会发展所必需的。因此，由政府或公共部门介入公共物品的生产和分配就成为解决"搭便车"问题的唯一选择。政府一方面可以用税收作为生产公共物品的费用，另一方面面向社会免费提供公共物品，增加社会福利。

在这里要注意的是，"政府提供"和"政府生产"不一样，政府生产是直接生产，而政府提供是通过某种方式，可以是自己生产，也可以通过政府采购、授权经营、经济赞助、政府参股和社会自愿服务等方式进行。政府的职能应该是提供而不是自己生产全部公共物品。

下面要考虑的是，一个社会要使资源有效配置，政府必须决定提供哪些公共物品以及提供多少。经济学中用到的一个重要方法是成本—收益分析。

成本-收益分析是对某公共投资项目预期收益的现值给予估计，然后同它预期所需要支出的成本相比较，以求出该项目可能产生的全部收益与全部成本的比率，最后将各项目之间的比率加以比较，决定取舍，作出决策。如果评估结果是该公共物品的收益大于或等于其成本，才应生产。需要注意的是，与私人企业不同，政府要考虑的是社会成本和社会收益，即成本中不仅包括直接消耗的经济资源，还包括公众所受到的环境污染、不安定的社会秩序等各种利益损失；收益中不仅包括经济上的直接收益，还包括整个经济的发展、公众文化水平和健康水平的提高，等等。

成本-收益分析是一项艰难的工作，假定政府确定是否需要修建高速公路，必须比较所有使用这条高速公路的人的总收益和建设与维修这条高速公路的总成本。因为所有的人都可以免费使用高速公路，没有用来衡量高速公路价值的价格，通过简单地询问人们，他们对高速公路的评价是不可靠的，那些从高速公路获利的人可能夸大高速公路的价值，从修建中受损的人可能夸大修建的成本。因此，有效率地提供公共物品本质上比有效率地提供私人物品更困难，因而所得出的关于公共物品成本和收益的结论只能是近似的。

公共物品提供的另一种方法是由投票方式决定，公共部门根据投票结果作出决策，即公共选择。这就涉及经济学中的公共选择理论，在此不赘述，有兴趣的读者可以查看相关资料。

阅读资料

"高铁时代"的喜与忧

一、"高铁时代"悄然来临

2008年奥运前夕，国内首条高速铁路——京津城际铁路开通。2009年12月26日，京广高速铁路武广段正式开通运营。时隔仅一个多月，郑西高铁也扬帆起航。

为了加快铁路发展，早在2004年1月，国务院常务会议就审议通过了《中长期铁路网规划》。不过，直到2008年10月，《中长期铁路网规划》调整方案经国家批准才正式颁布实施。根据调整规划，到2020年，全国铁路营业里程达到12万千米以上，其中客运专线及城际铁路达到1.6万千米以上，形成贯通我国东、中、西部和东北地区"四纵四横"的交通网。"人便其行、货畅其流"有望变成现实。

二、天量投资从哪来

巨额投资的高速铁路催生的"贵族化票价"引起了巨大争议。例如，武广高铁武汉至广州一等车票 780 元，二等车票 490 元，这相当于普通列车票价的 3～5 倍，令不少普通民众望而却步。"高铁用意是缓解中国铁路或者说京广线营运能力严重不足，缓解人们日常和春运出行难问题，铁路的巨额投资也需要足够多的实际运量去摊薄成本。"有关专家向《中国经济周刊》指出。该专家还直言，高票价背后折射的是高铁管理行政僵化的弊端。

"高铁可以向民间集资，或者项目上市接受市场检验，采取市场化的手段。由于铁道部门'一家独大'坚持拥有控股权和管理权，而社会资本不愿意向一个自己毫无发言权的项目投资，对高铁的投资并不热衷。"一位业内人士在接受《中国经济周刊》采访时亦表示。

目前，铁路建设的融资方式多为铁路建设基金以及铁道部发行铁路债。2009 年，全国新组建合资铁路公司 43 家，累计达到 145 家，投资规模 3 万亿元。不过，在合资铁路中，地方政府以征地拆迁投资入股是最主要的合资模式，而其他社会资本参与投资的积极性并不高。在 2009 年铁路完成基本建设投资 6 000 亿元的基础上，2010年铁道部又将安排固定资产投资 8 235 亿元，其中基本建设投资高达 7 000 亿元。业内人士推算，到 2020 年，铁道部债务累计预计将接近 3 万亿元，资产负债率 70%以上。这对铁道部的投融资能力提出了严峻考验。

（资料来源：http://www.p5w.net/news/gncj/201003/t2884667.htm）

小　结

市场失灵是指市场机制不能充分有效地配置资源。市场失灵的主要原因有不完全信息、外部性、垄断和公共物品。对市场失灵产生的问题，政府应进行有效干预。

不完全信息与市场失灵。市场交易双方所掌握的信息如果出现不一致，其结果必然导致市场失灵下的市场无效率，产生逆向选择和道德风险问题。在这种情况下，市场机制的作用受到很大限制，其本身只能解决一部分信息不完全的问题，因此需要政府在信息方面进行调控，以保证消费者和生产者能够得到充分和正确的信息，从而作出正确的选择。

外部性与市场失灵。外部性是指某些个人或企业的经济行为影响了其他人或企业，却没有为之承担应有的成本费用或没有获得应有的报酬的现象。这是造成市场机制低效率的一个重要原因。外部影响分为正外部影响和负外部影响，政府可以采用管制、使用税收和补贴、企业合并，明确产权等方法来解决外部影响问题。

垄断与市场失灵。垄断企业通过控制价格的方式获取超额垄断利润，一方面，垄断阻止资源向该行业流动，导致产出低于社会福利水平；另一方面，垄断企业为了追求和维护垄断地位而花费的代价是一种纯粹的浪费。政府对付垄断的办法有管制和实行反垄断法。

公共物品与市场失灵。公共物品是具有非排他性和非竞争性的物品。对公共物品而言存在"搭便车"问题，必须设计一个能够诱导个人汇报其真实需求的机制。公共物品不能由市场来提供，政府是大部分公共物品的供给者，但应注意"政府提供"不同于"政府生产"。

复 习 题

1. 什么是市场失灵？导致市场失灵的原因有哪些？

2. 试举若干个"逆向选择"和"道德风险"的例子。

3. 垄断是如何造成市场失灵的？

4. 用本章所学知识解释"一个和尚挑水吃、两个和尚抬水吃、三个和尚没水吃"的现象。

5. 公共物品有什么特点？为什么公共物品只能靠政府来提供？

案 例 分 析

塞韦尔·卡迪拉克的终身顾客

案例背景

在美国，豪华汽车经销业务中赢利最高的是得克萨斯州达拉斯的卡尔·塞韦尔。塞韦尔先生十几年前就认识到，这项业务获得成功的关键因素就是要与经常性顾客建立重复购买的关系。由于汽车车型多，所需提供的价格等信息量很大，使得经销商通常要在每部车上花费数百美元的销售成本。而卡尔·塞韦尔却独辟蹊径，他做了一个看似愚蠢的广告：对于在得州内任何地方遇到汽车故障的塞韦尔·卡迪拉克的顾客，他将提供塞韦尔·卡迪拉克的紧急情况路边服务。为了降低提供这种服务的成本，塞韦尔建立了一个范围广泛的、以经销商为基础的维修网，还在他的服务部门中推行了第一个全面质量管理计划。

这个做法为塞韦尔构建了基于流程的竞争优势，而其他经销商难以模仿。虽然这一流程创新的成本很高，但当每次兑现了承诺时，顾客的口头信誉传播效应使得塞韦尔·卡迪拉克的品牌和质量形象传遍了北得克萨斯。很快，周围城市的顾客都涌上门来购买汽车，而更重要的是，塞韦尔·卡迪拉克赢得了大量的回头客，他们的重复购买使得经销业务量大幅增加，而新增的成本却很小。

案例解析

信号传递是市场机制对不完全信息问题的纠正，即是说拥有信息优势的一方可以将自己真实的信息披露给另一方，缩小乃至消除双方信息差距。信号传递方式很多，如广告宣传、产品凭证、质量鉴定、售后服务、声誉、产品标准化等。

讨论：

1）塞韦尔·卡迪拉克以何种机制向顾客传递了质量信号？

2）试考虑，在你了解的产业中或你所使用的产品是否存在信息不对称现象，你将如何解决由此带来的问题？

（资料来源：郁义鸿，于立宏．2006．管理经济学．北京：高等教育出版社）

第七章 国民收入核算

教学目标

本章将介绍宏观经济的重要指标国民收入及核算方法，其中包括国内生产总值等一系列总量指标，简单介绍其他衡量宏观经济的主要指标。

学习任务

通过本章内容的学习，要达到以下几个目的：

- 掌握国内生产总值的概念；
- 掌握核算国内生产总值的方法；
- 掌握衡量国民收入的其他指标的概念及计算方法；
- 了解其他衡量宏观经济的主要指标。

导入案例

中国的经济规模有多大

根据国家统计局最终核实的数据，2007 年我国的 GDP 总量为 257 306 亿元，是 1978 年的 70 倍；人均 GDP 为 19 474 元，是 1978 年的 51 倍。但是，如果与其他国家比较，我国的经济规模有多大呢？这个问题有些复杂，需要把人民币换算成美元。如果用官方汇率换算，能否反映不同货币的真实购买力？

1993 年，世界银行按购买力评价估计，1992 年中国的 GDP 为 2.87 万亿美元，而 1993 年中国用人民币统计的 GDP 仅为 31 380 亿元，按官方汇率折算，约合 3692 亿美元。世界银行的估计是中国官方数据的 7.8 倍！按世界银行购买力评价的算法，1992 年中国占世界 GDP 的 6%，仅次于美国、日本。

国际上对中国经济规模的估计为什么会与中国的官方统计存在这么大的差距呢？中国的统计数据存在高估的因素，如地方政府为夸大政绩虚报经济增长数据。但整体上，2005 年以前公布的中国经济统计数据是低估的。这除了官方汇率不能真实反映购买力，以及存在地下经济、偷税漏税的因素之外，最主要的是存在着对服务业产值的低估。2005 年 12 月 31 日国家统计局根据经济普查，修正了 2004 年的 GDP。修正后的 GDP 增加了 2.3 万亿元，增加了 16.8%。主要调整的是第三产业增加值的向上修正。经调整，第三产业占 GDP 的比重由 32% 提高到 41%。这意味着中国经济增长对制造业和出口的依赖减少。

调整后，2005 年中国的 GDP 按汇率计算，合 2 万多亿美元，超过英国，成为世界第四大经济体。

（资料来源：亚历等. 2009. 西方经济学宏观部分. 北京：化学工业出版社）

前面的章节介绍了微观经济学的基本原理，从这一章开始，将进入宏观经济学的学习。微观经济学中关注的是个人和企业如何决策的，以及这些决策会产生什么后果。相反，宏观经济学研究的是整个国民经济，即经济总量（总产出、总价格、就业总量等）的行为，国民经济是一个庞大复杂的体系，有必要首先将它分解和量化，所以国民经济的核算问题构成了建立宏观经济模型、分析宏观经济运行机制的基本前提。

第一节　国内生产总值

在国民收入核算体系中，国内生产总值（gross domestic product，GDP）被认为是衡量宏观经济运行情况的一个最重要的指标，也是影响最大的一个指标。

一、GDP 的定义

在实行市场经济的国家中，衡量一国产出水平的最综合性的指标是国内生产总值，它是一国国民产出的总价值。更准确地说，国内生产总值（GDP）是指一定时期内（通常是一年）一国境内所生产的全部最终产品和服务的市场价值总和。

设某国某年在其领土范围内生产的最终产品和服务共有 n 种，P_1，P_2，…，P_n 分别表示 n 种商品或服务在该年的价格，q_1，q_2，…，q_n 分别表示 n 种商品或服务在该年被生产出来的产量，则该国该年度的 GDP 可表示为

$$GDP = P_1 \cdot q_1 + P_2 \cdot q_2 + \ldots + P_n \cdot q_n \qquad (7.1)$$

二、GDP 的特点

1. GDP 是一个市场价值的概念

各种最终产品和服务的价值都是用货币作为尺度加以衡量的，产品的市场价值就是用这些最终产品的单位价格乘以产量获得的。

人们所处的社会每天都在生产成千上万的产品和服务，从大米、衣服、房子、汽车到理发、针灸、旅游等不同的种类让人们目不暇接。但是宏观经济学并不关注每种产品和服务是如何生产的等细节，它的目标是整体上把握和理解经济的行为。例如，宏观经济学者会问：总生产能力在这段时间内增长了吗？增长了多少？

在谈论总产出时，经济学家们需要不同种类的产品和服务分类汇总后的数据。然而经济学家们汇总的是不同种类的产品和服务的市场价值，而不是它们的数量。

2. GDP 测度的是最终产品和服务的市场价值

GDP 测度的是最终产品和服务（final goods and services）的市场价值，中间产品不计入 GDP，否则会造成重复计算。最终产品和服务是指以消费和投资为目的现期生产和出售的产品，如衣服、面包、保险、运输，等等。但是也有不少产品只用来生产其他东西的，举个例子，要做一件衣服，需要布料，生产布料需要纱线，而纱线是由棉花加工而成的，在这个过程中共生产了 4 种产品：棉花、纱线、布匹和衣服，但只有成衣能为

消费者直接使用，因此衣服是这个过程中的最终产品，而棉花、纱线和布匹称为中间产品（intermediate goods or services），在统计 GDP 的时候只计衣服的价值。

3. GDP 是一定时期在本国领土范围内生产的

国内生产总值中的国内这个词告诉人们 GDP 是衡量特定某个国家经济活动的指标。因此，只有在该国的领土范围内生产的产品和提供的服务才能计算入 GDP 中，如中国手机的 GDP 计算包括了所有在中国领土内的手机的市场价值的总和，包括诺基亚、摩托罗拉、三星等外国厂家在华生产的产品。

4. GDP 是计算期内（通常为一年，如 2009 年）所生产的最终产品和服务的市场价值

例如，李先生 2009 年买了一套已有 5 年历史的二手商品房，一次性付了 30 万，而支付中介 6% 的手续费，即 18 000 元。其中，由于房子不是在 2009 年度内新生产的产品，因此它的价值不计入 2009 年的 GDP，但 18 000 的手续费是 2009 年 GDP 的一部分。同样，在二级市场上买卖商品时，只有佣金才计算入当年的 GDP。

由于 GDP 是核算一定时期内生产的最终产品和服务的市场价值，所以它是一个流量而不是存量。流量指的是一定时期内的指标，而存量是某一时点上的指标。

三、GDP 指标的意义与局限性

> **阅读资料**
>
> ### GDP 是完美的吗
>
> GDP 被认为是 20 世纪最伟大的发明之一。改革开放 30 年，中国经济增长速度让世界震惊，连续 20 年增幅保持在 9%，然而中国前商务部部长薄熙来在针对欧美对进口中国纺织品设限问题的谈话中，说道："中国每出口八亿件衬衣才能够换回一架 A380 空中客车飞机。说中国每出口一件衬衣才赚 0.35 美元，即 2.89 元人民币。听过这样的比较后，原本对这新中国成立 50 多年来的外贸、科技、机械制造等诸多行业颇具信心的我不禁心中多了几分疑惑。原来我们在拿衬衣撑持的 GDP 在和人家用大飞机做基础的 GDP 比较；在我们高速增长的 GDP 背后，却是我们没有能力造大飞机，只能为发达国家制衬衣、裤子、文胸之类纺织品来'换'波音、空客的大飞机。倘若我们这个靠着前辈'两弹一星'福荫撑腰的大国，在改革开放了 20 多年之后，仍然不能自己制造大型飞机，不能制造精密机床，不能制造代表了现代和未来高科技水平的电脑、软件，不得不依靠外国人的施舍，那么我们的工业化就很成问题了。试想一个没有核心技术，缺乏知识产权，在关键科技上整体落后甚至空白的大国，如何成得了工业化大国，如何应对得了诡谲多变的国际形势？这个 GDP 是万能的吗？能够强国、强军、富民吗？"
>
> （资料来源：http://hi.baidu.com）

1. GDP 核算的意义

1）判断宏观经济运行状况。GDP 是衡量经济运行活动的重要经济指标之一。经济增长率、通货膨胀率，失业率，这 3 个指标都与 GDP 有密切关系，其中经济增长率就是 GDP 增长率，通货膨胀率可以用 GDP 平减指数来衡量，奥肯定律表明当实际 GDP 每下降 2 个百分点时，实际失业率就会比自然失业率上升 1 个百分点。

2）在对外交往中有重要意义与我国承担的国际义务相关，如承担联合国会费；与我国享受的优惠待遇有关，如世界银行根据 GDP 来划分给予优惠的标准。

2. GDP 局限性

通过以上分析，可以肯定的是，GDP 能在相当程度上衡量一个国家宏观经济运行状况，显示一国国民福利享受状况。但这个指标不是完美无缺的，而是存在一定缺陷性的。

1）没有充分反映所有的经济活动。例如，家人自己做的家务，农民自种自用的农产品，非法活动（如贩毒），地下经济等非市场活动无法进入政府的统计范围，无法计入 GDP。

2）GDP 不能反映经济增长的代价。很多国家的经济活动是以污染环境、牺牲生态环境，或者耗费了大量的资源为代价的，如采伐树木可以增加 GDP，过度放牧也可以增加 GDP，把污染物越多地排放到空气中，GDP 就越高。GDP 反映了产量的增长，但 GDP 的核算没有考虑到这些经济活动的负面影响，如环境恶化、土壤沙化、空气和水严重污染影响了生活质量。

3）由于不同国家产品结构和市场价格的差异，两国 GDP 指标难以进行精确比较。GDP 反映的是市场价格，同样一种产品在不同国家的市场价格通常不同，因此统计出来的 GDP 反映的内容也不同。中国的工业中以低端电子产品、家电、服装等为主，而美国等发达国家的汽车、飞机、计算机、金融服务等高附加值的产品多，GDP 的总值即使差不多，但构成 GDP 的产品和服务的类别不同。

阅读资料

A、B 两国 GDP 比较

2008 年，A 国和 B 国的 GDP 总量相当，但是创造同样的 GDP，A 国工人付出的劳动远远要大于 B 国工人。A 国工人每个星期工作平均在 40 小时左右，对制造业工人而言，可能会达到 50 个小时；而 B 国工人每个星期平均工作不到 35 个小时，除去法定假期，每年还有 5～6 个星期左右的带薪假期。可见，GDP 这个指标没有反映人们的闲暇、工作的愉快程度、工作环境及其他精神享受等生活质量的问题。

4）GDP 不能衡量人们的经济福利。例如，汽车产量增加了 GDP，但 GDP 无法计算严重的交通堵塞占用了人们多少生命；人们加班加点的工作就能增加 GDP，但闲暇时间的减少引起的福利损失也许抵消了生产更多的物品和劳务所带来的福利。城市的扩张与发展以空间、树木、生活宁静的减少为代价。

5）GDP 不能衡量实际国民财富。例如，洪水泛滥破坏了堤坝、房屋和道路，但 GDP 并不会因此而下降，而灾后重建的大量投资增加了 GDP；城市不断修路、修桥、建楼房，由于各种原因，往往时间不久就要拆除重建或翻修；马路"拉链"每次拉开，挖坑填坑，GDP 都增加。但是国家实际财富并没有增加。

知识拓展

绿色 GDP

绿色 GDP 的概念是衡量一国可持续发展能力的指标。1993 年，联合国经济和社会事务部统计处在修改后的《国民经济核算体系》中首次提出这一新的统计概念。

绿色 GDP 是在传统 GDP 概念的基础上，考虑外部影响和自然资源等因素后得出的新 GDP 数值，它能够比较真实地反映一国经济发展所带来的福利水平的变化，也被称为可持续发展的国内生产总值。其计算公式表示为

$$绿色 GDP ＝ GDP －环境成本$$

环境成本包括环境污染带来的价值损失和生态破坏带来的价值损失。按照这一计算方法，当绿色 GDP 的增长快于 GDP 时，意味着自然资源得到节约、环境条件得到改善，这种发展方式具有可持续性，有利于福利水平的不断提高；反之，当 GDP 的增长快于绿色 GDP 时，则意味着经济的发展是以自然资源过度消耗、环境条件不断恶化为条件的，这种发展方式是不可持续的，不利于福利水平的提高。

当前绿色 GDP 核算体系的实行仍然存在一些技术上的难题，主要是它涉及对无形成本的估价问题，如人们很难为环境恶化和由自然资源消耗造成的生态破坏确定一个合理的价格，因此难以准确地统计绿色 GDP 的数值。到目前为止，还没有哪个国家正式公布绿色 GDP 的数据。2004 年，中国环保总局提出了一个量化环境成本的标准，即通过公众对环境质量、空气质量、饮用水质量变化的评价以及森林覆盖率、公众对环境问题的投诉等方面确定环境成本。这可看作是对解决环境成本计算问题的有益尝试。可以肯定地说，采用绿色 GDP 的指标是发展的必然趋势。

（资料来源：亚历等. 2009. 西方经济学宏观部分. 北京：化学工业出版社）

第二节　国内生产总值的核算方法

GDP 衡量的是生产的产品和提供服务的总量，可以从生产、支出和收入 3 个方面来考察和统计，因而有生产法、支出法和收入法 3 种统计方法，常用的是支出法和收入法。

一、生产法

生产法又称增值法。它是从生产的角度，按市场价格首先计算各部门提供的产品和服务中的增加值，然后再将各部门的增加值相加即为统计期内的 GDP。之所以不直接计算最终产品的价值，是因为中间产品和最终产品有时很难进行区别，同一产品用于生产过程是中间产品，用于消费便属于最终产品。并且最终产品的种类无数，难以逐件去计算、统计。运用增值法统计既能较有效地避免重复计算，又能相对降低统计难度。

对于第一产业和第二产业的各部门来说，该部门提供的产品中增加值＝产品总产值－中间产品的产值。对于第三产业来说，商业、运输业、金融业等营利性部门，按纯收入计算增加值；政府、教育、卫生等非营利性部门，按员工的工薪收入计算增加值。这是有其一定理论依据的，因为根据已学过的微观经济学知识，在一定的假定条件下，每个人的工薪收入均等于其创造的产值。如果前者高于后者，则部门会停止雇用；如果前者低于后者，则员工会另谋高就。

二、支出法

支出法是指一个国家在一定时期内生产的全部最终产品和服务会被各经济主体所购买，因此，将各经济主体在该时期的购买额即支出额相加，便可得到全部最终产品和服务的总产值，即核算出 GDP。

产品和服务的需求者（使用者）在 GDP 核算体系中分为居民、企业、政府、国外部门 4 类，他们相对应的购买支出也相应可以分为 4 类：居民的消费、企业的投资、政府购买和净出口。因此，用支出法统计 GDP，就是将该国在某一时期内居民的消费、企业的投资、政府购买和净出口 4 方面的支出额加总求和。

1. 居民的消费

居民的消费（C）包括耐用品（小汽车、家电等）、非耐用品（食物、衣服等）、住房租金、其他服务（医疗、旅游、服务业等），但不包括居民购买新建住宅的支出。

2. 企业的投资

企业的投资（I）是指企业对最终产品和服务的支出总额，主要是对资本品的支出。企业的投资主要包括 3 种类型。

1）企业固定资本投资。是指企业对新的资本品的购买，如机器、厂房、办公楼等为生产产品所需要的资本品的购买。

2）居民住房投资。虽然居民住房通常是由个人消费者购买使用，但它并不构成消费的一部分，而出于 GDP 统计的目的，它被归类于企业的投资。需要注意的是，只有在一定时期内新建房屋才构成 GDP 的投资，二手房买卖不会增加和减少当年的 GDP。

3）存货投资。是指企业生产出来的在当期没有卖出去的产品，它们被看作是企业自己购买了这些产品并计算入 GDP 中（这种习惯做法保证了总产值和总支出相等）。

知识拓展

购买股票、债券是投资吗

人们购买股票、债券等金融资产的行为也称为投资，但此投资和 GDP 的投资不是一个概念。二级市场上人们买卖股票的投资，是取得了部分旧投资的所有权，也就是说股票的二级市场上人们的买卖行为，只是导致了旧投资的所有权从一个人手中转移到另一个人手中，并没有创造出新的投资。本书中的投资都不包括证券投资，而是对厂房、设备等新的资本品的投资。

3. 政府购买支出

政府购买支出（G）是指各级政府部门对商品和服务的购买支出，包括政府在军事设施和物资方面的支出和政府雇员的薪金支出。政府购买支出的特点是以取得商品和服务作为有偿支出，它是一种实质性的支出，可以使经济资源的利用从私人部门转到公共部门。由于政府购买支出有着商品和服务的实际交易，因而直接形成社会需求和社会购买力，是国民收入的一个组成部分。

政府转移支付是指政府单方面的、无偿的资金支付，包括社会保障、社会福利支出、政府对农业的补贴以及债务利息支出、捐赠支出等。政府转移支付的特点是不以取得商品和服务作为报偿的支付。它是货币性支出，是通过政府把一部分人的收入转给另一部分人，整个社会的收入总量并没有变化，变化的仅是收入总量在社会成员之间的分配比例，不计入国民收入中。

4. 商品和服务的净出口

出口是指国内生产的产品和服务销售到国外。而进口虽然是由个人、企业和政府三大主体进行，但他们购买的是国外生产的产品和服务，因此要在 GDP 中减去这部分价值。即用支出法核算 GDP，公式为

$$Y=C+I+G+（X-M）\tag{7.2}$$

三、收入法

一定时期内一个国家新增的总产出值（即 GDP）是由劳动、资本等各种生产要素生产出来的，而利用要素进行生产是要支付报酬的。因此，GDP 的核算也可以从要素收入的角度来衡量。于是，将要素收入的全部加总并进行一定的技术调整，即可得到对应的 GDP。

收入法统计的项目主要包括以下 7 项。

1）工资收入、岗位津贴、加班费等，包括这些收入必须缴纳的各种税款。

2）净利息，即出让资本的使用权获得的价格，如银行存款利息、企业债券利息收入等，但不包括国债的利息，因为它被视为政府转移支付。

3）个人租金收入，如出租房屋及其他资产等得到的租金收入。

4）企业间接税。

5）折旧。

6）非公司企业的收入，如农民的收入、米粉店、小卖店店主等个体工商户的收入。

7）税前的公司利润。

从理论上说，用支出法、收入法统计出来的同一个国家同一个时期的 GDP 应该是相等的。但由于统计过程的繁杂，难免会有一些误差。

第三节 其他重要的宏观经济指标

一、国民收入核算中的其他指标

国民收入的核算还包括与 GDP 定义略有不同的其他的收入衡量指标。这些指标也会被经济学家使用和被一些出版物提到。它们是：国内生产净值（NDP）、狭义国民收入（NI）、个人收入（PI）、个人可支配收入（DPI）。

（一）国内生产净值

国内生产净值（net domestic product，NDP）是扣除了折旧后一国居民的总收入。它等于 GDP 减去折旧后的余额，即

$$NDP=GDP-折旧 \tag{7.3}$$

折旧是企业厂房和设备的磨损或损耗。

（二）狭义国民收入

国民收入（national income，NI）概念有广义和狭义的理解。广义的国民收入泛指 GDP、GNP 等经济活动总量。宏观经济中"国民收入决定"指广义国民收入。这里讨论的是狭义国民收入概念，是指一国一年内用于生产的各种生产要素所得到的全部收入，即工资、利息、租金和利润的总和。

$$NI=NDP-企业间接税+政府对企业的补贴 \tag{7.4}$$

因为企业间接税不是居民提供生产要素后应得的收入，所以应该把它从 NDP 中减去。对企业的补贴是对企业的馈赠，在计算中应加入这一部分。国民收入中仍包括各种所得税，它们是要素所有者从其报酬中拿出来用于公共支出的收入。

（三）个人收入

个人收入（personal income，PI）是指个人从各种来源得到的收入总和。其计算公式为

$$PI=NI-未分配利润-公司所得税+转移支付 \tag{7.5}$$

未分配利润是企业赚到的没有分配给生产要素所有者的收入，所以在计算 PI 时应把它从 NI 中减去。同理，公司所得税个人也没有得到，也应该把它从 NI 中减去。但是，

家庭从政府支付项目中得到的收入，如福利补贴、社会保障收入以及国债利息收入，是个人得到的收入，所以应该加上这部分转移支付。

（四）个人可支配收入

个人可支配收入（disposable personal income，DPI）是指个人收入中进行各项社会性扣除之后（如税收、养老保险）剩下的部分，可通过个人收入减去个人所得税和其他非税收支付得到，其计算公式为

$$DPI＝PI－个人所得税－其他非税收支付 \qquad (7.6)$$

二、实际 GDP 与名义 GDP

如前所述，GDP 是用市场价格计算的，因此，如果 GDP 增加了，可能有两种原因：一是经济中生产了更多的物品和劳务；二是价格水平上升了。由于产量的增加所引起的 GDP 的增加是真实的，而价格水平上升所引起的 GDP 的变动是虚假的，为了使 GDP 的变动能够准确反映产量的变动情况，从而使不同年份 GDP 的比较能够反映出生产实际变动的情况，经济学家把 GDP 区分为名义 GDP 和实际 GDP。

1. 定义

名义 GDP（nominal GDP）是指按产品和服务的当年销售价格计算的 GDP，实际 GDP（real GDP）则是用不变价格（基年的价格）计算的 GDP，即可确定某一年为基年，以该年的价格为不变价格，用不变价格乘以现期产品数量就可获得实际 GDP。因此，实际 GDP 反映了经济中产量的实际变动。

2. 区别

名义 GDP 既包括产量的变动，又包括物价水平的变动，而实际 GDP 不受价格变动的影响，只反映生产产量的变动。因此，实际 GDP 的变动能够准确反映一国经济实际增长的情况，比名义 GDP 更能反映真实的经济福利水平。

三、国民生产总值

1. 国民生产总值

国民生产总值（gross national product，GNP）是一国居民在一定时期内（通常为一年）所拥有的投入要素所生产的最终产品和服务的市场价值总和。

2. GDP 和 GNP 的区别与联系

在一个与其他国或地区不发生任何贸易往来和资本流动的封闭经济系统中，GDP 和 GNP 的值应是相等的。但在实际情况下，这两个值通常是有出入的。因为，在几乎所有的国家里，总有部分国内生产值为外国公民所有，而外国的部分产值又是本国公民

的收入。

GNP 衡量的是一国公民的总收入，而不论其收入是从国内还是从国外获得的，是从中国的公司还是从美国的公司；GDP 衡量的则是一国国境内所有产出的总价值，而不管其所有者是本国居民还是外国居民，是中国人还是美国人。

虽然二者存在显著的区别，但 GDP 和 GNP 这两个概念的大部分是重合的，至少对于大多数国家来说都是如此。在实际的经济活动中，一国的收入可以在许多方面与其产出发生出入。外国公民可以拥有该国的国内产值，外国金融机构也可以通过向该国的国内项目融资的方式分享该国的国内收入，外国工人可以在该国工作并将其劳动所得汇回国外。在上面的每一种情形中，都有部分国内产值成为外国公民的收入。在计算 GNP 时，就应该将这部分产出从 GDP 中扣除。反之，本国公民通过各种方式从国外获取的收入则应叠加进来，以得出完整的 GNP 数值。

四、衡量宏观经济的其他指标

1. 失业率

在经济社会中，人们关心的另外一个宏观经济指标是失业率。失业率是衡量劳动力市场状况的敏感性指标，即失业人口占劳动力人口的比例。当失业率较高时，人们可能会丢掉工作，寻找新的工作也很困难。伴随着高失业率的是工资收入下降和穷人的增加。失业问题将在后面的章节详细讨论。

2. 价格水平与通货膨胀的衡量指标

衡量价格水平的指标有消费物价指数（consumer price index，CPI）、生产价格指数（PPI）、GDP 平减指数，这些指标能够让人们了解如何对价格水平进行衡量，能够比较不同时期的经济状况。

宏观经济中把物价水平在一定时期内持续普遍上涨称为通货膨胀，通货膨胀的严重程度可以用通货膨胀率来衡量。通货膨胀率是指从一个时期到另一时期物价水平变动的百分比。这个问题也将在后面的章节详细讨论。

小　结

衡量一国总产出的基本指标是国内生产总值（GDP），它是指一个国家在一定时期内生产的所有最终产品和服务的市场价值总和。

由于总支出、总收入和总产出相等，所以可以用支出法、收入法和生产法来衡量GDP。

名义 GDP 是用当年价格计算经济中物品和服务的生产。实际 GDP 是用不变价格来计算经济物品与服务的生产。

实际 GDP 是衡量一国经济整体状况的重要指标，但并不是一个完美的指标。

复 习 题

一、选择题

1. GDP 是一个国家一年内所生产的（　　）。
   A. 所有产品的市场价值总和
   B. 国内各部门新增加的价值
   C. 境内的最终产品和服务的市场价值总和
   D. 境内外的最终产品和服务的市场价值总和

2. 下列应计入中国 GDP 的是（　　）。
   A. 食品厂购买的面粉　　　　　　B. 个人购买的 1 000 股银行股票
   C. 国航购买的一架波音飞机　　　D. 汽车厂购买的轮胎

3. 用支出法计算 GDP 时，不属于投资的是（　　）。
   A. 上海大众购买政府债券　　　　B. 上海大众购买了一台新机床
   C. 上海大众建了一条新装配线　　D. 上海大众增加了 500 辆汽车的存货

4. 实际 GDP 反映的是（　　）。
   A. 价格水平的变动　　　　　　　B. 实际产量的变动
   C. 产品量与价格的交替变动　　　D. 既是价格水平的变动也是产量的变动

二、名词解释

GDP　　投资　　最终产品　　名义 GDP　　实际 GDP　　GNP

三、计算题

已知某国在某年度的有关国民收入的统计数据如下（单位：亿元）：

工资：100　　　　间接税减津贴：10
利息：10　　　　消费支出：90
租金：30　　　　投资支出：60
利润：20　　　　政府用于商品的支出：30
出口额：60　　　　进口额：70
要求：
1）按支出法计算 GDP；
2）按收入法计算 GDP。

案 例 分 析

案例背景

美国参议员罗伯特·肯尼迪（Robert Kennedy）在 1968 年竞选总统时，慷慨激昂地批评了 GDP 这种经济衡量指标：

国内生产总值并没有考虑到我们孩子的健康，他们的教育质量或者他们游戏的快乐。他也没有包括我们的诗歌之美或者婚姻的稳定，没有包括我们关于公共问题争论的智慧或者我们公务员的廉正。他既没有衡量我们的勇气、我们的智慧，也没有衡量我们对祖国的热爱。简言之，他衡量一切，但并不包括使我们的生活有意义的东西。

案例解析

我们已经知道，GDP 可以作为社会经济福利一个最好的衡量指标。但一些人怀疑把 GDP 作为福利衡量指标的正确性。

讨论：

1）根据上面的这段话，评价 GDP 作为衡量一国经济福利的指标是否是合意的？

2）我们关注 GDP 的意义何在？GDP 在衡量一国宏观经济时包括了什么，遗漏了什么？

第八章　国民收入的决定：收入-支出模型

📥 **教学目标**

本章在国民收入核算理论的基础上讨论国民收入的决定，通过对消费函数与储蓄函数、两部门、三部门及四部门经济中的均衡产出决定模型、乘数理论的介绍和分析，帮助读者更好地掌握在短期商品市场上均衡国民收入是如何被决定的。

📥 **学习任务**

通过本章内容的学习，要达到以下几个目的：

- 掌握消费、储蓄与收入的关系，了解各消费理论的主要内容；
- 了解宏观经济均衡的含义和实现方式；
- 掌握两部门、三部门经济中国民收入的决定问题，了解四部门经济中国民收入的决定问题；
- 掌握乘数原理及乘数的计算方法。

♻ **导入案例**

10余年来促进中国经济发展的最大推动力是什么？要解答这个问题，可以拿美国和中国作一个对比，首先从美国的GDP谈起。什么叫GDP？GDP即国内生产总值，如一个人一年赚100块钱，这个人的GDP就是100块，把个人换成国家，国家的GDP就是国家每一年赚的钱。中国媒体公布GDP每年以10%的速度在增长，就是说国家每年比上一年多赚10%的钱。GDP作为衡量国家经济发展的一个重要指标，它的意义就相当于一个人每年的个人收入有多少，赚了多少钱。究竟什么是中国GDP连续高速增长的最大推动力呢？

首先来看看美国的GDP。美国GDP的70%是消费产生的，就是说，正常的吃喝玩乐拉抬了美国的GDP。那中国GDP中消费占了多少呢？是35%左右，也就是中国GDP组成中消费所占的比例是美国的一半。GDP是怎么创造的？就个人而言是通过每个人的辛劳创造的，炒股票、炒房子、工作、打工……就是这么创造的。对国家来说，是怎么创造的呢？一个是政府做投资，一个就是消费。例如，买东西，买多了以后就拉动生产。生产的东西多了，国家就更富裕了，所以消费也是创造GDP的方法。我们国家的GDP有接近50%是靠固定资产投资创造的，而美国的这个数字还不到我们的一半。

什么叫固定资产投资？我们周围轰轰烈烈不断兴建着的高速公路、高架路、高铁、桥梁和各种高楼大厦，这些加在一起，每年为GDP贡献了几乎高达50%的份额。也就是说，我们这么多年的经济发展，历来不靠我们老百姓买东西，而是依靠各地政府拉抬

GDP 的方式创造。怎么拉抬？很简单，建条高速公路就可以拉抬。比如一个城市，如果高架公路建完了怎么办？拆掉往地下去建。GDP 就是这么创造出来的，就是政府投资创造出接近国家一半的财富，而美国在这上面的比例是我国的一半，在 25%左右。这个问题很清楚，就是消费所占的比重太低，因此这是一种不健康的 GDP 成长。回头再想想我国这么多的工厂，生产出这么多的商品，而国内消费只有别国的一半，消费不了，那怎么办呢？就给别人去消费，给外国人消费。这叫出口，这是拉动中国 GDP 的又一重要因素，往往与消费和投资一起被称为拉动经济的三驾马车。

日本也是一个以出口为主的国家，他们的贸易顺差占 GDP 的比例是比较高的，为 4.5%。我国和日本相比怎么样？由于我们 GDP 中消费太少，固定资产投资太多，因此我们被迫只得将商品大量出口到别的国家，赚取一些必定贬值的美元外汇回来。这样一来，我们贸易顺差占 GDP 的比重是日本的两倍。也就是说，我们国家 GDP 的 9%是贸易顺差所创造的。9%是什么意思呢？它会使得我国外汇储备很快从 1.2 万亿跳到 1.3 万亿，几个月后跳到 1.4 万亿，几个月后又跳到 1.5 万亿……可是，这种积累是不太正常的积累，是一种以投资拉动经济成长所创造的积累，消费是不足的。

（资料来源：郎咸平. 2008. 郎咸平说：热点的背后. 北京：东方出版社）

第七章国民收入的核算，反映的是一国某年国内生产总值 GDP 是多少的问题，本章在此基础上进一步对均衡国民收入如何决定的问题展开分析。即为什么该国这一年的国内生产总值是这么多？哪些因素对一国的国民收入水平的决定起着关键作用呢？

国民收入决定理论是宏观经济学的核心理论。收入—支出模型是凯恩斯国民收入决定理论的基础模型，故又被称为简单国民收入决定模型，因此，在该模型下讨论均衡国民收入的决定问题，有必要作如下假设。

1）假定企业投资是自发的，即不随利率和产量而变动；同时不考虑劳动市场变化对企业成本的影响。此假设将货币市场、劳动市场暂时排除在分析之外，仅分析商品市场上国民收入的决定问题。

2）假设价格水平是不变的。在经济社会中，存在大量闲置资源，总供给不受限制，不论需求量是多少，厂商总是能以不变的价格提供相应的供给量，即总需求变动时，只会引起产量变动，不会引起价格变动，也被称为凯恩斯定律。价格不变的假设使得收入—支出模型只适用于短期分析，因为只有在短期中，价格才因具有黏性而难以调整，当社会需求变动时，企业首先调整的是产量，而不是价格。总需求才是短期商品市场上的主导性的经济变量，总需求决定总供给[①]。

---

① 在凯恩斯理论诞生之前，居于主导地位的古典经济学派认为总供给能够创造自己的需求，总供给是经济中的主导变量，价格水平能够灵活调整，使得总需求达到与总供给相等的水平。但发生于 20 世纪 20 年代的大萧条对此提出严峻挑战。凯恩斯通过对英国经济的观察分析，推翻供给创造自己需求的萨伊定律，指出价格具有黏性无法灵活调整，供给无法创造需求，总需求才是主导变量，总需求决定总供给。正是总需求不足导致了这场实质上是供给过剩的经济危机。

3）假定折旧和公司未分配利润为零。这样，GDP、NDP、NI、PI 和 DPI 都相等，这样可以使分析更为简便，但又能准确地反映经济总量之间的基本关系。

因此，简单国民收入决定理论，即研究在短期的商品市场上均衡国民收入的决定问题。研究均衡国民收入必须要将其与充分就业的国民收入区分开来。充分就业的国民收入是指一经济社会利用其所有生产要素所能达到的最大产出量，即其经济潜能达到充分发挥和利用时与该产出对应的国民收入，又称为潜在国民收入或潜在产出，由社会要素总量及技术水平决定，故在一定时期为一定量，而均衡国民收入是在总供给与总需求达到平衡时的实际国民收入。本章研究的正是实际的国民收入如何达到这种均衡状态。

第一节 消费和储蓄

一、消费函数和消费倾向

消费是指家庭部门购买商品和服务的行为，买袋爆米花、看场音乐会、添置一件新衣等都属于消费行为。消费既包括非耐用品消费（鞋子、服饰等），也包括耐用费消费（汽车、家电等）；既包括实物消费，也包括享受服务。家庭部门为此而花费的开支即为消费支出。

那么，需要关注的问题是，消费水平是由什么决定的呢？细数起来，可以列举出许多影响人们消费行为的因素，如商品价格变化、家庭财产状况、收入水平、消费信贷状况、传统风俗习惯、兴趣爱好、攀比心理，甚至气候、季节等，其中对消费水平影响最大的因素是收入水平。假定其他条件保持不变，仅分析收入变化对消费的影响，那么消费函数可表示为 $C=C(Y)$，其中 C 代表消费，Y 代表收入[①]。

消费函数反映的是消费与收入之间的关系。一般来说，在其他情况不变的条件下，收入水平越高，相应的消费水平也越高，两者呈正相关关系，但是消费的增加不及收入的增加多。收入和消费两个经济变量之间的这种关系被称为消费函数。

如果将消费函数视为简单的线性函数，可具体表述为如下形式：

$$C=a+bY \quad (a>0,\ 0<b<1) \tag{8.1}$$

该式表示消费 C 由两个部分组成：常数 a 和常数 b 与收入 Y 的乘积。其中，a 表示不随收入变化而变化的那一部分消费，通常是指为了生存而必须进行的基本消费，即收入为 0 时举债或动用过去的储蓄也必须要花费的基本生活费，称为家庭部门的自发消费。b 表示边际消费倾向（marginal propensity to consume，MPC），即收入每增加一元，会把多少用于消费，通常人们不会把增加的收入全部用于消费，消费的增加小于收入的增加，因此 b 是一个大于 0、小于 1 的正数。b 和 Y 的乘积表示由收入引致的消费，bY 与收入呈正相关，收入越多，相应的消费水平就越高。

因此，消费函数的含义可以表述为：消费等于自发消费与引致消费之和。例如，如

---

① 为方便分析，本节假设经济中没有政府部门的存在，如果考虑政府部门，决定消费水平的应该是可支配收入。

果已知 $a=300$，$b=0.8$，则 $C=300+0.8Y$，即表示如果收入增加 1 单位，其中就有 80% 用于消费；如果收入为 2000，则全部消费量为 1900。

与 MPC 不同，平均消费倾向（average propensity to consume，APC）表示的是总消费在总收入中所占的比重，用公式表示为 $APC=C/Y$，即平均每单位收入中消费所占比例。所以上例中，收入为 2000 时，平均消费倾向为 0.95。

如果用消费曲线表示消费与收入之间的关系，线性消费函数可表示为一条向右上方倾斜的直线。此时，消费曲线的斜率即边际消费倾向 $b=\Delta C/\Delta Y$ 为常数，表示曲线上每一点切线的斜率相等且大于 0 小于 1，如图 8.1 所示。E 点处消费等于收入，该点以右消费小于收入，以左消费大于收入。

但实际上，边际消费倾向是随着收入的增加而不断递减的[①]，这就体现为消费曲线的斜率随着收入的增加而不断递减，因此消费函数应该是一条曲线，斜率为正，且该曲线越向右越平坦，如图 8.2 所示。此时，消费曲线上任何一点切线的斜率表示为该点的边际消费倾向，即收入每增加 1 元将带来消费增加 dC/dY，用公式表示为 $MPC=\Delta C/\Delta Y = dC/dy$ 且 $0<MPC<1$。

消费曲线上每一点与原点联线的斜率则表示该点的平均消费倾向，即消费在收入中所占的比重，用公式表示为 $APC=C/Y$。由图 8.2 可以看出曲线上各点与原点联线的斜率越来越小，说明平均消费倾向也是随收入增加而递减的，但其可大于、等于或小于 1，因为消费可以大于收入、等于收入或小于收入。平均消费倾向始终是大于边际消费倾向的[②]，这可从图 8.2 中曲线上任一点对应的切线斜率总是小于该点与原点联线的斜率得出结论。

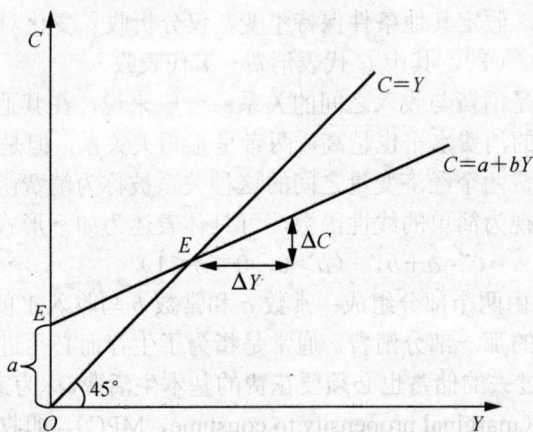

图 8.1　线性消费函数

[①] 边际消费倾向递减规律：凯恩斯宏观经济理论的三大心理规律之一，认为随着收入水平的不断增加，消费增加的比例越来越小。

[②] 如果是在线性消费函数即消费曲线为直线的情况下，则有 $APC=C/Y=MPC+(a/y)$，a 和 y 都是正数，所以 APC 始终大于 MPC。

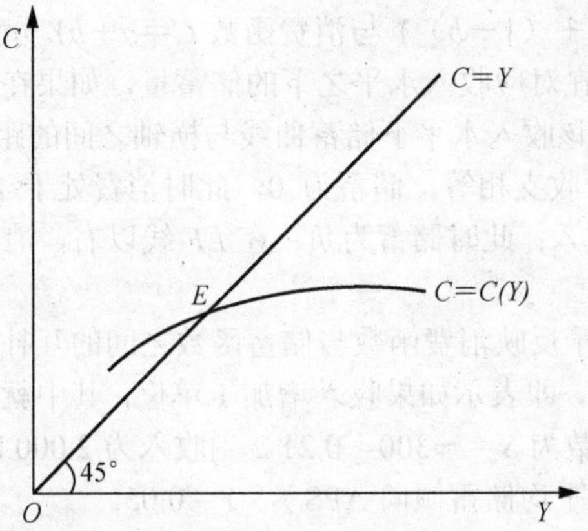

图 8.2　消费函数

二、储蓄函数与储蓄倾向

对于居民个人或家庭部门来说，收入除了消费，就是用来储蓄，因此可以将储蓄看作是收入中未被消费的部分。影响储蓄的因素也有很多，如收入水平、财富分配状况、生活消费习惯、社会保障体系、利率水平等，但其中最重要的因素无疑仍然是居民个人或家庭的收入水平。那么，假定其他条件保持不变，仅分析收入变化对储蓄的影响，储蓄函数可以用公式表示为

$$S=S（Y）\tag{8.2}$$

其中，S 代表储蓄，Y 代表收入。

储蓄函数表示储蓄与收入之间的依存关系。由于储蓄可看成收入中未被消费的部分，因此储蓄可定义为收入减消费，即储蓄函数可以由消费函数推导出来。即

$$S（Y）=Y-C（Y）\tag{8.3}$$

结合之前对消费函数的研究结论，可知在其他条件不变的情况下，储蓄随收入的变化而同方向变化，即收入增加，储蓄也增加；收入减少，储蓄也减少。如果消费函数为线性函数，即 $C=a+bY$，则线性储蓄函数可具体表述为

$$S=-a+（1-b）Y\quad（a>0,\ 0<1-b<1）\tag{8.4}$$

其中，$-a$ 表示收入为零时的储蓄量，$（1-b）$ 表示收入每增加 1 元钱用于储蓄的比率，即边际储蓄倾向（marginal propensity to saving，MPS）。与消费函数类似对应的平均储蓄倾向（average propensity to saving，APS）则表示储蓄在收入中所占的比重，用公式表示为 APS＝S/Y。

此时的储蓄曲线是一条直线，并由式（8.4）可以看出，储蓄函数曲线的截距是负数，其斜率边际储蓄倾向 $（1-b）=\Delta C/\Delta Y$ 为大于 0、小于 1 的常数，表示储蓄随着收入的增加而增加，储蓄函数曲线是向右上方倾斜的直线，如图 8.3 所示。F 点为收支平衡点，该点以左有负储蓄，以右有正储蓄。

此时，消费函数与储蓄函数之间的互补关系可以通过将两条对应的线性曲线画在同一坐标系中展现出来，如图 8.4 所示，横轴为收入 Y，纵轴为消费 C 或储蓄 S。在坐标

系中，储蓄函数 $S=-a+(1-b)Y$ 与消费函数 $C=a+bY$ 分别如图所示。消费曲线与直线之间的距离即表示在对应收入水平之下的储蓄量，如果在收入为 Y_1 时，储蓄为 m；如果在收入为 F 时，在该收入水平下储蓄曲线与横轴之间的距离 n 相等，即 $m=n$。当收入水平处于 F 点时，收支相等，储蓄为 0，此时消费处于 E 点，消费等于收入。在 EF 线以左，消费大于收入；此时储蓄为负；在 EF 线以右，消费开始小于收入，储蓄开始为正。

也可以通过具体例子反映消费函数与储蓄函数之间的互补关系。例如，如果已知消费函数为 $C=300+0.8Y$，即表示如果收入增加 1 单位，其中就有 80% 用于消费，20% 用于储蓄，对应的储蓄函数为 $S=-300+0.2Y$。当收入为 2 000 时，全部消费量为 1900，储蓄①量为 100。此时的平均储蓄倾向 APS $=S/Y=0.05$。

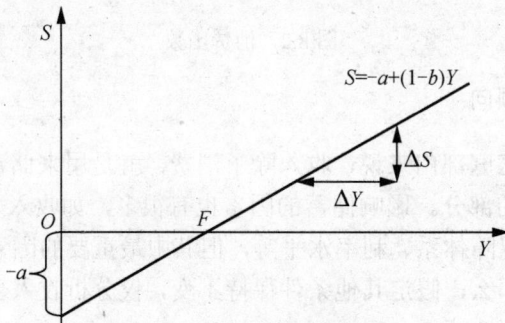

图 8.3　线性储蓄函数

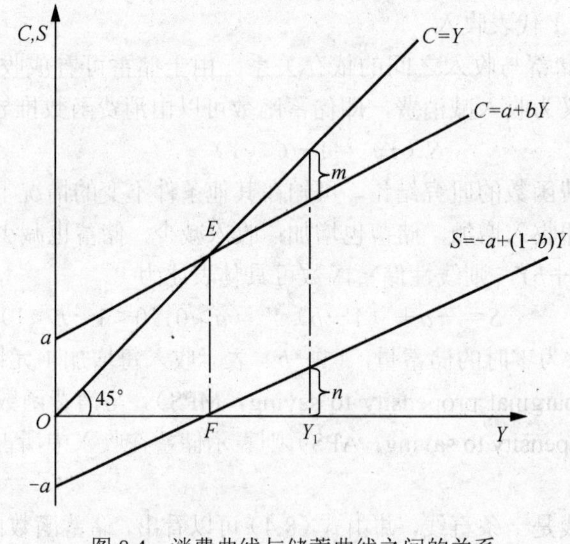

图 8.4　消费曲线与储蓄曲线之间的关系

---

① 人们进行储蓄的形式是多样的，存放银行、购买股票和债券等，由此获得的收益可以看作是人们放弃当前消费的补偿，收益率的高低会影响到人们的储蓄热情。但要注意，与家庭消费不一样，居民或家庭储蓄不等于社会（国民）储蓄，因为，后者还包括了企业储蓄、政府储蓄以及开放经济条件下的外国在本国的储蓄。

对应于边际消费倾向递减规律，可知作为储蓄曲线斜率的边际储蓄倾向实际上也不是固定不变的常数，会随着收入的增加而不断递增的，表现为随着收入的增加，人们把越来越多的部分用于储蓄，储蓄的增幅加大。这样对应的非线性储蓄函数曲线便是一条截距为负，并向右上弯曲的曲线，如图 8.5 所示。

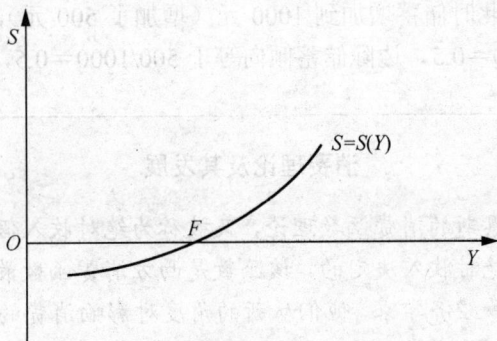

图 8.5　储蓄曲线

储蓄曲线上任何一点的切线斜率即为该点的边际储蓄倾向，即收入每增加 1 元将带来储蓄增加 $\mathrm{d}S/\mathrm{d}Y$，$\mathrm{MPS}=\Delta S/\Delta Y=\mathrm{d}S/\mathrm{d}Y$ 且 $0<\mathrm{MPS}<1$。边际储蓄倾向递增，在图上表现为储蓄曲线越向右越陡峭。类似，可以得出储蓄曲线上每一点与原点联线的斜率代表该点的平均储蓄倾向。这可由 $\mathrm{APS}=S/Y$ 即储蓄在收入中所占的比重推导得出。由图可以看出曲线上各点与原点联线的斜率越来越大，说明平均储蓄倾向也是随着收入增加而不断递增的，但边际储蓄倾向始终是大于平均储蓄倾向的[①]，这可从图 8.5 中曲线上任一点对应的切线斜率总是大于该点与原点联线的斜率得出结论。

通过之前对储蓄函数的推导，可知储蓄函数与消费函数之间为互补关系，两者之和等于收入，因此可以从消费函数与储蓄函数的表达式推导出储蓄倾向与消费倾向的关系。首先来看平均消费倾向与平均储蓄倾向之间的关系。由于对收入来说储蓄函数与消费函数为互补函数，即

$$Y=C+S \tag{8.5}$$

如果在该式两边同除 Y，有 $Y/Y=C/Y+S/Y$，得出

$$\mathrm{APC}+\mathrm{APS}=1 \tag{8.6}$$

即 APS 与 APC 之和恒等于 1。

例如，某人收入为 2000 元时，其消费支出为 1500 元，意味着 500 元用于储蓄，此时该消费者平均消费倾向为 1500/2000＝0.75，平均储蓄倾向为 500/2000＝0.25，两者之和等于 1。

接着来看边际储蓄倾向与边际消费倾向的关系，与前同理可得 $\Delta Y=\Delta C+\Delta S$；如

---

① 在线性储蓄函数的情况下，也可以由以下公式推导得出：APS=S/Y=MPS-（a/y），a 和 y 都是正数，所以 MPS 始终大于 APS。

果在两边同除 ΔY，则有 $\Delta Y / \Delta Y = \Delta C / \Delta Y + \Delta S / \Delta Y$，即为

$$MPC + MPS = 1 \qquad\qquad (8.7)$$

这样便得出边际消费倾向与边际储蓄倾向的关系，即 MPS 与 MPC 之和恒等于 1。

例如，如果该消费者收入增加到 3000 元（增加了 1000 元），消费增加到 2000 元（增加了 500 元），意味着此时储蓄增加到 1000 元（增加了 500 元），此时该消费者的边际消费倾向等于 500/1000＝0.5，边际储蓄倾向等于 500/1000＝0.5，两者之和等于 1。

知识拓展

消费理论及其发展

以上介绍的是凯恩斯的消费函数理论，又被称为绝对收入假说，该理论认为人们的消费是由其现期的绝对收入决定的，该函数是西方消费函数最简单的形式。然而在凯恩斯之后涌现出许多经济学家，他们从新的角度对影响消费的因素进行了进一步的研究和探讨，提出了各种消费理论，形成对凯恩斯消费理论的补充或修正。其中较具代表性的有持久收入假说、相对收入假说和生命周期假说。

1. 持久收入假说

该理论由美国著名经济学家米尔顿·弗里德曼提出。他认为，消费者的消费支出由消费者的持久收入决定，而不是当期收入。该假说将居民当期收入分为持久收入和暂时收入，持久收入是消费者可以预期到的长期性收入，即消费者在一生中所有收入的平均值，包括现有财富及所有可以预期得到的收入，如稳定的工资、利息等；暂时收入是一种暂时性、偶然的非持续性短期收入，可能是正值（如意外中彩票），也可能是负值（如被盗等）。弗里德曼认为只有持久收入才能影响人们的消费。消费是持久收入稳定的函数，两者之间恒正相关，由此又称为持久消费。根据该理论，消费水平非常稳定，收入的任何暂时变化，如政府为了改善经济萧条采取的减税政策或为了遏制通货膨胀采取的临时性增税措施造成消费者的可支配收入的短期变动，最终都不会对消费水平产生实质性影响。

2. 相对收入假说

该假说由美国经济学家 J. 杜森贝利提出。其基本思想可以用两个效应来概括。一是示范效应，即认为消费者的消费支出不仅与自己的收入水平有关，也受他人消费支出和收入的影响。人们在消费方面往往与周围的人看齐，如某人收入不变，而其周围人的收入和消费增加了，那么这个人的相对收入是下降的，此时为了维持体面的生活及保持与周围人的相对地位，他会使其消费水平与周围人消费水平保持一致，这样必然带来其消费占收入的比重的增加，储蓄的减少。因此，人们在消费时的这种相互影响和攀比倾向，即是消费中的"示范效应"。杜森贝利认为，消费"示范效应"的存在，使得人们的消费不是取决于自身的绝对收入水平，而是取决于同别人相比的相对收入水平。

该假说包含的另一个效应是棘轮效应，即人的消费具有习惯性，某期消费不仅受当期收入影响，而且受过去所达到的最高收入和最高消费的影响。如果消费者的当期

收入高于之前的收入，则其当期消费水平与当前收入有关；但如果消费者当期的收入低于之前的收入，为了维持生活水平不变，消费者不会相应降低其消费支出，从而导致消费倾向提高，消费占当期收入的比重增加。因此，消费具有不可逆性，易随收入的增加而增加，但不易随收入的下降而减少，即"由俭入奢易，由奢入俭难"，像是自行车的"飞轮"，向前蹬时，自行车前进，而向后蹬时，自行车并不后退，这就是所谓的消费"棘轮效应"。

　　3. 生命周期假说

　　生命周期假说又称消费与储蓄的生命周期假说，是由美国经济学家 F·莫迪利安尼提出的。该理论认为消费者是理性的，总是要从一生的角度来安排自己的消费与储蓄。人一生的消费取决于其一生的收入，消费者会根据效用最大化的原则将其一生的全部预期收入在人生的青年、中年、老年 3 个阶段进行最合理的安排和分配，使得生命周期的各个阶段达到消费的理想分布，实现一生的消费满足最大化。由此可知该理论认为人的消费水平取决于其所处的生命周期阶段，在不同的生命周期阶段每个人的消费与储蓄不同。

　　一般来说，在青年时期收入低，但由于预期未来收入会增加，该阶段往往消费大于收入，通过举债维持消费水平。进入中年阶段后，收入水平不断增加，但消费在收入中所占的比例会逐渐降低，因为当期的收入不仅要偿还青年阶段的债务，还需把一部分收入储蓄起来为老年阶段做准备，在该阶段收入大于消费。老年时期，即退休之后，收入下降，需要动用之前的储蓄进行消费，此时消费又会超过收入。因此，在人生命周期的不同阶段，收入和消费的关系，消费在收入中所占的比例是变化的。但如果每个人都按这种方式消费，在整个社会人口结构稳定时，消费与收入的比例就是稳定的。如果一个社会的人口构成比例发生变化，则边际消费倾向会发生变化，如社会上青年人和老年人的比重增大，则消费倾向会提高，如果中年人的比重增大，则消费倾向会降低。

（资料来源：杨长江. 2009. 宏观经济学. 上海：复旦大学出版社）

第二节　均衡国民收入的决定

　　均衡国民收入是宏观经济实现均衡时的国民收入，研究其决定问题，需要首先对宏观经济均衡的实现条件进行讨论，在此基础之上，才能利用上一节的消费函数，逐步深入，对不同经济条件下的国民收入如何决定进行分析。

一、宏观经济均衡的含义及实现条件

　　当经济中的总供给等于总需求时，宏观经济均衡实现，此时的总收入水平即为均衡国民收入。宏观经济均衡是总体经济的一种相对稳定状态，是通过各种宏观经济变量相互作用、互相影响最终达到某种平衡，彼此间不再变动时实现。因此，对总供给、总需求、总产出、总支出和总收入这些相关的宏观经济变量的概念进行明确及相互之间的关系进行研究，可以帮助人们更好地认识宏观经济均衡的实现及均衡条件下国民收入是如何决定的问题。为简化分析，假定价格水平不变且等于 1，故各经济变量名义值等于实际值。

1. 两类宏观经济变量

总需求与总收入属于理论概念，而总产出、总支出和总收入则属于统计概念，上一节已经说明总需求 AD 是指整个社会对各种商品和服务的有效需求之和，可以用总支出 AE 这个统计指标进行度量，两者之间的关系可具体表示为

$$AD=AE\equiv C+I+G+NX \tag{8.8}$$

那么其他几个变量又有什么关系呢？

总产出是指一个经济体在某段时期内生产出来的所有商品和服务，对应于用生产法计算的 GDP，其从产出的角度反映了特定时期内一经济体所能生产或提供的总量，代表一经济体的供给能力。因此，可以把总产出这个统计指标用来度量总供给（Aggregate Supply，AS），两者是同一的。

总收入对应于用收入法计算的 GDP，其与总产出之间存在着恒等关系。因为总产出是由一经济体中的各种要素（劳动力、资本、土地、企业家才能）生产出来的，产出的价值最终总会以工资、利息、地租、利润等各种形式支付给各生产要素所有者[①]，形成他们的收入，各类收入进行加总得出的总收入，必然与总产出相等，可以说总收入是从另一个角度即收入的角度来度量总供给的统计指标。

那么，从宏观总量上来说，总产出与总收入恒等，且都是总供给的度量指标，因此，常用"总产出或总收入"的方式表示总供给 AS，总产出和总收入都用 Y 表示，三者关系可简化表示为

$$Y=AS \tag{8.9}$$

由此可知，当宏观经济实现均衡，总需求等于总供给即 AD＝AS 时，必然有总产出、总收入等于总支出，因此，宏观经济的均衡条件可表示为

$$Y=AS=AD=AE\equiv C+I+G+NX \tag{8.10}$$

此时对应的总收入或总产出水平即为均衡国民收入或国民产出。

2. 宏观经济均衡的实现

宏观经济均衡是在总供给与总需求、总产出与总支出的相互作用中实现的。当经济中的总供给等于总需求，总产出（收入）等于总支出时，宏观经济实现均衡。在短期商品市场上，决定经济社会产量或者说国民收入的是社会总需求，即总需求决定总供给，总支出决定总产出，从而决定了国民收入。那么，与总需求（总支出）相一致的产出（收入）才是均衡产出（收入），即满足 $Y=AE$，实现 AD＝AS，因此，简单国民收入决定

---

① 这里包含企业没有未分配利润的假设。

理论又被称为收入-支出模型。

这里必须要强调，此处相关经济变量的定义有别于前一章，宏观经济学研究的总需求是整个社会的有效需求之和，因此，在均衡国民收入理论模型分析中，作为度量总需求指标的总支出指的自然是社会各经济部门想要拥有的总支出水平即意愿（计划）支出，各经济部门可以根据自身的情况进行计划，是一种事前的规划。而上一章国民收入核算中的总支出，对应于用支出法核算的GDP，是根据事后的统计数据得出的会计结果，因此，包括意愿支出和非意愿支出，这就使得国民收入核算中，经济体的实际总产出恒等于总支出，该处的实际总产出其实是等于意愿支出加上非意愿支出。由此可知，只要非意愿支出不等于0，实际总产出与总支出（意愿支出）就是不相等的，实际的产出不是均衡产出，宏观经济未实现均衡。只有当实际产出与意愿需求（支出）相等时，或者说经济社会的收入正好等于全体经济部门想要有的支出，宏观经济实现均衡。

可通过举例详细说明，两部门经济条件下，即经济社会中只有企业和家庭（居民）两部门，没有政府和对外贸易，假定企业部门由于错误估计形势，按计划生产了1000万元商品，但整个市场的意愿需求（支出）仅为800万元的商品，剩下的200万元的商品成为企业部门的非意愿（计划）存货投资①或者说企业部门存货非意愿增加。在国民收入核算中，由于这200万被计入投资支出（包括计划投资和非计划存货投资）部分，从而保持了国民收入核算中产出与支出间恒等关系的成立。但非意愿存货投资不是意愿（计划）投资的一部分，属于非意愿支出，不属于均衡国民收入模型研究中社会总支出的一部分，在均衡产出水平上，非意愿（计划）存货投资等于0。因此，在该例中，实际产出未能与总支出（意愿需求）一致，总供给与总需求不相等，宏观经济未实现均衡。

宏观经济的均衡是如何实现的呢？这里可以用一个简单的模型来帮助人们理解宏观经济均衡的实现过程。如图8.6所示，用横轴表示总产出或总收入Y，代表经济中的总供给，用纵轴表示总支出AE，代表经济中的总需求。可以用一条过原点的45°线表示宏观经济达到均衡状态，因为该直线上的每一点都表示总产出（收入）等于总支出，即$Y=AE$，总供给等于总需求，如点E，在该点其横坐标代表的总产出或总收入与纵坐标代表的总支出（总需求）是相等的，是经济的均衡点。因此，实际总产出（收入）的均衡点即均衡产出点必在该直线上，直线外的任何一点都未实现均衡，处于非均衡状态，即存在实际产出与总支出（总需求）不相等的情形。

这种非均衡的情形及均衡的实现过程，可以通过一个等式来理解，即

$$IU = Y_r - AE_r \tag{8.11}$$

其中，IU表示非意愿支出，在两部门经济中，体现为非意愿存货投资，Y_r和AE_r表示经济体中实际发生的产出和意愿支出（需求）。根据等式不难得出，当Y_r大于AE_r时，IU>0；当$Y_r < AE_r$时，IU<0；当Y_r等于AE_r时，IU=0，宏观经济实现均衡，

---

① 这里的非意愿存货投资强调被动性，是与企业的意愿（计划）存货投资相对应的，后者是企业出于本部门经济要求而特意持有的，其增加或减少具有主动性。

此时的产出水平为均衡产出。

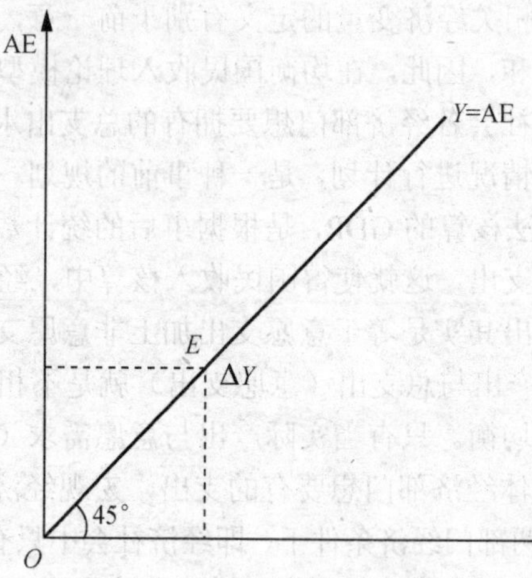

图 8.6 总供给恒等于总需求的 45° 线

在两部门经济假设条件下，如图 8.7 所示，假定总支出（即总需求）为 800 万元，则均衡总产出（总收入）Y 为 800 万元。图中 E 点是均衡点，该点对应的支出和收入都是 800 万元，生产数额正好等于意愿支出的数额。如果实际产出（供给）超过社会需求（支出），如图 8.7 达到 1000 万元，非意愿存货投资（图中 IU）就会大于 0，即企业部门的存货非意愿地增加了，企业部门会削减生产，直至 IU 为 0，此时实际产出将达到与总需求一致的 800 万元；反之，如果实际产出低于总需求（支出），如图所示，企业部门生产了 600 万元的商品，这就意味着企业部门的库存（计划存货投资）会非意愿地减少 200 万元，即 IU＜0（且＝－200 万元），企业部门将会增加生产，使存货投资回复到计划水平，即 IU＝0，此时，实际产出将等于社会总需求 800 万元，宏观经济均衡实现。因此，实际产出总是会通过调整趋向于 800 万元的产出水平，即与总需求相等的均衡产出水平。也就是说，如果总需求为 700 万元，均衡产出则是 700 万元。均衡的产出或收入由总支出（总需求）决定，均衡产出或收入的实现条件是 $Y＝AE$。

在两部门经济条件下，均衡产出或收入的实现条件 $Y＝AE$ 也可以用 $I＝S$ 即投资等于储蓄来表示，因为只有企业和家庭部门，不存在政府和对外贸易，因此，总需求（总支出）由家庭部门的消费 C、企业部门的投资①构成。于是，这里的（意愿）总支出等于意愿消费②加意愿投资 I，即 $AE＝C+I$。而在两部门经济中，生产创造的总收入一部分用于消费，一部分用于储蓄③，总收入（产出）等于意愿消费 C 加储蓄 S，即 $Y＝C+$

---

① 在前一章中，有提到家庭部门为建造、购买新的住所而发生的支出是属于投资支出中的固定投资，不属于家庭消费支出。但为了方便之后的分析，一般假设该部分为 0，即消费和储蓄都是家庭的行为，投资行为则全由企业进行。而且企业部门投资在这里只表示企业的固定资产投资及计划（意愿）存货投资，不包括非意愿存货投资。

② 这里主要是为了与意愿总支出一致而写为意愿消费支出，与前一节的消费支出并无特别差异。

③ 两部门经济中的储蓄本应该包括家庭储蓄和企业储蓄两部分，后者是指企业作为以后的生产投入用的未分配利润。但为了与之前假设一致，之后分析的储蓄仅指家庭部门的储蓄，又称私人储蓄。

S。因此，均衡条件 AE＝Y 可表示为 $C+I=C+S$，将等式两边消去 C 后即得

$$I=S \tag{8.12}$$

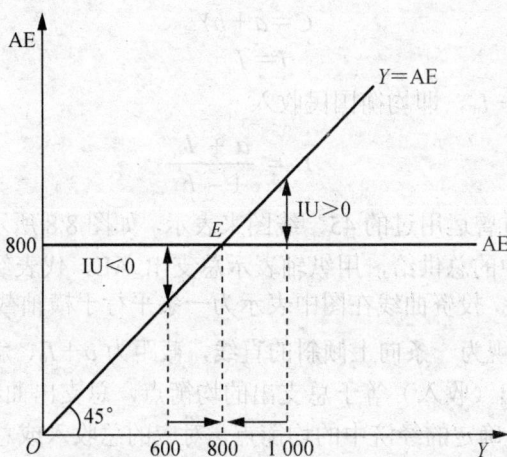

图 8.7　支出决定收入的过程

式（8.12）表明只有储蓄等于意愿投资，才能实现经济的均衡。如果储蓄大于意愿投资，则总产出大于总支出，经济处于需求不旺的状态，存货投资非意愿增加；如果储蓄小于投资，则总产出小于总支出，经济出现需求过热的现象，存货投资将低于意愿存货投资水平。

需要再次说明，这里的投资等于储蓄，强调经济实现均衡的条件是：意愿（计划）投资必须等于储蓄，是事前尚未发生的情形，计划投资完全有可能不等于储蓄，从而宏观经济未达到均衡。而国民收入核算中的 $I=S$，则是指实际发生的投资支出（包括计划和非计划的存货投资在内）始终等于储蓄的情形，是一种根据事后的数据统计得出的会计结果。

二、两部门经济中均衡国民收入的决定

两部门经济是指只有企业部门和家庭部门的经济，不存在政府部门和国外部门，即没有对外贸易。因此，如前所述，在这种经济中，总支出（总需求）由家庭部门的意愿消费 C、企业部门的意愿投资 I 构成。可表示为

$$AE=C+I \tag{8.13}$$

为了简化分析，在简单国民收入决定模型中，假设投资是一个不随国民收入 Y 变动而变化的固定量[①]，可称为自发投资，用 I_0 表示。两部门均衡收入决定模型可归纳为

---

① 在本章开始的假设 1 中已提到，投资为企业自发投资，因为简单国民收入决定模型只对商品市场进行研究，不考虑货币市场，因而不考虑由货币市场决定的利率水平对投资的直接影响，因此，在本章运用的投资函数都是一个常数，与下章研究的与利率水平直接相关的投资函数不同。

$$Y=AE$$
$$AE=C+I$$
$$C=a+bY$$
$$I=I_0$$

因此，$Y=a+bY+I_0$，即均衡国民收入

$$Y = \frac{a + I_0}{1 - b} \tag{8.14}$$

这一过程也可通过曾运用过的 45° 线图来表示，如图 8.8 所示，横轴表示总产出或总收入 Y，代表经济中的总供给，用纵轴表示总支出 AE，代表经济中的总需求。由于 I_0 是与收入无关的常量，投资曲线在图中表示为一条平行横轴截距为 I_0 的直线。因此，总支出函数＝$C+I_0$ 表现为一条向上倾斜的直线，截距为 $a+I_0$、斜率为 b。图中 45° 线上的每一点都是总产出（收入）等于总支出的均衡点，总支出曲线与 45° 线的交点 E 即为由总需求（产出）确定的经济中的均衡点，对应的总收入或总产出 Y^* 即为经济中的均衡收入或均衡产出。这时，家庭部门想要有的消费支出与企业部门想要有的投资支出的总和正好等于总收入即社会实际总产出。如果经济离开了这个均衡点，企业部门销售量就会大于或小于它们的产量，出现存货非意愿的减少或增加，这就会引起生产的扩大或收缩，直到回到均衡点为止。可以结合图 8.8 举例说明这个均衡实现的过程。

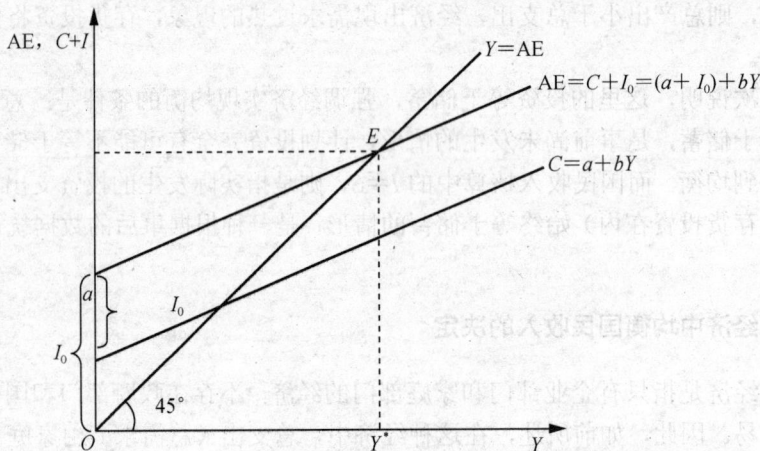

图 8.8　总支出决定均衡收入

通过之前的分析，不难看出，经济体的消费函数和投资支出如果已知，均衡的国民收入通过简单计算便可得到。例如，已知经济中的消费函数 $C=2000+0.8Y$，自发的计划投资始终为 800 亿元，则均衡收入 $Y^*＝(2000+800)/(1-0.8)=14\,000$（亿元）

那么，如果社会总收入即总产出小于 14 000 亿元，如为 10 000 亿元时，$C=10\,000$ 亿元，加上自发投资 800 亿元，总支出为 10 800 亿元，超过了总供给 800 亿元，这意味着企业销售出去的产量大于它生产出来的产量，存货出现意外的减少，IU＜0，这时扩大再生产是有利可图的。于是，企业通过增雇工实现产量不断增加，使收入（产出）向

均衡收入 Y^* 靠拢。相反，如果收入即总产出大于 14 000 亿元时，如等于 15 000 亿元时，$C=14\ 000$ 亿元，加上投资 800 亿元，总支出为 14 800 亿元，小于实际总产出（收入），说明企业生产出来的产量大于它的销售量，存货出现意外增加，IU>0。于是，企业会通过减少生产，减少意外增加的存货，从而使收入趋于 14 000 亿元，只有收入达到均衡水平时，既没有非计划存货投资，也没有非计划存货负投资（即存货意外地减少），企业部门实际产量正好等于销量即社会意愿需求量，存货保持计划水平，企业愿意保持此时的产量水平不变，即实现均衡。

上述是运用 $Y=AE=C+I$ 的两部门经济均衡条件来确定均衡收入，即为消费曲线加上自发投资得出的总支出曲线与 45°线的交点对应的总收入水平，因此又被称为消费—投资法，通过使用消费函数来决定均衡收入。也可以用两部门经济均衡条件的另一个表达式 $I=S$，即意愿投资等于储蓄的方法来确定均衡收入，即储蓄—投资法，通过使用储蓄函数来决定均衡收入。由均衡时必有意愿投资等于储蓄，且 $I=I_0$，有 $I_0=Y-C=S$，代入储蓄函数 $S=-a+（1-b）Y$，可得

$$I_0=-a+（1-b）Y \tag{8.15}$$

解该方程可得 （均衡的）收入为

$$Y=\frac{a+I_0}{1-b} \tag{8.16}$$

与之前使用消费函数得到的均衡收入是一致的。

这里也可用图来表示用 $I=S$ 方法决定均衡收入的过程。如图 8.9 所示，图中横轴表示总收入（产出），纵轴表示储蓄 S 和投资 I_0。S 代表储蓄曲线，I 代表投资曲线。与之前的假设相同的情形，投资曲线表现为一条平行于横轴的直线，与横轴的距离始终等于 I_0。投资曲线与向右上方倾斜的储蓄曲线相交于 E 点，该点对应的收入 Y^* 即为均衡收入。

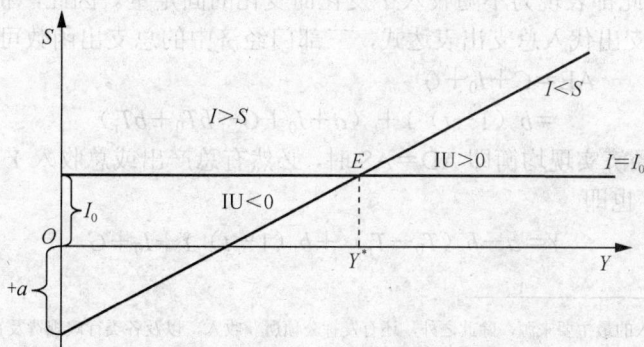

图 8.9 储蓄-投资法决定均衡收入

如果实际产出小于均衡收入即均衡产出水平，表明投资大于储蓄，对应于 E 点左边，社会生产供不应求，企业存货投资将非意愿减少，企业就会扩大生产，使收入水平向右移动，直到均衡收入为止。相反，如果实际生产大于均衡收入，表明投资小于储蓄，对应于 E 点右边，社会生产供过于求，企业存货非意愿增加，企业就会减少生产，使收入水平向左移动，直到均衡收入为止。只有在均衡收入水平上，企业生产才会稳定下来，

此时必有投资等于储蓄。

以上两种方法，本质上一样，表达形式不同而已，因为储蓄函数本来就是从消费函数中派生出来的。因此，无论使用消费函数，还是使用储蓄函数，均衡收入总会是一样的。这个也可以通过之前的例题体现出来，当 $C=2000+0.8Y$ 时，可知 $S=-2000+0.2Y$，$I_0=800$（亿元），则由 $I=S$，可得 $800=-2000+0.2Y$，均衡收入 $Y=14\,000$（亿元），与之前的结果一致。

三、三部门经济中均衡国民收入的决定

三部门经济是指在两部门经济的基础上引进了政府部门， 政府在经济中的作用主要通过政府支出与政府收入来实现。政府支出包括政府对商品和服务的购买支出和转移支付，政府收入主要来自税收[①]。在三部门经济中，支出由消费（C）、投资（I）和政府购买（G）构成，以 T_r 表示政府转移支付，T 表示税收，$T=T_0+tY$，T_0 表示定量税，t 表示比例所得税税率，则可支配收入[②]可表示为

$$
\begin{aligned}
Y_d &= Y-T+T_r \\
&= Y-(T_0+tY)+T_r \\
&= (1-t)Y-T_0+T_r
\end{aligned}
\tag{8.17}
$$

消费函数也随之发生变化，与两部门经济条件下有所不同，转变为

$$
\begin{aligned}
C &= a+bY_d \\
&= a-b(T_0-T_r)+b(1-t)Y
\end{aligned}
\tag{8.18}
$$

因此，在三部门经济中总支出由家庭的消费支出、家庭和企业的意愿投资支出及政府支出[③]三部分构成，即 $AE=C+I+G$，其中计划（意愿）投资支出 I 是不随收入 Y 变化的固定量 I_0。同时由于政府支出是由政府政策决定的外生变量[④]，故政府购买支出 G 和转移支付 T_r 在此都表现为不随收入 Y 变化而变化的固定量。因此，将相关意愿投资、消费函数、政府支出代入总支出表达式，三部门经济中的总支出函数可表示为

$$
\begin{aligned}
AE &= C+I_0+G \\
&= b(1-t)Y+(a+I_0+G-bT_0+bT_r)
\end{aligned}
\tag{8.19}
$$

因此，宏观经济实现均衡即 $AD=AS$ 时，必然有总产出或总收入 Y 等于意愿总支出 AE，即 $Y=AE$，也即

$$
Y=a-b(T_0-T_r)+b(1-t)Y+I_0+G
$$

---

① 税收是政府收入的最主要来源，除此之外，还有发行公债所获收入，以及各类行政规费及罚款收入，政府垄断专营事业收入、国有土地租售收入、对外举债等。

② 政府税收中的一部分总是会以政府转移支付的形式回到居民手中，因此，税收扣除转移支付后的余额称为净税收，可用（$T-T_r$）表示，因此，常常有可支配收入等于总收入减去净税收的说法。

③ 在总支出构成等式中一般用 G 即政府购买性支出表示政府支出，因为政府支出中的转移支付 T_r 已转变为家庭部门可支配收入的一部分，包含在家庭部门的消费支出中，其对国民收入的影响通过消费函数来体现。因而，常常将 T_r 与税收 T 放在一起，用 $T-T_r$ 表示净税收，直接影响可支配收入大小。在国民收入决定模型中，常有政府支出即指政府购买支出 G 的情形，但这不影响政府支出的定义，其由政府购买支出和转移支付两部分构成。

④ 即理论不能解释为什么政府支出会变化，而只能回答如果政府支出发生变动，模型中的其他变量如 Y、C 会如何变化。

解这个方程，便可得出三部门经济中的均衡国民收入的代数表达式为

$$Y=\frac{a-b(T_0-T_r)+I_0+G}{1-b(1-t)}$$ （8.20）

图 8.10 中纵轴表示意愿总支出 AE，且 AE＝C＋I＋G，横轴表示总收入或总产出 Y，由于意愿投资支出 I_0 与政府购买支出 G 均是不随国民收入变化而变化的固定量，因此，三部门经济中的总支出曲线 AE 是一条与消费曲线 C 平行的直线，斜率为 b（1－t），截距为（$a+I_0+G-bT_0+bT_r$）。总支出曲线 AE 与 45°线的交点 E，即为三部门经济中的均衡点，由此确定的 Y^* 即为均衡国民收入。

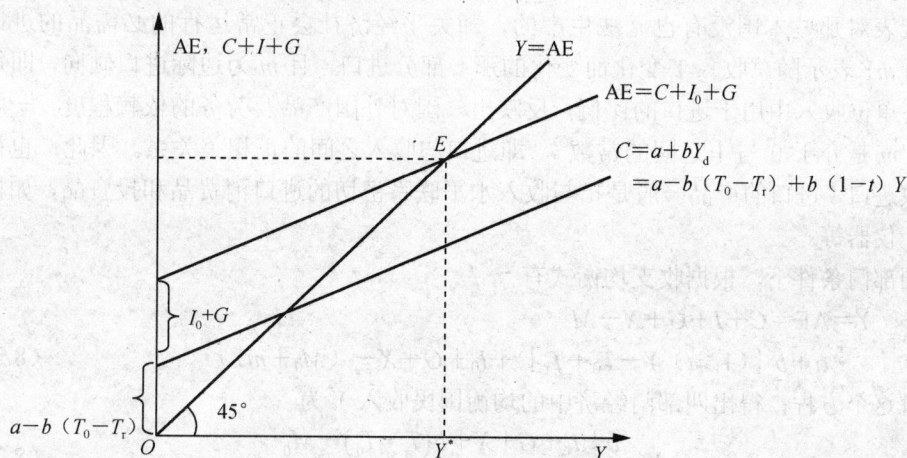

图 8.10　三部门经济中均衡收入的决定

与两部门经济均衡分析类似，也可以从总供给角度来看引入政府部门之后宏观经济的均衡条件是怎样的。

从总供给的角度，三部门经济条件下，收入除了消费和储蓄，还需向政府缴税，因此，三部门经济中的国民收入即总收入由消费 C、储蓄 S、税收 T 三部分构成。因此，如果用总收入来衡量总供给，可用公式表述如下

$$Y=C+S+T$$ （8.21）

又由总需求 AD＝AE＝C＋I＋G，与总供给相等时实现均衡，因此，三部门经济的均衡条件又可以表示为

$$C+S+T=C+I+G$$ （8.22）

整理该式，消去 C，可得

$$S+T=I+G \quad 或 \quad I=S+(T-G)$$

其中，S 表示私人储蓄，$T-G$ 则表示政府储蓄即政府的预算盈余，两者之和构成经济中的总储蓄。

因此，该均衡等式同之前两部门经济均衡得出的投资储蓄恒等式本质上是一致的，即三部门经济要实现均衡，同样需要满足经济中的计划投资等于储蓄这个条件。

此方法下的均衡国民收入实现的图示类似于两部门的储蓄投资法，在此不再赘述。

四、四部门经济中均衡国民收入的决定

四部门经济中，支出或需求要素除了消费、投资、政府购买外，还有净出口（NX），即出口与进口之差，NX＝X－M，进口需求的大小则是直接与本国收入水平相关的，收入水平的提高，会增加对国外相关商品和服务的进口需求，因此，可以将本国的进口需求 M 与本国总收入 Y 之间的关系用函数式表示，即进口需求函数为

$$M=M_0+mY \qquad (8.23)$$

其中，M_0 表示自发进口，为大于0的常数，表示其大小同收入水平没有直接关系，一般代表对那些本国没有也无法生产的，却关乎经济社会正常运行的必需品的进口需求，而 mY 表示随总收入 Y 变化而变化的那一部分进口，且 m 为边际进口倾向，即每增加的1单位收入中用于进口的比例，反映出一国对外国产品及劳务的依赖程度，一般较稳定。m 是介于0与1之间的常数[①]，即进口与收入之间的正相关关系。因此，也被称为引致进口，进口的产品一般是指与收入水平联系密切的进口消费品和投资品，如机器设备、仪器等。

四部门条件下，根据收支均衡式有

$$Y=AE=C+I+G+X-M$$
$$a+b\left[(1-t)\,Y-T_0+T_r\right]+I_0+G+X-(M_0+mY) \qquad (8.24)$$

解这个方程，得出四部门经济中的均衡国民收入 Y^* 为

$$Y=\frac{a+I_0+G+X+b(T_r-T_0)-M_0}{1-b(1-t)+m} \qquad (8.25)$$

四部门经济中均衡国民收入的决定过程也可用图形表示，如图8.11所示。四部门的总支出函数 AE 由三部门总支出函数 AE_0 加上净出口函数 NX＝X－M 得出，在图8.11中表现为3条不同的直线。不难看出，由于国外部门的加入，四部门总支出曲线 AE 变得比三部门总支出曲线 AE_0 更平坦，即斜率减少了 m，同时 AE 曲线的截距增加了 X－M_0。

通过图形可以看到与代表总供给与总需求即 AD＝AS 或 Y＝AE 相等的45°线相交于一点，在交点 E 四部门经济实现均衡，E 点对应的收入 Y^* 即为均衡的国民收入。

与之前二、三部门类似，可以从总供给角度来看四部门条件下的宏观经济均衡条件。根据之前对总支出的分析，可以知道，四部门总支出 AE＝C＋I＋G＋NX，反映的是所有部门对本国生产的商品和服务的总需求，因此，与之对应的总供给可以用本国国内社

---

① m 的大小需要考虑其他两个与收入相关的边际量即边际税率 t 与边际消费倾向 $b(1-t)$，三者分别表示四部门条件下每增加一单位收入中用于进口、缴税、消费的比例。总收入在四部门中用于消费、私人储蓄、缴税、进口，也就是说，三个边际量之和得小于1，才能使每增加1单位收入用于私人储蓄的部分即私人边际储蓄倾向大于0，即 $m+t+b(1-t)<1$，变形得 $m<(1-t)(1-b)$，即可看成边际进口倾向要小于总的边际储蓄倾向，也即家庭部门与政府部门的边际储蓄倾向的加总，t 可以看成是政府的边际储蓄倾向。故一般 m 很小。

会实际总产出 Y 来进行衡量，不包括国外部门向本国提供的产出即本国的进口，总供给即为其他三部门提供的产出，$Y=C+S+T$，因此，宏观经济均衡条件 AD=AS 在四部门经济中又可以表示为 $C+I+G+NX=C+S+T$，即 $I+G+NX=S+T$，整理可得

$$I=S+（T-G）+（M-X）$$

其中，S 表示私人储蓄，$T-G$ 表示政府储蓄，$M-X$ 表示进口多于出口的部分，可以理解为外国在本国的储蓄，三项之和为经济中总的储蓄。这个等式是投资储蓄恒等式在四部门经济中的表现形式。即四部门经济要实现均衡，仍然需要满足经济中的计划投资与总储蓄相等这个条件。

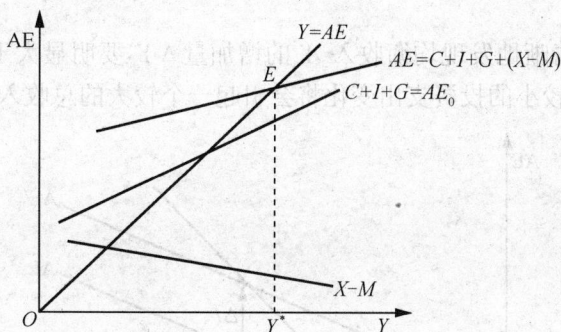

图 8.11　四部门经济中均衡收入的决定

第三节　乘　数　理　论

通过上一章的学习，已经知道在短期，总支出决定总产出，从而决定均衡的国民收入。形成社会总支出的诸多经济因素，如果其中某一个发生了变化，对应的社会总产出或均衡国民收入会因此而变动多少呢？首先从投资支出着手来具体探讨这个问题。

一、投资乘数

经济中投资支出的增加无疑会带来总支出的变化，进而使均衡国民收入增加，那么均衡国民收入会增加多少？两者的变动量之间是否会呈现某种关系呢？首先以两部门经济为例进行研究，在此基础上再逐步深入，来看三部门、四部门的情况。

（一）投资乘数效应

为此，可通过具体例子来进行分析。假设在两部门经济中，社会消费函数为 $C=200+0.8Y$，计划自发投资支出为 $I=500$（单位均为亿元），可知，此时均衡的国民收入为 $Y=（200+500）/（1-0.8）=3500$。

如果企业部门决定在原有基础上增加投资支出 100，自发投资支出将因此上升到 600，对应的均衡收入将增加为 $Y'=（200+600）/（1-0.8）=4000$。企业部门投资支出仅增加 100，却引起国民收入增加了 500，也就是说，投资支出的增加带来了总产出

更高水平的增长。在该例中，总产出（总收入）的增加量是投资支出增加量的 5 倍，这个倍数即为乘数，且这里的国民收入增加是由于投资支出增加引起的，故而称为投资乘数。投资乘数等于收入增加量与引起这种变化的投资支出增加量之比。很明显，在本例中，投资乘数为 5。投资的乘数效应是指投资支出增加对经济中总产出或总收入的这种放大效应。

投资的乘数效应同样可以通过图形更为直观地表现出来。如图 8.12 所示，企业部门决定新增投资支出之前的总支出曲线 AE，与之对应的均衡国民收入水平为 Y^*；当企业部门自发投资支出增加 ΔI 之后，总支出曲线向上平移 ΔI 单位到 AE'，对应的均衡国民收入也增加到 Y^{**}。

从图中可以很清晰地发现均衡收入 Y^* 的增加量 ΔY 要明显大于投资支出的增加量 ΔI，也就是说一个较小的投资支出变化将会引起一个较大的总收入（总产出）的变化。

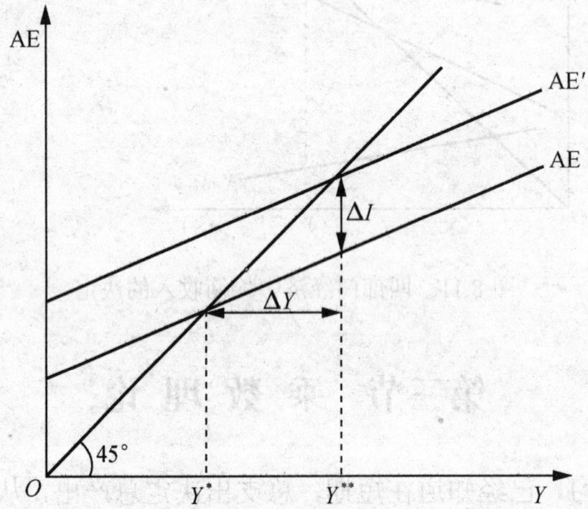

图 8.12　乘数效应

閱讀資料

把钱埋在地下——谈经济学中的乘数效应

一笔初始的投资会产生一系列连锁反应，从而会使社会的经济总量发生成倍的增加。如果政府组织一批人把钱埋在地下，然后再雇人把它挖出来，以此来求得一国经济的繁荣发展，是不是听起来有点荒唐？但是，经济学大师凯恩斯在 1936 年出版的《就业、利息与货币通论》一书中却是明确地提出了这一想法："如果财政部把用过的瓶子塞满钞票，而把塞满钞票的瓶子放在已开采过的矿井中，然后，用城市垃圾把矿井填平，并且听任私有企业根据自由放任的原则把钞票再挖出来（当然，要通过投标来取得在填平的钞票区开采的权利），那么，失业问题便不会存在，而且在受到由此而造成的反响的推动下，社会的实际收入和资本财富很可能要比现在多出很多。"把钱埋在地下就能刺激经济？这里的关键是能否使乘数效应发挥出来。在一个现实经济中，一笔初始的投资会产生一系列连锁反应，从而会使社会的经济总量发生成倍的增加，这就是乘数效应。

在把钱埋在地下的例子中，政府没事找事，组织一批人挖地埋钱本身似乎并没有什么实际意义，但是通过这批人的折腾却会给经济带来活力。例如，那些人挖地埋钱耗费体力，总是要喝点儿什么吧，于是，饮料公司就卖掉了饮料而挣到了收入，饮料公司的员工有了收入以后，也许会拿一部分收入去买衣服，这样服装公司就又有了生意做并取得收入，服装公司的工人就有可能拿收入的一部分去买食品，这样，食品公司的工人就得到了收入……如此下去，尽管这种传递的效应会变得越来越小，但最终把这些效应汇集起来，经济就得到了一个加倍的增量。

（资料来源：http://theory.people.com.cn/GB/49154/49155/4653399.html）

（二）投资乘数的计算与影响因素

投资乘数与边际消费倾向 b 之间的关系，也可以根据其定义推导出来。

均衡国民收入 $Y=C+I$，且 $C=a+bY$，可知投资增加引起的总收入增加也会间接使得消费增加，有 $\Delta Y=\Delta C+\Delta I$ 或 $\Delta I=\Delta Y-\Delta C$，其中 ΔY、ΔC、ΔI 分别表示由于投资乘数效应引起的收入增加量、消费增加量及投资增加量。

根据投资乘数的定义 $K_i=\Delta Y/\Delta I$，将 $\Delta I=\Delta Y-\Delta C$ 代入该式，可得

$$K_i=\frac{\Delta Y}{\Delta Y-\Delta C} \tag{8.26}$$

将分子分母同时除以 ΔY，即可得

$$K_i=\frac{1}{1-\Delta C/\Delta Y}=\frac{1}{1-b} \tag{8.27}$$

对于投资乘数的计算还有一种更为简便的方法，即导数法。在两部门经济中，投资支出与均衡国民收入函数 $Y=F(a,I)=(a+I)/(1-b)$，求国民收入函数 Y 对投资 I 的偏导数即可得出投资乘数的大小，即 $K_i=\dfrac{dY}{dI}=\dfrac{1}{1-b}$。

在此基础上，还可以根据两部门条件下 $Y=C+S$，即边际消费倾向与边际储蓄倾向之和等于1，得出投资乘数与边际储蓄倾向 MPS 之间的关系为

$$K_i=\frac{1}{MPS} \tag{8.28}$$

可见，乘数大小与边际消费倾向呈同方向变动关系，与边际储蓄倾向呈反方向关系。边际消费倾向越大，或边际储蓄倾向越小，则乘数就越大。这在前面的例题分析中也可以看出，边际消费倾向决定着每一轮增加的总收入会有多少留在经济中"注入"下一轮，带来总支出从而总产出的增长，实现国民收入的新一轮增加。而储蓄作为从经济中"漏出"的那一部分收入，将不再进入下一轮循环，无法增加总支出从而实现收入的扩张。因此，注入量越多乘数效应越大，漏出量越大则乘数效应越小。

所以不难推测，三部门经济中的投资乘数效应要比两部门中小，因为，三部门经济中的边际消费倾向由 b 下降为 $b(1-t)$。这是由于三部门条件下，居民需向政府缴纳税

收，每一轮新增的收入中都将有一部分以税收的形式交给政府，不再进入下一轮循环，实现收入的扩张。税收成为储蓄之外的另一个漏出量，其存在使得投资乘数效应减小。税率 t 越高，漏出量将越大，乘数效应将越小。

根据之前的导数法，三部门条件下的投资乘数可根据三部门经济中的均衡收入表达式求出对应偏导数得出（其中，t 为边际税率且 $0<t<1$）。

由 $Y=\dfrac{a-b(T_0-T_r)+T_0+G}{1-b(1-t)}$，可得

$$K_i=\frac{\mathrm{d}Y}{\mathrm{d}I}=\frac{1}{1-b(1-t)} \tag{8.29}$$

同样，四部门经济中因为进口的存在，使得每一轮新增的收入除了缴税、储蓄之外还要用于购买外国商品，使得一部分收入离开本国经济循环，转移到国外，这样使得上一轮新增收入中参加到下一轮循环中的注入量将比之前更小，乘数效应减小。边际进口倾向越大，漏出越多，投资乘数效应将越小。

类似可以得出四部门条件下的投资乘数为

$$Y=\frac{a+I_0+G+X+b(T_r-T_0)-M_0}{1-b(1-t)+m}$$

其中，m 为边际进口倾向（$0<m<1$）。

由此式求出相应偏导数即有

$$K_i=\frac{\mathrm{d}Y}{\mathrm{d}I}=\frac{1}{1-b(1-t)+m} \tag{8.30}$$

因此，可以得出结论，由于 $0<b<1$，$0<t<1$ 以及 $0<m<1$，不同部门条件下的投资乘数与边际消费倾向正相关，与进口消费倾向 m 及边际税率 t 负相关，且

$$\frac{1}{1-b}<\frac{1}{1-b(1-t)}<\frac{1}{1-b(1-t)+m}$$

阅读资料

通过乘数效应的作用，带来了社会经济的繁荣，现实生活中有不少类似的现象。例如，足球运动，从世界杯到俱乐部的各类比赛，无不涉及巨额的资金运作；从运动员、教练员到裁判员、工作人员，都从足球比赛中获得不菲的收益。这些人通过足球挣了钱再花出去，使足球经济这个雪球越滚越大。足球比赛现在变得如此吸引人的眼球，以至于各路商家不惜血本也要在足球赛场的广告招牌中占有一席之地。这些已达天量的经济规模皆由足球而起。足球比赛本身只不过是一场普通的比赛，对于足球而言，从踢球开始，整个过程却是一巨大的产业。乘数效应有时也被比做"破窗经济"，一个无赖打破了商店的一块玻璃后逃跑了，店主无奈只好自己花钱把玻璃再装上，玻璃店老板得到这笔收入以后，将其中一部分用于买衣服，于是服装店老板又得到一笔收入，并用其中一部用于买食物，食品店老板就得到了一笔收入，然后再花出去……一个无赖打破玻璃这件坏事，居然释放出了乘数效应，使整个经济增大了。

也有人对"破窗经济"提出了质疑，认为如果没有无赖打破商店玻璃，店主就没有必要花钱买玻璃，他完全可以把这笔钱用于其他支出。现在，无赖打破了玻璃，店主要重新装上玻璃就占用了原本可以用于其他方面的资金，因此，无赖打破玻璃只是社会财富的净损失。这是否就推翻了乘数效应呢？

其实乘数效应是有前提的，那就是资源没有充分利用，社会存在大量的闲置资源。

凯恩斯写作《就业、利息与货币通论》的时代，20世纪20年代末30年代初，正值全球大萧条时期，那时，整个经济社会机器不能运转。工人不能就业，商品卖不出去，因此，才有了"把钱埋在地下"、"破窗经济"这些创意。当然，在社会资源已经充分利用，机器已全部运转，工人也全部就业，商品正在热销，这种充分就业的状态出现以后，不管是"把钱埋在地下"，还是"破窗经济"，都将成为画蛇添足的徒然损失社会财富的事情。

（资料来源：http://theory.people.com.cn/GB/49154/49155/4653399.html）

二、其他几种主要乘数

以上说明的是，投资变动引起国民收入变动存在乘数效应。通过之前的图形分析及导数法的介绍，不难看出，只要总需求（总支出）中的某一部分发生变动，如消费的变动、政府支出的变动、税收的变动，净出口的变动等，都会引起总需求即总支出曲线的移动从而引起国民收入若干倍的变动。因此，乘数（multiplier）是指国民收入变动量与引起这种变化的总支出最初变动量[①]之间的比值，通过研究总需求中各个自发需求的变动量与其引起的总产出即国民收入的最终变化量之间的倍数关系获得。总支出对总产出或总收入的这种放大效应被称为乘数效应。

（一）自发消费乘数

在两部门经济中，还可以得出自发消费乘数，利用之前投资乘数中的例题，两部门经济中消费函数 $C=100+0.8Y$，计划自发投资 $I=500$ 亿元，可得到对应均衡收入 $Y=(100+500)/(1-0.8)=3\ 000$ 亿元，如果因社会发展，全民生活水平普遍提高，自发消费将发生变化，从100增加到150，则均衡收入将变为 $Y=(150+500)/(1-0.8)=3250$ 亿元。可见，自发消费需求增加50亿元，使国民收入增加250亿元，自发消费乘数等于5，与两部门投资乘数相等。该乘数也可通过导数法求出，且自发消费乘数与

---

① 针对同学可能发生的理解误区进行一番解释。乘数的表述中常常有类似总收入的变动量是总支出变动量的乘数倍，这里的总支出变动量指的是引起乘数效应发生的总支出某部分的初始变化量，该部分的初始小量变化最终使得总收入、总产出变动了这个初始变动量的乘数倍，此时和总收入相等的总支出水平，显然与之前相比最终也变动了初始变动量的乘数倍，但这不是乘数定义表述中所指的总支出的变动量。

投资乘数在二、三、四部门经济中都是相等的，分别为 $\dfrac{1}{1-b}$，$\dfrac{1}{1-b(1-t)}$，$\dfrac{1}{1-b(1-t)+m}$。

（二）政府购买乘数

三部门经济中，由于政府部门的加入，使得影响国民收入变动的总需求因素增加，因此对应的乘数也在两部门的消费及投资乘数基础上，增加了与政府部门经济行为相关的政府购买乘数、转移支付乘数、税收乘数、平衡预算乘数。

政府购买乘数，表示的是政府购买性支出增加量与其所带来的总产出即国民收入的增加量之间的倍数关系，政府购买乘数对一国政府制定相关的经济政策意义重大。也就是说，在政府购买支出乘数为 5 的情况下，该国政府只需要增长 20 亿购买性支出便可达到国民收入增加 100 亿的预期发展目标。

根据之前的导数法，可知三部门经济中的政府购买乘数为

$$K_g = \frac{\partial Y}{\partial G} = \frac{1}{1-b(1-t)}$$

类似地，四部门经济中的政府购买乘数为

$$K_g = \frac{1}{1-b(1-t)+m} \tag{8.31}$$

由此可以看出，政府购买乘数与三、四部门的投资乘数一样，与边际消费倾向正相关，与边际税率和边际进口倾向负相关。

（三）税收乘数

税收乘数即指自发税收乘数，是指收入变动与引起这种变动的税收变动量的比率。根据之前对税收函数的定义可知，税收有 3 种情况，即固定税制 $t=0$，$T_0>0$；单纯比例税制 $T_0=0$，$0<t<1$；复合税 $T_0>0$，$0<t<1$。此时不难看出，所研究的自发税收乘数，是针对政府采取固定税制及复合税制条件下的自发税收乘数，将不考虑单纯比例税条件下的税收乘数，因为此时没有自发税收 T_0 部分，对应乘数将无法计量。

由于税收的增加将会带来可支配收入的减少，从而减少消费，进而带来总需求总产出的减少；而减税则会通过增加可支配收入带来总需求、总产出的增长，因此，税收乘数将有别于之前的任何乘数，是为负数的乘数。

同时在复合税[①]条件下，由于税收对总支出的影响需要通过可支配收入才能实现，因此政府减税 1 元对收入的影响效果要弱于其增加 1 元政府购买对收入的影响效果。例如，在三部门条件下，减税 1 元带来的总支出增加量等于 $b(1-t)$ 元，要小于 1 元，

---

① 复合税条件下的税收乘数考虑的是 $T=T_0+tY$ 中的 T_0，即自发税收部分的变动引起国民收入变动的倍数，假设 t 是不变的。

而政府购买支出的增加 1 元会使总支出直接增加 1 元。因此，在复合税条件下，即税收函数 $T=T_0+tY$ 时，根据三部门及四部门均衡国民收入表达式，利用导数法可求得自发税收乘数在三部门条件下为

$$K_t=\frac{\partial Y}{\partial T}=\frac{-b}{1-b(1-t)} \tag{8.32}$$

在四部门条件下则为

$$K_t=\frac{-b}{1-b(1-t)+m}$$

通过表达式不难看出，税收乘数的绝对值与边际消费倾向正相关，与边际税率、边际进口倾向负相关。

在固定税条件下，税收函数为 $T=T_0$，三部门、四部门的均衡国民收入表达式随之发生变化，分别为 $\frac{a-b(T-T_r)+I_0+G}{1-b}$、$\frac{a+I_0+G+X+b(T_r-T_0)-M_0}{1-b+m}$，对应的投资乘数、自发消费乘数、政府购买乘数、自发税收乘数将变为：

在三部门经济中，$K_i=K_a=K_g=\frac{1}{1-b}$，$K_t=\frac{-b}{1-b}$；

在四部门经济中，$K_i=K_a=K_g=\frac{1}{1-b_0+m}$，$K_t=\frac{-b}{1-b+m}$。

尽管所有乘数的表现形式将因为边际税率为 0 而发生一定改变，但其实与之前得出的复合税制条件下的各个乘数表达式并不冲突，因为可以将固定税制看成是复合税条件下边际税率为 0 的情况，在计算对应乘数时代入 $t=0$，即可得出与上述按导数法求出的固定税条件下乘数一样的结果。

（四）转移支付乘数

转移支付乘数是指收入变动与引起这种变动的政府转移支付变动的比率。政府转移支付的增加，将会通过增加居民可支配收入，从而带来家庭部门的消费需求上升，进而引起国民收入的若干倍增加。正是其影响总需求的间接性这个特点，可知政府增加转移支付对收入产生的影响将与减税对收入的影响效果相同。这个可以通过转移支付乘数与自发税收乘数化为相反数这个关系得出。即三部门条件下的转移支付乘数 $K_r=\frac{\partial Y}{\partial T_r}=\frac{b}{1-b(1-t)}$，四部门条件下的转移支付乘数 $K_r=\frac{b}{1-b(1-t)+m}$。

因此，但转移支付乘数与边际消费倾向正相关，与边际税率、边际进口倾向负相关，与税收乘数的绝对值相同。

而在固定税制条件下，三、四部门的转移支付乘数分别为 $\frac{b}{1-b}$，$\frac{b}{1-b+m}$。

（五）平衡预算乘数

在政府预算平衡的条件下，政府每增加一笔购买性支出意味着其必将同时增加同等

数额的一笔税收。因此，平衡预算乘数是政府收入和政府购买支出同时以相等数量增加或减少时国民收入变动与政府收支变动的比率。反映政府在增加一笔购买性支出的同时增加同等数额的一笔税收，而带来的总产出增加与引起变动的政府支出或税收增加额的倍数之间的关系。平衡预算乘数等于政府购买乘数与税收乘数之和，即 $K_b=K_g+K_t$。

如果政府实行的是固定税，可知政府的购买支出变动将引起的国民收入变动倍数可用政府购买乘数表示，即 $1/(1-b)$，同时增加等量税收引起的国民收入变动倍数可用对应自发税收乘数表示，即 $-b/(1-b)$，则平衡预算乘数将等于 1，表示同时增加 12 亿的政府购买支出和税收，国民收入或总产出将增加 12 亿。

在复合税条件下三部门经济中，可以得到平衡预算乘数为

$$K_b=\frac{1-b}{1-b(1-t)} \tag{8.33}$$

通过式（8.33）不难看出，如果政府实行的是复合税，即边际税率不等于 0，那么平衡预算乘数大于 0 而小于 1 的[①]，表示同时增加一定数额的政府购买支出和税收，由于政府购买乘数是大于政府税收乘数绝对值的，无疑将会带来国民收入的增加，但是带来的国民收入增加量将小于这个政府购买支出或税收的初始增加数额，即如果税收与政府购买支出都增加 12 亿元，在边际消费倾向及边际税率分别为 0.6 与 0.2 时，国民收入将增加 10 亿，小于税收和政府购买支出的增加量。

（六）对外贸易乘数

四部门经济中由于国外部门的加入，出口成为总需求的一部分，其变动自然会引起总需求的变动，从而引起国民收入的若干倍变动，即对外贸易乘数，表示出口增加一单位引起国民收入变动多少，是收入变动与引起这种变动的出口变动的比率。根据导数法，可知对外贸易乘数为

$$K_x=\frac{1}{1-b(1-t)+m} \tag{8.34}$$

下面通过具体的例题来进行乘数计算的练习。

【例8.1】 设某一经济状态中家庭部门的消费函数为 $C=160+0.75Y_d$，政府部门的税收为 $T=120+0.2Y$，政府购买支出 $G=400$，政府转移支付 $T_r=40$，投资支出 $I=100$，试求：该经济状态的均衡国民收入、消费乘数、投资乘数、政府购买乘数、政府转移支付乘数和税收乘数、平衡预算乘数。

解：根据题目的条件，可知为三部门条件下，据均衡条件 $Y=C+I+G$ 可以得出均衡的国民收入为

① 对于比例税率存在条件下的平衡预算乘数问题，理论学界一直存在争议。有学者认为平衡预算乘数恒为1。但以高鸿业为代表的大多数经济学者认为，平衡预算乘数在固定税条件下为1，而复合税即存在比例税率情况下则小于1，大于0。本书根据本章节的乘数计算方法采用后者结论。

$$Y=\frac{a-b(T_0-T_r)+I_0+G}{1-b(1-t)}=\frac{160-0.75(120-40)+100+400}{1-0.75\times(1-0.2)}=1500$$

此时，自发消费乘数为

$$K_a=\frac{1}{1-b(1-t)}=\frac{1}{1-0.75\times(1-0.2)}=2.5$$

投资乘数 $K_i=2.5$，政府购买乘数 $K_g=2.5$；
税收乘数为

$$K_t=\frac{-b}{1-b(1-t)}=-1.875$$

政府转移支付乘数为

$$K_{tr}=\frac{b}{1-b(1-t)}=1.875$$

平衡预算乘数为

$$K_b=\frac{1-b}{1-b(1-t)}=0.625$$

【例8.2】　如果其他条件不变，考虑该经济体转变为开放经济，假设出口 $X=150$，进口函数 $M=50+0.1Y$，则均衡的国民收入和乘数将发生什么变化？对外贸易乘数是多少？

解：据四部门经济均衡条件 $Y=C+I+G$，可以得出均衡的国民收入为

$$Y=\frac{a-b(T_0-T_r)+I_0+G+X-M}{1-b(1-t)+m}$$

$$=\frac{160-0.75(120-40)+100+400+150-50}{1-0.75\times(1-0.2)+0.1}$$

$$=1400$$

此时，自发消费乘数为

$$K_a=\frac{1}{1-b(1-t)+m}$$

$$=\frac{1}{1-0.75\times(1-0.2)+0.1}=2$$

投资乘数 $K_i=2$，政府购买乘数 $K_g=2$；
税收乘数为

$$K_t=\frac{-b}{1-b(1-t)+m}=-1.5$$

政府转移支付乘数为

$$K_{tr}=\frac{b}{1-b(1-t)+m}=1.5$$

对外贸易乘数为

$$K_x=\frac{1}{1-b(1-t)+m}=2$$

最后，必须要强调，正如之前阅读资料中提到，乘数作用的发挥是有着一系列前提条件的，即经济中存在闲置资源，否则总需求的增加将受资源供给约束而无法产生相应的产出增长，而只会带来价格的提高，无相应的乘数效应的发生。同时，有必要指出乘数的作用具有两面性，即总支出的各部分增加会引起国民收入乘数倍增加；同样总支出各部分的减少也会引起总收入乘数倍减少。所以经济学家常把乘数效应比喻为一把双刃剑。

小　结

国民收入决定理论是宏观经济学的核心理论。其中，收入-支出模型即简单国民收入决定模型是凯恩斯国民收入决定理论的基础模型。简单国民收入决定理论建立在一系列假设条件基础之上，仅在短期的商品市场上讨论均衡国民收入的决定问题。

总需求是短期商品市场的决定力量。消费总是总需求中最主要的部分，影响消费的主要因素是收入，收入与消费、储蓄呈同向关系。

均衡的国民收入在宏观经济达到均衡时被决定。宏观经济均衡是总体经济处于一种相对稳定状态。总需求决定总供给，当总供给与总需求相等时，宏观经济达到均衡。根据事后统计的结果，宏观经济总是均衡。

乘数效应是指总支出的初始小量增加（减少）能够引起总产出数倍的增加（减少）。主要的乘数包括投资乘数、政府支出乘数、税收乘数即平衡预算乘数。

复　习　题

1. 什么是宏观经济均衡，宏观经济均衡是怎么实现的？

2. 结合实际谈谈你对所学的几种消费理论的认识。

3. 投资为什么对国民收入具有乘数作用？

4. 已知两部门经济中消费函数为 $C=200+0.7Y$，$I=100$。求：

（1）均衡的国民收入。

（2）如果实际产出为800，则经济处于怎样一种状态？非意愿存货投资如何变化？

（3）企业决定增加投资120，总产出将增加多少？

（4）假设投资保持 $I=100$ 不变，而社会消费习惯发生了改变，消费函数变为 $C=150+0.6Y$，这将如何影响均衡收入和投资乘数？

5. 假设某经济的消费函数为 $C=150+0.6Y$，投资 $I=100$，政府购买支出 $G=200$，政府转移支付 $T_r=100$，税收 $T=150$（单位均为10亿美元），求：

（1）均衡收入。

（2）投资乘数、政府购买乘数、税收乘数、转移支付乘数、平衡预算乘数。

（3）如果该社会达到充分就业所需要的国民收入为1200，则在以下三种情况下，各需变动多少数额？

1）增加政府购买；

2）减少税收；

3）增加政府购买和税收数额相等（以便预算平衡）以实现充分就业。

6. 假定某经济社会的消费函数 $C=50+0.8Y$，定量税 $T=60$，政府转移支付 $T_r=10$，投资 $I=80$，政府购买支出 $G=120$，净出口函数 $NX=60-0.05Y$，求：

（1）均衡收入。

（2）在均衡收入水平的净出口余额。

（3）投资从 80 增加到 90 时的均衡收入和净出口余额。

（4）当净出口函数从 $NX=60-0.05Y$ 变为 $N=50-0.05Y$ 时的均衡收入和净出口额。

案 例 分 析

假日经济有多大作用

案例背景

在"五一"、"十一"、春节的长假期间，外出旅游的人增加，商店的顾客也人头攒动。于是，人们把拉动经济的希望寄托在假日带动消费上，并称之为假日经济。其实假日经济尽管很火也不过几十亿元而已，更别说假日之后还会冷落。假日经济这匹小马怎么能拉动经济这部大车呢？只要对消费函数理论有所了解，就能知道把经济振兴的希望寄托于假日不过是一相情愿的南柯一梦。

现在经济中的消费不足不在于高收入者没时间消费，而在于低收入者没钱去消费。当城市中失业人口和低收入者居高不下时，放假有什么用呢？特别应该强调的是，农村人口占我国人口的绝大部分，是消费的主力军。自从改革开放以来，农民解决了温饱问题，这是一个巨大的历史进步。但由于各种原因，农民收入增加缓慢，有些地区甚至出现了农民实际收入水平下降的情况。许多人强调启动农村消费市场，但总是启而不动。其原因就在于农民收入增长缓慢。不从根本上解决低收入者，尤其是农民的收入增加问题，恐怕刺激消费无从谈起。

对中高收入者而言，假日经济也起不到刺激消费的作用。消费函数是稳定的，即人们收入中消费的比例，从整个社会来看是稳定的。假日经济消费并没有增加总消费或提高边际消费倾向，只是改变了消费的方式和时间而已。假日出去旅游的人在旅游上的消费支出增加了，很可能要减少其他方面的消费，如少买几件时尚服装。少去几次饭店，或推迟购车计划。商店更多遇到的情况是，节假日人头攒动，销售额猛增，但假日过后冷冷清清，平均起来并没有什么增加。假日期间消费增加仅仅是消费方式不同和季节性变化，对整体经济并没有什么影响。在国外，圣诞节也是消费高峰，有些地方，圣诞节的购物要占一年购物的 1/3 左右。但绝没有什么圣诞节经济之说，也没有人希望由圣诞节经济去拉动经济。

当然，我的意思并不是说不要发展假日经济，更不是反对放长假，只是认为不要扩大假日经济对刺激整个经济的作用，把假日经济神化。

（资料来源：梁小民. 2002. 宏观经济学纵横谈. 北京：三联出版社）

案例解析

经济学家认为，影响消费的因素很多，但最重要的还是收入水平。根据凯恩斯的消费函数理论，消费函数表示人们的消费支出与收入水平之间的关系，随着收入增加，消费支出也会增加，但增加的消费在增加的收入中所占的比例都在减少，即边际消费倾向存在递减规律，但其之后的经济学家通过对长期中的消费与收入关系的数据的研究，得出结论：长期并不存在凯恩斯所说的边际消费倾向递减。在长期中，平均消费倾向等于边际消费倾向，而且都是稳定的。这就是消费函数的稳定性。经济学家不仅从数据上证明了消费函数的稳定性，而且还从理论上解释了这种现象。这些解释消费函数稳定性的理论就是宏观经济学中的消费函数理论，各种消费函数理论中最有影响的是生命周期假说和持久收入假说。这两种理论分析的角度不同，但都证明了消费函数的稳定性。

讨论：

1）影响消费的因素有哪些？

2）假日在刺激消费带动经济增长上有哪些作用？

第九章 国民收入的决定：IS-LM模型

教学目标

上一章只分析了商品市场的均衡和国民收入的决定，在现实经济中，商品市场和货币市场是相互影响的，共同决定了宏观经济运行的态势。本章将通过 IS-LM 模型把两个市场联系在一起，讨论两个市场均衡的情形。

学习任务

通过本章内容的学习，要达到以下目的：

- 掌握 IS 曲线和 LM 曲线的概念及其推导；
- 理解 IS 曲线和 LM 曲线的斜率和引起移动的主要因素；
- 掌握 IS-LM 模型；
- 运用 IS-LM 模型进行相应的政策分析。

导入案例

刺激经济：消费还是投资

短期总需求分析尽管有其不现实的假设条件（总供给不变等），但对人们认识宏观经济问题，实现经济稳定仍然是有意义的。应该承认，总需求在短期中对宏观经济状况的确有重要的影响。我国政府近年来一直重视增加内需已说明需求成为经济稳定的一个重要因素。但如何增加内需呢？就内需而言，如果不考虑政府支出，重要的在于消费和投资。消费函数理论说明了消费的稳定性，这就告诉人们，要刺激消费是困难的。前些年内政府八次降息，但对内需的拉动有限，居民储蓄一直增加，这说明拉动消费不易。拉动内需的重点在于拉动投资。第一，要区分投资与消费的差别。例如，过去一直把居民购买住房作为消费就是一个误区。应该把居民购买住房作为一种投资，并用刺激投资的方法拉动这项投资。应该说，在我国人口多，而居住条件仍然较差的情况下，在未来几十年中，住房仍是投资的热点，只要政策得当，住房可以增加内需，带动经济。第二，在我国经济中，私人经济已有了长足的发展，成为经济的半壁江山。投资中的企业固定投资应该是以私人企业投资为主。这就要为私人企业投资创造更为宽松的环境。现在几乎每个人都认识到了内需的重要性。学习宏观经济学可以为政府寻找增加内需的方法提供一个思路。

思考：

为什么拉动内需的重点不是消费而是投资？

上一章已经分析了产品市场均衡下的国民收入的决定问题。其实那只是简单的产品市场均衡，因为没有考虑到利率和投资的影响。这一章所讲的 IS-LM 模型就是既要分析产品市场均衡下利率与收入关系模型，又要分析货币市场均衡下利率与收入关系模型，最后把两者综合起来，考察商品市场和货币市场同时均衡下收入和利率的决定。IS-LM模型在分析国民经济时，将国民经济的均衡看作是产品方面的均衡和货币方面的均衡。这一模型在理论上是对总需求分析的全面高度概括，在政策上可以解释财政政策和货币政策。因此，被称为整个宏观经济学的基础。

第一节 投资的决定

通过上一章的学习已经知道，总支出由消费支出、投资支出和政府购买组成。在那里，投资支出是作为一个既定的由模型之外的因素所决定的外生变量看待的。这种处理应该说是由简单收入决定模型所涉及的范围和为使分析尽可能简化所决定的。然而，在现实中，投资支出并不是一个外生变量，而是一个应该放到模型中来分析的内生变量，并且投资本身是非常活跃的经济变量，当经济处于增长时，投资会迅速增加；当经济走向衰退时，投资又会大幅下降。为了使这里的分析更接近现实，有必要考察投资变化对宏观经济的影响。

一、投资的决定因素

1. 投资的概念

在日常生活中，投资具有多种含义。个人购买房产、生产设备、证券、股票等都视为投资。但在宏观经济学中的投资概念特指当期社会实际资本的增加，不包括以前各期形成的资本存量。具体表现为一定时期内增加新的建筑物、耐用设备以及增加或减少存货等，但不包括有价证券。

投资按照范围的不同有总投资、重置投资和净投资之分。总投资为重置投资与净投资之和。重置投资指用来补偿损耗掉的资本设备的投资，在价值上以提取折旧的方式进行，取决于原有的资本存量。净投资指扩大资本存量进行的固定资本和存货投资，是为了弥补实际资本存量与理想的资本存量之间的缺口而进行的投资，它可以是正值、负值和零。

阅读资料

住房需求是投资

在许多人的观念中购买住房是一种消费，与购买冰箱、彩电、汽车一样。在经济学家看来，购买住房实际是一种投资行为，即投资于不动产。为什么购买住房不是消费而是投资呢？先从这种购买行为的目的来看。消费是为了获得效用，如购买冰箱、彩电、汽车等都是为了使满足程度更大，消费不会增值，但投资是为了获得利润，或称投资收益。在发达的市场经济中，人们购买房子不是为了住或得到享受（如果仅仅为了住可以租房子），而是作为一种投资得到收益。住房的收益有两个来源：一是租金收入（自己住时所少交的房租也是自己的租金收入），二是房产本身的增值。土地总是有限的，因此，从总趋势来看，房产是升值的。正因为这样，许多人把购买住房作为一种收益大而风险小的不动产投资。

把住房作为消费还是投资在经济学家看来是十分重要的。因为决定消费与投资的因素不同。在各种决定消费的因素中最重要的是收入，但在决定投资的各种因素中最重要的是利率。因为利率影响净收益率。只有利率下降，收益率提高，人们才会投资，而且只要净收益率高，就愿意借钱投资，因此，要刺激投资就要降低利率。如果经济政策的目标是刺激人们购买住房，关键不是增加收入，而是降低利率。

2. 投资的决定因素

投资受到很多因素的影响，如利率、税收政策、投资风险等，其中利率是影响投资的主要因素。

在现实当中，由于货币的相对稀缺性，当借款人向贷款人借一笔款项时，借款人在其归还这笔款项时，通常要再支出一定数量的货币作为报酬，这部分货币就是借款人向贷款人所支付的利息。利息与借（贷）款数额的比率被称为利息率。一般来说，利率与借贷时间长短、借贷的风险程度有关。时间越长，风险越高，利率也越高。

投资与利率两者之间是负相关关系，利率提高，投资就会减少，利率降低，投资就会增加。

二、投资函数

在宏观经济学中，投资与利率之间的反方向关系被称为投资函数，为使分析简单和明确起见，通常把投资函数设定成如下的线性函数：

$$I=I（r）=e-dr（e>0，d>0）\tag{9.1}$$

其中，I 代表私人部门的投资支出；e 代表自主投资，这部分投资与利率无关，即利率为零时企业所能有的投资支出，如企业或家庭为了正常的生产或生活必须进行的投资；d 代表投资支出的利率弹性，它表示利率每上升或下降一个百分点的投资将会减少或增加的数量。如果 d 较大，则弹性较大，表示投资对利率比较敏感，利率的较小变化导致投资出现较大的波动；如果 d 较小，则弹性较小，表示投资对利率比较不敏感，利率的较大变化只能引起投资出现较小的波动。

投资函数的几何表示如图 9.1 所示，投资曲线是一条向右下方倾斜的直线。

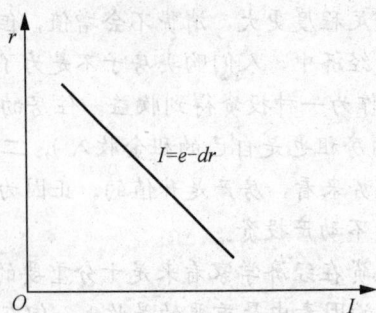

图 9.1 投资曲线

阅读资料

2007 年以来，我国固定资产投资延续高增长趋势。1～5 月份，我国城镇固定资产投资 32 045 亿元，同比增长 25.9%。尽管增幅低于 2003 年开始的投资启动以来的 27.4%平均增速，但是投资增速仍然大大高于消费增速，投资消费比例关系失衡的局面难以扭转，并且投资增幅随时存在反弹的压力。一方面，产业链较长的房地产投资呈反弹走势，1～5 月份完成投资额 7214 亿元，同比增长 27.5%，增幅较去年全年加快了 5.7 个百分点。另一方面，在电力等能源供给约束缓解的情况下，高耗能产业出现快速反弹，前 5 个月大多数高耗能产品的产量增长幅度都在 20%以上，其中钢材产量 1.96 亿吨，同比增长 20%；铁合金 643.9 万吨，同比增长 38.8%；氧化铝 761.6 万吨，同比增长 55.4%；焦炭 1.28 亿吨，同比增长 21.7%；电石 560.6 万吨，同比增长 27.2%。1～5 月份，钢铁、电解铝和水泥等重点调控行业的投资增长速度加快反弹。

第二节　产品市场的均衡：IS 曲线

一、产品市场的均衡

产品市场的均衡是指总产出、总收入等于总支出。当把投资作为利率的函数之后，宏观经济学进一步用 IS 曲线来说明产品市场均衡的条件。

在两部门经济中，凯恩斯宏观经济模型中产品市场的均衡其实包括 3 个方程，根据使用消费函数决定收入的分析方法，可得：

消费函数为

$$C=C(Y)=a+bY$$

投资函数为

$$I=I(r)=e-dr$$

均衡条件为

$$Y = C(Y) + I(r)$$

均衡的国民收入表达式为

$$Y = \frac{a+e-dr}{1-b} \text{ 或者 } r = \frac{a+e}{d} - \frac{1-b}{d}Y。 \tag{9.2}$$

由上式可以看出，要使产品市场保持均衡，即投资等于储蓄，则均衡的国民收入和利率之间存在着反向变化的关系。现在举例来说明这一点，假设投资函数 $I = 1250 - 250r$，消费函数 $C = 500 + 0.5Y$，将上述数据代入上式，可得

$$r = \frac{a+e}{d} - \frac{1-b}{d}Y = 7 - \frac{1}{500}Y \tag{9.3}$$

则利率 r 与均衡国民收入 Y 之间的反向变动关系和一一对应关系可用表9.1来描述。

表9.1 IS 曲线中利率与国民收入之间的对应关系

r	1	2	3	4	…
Y	3 000	2 500	1 500	1 000	…

其实还可以通过计划投资等于计划储蓄来求出均衡的国民收入，结果与上面一致。

通过上面的式子可以看出，均衡的收入与利率之间是反方向变化的。要注意的是，IS 曲线所表示的利率与国民收入之间的关系并不是因果关系。它只表明当利息率和国民收入存在着这样一种反方向变动关系时，投资和储蓄保持相等，产品市场均衡的条件得到了满足。

利率（r）与国民收入（Y）之间的这种函数关系如果用曲线来表示则称为 IS 曲线。以纵轴代表利率，以横轴代表收入，则可以得到一条反映利率和收入间相互关系的曲线，这条曲线上任何一点都代表一定利率和收入的组合，在这样组合下，投资和储蓄是相等的，也就是说产品市场是均衡的，因此这条件曲线就是 IS 曲线。

这里用一个包含 4 个象限的图形来推导 IS 曲线，纵轴正轴表示利率，横轴正轴表示收入，这样推出的 IS 曲线就在第一象限。已知的 3 条线，投资曲线、表示均衡条件 $i = s$ 的线和储蓄曲线分别放到这个图形中的第二象限、第三象限和第四象限（这三条线与原来在第一象限的位置关系已经发生了改变）。

如图 9.2 所示，可以先找一点利率 r_1，对应到投资曲线上就可以找到相对应的投资 i_1，接着对应到均衡条件 $i = s$ 这条线上，就可以找到均衡时的 s_1，再对应到储蓄曲线上就可以找到相对应的国民收入 Y_1，这时就得到 r_1 和 Y_1 的一个组合点 A'，同理可以得到 r_2 和 Y_2 的一个组合点 B'，还可以找到很多这样的组合点，把 A'、B'这样的点连成一条线，就是 IS 曲线。

从图9.2 中可以看出，IS 曲线是一条向下方倾斜的曲线，其经济含义是：在其他条件不变的情况下，利率下降，投资需求增加，总需求增加，均衡国民收入增加。反之，当利率上升后，投资需求下降，总需求减少，均衡国民收入减少。

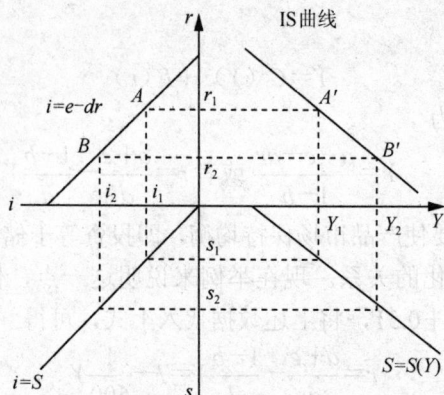

图 9.2　IS 曲线的推导

知识拓展

三部门经济 IS 曲线的推导

三部门经济总支出函数为

$$AE = C + I + G$$
$$= a + b[(1-t)Y - T_0 + T_r] + e - dr + G$$

由商品市场均衡的条件 $Y = AE = C + I + G$，均衡国民收入决定模型为

$$Y = \frac{1}{1 - b(1-t)}(a - bT_0 + bTR_0 + e - dr + G)$$

或

$$r = \frac{a - bT_0 + bTR_0 + G + e}{d} - \frac{1 - b(1-t)}{d}Y$$

与两部门经济中的 IS 曲线相比，三部门经济的 IS 曲线相对复杂一点，但是它的内涵并没有发生变化，它表明在一个存在产品市场和货币市场的三部门经济中，在其他条件不变的情况下，利率与国民收入之间呈反向变动。这两式就是 IS 曲线的代数表达式，刻画在图形上就可以得到 IS 曲线。

四部门经济的 IS 曲线可以以此类推。

二、IS 曲线的斜率

IS 曲线自左向右下方倾斜，这是由于根据投资函数的特点，利率越低，投资越多；通过乘数效应，国民收入均衡值越大。

IS 曲线的斜率表示利率（r）变动引起的国民收入（Y）变动的程度。由于 IS 曲线的方程为

$$r = \frac{a + e}{d} - \frac{1 - b}{d}Y$$

式中 Y 前面的系数 $\dfrac{1-b}{d}$ 就是 IS 曲线的斜率，所以 IS 曲线的斜率取决于以下两种因素。

（1）边际消费倾向 b

对于给定的自主的支出 $(a+e-dr)$，即不依存于收入的消费和投资，如果 b 较大，意味着投资支出乘数就越大，即投资较小的变动会引起收入较大的增加。当利率下降使投资成本降低，刺激投资量的增加时，通过乘数作用，总需求会大量增加，总需求增加必然导致均衡收入的增加。即 $r\downarrow \to I\uparrow \to AD\uparrow \to Y\uparrow$。在其他条件相同时，$b$ 越大，当一定量的 r 变动引起投资变动时，均衡收入 Y 将以较大幅度变动，所以 IS 曲线比较平缓，斜率也就较小；反之，b 越小，IS 曲线就越陡峭，IS 曲线的斜率较大。因此，IS 曲线的斜率与 b 负相关。

（2）如果边际消费倾向既定，IS 曲线的斜率取决于投资的利率弹性 d 的大小

投资的利率弹性越大，表示投资对利率的变动作出的反应越大，即利率较小的变动引起投资较大的变动，在其他的条件相同时，会引起收入更多的增加，IS 曲线就较平缓，IS 曲线的斜率就越小。反之，d 较小，IS 曲线的斜率就较大。在一个极端的场合，即投资的利率弹性为零，就是说，投资支出对利率的变动不作出任何反应，在这种场合，不管乘数的大小，IS 曲线将变成一条垂直线。

三、IS 曲线的移动

从 IS 曲线的推导过程来看，IS 曲线受到了投资（储蓄）、政府购买、政府转移支付和税收等诸多因素的影响。下面将分析这些因素变动对 IS 曲线的影响。

首先是投资（储蓄）变动。由于某种原因，如国外资本进入，或者企业家对未来的预期转好，或者投资利润率上升等，在同样的利率水平下，投资需求增加，导致总需求随之增加，从而导致国民收入上升。这种情况在图形中即是 IS 曲线向右上方移动，表明在同样的利率水平下，收入增加了。相反，如果由于某种原因导致储蓄增加（即投资下降），则 IS 曲线将向左下方移动，说明在同样的利率水平下，收入下降了。如图 9.3 所示。

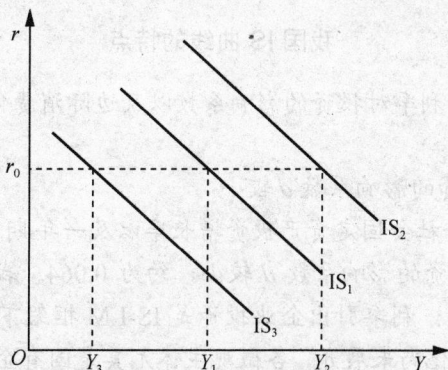

图 9.3 IS 曲线的移动

其次是政府购买支出和转移支出变动。政府购买支出的增加导致总需求增加，国民收入随之增加，在图中即是 IS 曲线向右上方移动；相反，政府购买支出下降将会导致 IS 曲线向左下方移动。政府转移支付并不能直接增加总需求，但由于政府转移支付多为向弱势群体的单方面无偿支付，如支付给失业人员的失业金、支付给穷人的救济金等，弱势群体在接受到政府转移支付后多用于当期消费以改善生活，所以政府转移支付也会间接增加社会总需求。所以，当政府转移支付增加时，IS 曲线向右上方移动；当政府转移支付减少时，IS 曲线向左下方移动。如图 9.4 所示。

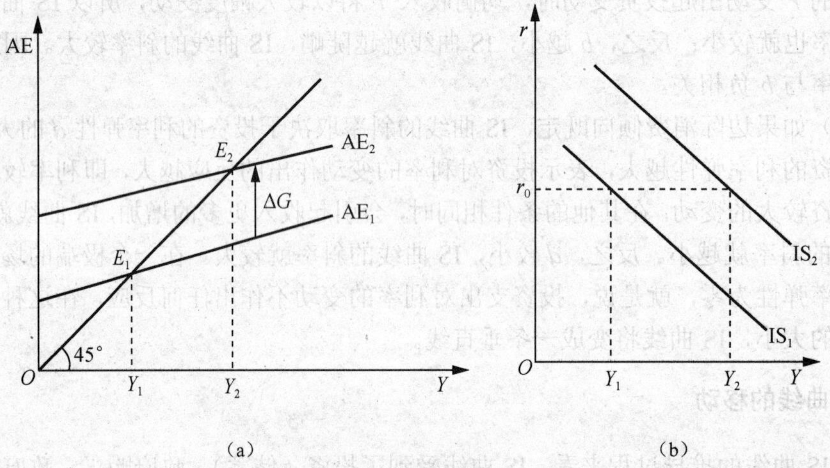

图 9.4 IS 曲线的移动

最后是税收变动。政府税收的变动对社会总需求的影响极大，如果政府增加税收，则会使得企业和居民的生产积极性下降，同时也让企业和居民的实际消费和投资下降，因而总需求下降，IS 曲线向左下方移动；反之，如果政府减税，则总需求上升，IS 曲线向右上方移动。

阅读资料

我国 IS 曲线的特点

IS 曲线斜率取决于利率对投资的影响系数以及边际消费倾向。那么现阶段我国 IS 曲线具有哪些特点呢？

1. 我国利率对投资的影响系数 d 较小

通过我国近 14 年全社会固定资产投资增长率以及一年期贷款利率增长率的分析，可以得到我国利率对投资的影响系数 d 较小，约为 0.064。我国的投资对利率弹性在我国比较低的因素在于：利率引出企业投资是 IS-LM 框架下扩张总需求的核心，但是在我国，利率的市场化尚未展开，各微观主体尤其是国有企业对利率的成本约束明显不足。非市场化的资本市场所产生的投资需求的利率弹性小；不同行为人投资弹性对投资的渴望，尤其是国有企业的投资需求几乎是无限的，它的投资的多少与利率无关。

2. 我国边际消费倾向 b 较低

边际消费倾向直接影响乘数的大小，与发达国家消费在国民收入中占大头的情况不同，我国转型时期的特殊情况使得我国的消费在整个20世纪90年代一直处于较低的水平。20世纪90年代以来，我国大多数年份居民边际储蓄倾向超过0.5，而边际消费倾向低于0.5。1998年我国的 MPC 约为0.352；1999年更是低于0.273。经过回归分析的结果大约是0.412。

西方发达国家的这一比例甚至达到0.7。我国边际消费倾向低的原因主要是由于：①传统的消费习惯，使得人们更习惯储蓄而不是消费；②居民收入差距较大，使得收入过于集中在少数高收入者的手中，使居民总体消费倾向偏低，消费总量增长缓慢；③居民收入预期看低，而支出预期看涨，这是由于社会保障制度的不够健全所造成的。

（资料来源：姜洋. 2005. IS-LM 模型与我国海关经济政策.商场现代化）

第三节 货币供给与货币需求

在本章的第一节里已经指出了投资主要是由利率决定的。那么，利率本身又是如何决定的呢？凯恩斯认为，利率是由货币的供给量和货币的需求量共同决定的。在这里就要引入货币的供给和需求来分析利率的决定问题。

一、货币供给

在日常生活中人们认为货币就是通常所说的钱，但是这只是一种片面的认识。人们从事劳动或提供资产取得的收入用于个人消费以后的余额即储蓄，构成了人们积累的财富（资产）。在任一时点，个人或整个社会的财富可以区分为两大类型：第一，金融资产；第二，实际资产。金融资产按其流动性可以分为两项：①货币，包括通货（钞票与硬币）和活期存款（支票存款）。②证券资产，包括定期存款，保险单、政府债券、储蓄存款以及工商企业发行的债券股票和期票、汇票等。实际资产包括房地产、各种机器设备、原材料、半成品以及各种耐用和半耐用的生活用品。

据上所述，西方经济学认为，货币是一种被普遍接受为交换媒介、价值储藏和计算单位的物品。通常人们把手头的现金和活期存款之和，定义为货币 M_1。除此之外储蓄存款和定期存款也可看成货币，它们与 M_1 一起，定义为货币 M_2。最后，个人及厂商所持有的债券，也被看成是一种货币的近似物，它与 M_2 一起，定义为货币 M_3。

货币供给是一个存量概念，它是一个国家在某一时点上所保持的不属于政府和银行所有的硬币、纸币和银行存款的总和。经济学家认为，货币供给量是由国家用货币政策来调节的，因而是一个外生变量，其大小与利率无关，因此货币供给曲线是一条垂直于横轴的直线。

货币供给（这里主要指 M_1）由个人、商业银行和其他金融机构所持有的现金和活期存款组成。因此，中央银行和商业银行都可提供作为支付手段的货币。商业银行创造存款货币，中央银行直接控制了现金数量，就间接控制活期存款，即中央银行通过法定准备金、贴现率和公开市场业务（买卖政府债券）控制着商业银行的活期存款。因而，可以说中央银行才是货币供给的最终决定者。

商业银行对货币供给的影响是因为他们的活期存款构成了货币供给量的一部分。当这部分活期存款数额发生改变时，流通中货币供给量就改变了。可以假定，商业银行的投资只有贷款一种形式，且它的存款全部都是活期存款。这样，当某个商业银行，如银行 A 取得一笔 100 万元的活期存款，它只需按中央银行所规定的法定准备金率（即银行准备金与其存款总额的一个最小比率留出法定准备金）所剩余的存款就可用于贷款。如果法定准备金率为 20%，那么对于 100 万元的存款其准备金额就为 20 万元，剩余 80 万元银行 A 可用于贷款给其他企业，成为银行 A 的新的贷款，以赚取利润。企业获得 80 万元的贷款后，如果是用来购买一台机器，则机器制造商得到这笔付来的款项，又以活期存款的方式存放在与自己往来的银行如银行 B 手中。银行 B 同样按 20% 的法定准备金率留出 16 万元准备金（80×20%），剩余的 64 万元再用于贷款给第二家企业。如果这家企业再把这笔贷款存入自己的往来银行 C，银行 C 的活期存款又增加了。其余可以类推。可以看出，最初一笔 100 万元的存款增加，带动了一系列银行的活期存款的增加，这些银行所增加的活期存款总额（500 万元）就是由商业银行所创造出的货币供给。这里 100 万元的原始存款通过银行体系的不断运转扩大到了 500 万元，是原来的 5 倍。这个倍数的大小实际上取决于法定准备金率的大小，是准备金率的倒数。准备金率越大时，每家银行可留下来贷款的数量越少，可增加的存款也就越少。反之，准备金率越小时，银行创造的货币存款就越多。可以说，任何时候银行发放贷款时，就增加了流通中的货币量。以 rd 表示经济中的法定存款准备金率，以 D 表示支票存款，以 R 表示银行准备金，则它们的增量存在以下关系，即

$$\Delta D = \Delta R \times \frac{1}{\text{rd}}$$

银行的准备金和流通中的现金合称为基础货币，基础货币经过扩张就形成货币供给量，而这正是中央银行行使货币政策调节经济的关键。中央银行影响货币供给量主要通过下述 3 种方式：①改变法定准备金；②改变贴现率；③买卖政府债券即所谓的公开市场业务。

一般来说，中央银行有能力根据需要，适时地调控经济中的货币供给量，因此，在以后的分析中，都把货币供给量作为一个既定的外生变量来对待。在价格水平固定不变时，实际货币供给量为一个常数。而且这个常数与利率水平无关，所以货币供给曲线为一条垂直于横轴的直线。

知识拓展

法定准备金制度

法定准备金制度就是商业银行必须将全部存款的一定百分比保持为现金形态以应付公众提取现金的需要，其余部分才可用于放款或投资。法定准备金制度一方面是为了防止银行因挤兑风潮而倒闭，另一方面是为了控制银行贷款的速度和数量，从而控制货币供应量。中央银行对商业银行和金融机构所吸收的存款，规定一个必须备有的准备金，称为"法定准备金"。以 rd 表示"法定存款准备金率"，如果 rd＝10%，表示银行账户上的存款余额每 100 元必须备有准备金为 10 元。对存款准备金，银行或者作为自己的库存现金，以应付零星提款的需要，或者将准备金存入中央银行。在普遍使用支票的社会里，银行的存款准备金大部分是存放在中央银行，只有少部分留存在自己手中。中央银行按照法律规定可以在一定的范围内调整法定存款准备金率。商业银行必须按照中央银行规定的准备金率提取准备金并将其存入中央银行，扣除准备金之后的存款才能放贷出去。如果中央银行提高法定准备金率，商业银行的信贷规模就缩小；相反，如果中央银行降低法定准备金率，商业银行的信贷规模就增大。正是这种可控制的法定准备金制度，使得客户在商业银行的存款安全和易于变现，同时也使得中央银行能够控制商业银行所能创造的活期存款数量。因此，法定存款准备金率也就成为中央银行控制银行货币的重要手段。

二、货币需求

在现实生活中，货币、股票、债券、房产等都是人们持有财富的形式，但是经济学中"特殊"货币并不是指所有财富，而只是财富的一种类型，是可以很容易地用于交易的资产存量。只有货币具有交易媒介的功能，因此人们愿意把财富的一部分以货币的形式持有，这就是货币的需求。那么，影响人们持有一定量货币的因素主要有以下几个。

1）人们的实际收入。人们需要货币，首先是为了开支。而人们支出水平的高低取决于他们的收入水平。实际收入越高的家庭，支出水平也越高，因而需要的货币数量就越多。可见，货币需求是和实际收入水平同方向变化的。

2）商品价格水平或价格指数。人们持有货币是为了购买商品。因此，人们需要的货币实际是需要货币具有的购买力，或货币能买到的商品数量。假如某人原来持有 1000 元货币，现在如果所有商品价格上升了一倍，则现在他必须持有 2000 元才能买到原先数量的商品，如果仍只有 1000 元，则他只能买到原来商品数量的一半。可见，当价格水平提高时，为了保持原先持有货币的购买能力，他需要持有的名义货币量必须相应增加。

3）利息率。每个家庭在一定时期所拥有的财富数量总是有限的。人们必须决定自己所拥的那笔财富的形式。他们也许想以拥有一定数量货币来拥有这笔财富，但如果以货币形式拥有财富的比例越大，则以其他形式（如证券、实物资产等）拥有财富的比例就越小。以这些其他形式拥有财富会给每个人带来收益，例如，以房地产形式拥有财富会带来租金，以债券形式拥有财富会带来利息，而以货币形式拥有财富则会丧失这种收益。这就是持有货币的机会成本。如果某人有价值 1 万元的财富，如购买债券或股票，则可得到利息或股息收入或红利收入。为方便起见，假定把所有非货币资产统称为债券，则债券年利率为 10% 时，手持 10 000 元货币一年的损失或者说机会成本就是 1000 元，年利率为 5% 时，持币一年成本即为 500 元。显然，利率越高，人们越不愿意把很多货币放在手中，或者说对货币需求量就越小。

1. 货币需求动机

宏观经济学所指的货币需求是实际货币需求，是用可购买的产品数量来表示的货币需求，它等于名义货币需求量除以价格水平。

根据凯恩斯的观点，人们持有货币的需求出于以下 3 种动机。

（1）交易性动机

交易性动机是指人们需要货币是为了进行正常的交易或者说支付。就个人或家庭而言，一般是定期取得收入，经常需要支出，这种收入和支出在时间上的不同步性需要他们经常要在手边保持一定数量的货币。就厂商而言，他们在取得货款以后，为应付日常成本开支，如购买原材料或发放工资奖金等，也需要持有一定量货币。按照凯恩斯的说法，个人和企业出于这种交易动机所需要的货币量主要决定于收入。一般地，收入越高，应付的日常支出就越多，相应地就需要为此持有更多的货币。

（2）谨慎性动机或预防性动机

谨慎性动机或预防性动机是指人们需要货币是为了应付不测之需。无论个人还是厂商，尽管对未来收入和支出总有一个大致估计，但这种预测不一定完全合乎实际，遇到不测之需是常事，如突发疾病、出现生产事故等。为此，人们总需要在正常的开支计划外，持有一部分货币以防万一。这部分货币需求也是与收入成正比的。

（3）投机性动机

投机性动机是指人们为了抓住有利的购买有价证券的机会而持有一部分货币的动机。由于未来利率的不确定，人们为避免资产损失或增加资本收益，需及时调整资产结构，因而形成对货币的需求。人们一时不用的财富只能用货币形式或债券形式来保存。债券能带来收益，而闲置货币则没有收益。债券价格与其收益成正比，与利率成反比，即

$$有价证券的价格 = \frac{有价证券收益}{利率}$$

假定一张每年取得 10 元利息的债券，价格为 100 元时，利率就是 10%；价格为 200 元时，利率就是 5%。当现行利率过高，即债券价格过低时，人们估计利率会下降，即债券价格会上升，于是，他们就会放弃货币，买进债券，以待日后债券价格上升后再卖出以获利。这样，对货币需求就会下降；反之，利率过低即债券价格过高时，人们会认为买债券有很大风险（因为其价格估计会跌），于是对货币需求就会增加。这种预计债券价格将下降（即利率上升）而需要把货币保留在手中的情况就是对货币的投机性需求。这种为避免资产损失或增加资产收益而及时调整货币和债券数量结构而形成的对货币的需求，与利率成反方向变动。

阅读资料

张华和王敏是一对感情很不错的情侣，今年同时从一所名牌大学毕业。张华考上了公务员，进了某国家机关，待遇很不错，每个月工资 2000 元左右。王敏进了一家国际贸易公司，从事对外贸易工作，她的工资和奖金加在一起，每个月大概 4500 元。在这个中等发达城市，他们的前途是很光明的。不过两人却对将来存钱的问题有分歧。

张华认为现在他们刚刚大学毕业，虽然单位都不错，工作也不低，但将来用钱的地方很多，所以要从毕业开始，除了留下平常必需的花费以及预防发生意外事件的钱外，剩下的钱要定期存入银行，不能动用，这样可以获得稳定的利息收入，又没有损失的风险。而王敏在外企工作，受环境的影响，她认为上学辛苦了这么多年，一直过着很节俭的日子，现在自己终于挣钱了，考虑那么多将来干什么，更何况银行利率那么低。她想先买几件名贵服装，再好好吃上一顿，然后留下一部分钱用来炒股票，等着股市形势一好，立即进入。但是张华却认为中国股市行情太不稳定，运行不规范，所以最好不进入股市，如果一定要做，那也只能投入很少的钱。

根据两人的争论，就可以看出人们的货币需求主要是出于以下 3 种不同的动机：人们为了应付日常交易而在手边留有货币的交易动机；人们为了防止意外情况发生而在手边留有货币的预防动机；人们为了把握有利的生息资产而在手边留有一定数量货币的投机动机。从整个社会来说，交易和预防导致的货币需求都取决于实际收入，并且与实际收入成正比。而对货币的投机性需求取决于利率，与利率成反比。

（资料来源：崔东红，何卫平．2007．宏观经济学原理与实务．北京：中国林业出版社）

2. 流动性陷阱

当利率极高时，出于投机动机的货币需求量等于零，因为人们认为这时利率不大可能再上升，或者说有价证券价格不大可能再下降，因而将所持有的货币全部换成有价证券。反之，当利率极低时，这时，人们会认为利率不大可能再下降，或者说有价证券市场价格不大可能再上升而只会跌落，因而，将所持有的有价证券全部换成货币。其原因在于，利率极低时，持有证券所能获得的利息不多，而有价证券的市场价格一旦下降就可能遭受的损失却很大。这时，人们不再购买证券，而是有多少货币就愿意持有多少货币。这种情况，被凯恩斯称为"流动性陷阱"或"流动性偏好"。

阅读资料

流动性陷阱与日本案例

流动性陷阱通常被认为是这样的一种情形：货币供应量的增加没有带来利率下降，而仅仅表现为闲置持币余额的增加。在正常条件下，货币供应量的增加会导致债券价格上升。人们会试图用持有的多余现金购买资产，从而使利率下降。在凯恩斯所描述的流动性陷阱中，人们确信目前的债券价格过高、以后可能下跌，利率也相应太低、今后还会升高。人们因此认为，现在购买债券无疑会造成资本损失，还是应该选择持有现金。其结果是，货币供应量的增加仅仅是闲置持币余额上升，而对利率没有产生影响。流动性陷阱意味着货币政策在这种情况下不起作用。货币供应的增加既然对利率无法产生作用，也就不能影响投资和总需求。在日本案例出现之前，流动性陷阱被认为仅仅是一个理论上的设想，在现实世界中并不存在。1994 年，多恩布什和费希尔的经济学教科书《宏观经济学》第 6 版出版。在这本书中，他们是这样写的："凯恩斯自己也无法确认是否真的存在这样一种现象（流动性陷阱）。在 60 年后的今天，我们同样也不知道。"日本明显地符合流动性陷阱的绝大多数经济特征。包括保罗·克鲁格曼在内的一些著名经济学家证实了日本流动性陷阱的出现。日本现在的隔夜拆借存款利率只有 0.02%，10 年期的政府债券收益率从 1990 年 9 月开始已经由 8.7% 下降为 1.8%，而一些短期政府债券的收益率仅为 0.055%。学术界最关注的问题是：一个存在问题的银行体系是否是形成流动性陷阱的必要前提条件？克鲁格曼（1998）认为，即使银行系统运行良好，流动性陷阱也可能出现。在流动性陷阱的条件下，基础货币量的增加不会导致广义货币总量的增加，因为：第一，公众将大量持有现金，广义货币总量的增加是很有限的；第二，大量现金将转化为储备；第三，银行将增加作为基础货币的准备金，而减少贷款。所有这些的发生并不一定意味着银行体系出了问题。

（资料来源：http://www.chinanews.com.cn）

3. 货币需求函数

（1）货币的交易需求函数

由于出于交易动机与预防性动机的货币需求量都取决于收入，则可以把出于交易动机与预防性动机的货币需求量统称为货币的交易需求量，并用 L_1 来表示，用 Y 表示实际收入，那么货币的交易需求量与收入的关系可表示为 $L_1=kY$，式中的 k 为货币的交易需求量对实际收入的反映程度，也可称为货币需求的收入弹性，$L_1=kY$ 式反映出货币的交易需求量与实际收入的同方向变动关系。

（2）货币的投机需求函数

货币的投机需求取决于利率，如果用 L_2 表示货币的投机需求，用 r 表示利率，则货币的投机需求与利率的关系可表示为 $L_2=-hr$，式中的 h 为货币的投机需求量对实际利率的反映程度，该式反映出货币的投机需求量与实际利率的反方向变动关系。

（3）货币的需求函数

对货币的总需求是对货币的交易需求、预防需求和投机性需求的总和。因此，对货币的总需求为

$$L=L_1+L_2=L_1（Y）+L_2（r） \tag{9.4}$$

为了分析简单，通常把货币需求函数设定为收入 Y 和利率 R 的线性函数，即

$$L=kY-hr$$

式中，k 和 h 为参数，k 衡量收入增加时货币需求增加多少，这是货币需求关于收入变动的系数；h 衡量利率提高时货币需求降低多少，这是货币需求关于利率变动的系数。

货币需求函数的几何表示即为货币需求曲线，如图 9.5 所示。

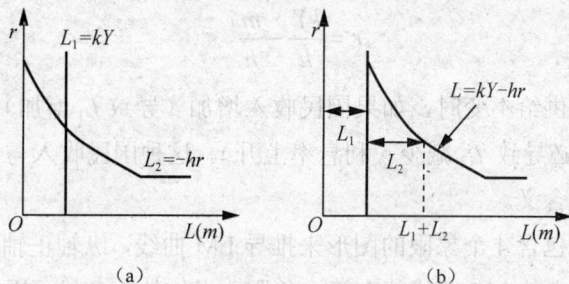

图 9.5　货币需求曲线

图 9.5（a）中的横轴表示货币需求量或货币供给量，纵轴表示利率。L_1 为货币的交易需求曲线，由于 L_1 取决于收入，与利率无关，故其是一条垂线。L_2 为货币的投机需求曲线，它最初向右下方倾斜，表示货币的投机需求量随利率的下降而增加，即货币的投机需求与利率呈反方向变动关系；货币投机需求曲线的右下端为水平状，在这一区段，即使货币供给增加，利率也不会降低。图 9.5（b）中的曲线 L 为包括货币的交易需求与投机需求在内的货币需求曲线，其上的任何一点表示的货币需求量都是相应的货币交易需求量与投机需求量之和。L 曲线向右下方倾斜，表示货币需求量与利率呈反方向变动关系，即利率上升时，货币需求量减少，利率下降时，货币需求量增多。

第四节 货币市场的均衡：LM 曲线

一、货币市场的均衡

货币市场的均衡其实是研究利率的决定，是指经济中对货币的需求等于中央银行确定的货币供给，所以分析了货币的需求曲线和供给曲线就可以说明利率的决定。在前面已经分析过，货币供给是由中央银行控制的，在货币市场均衡的分析中可以把货币供给看作一个外生变量，用 M_S 表示。结合货币需求函数，货币市场的均衡条件就可以表示为

$$M_S = M_d$$

在货币的供给 M_0 既定情况下，用以表达货币市场货币的供给与需求达到平衡时国民收入（Y）与利率（r）之间的依存关系的函数式，描述 Y 与 r 之间的函数关系的曲线，称为 LM 曲线。即：货币市场达到均衡，则 $m = L$，$L = kY - hr$，得到 LM 曲线的函数为

$$m = kY - hr \tag{9.5}$$

即

$$Y = \frac{hr}{k} + \frac{m}{k}$$

或

$$r = \frac{kY}{h} - \frac{m}{h}$$

上式表示当货币供给不变时，如果国民收入增加（导致 L_1 增加），为了保持货币市场的均衡即 $L = M$，必导致 L_2 减少（利息率上升）。这种国民收入与利率同方向变动的关系正是 LM 曲线的含义。

这里同样用一个包含 4 个象限的图形来推导 LM 曲线，纵轴正轴表示利率，横轴正轴表示收入，这样推出的 LM 曲线就在第一象限。已知的 3 条线，用于投机的货币需求 $L_2 = -hr$ 曲线、表示均衡条件 $m = L_1 + L_2$ 的线和用于交易和预防的货币需求 $L_1 = kY$ 曲线分别放到这个图形中的第二象限、第三象限和第四象限（这 3 条线与原来在第一象限的位置关系已经发生了改变）。

如图 9.6 所示，可以先找一点利率 r_1，对应到 $L_2 = -hr$ 曲线上就可以找到相对应的 L_2，接着对应到均衡条件 $m = L_1 + L_2$ 这条线上，就可以找到均衡时的 L_1，再对应到 $L_1 = kY$ 曲线上就可以找到相对应的国民收入 Y_1，这时就得到 r_1 和 Y_1 的一个组合点 A'，同理可以得到 r_2 和 Y_2 的一个组合点 B'，还可以找到很多这样的组合点，把 A'、B' 这样的点连成一条线，就是 LM 曲线。

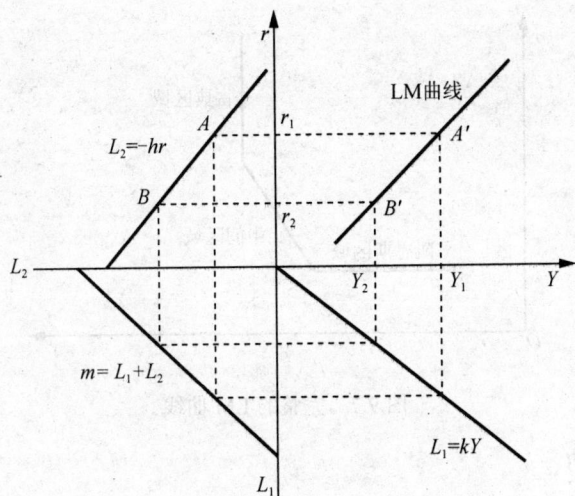

图 9.6 LM 曲线的推导

二、LM 曲线的斜率

从上面推导出来的 LM 曲线的函数关系式 $r=\dfrac{kY}{h}-\dfrac{m}{h}$ 可以看出来，LM 曲线的斜率取决于货币需求的收入系数 k 和利率系数 h。

具体来说，如果收入系数值 k 比较大，就意味着货币需求对收入比较敏感，收入出现较小的变动就能引起货币需求产生较大的变动，对于利率发生改变所引起的货币需求变动，只需要收入作一个较小的调整就能够使之回归平衡，表现在图形上就是 LM 曲线比较陡峭；反之如果 k 值比较小，则 LM 曲线就比较平坦。

如果货币需求的利率系数 h 比较大，就意味着货币需求对利率比较敏感，利率较小的变动将造成货币需求发生较大的变动，收入需要作出较大的调整才能平衡利率变动货币需求的影响，表现在图形上就是 LM 曲线比较平坦；反之，如果 h 比较小，则 LM 曲线比较陡峭。

如图 9.7 所示，一条完整的 LM 曲线应该包括 3 个区域。在货币供应量既定不变条件下，国民收入增加，交易动机所需货币相应增加，因而利率必须相应提高，以减少投机性货币需求，并使得货币总需求恰好等于既定的货币供应量，故国民收入与利率同方向变化，即 LM 曲线自左向右上方倾斜，如图中的中间区域。另外，还要考虑投机性货币需求的两个极端情况。一种是利率很高的时候，投机性货币需求为零，货币需求对利率完全不敏感，即 h 接近于 0，此时，LM 曲线将接近与垂直状态，被称为是处于古典区域；另一个极端情形是当利率降低到很低水平以至人们认为，利率不会再下降即债券价格不会再提高了，在这种场合，人们将按债券现行价格把债券换成现金，就表现为对货币的需求无限大，即处在流动性陷阱的时候，LM 曲线表现为水平线，即凯恩斯区域。

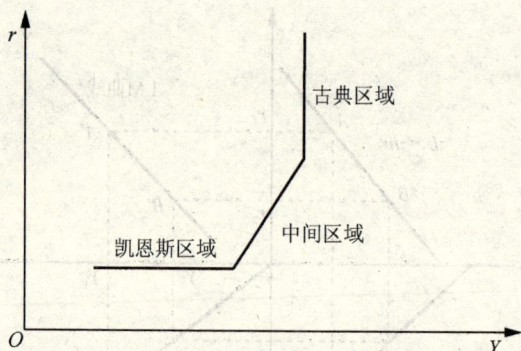

图 9.7　完整的 LM 曲线

三、LM 曲线的移动

由于 LM 曲线的形成是由货币的投机需求、交易需求和货币供给共同决定的，因此，LM 曲线的位置移动，主要取决于这 3 个因素的变化。如图 9.8 所示。

首先，货币供给的变动。如果其他条件不变，货币供给量的变动将导致 LM 曲线的同方向移动，即货币供给增加，使 LM 向右下移动，货币供给减少使 LM 向左上移动。

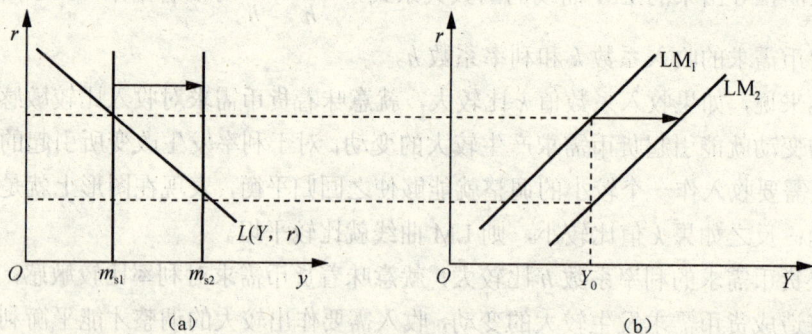

图 9.8　LM 曲线的移动

其次，货币投机需求变动。如果其他条件不变，货币投机需求增加，LM 曲线将向左上移动，投机需求减少，LM 曲线将向右下移动。这是因为，货币供给不变时，货币投机需求增加，货币市场上将出现供不应求，导致利率上升，同时也导致收入下降，从而 LM 向左上移动；反之，货币投机需求减少，则 LM 曲线将向右下移动。

第三，货币交易需求变动。如果其他条件不变，货币交易需求增加，货币市场上也会供不应求，同样会导致利率上升，收入下降，LM 向左上移动，反之，则向右下移动。

需要指出的是，在使 LM 曲线移动的 3 个因素中，应该特别重视货币供给量变动这个因素。因为，货币政策的内容正是通过货币当局根据货币需求情况调节货币供给量，从而调节利率和国民收入，来达到货币政策的目标。

第五节　均衡国民收入决定：IS-LM 模型

IS-LM 模型是凯恩斯宏观经济学的核心，凯恩斯主义的全部理论与政策分析都是围绕这一模型而展开的。

一、两市场同时均衡

通过前面的分析已经知道：在产品市场上，要决定均衡收入，必须先决定利率，否则投资水平无法确定；另一方面，利率又是在货币市场上决定的，而在货币市场上，如果不先确定一个特定的收入水平，利率就无法确定，而收入水平又是在产品市场上决定的，因此利率的决定又依赖于产品市场。可以看出，两个市场的均衡实际上是互为条件、互为前提的。收入和利率也是相互作用的。只有将两个市场结合起来才能考察两个市场同时均衡。

IS 曲线体现了产品市场均衡时利率与收入之间负相关的关系；LM 曲线体现了货币市场均衡时利率与收入之间正相关的关系。IS-LM 模型通过把 IS 曲线和 LM 曲线联合起来，分析在产品市场和货币市场同时均衡的条件下，利率与国民收入的决定问题。从图 9.9 可以看出，这一均衡的利率和收入可以在 IS 曲线和 LM 曲线的交点上求得。

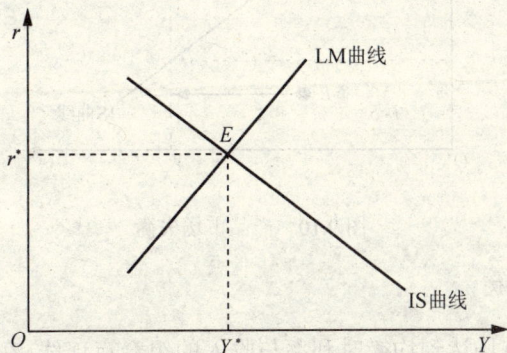

图 9.9　产品市场和货币市场同时均衡

下面可以举一个例子来说明两个市场同时均衡下的利率与收入的求解问题。

【例 9.1】 已知经济中 $I=1250-250r$，$S=-500+0.5Y$，$m=1\,250$，$L=0.5Y+1000-250r$，求 IS 曲线和 LM 曲线的方程，并求均衡收入和利率。

解： $I=S$ 时，$Y=3500-500r$（即为 IS 曲线方程）；

$L=m$ 时，$Y=500+500r$（即为 LM 曲线方程）；

两个市场同时均衡，IS=LM。

联立两个方程，再解方程组，得 $y=2000$，$r=3$。

二、市场失衡及其调整

以上讨论了产品市场和货币市场同时达到均衡时，IS 曲线和 LM 曲线的交点就是产品市场和货币市场的唯一均衡点，即是除了这一点之外的所有点都不能表示两个市场同时均衡的状态。接下来就市场失衡的问题进行分析。

1. 产品市场的失衡

IS 曲线上的任何一点都表示在产品市场均衡情况下利率和国民收入之间的相互关系，而不在 IS 曲线上、位于坐标系第一象限上的点都表示产品市场是失衡的。

在图 9.10 中，A 点为 IS 曲线右边的任意一点，B 为 IS 曲线左边的任意一点。都表示产品市场处于失衡的状态。A 点利率和国民收入的组合为 (r_A, Y_A)，当收入为 Y_A 时，在 IS 曲线上均衡利率为 r_e，$r_A > r_e$。由于利率和投资呈反方向变动，可得 $I_A < I_e = S_e$，由于 A 为 IS 曲线右上方任意一点，可得在 IS 右上方都有 $I < S$，同理，可得在 IS 左下方都有 $I > S$。

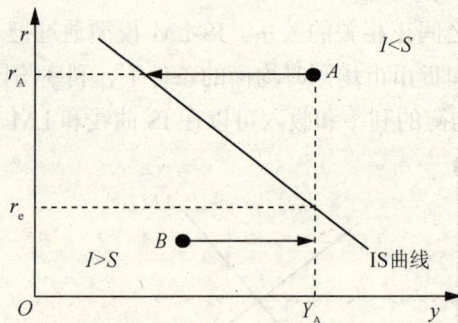

图 9.10　产品市场失衡

2. 货币市场的失衡

LM 曲线是货币市场达到均衡时利率与收入的组合点连线，在 LM 曲线外的任一点，都表示货币市场失衡的状态。

在图 9.11 中，A 点和 B 点分别表示 LM 曲线左边和右边任意的点。在 A 点利率和国民收入的组合为 (r_A, Y_A)，当收入为 Y_A 时，均衡利率为 r_e，$r_A > r_e$。由于利率和货币需求呈反方向变动，可得 $L_A < L_e = M_e$。由于 A 为 LM 曲线左上方任意一点，可得在 LM 左上方都有 $L < M$，同理，可得在 LM 右下方都有 $L > M$。

3. 两个市场的失衡

两个市场的失衡包括两种情形：一是其中一个市场达到了均衡，而另一个市场处于失衡状态；二是两个市场同时处于失衡状态（见表 9.2）。

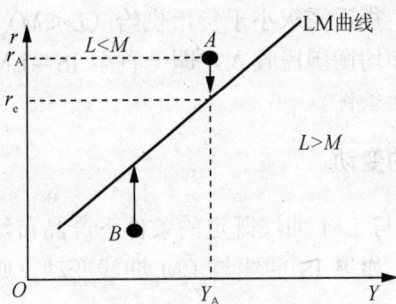

图 9.11　货币市场失衡

表 9.2　产品市场与货币市场同时失衡的情况

区　域	产品市场	货币市场
A	$I<S$	$L<M$
B	$I>S$	$L<M$
C	$I>S$	$L>M$
D	$I<S$	$L>M$

　　图 9.12 中反映了两个市场失衡的第一种情况。例如，A 点在 IS 曲线上，但同时又在 LM 曲线的左边，表示 A 点达到了产品市场的均衡但是货币市场处于失衡状态 $L<M$。同理，B 点在 LM 曲线上，同时又处于 IS 曲线的右边，表示 B 点达到了货币市场的均衡但是处于产品市场的失衡状态 $I<S$。

　　图 9.13 中反映了两个市场失衡的第二种情况。IS 曲线和 LM 曲线把整个坐标平面分成了 4 个部分，每个部分代表了同时失衡的 4 种情形。

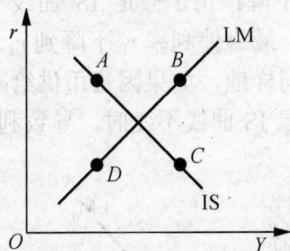

图 9.12　两个市场的失衡（1）

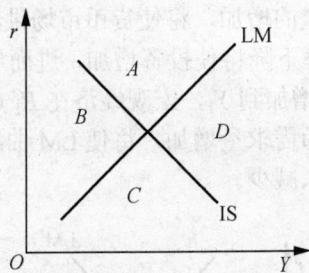

图 9.13　两个市场的失衡（2）

　　无论出于哪一种失衡情况，经济都将作出调整，向均衡状态回归。

4. 均衡的调节过程

　　当经济运行中出现各种失衡时，市场经济本身的力量将使失衡向均衡状况调整，IS 不均衡会导致国民收入变动：投资大于储蓄（$I>S$）会导致国民收入上升，投资小于储蓄（$I<S$）会导致国民收入下降。LM 不均衡会导致利率变动：货币需求大于货币供给

（$L>M$）会导致利率上升，货币需求小于货币供给（$L<M$），会导致利率下降。这种调整最终都会趋向均衡利率和均衡国民收入，即一直至 IS＝LM 为止。因此，IS＝LM 就是一般宏观均衡理论的均衡条件。

三、均衡收入与均衡利率的变动

以上讨论了在 IS 曲线与 LM 曲线既定的条件下产品市场与货币市场的均衡状态以及失衡的调整过程。然而，如果 IS 曲线与 LM 曲线变动，则均衡利率和均衡收入就会发生相应的变化。

首先，假定 LM 曲线不变，IS 曲线变动。

从前述关于影响 IS 曲线位置的因素分析中已经知道，投资、消费、政府支出等变动都会引起 IS 曲线的移动。现假定政府实行扩张性的财政政策，增加政府支出，则 IS 曲线将向右上方移动，如图 9.14 中所示，IS_0 移动到 IS_1。随着政府支出增加，即总需求的增加，将使生产和收入增加。但是随着收入的增加，对货币交易需求 $L_1(Y)$ 也将增加。由于假定 LM 曲线不变（即货币供给量不变），因此，人们只能通过出售有价证券来获取从事交易所需的货币，这就导致利率上升及货币的投机需求 $L_2(r)$ 下降，部分地抵消了因政府支出增加而面临的总需求增加的压力。最终使利率 r_0 上升到 r_1，国民收入由 Y_0 增加到 Y_1，宏观经济在 E_1 点达到均衡。同样地，如果因消费、投资、政府支出减少，使总需求减少，将使 IS 曲线向左下方移动，当 LM 曲线不变时，导致利率与国民收入同时减少。

其次，假定 IS 曲线不变，LM 曲线变动。

从前述关于影响 LM 曲线位置的因素分析中已经知道，货币供给量以及货币需求函数的变化等因素都将引起 LM 曲线的移动。现假定政府实行扩张性的货币政策，增加货币供给量，则 LM 曲线将向右下方移动，如图 9.15 中所示，LM_0 移动到 LM_1。随着货币供给量的增加，将使货币市场供给大于需求，利率下降；由于假定 IS 曲线不变，因此，利率下降将使投资增加，进而导致国民收入增加。最终使利率 r_0 下降到 r_1，国民收入由 Y_0 增加到 Y_1，宏观经济在 E_1 点达到新的均衡。同样地，如果因货币供给减少，或者因货币需求量增加，将使 LM 曲线向左上方移动，当 IS 曲线不变时，导致利率上升，国民收入减少。

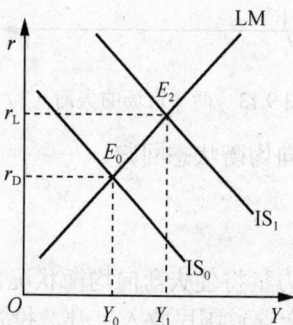

图 9.14　假定 LM 曲线不变，IS 曲线变动

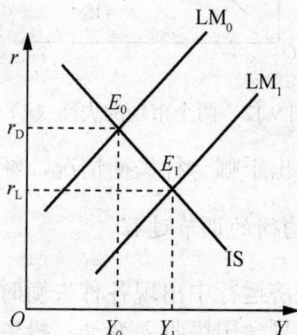

图 9.15　假定 IS 曲线不变，LM 曲线变动

最后，如果 IS 曲线与 LM 曲线因各种因素的共同作用而同时变动，则 IS 曲线与 LM 曲线新的交点将随 IS 曲线、LM 曲线变动的方向与程度的不同而不同。在各种情况下，利率与收入的变动，可以从上面两种情况中推导出来。

阅读资料

IS-LM 模型的提出与发展

IS-LM 模型是产品市场和货币市场同时均衡的分析模型，其中 IS 是取投资（investment）和储蓄（saving）的首字母而得，LM 是取流动性偏好（liquidity preference）和货币存量（money stock）的首字母而得。

这个模型是以凯恩斯的有效需求利率为基础的，被认为是对凯恩斯经济理论最经典的诠释，但是这个模型却不是由凯恩斯本人提出来的。

1936 年，凯恩斯发表了他的划时代著作《就业、利息和货币通论》，简称《通论》。在这本著作中，凯恩斯说明了均衡的国民收入决定于与总供给相等的总有效需求。但是凯恩斯在讨论产品市场均衡时，以利率为主导变量，利率变动通过投资影响收入；在讨论货币市场均衡时，以收入为主导变量，收入变动通过货币需求影响利率。其实这也就陷入了逻辑上的循环推论的陷阱。凯恩斯的后继者把产品市场和货币市场结合起来，建立了一个产品市场和货币市场的一般均衡模型，即 IS-LM 模型，通过产品市场均衡与货币市场均衡这两者之间的相互作用，得出两个市场同时达到均衡状态时的利率和国民收入。

这个模型最初是由英国经济学家希克斯（Sin John Hicks）在 1937 年发表的《凯恩斯先生与古典学派》一文中提出来的。1948 年，美国经济学家汉森在《货币理论与财政政策》以及 1953 年在《凯恩斯学说指南》中对这一模型作了解释，进一步完善了 IS-LM 模型。因此，这一模型又被称为"希克斯-汉森模型"。

（资料来源：http://jwc.njue.edu.cn/tjx/economics）

小　结

投资即资本形成，是指在一定时期内社会实际资本的增加，这里所说的实际资本包括厂房、设备、存货和住宅，不包括有价证券。根据投资包括的范围的不同，可以划分为重置投资、净投资和总投资。

IS 曲线是指产品市场均衡时，利率和国民收入组合的轨迹。在产品市场上，总产出与利率之间存在着反方向变化的关系，即利率提高时总产出水平趋于减少，利率降低时总产出水平趋于增加。

凯恩斯认为个人与企业需要货币出于 3 种动机：交易性动机、谨慎性动机和投机性动机。对货币的总需求就是对货币的交易需求、谨慎需求与投机需求之和。

当利率极低时，这时，人们会认为利率不会再下降而只能上升，或者说有价证券市场价格不会再上升而只会跌落，因而，将所持有的有价证券全部换成货币。即使手中又新增了货币，也不会再去购买有价证券，以免证券价格下跌而遭受损失，即人们不管有多少货币都会持在手中。这种情况被称为"流动性陷阱"或"流动性偏好"。

LM 曲线表示在货币市场达到均衡时，利率和国民收入之间的关系。LM 曲线的垂直区域称为"古典区域"，水平区域称为"凯恩斯区域"，介于凯恩斯区域和古典区域之间的是"中间区域"。

IS-LM 模型是分析产品市场和货币市场同时均衡的有效工具，通过曲线相交、方程联立可以得到均衡条件下的收入和利率。

复 习 题

一、单项选择题

1. 当利率降得很低时，人们购买债券的风险（   ）。
   A. 将变得很小　　　　　　　　B. 将变得很大
   C. 可能变大，也可能变小　　　D. 不变

2. 如果其他因素既定不变，利率降低，将引起货币的（   ）。
   A. 交易需求量增加　　　　　　B. 投机需求量增加
   C. 投机需求量减少　　　　　　D. 交易需求量减少

3. 假定其他因素既定不变，在凯恩斯陷阱中，货币供给增加时，（   ）。
   A. 利率将上升　　　　　　　　B. 利率将下降
   C. 利率不变　　　　　　　　　D. 利率可能下降也可能上升

4. 假定其他因素既定不变，投资对利率变动的反应程度提高时，IS 曲线将（   ）。
   A. 平行向右移动　　　　　　　B. 平行向左移动
   C. 变得更加陡峭　　　　　　　D. 变得更加平坦

5. 假定其他因素既定不变，自发投资增加时，IS 曲线将（   ）。
   A. 平行向右移动　　　　　　　B. 平行向左移动
   C. 变得更加陡峭　　　　　　　D. 变得更加平坦

6. 假定其他因素既定不变，货币的投机需求对利率变动的反应程度提高时，LM 曲线将（   ）。
   A. 平行向右移动　　　　　　　B. 平行向左移动
   C. 变得更加陡峭　　　　　　　D. 变得更加平坦

7. 假定其他因素既定不变，货币供给增加时，LM 曲线将（   ）。
   A. 平行向右移动　　　　　　　B. 平行向左移动
   C. 变得更加陡峭　　　　　　　D. 变得更加平坦

8. 自发投资支出增加 10 亿美元，会使 IS 曲线（　　）。

    A. 右移 10 亿美元　　　　　　　　B. 左移 10 亿美元

    C. 右移支出乘数乘以 10 亿美元　　D. 左移支出乘数乘以 10 亿美元

9. 如果净税收增加 10 亿美元，会使 IS（　　）。

    A. 右移税收乘数乘以 10 亿美元　　B. 左移税收乘数乘以 10 亿美元

    C. 右移支出乘数乘以 10 亿美元　　D. 左移支出乘数乘以 10 亿美元

10. 假定货币供给量和价格水平不变，货币需求为收入和利率的函数，则收入增加时（　　）。

    A. 货币需求增加，利率上升　　　　B. 货币需求增加，利率下降

    C. 货币需求减少，利率上升　　　　D. 货币需求减少，利率下降

11. 利率和收入的组合点出现在 IS 曲线右上方，LM 曲线左上方的区域中，则表示（　　）。

    A. 投资小于储蓄且货币需求小于货币供给

    B. 投资小于储蓄且货币供给小于货币需求

    C. 投资大于储蓄且货币需求小于货币供给

    D. 投资大于储蓄且货币需求大于货币供给

12. 如果利率和收入都能按供求情况自动得到调整，则利率和收入的组合点出现在 IS 曲线左下方，LM 曲线右下方的区域中时，有可能（　　）。

    A. 利率上升，收入增加　　　　　　B. 利率上升，收入不变

    C. 利率上升，收入减少　　　　　　D. 以上 3 种情况都有可能

13. IS 曲线表示满足（　　）关系。

    A. 收入—支出平衡　　　　　　　　B. 总供给和总需求均衡

    C. 储蓄和投资均衡　　　　　　　　D. 以上都对

14. 在 IS 曲线上存在储蓄和投资均衡的收入和利率的组合点有（　　）。

    A. 一个　　　　　　　　　　　　　B. 无数个

    C. 一个或无数个　　　　　　　　　D. 一个或无数个都不可能

15. 当投资支出与利率负相关时，产品市场上的均衡收入（　　）。

    A. 与利率不相关　　　　　　　　　B. 与利率负相关

    C. 与利率正相关　　　　　　　　　D. 随利率下降而下降

16. 在 IS—LM 模型中，由于货币供给的增加使 LM 曲线移动 100 亿元，货币交易需求量为收入的一半，可推知货币供给增加了（　　）。

    A. 100 亿元　　　　B. 50 亿元　　　C. 200 亿元　　　　D. 70 亿元

17. 凯恩斯极端对货币政策不能增加实际 GDP 的解释是（　　）。

    A. IS 曲线向下方倾斜，LM 曲线向右上方倾斜

    B. IS 曲线向右下方倾斜，LM 曲线为一条水平线

    C. IS 曲线向右下方倾斜，LM 曲线为一条垂线

    D. 无论 LM 曲线和 IS 曲线的形状如何，结果都一样

二、计算题

1．如果边际消费倾向为 0.8，那么，想要国民生产总值增加 460 亿元，在其他条件不变的情况下，政府支出需要增加多少？

2．假设经济中的消费函数和投资函数分别为 $C=100+0.8Y_d$、$I=200-1000r$，货币需求函数为 $L=Y-10\ 000r$，政府支出为 550 元，税率为 0.2，实际货币供给为 900 元。

（1）求 IS 曲线的方程和 LM 曲线的方程。

（2）试求经济达到均衡状态时的国民收入、利率、消费和投资。

3．在两部门经济中，消费函数 $C=100+0.7Y$，投资函数 $I=200-3r$，货币供给 $M=100$，货币需求函数 $L=0.2Y-2r$。求：

（1）IS 曲线的方程与 LM 曲线的方程；

（2）商品市场和货币市场同时均衡时的收入和利率。

三、简答题

1．简述 IS 曲线所描述的宏观经济含义。

2．人们对货币需求的动机有哪些？

3．简述 LM 曲线所描述的宏观经济含义。

4．投资需求对利率变动的反应程度的提高为什么会降低 IS 曲线斜率的绝对值？

5．投机货币需求对利率变动的反应程度的提高为什么会降低 LM 曲线斜率的绝对值？

四、分析论述题

1．根据 IS-LM 模型，在下列情况下，利率、收入、消费和投资会发生什么变动？

（1）央行增加货币供给；

（2）政府支出增加；

（3）政府增加税收。

2．用 IS-LM 模型分析下述情况对需求的影响：

（1）由于大量公司破产而引起的悲观情绪。

（2）货币供给量的增加。

（3）所得税的增加。

（4）边际消费倾向降低。

案 例 分 析

1929～1933 年美国经济大萧条

案例背景

1929～1933 年发生的大萧条是迄今为止最严重的一次经济危机。其主要表现为：一是产量和物价大幅度下降。1929 年中期，美国一些主要产品的产量开始下降。到同年秋季，局势已经非常明显，无论是制造业，还是建设业，都在大幅度减少。从 1929～1934 年，美国的 GDP 是呈下降趋势的，从 1929 年的 3147 亿美元下降到 1934 年的 2 394 美元，5 年期间就下降了 24%。而消费价格指数在萧条期间也一直呈下降趋势，1933 年的 GPI 与 1929 年相比下降了 24.6%。二是股市暴跌。在 1929 年 9 月到 1932 年 6 月期间，股市暴跌 85%。因此，人们几乎把大萧条与股市崩溃当做一回事。而实际上，在股市崩溃之前，经济下降始于 1929 年 8 月，并且持续到 1933 年。股市崩溃只是大萧条的一个重要表现。随后，证券市场终于走向下跌。经过 9 月份逐步下跌和 10 月份局部上升后，到 10 月末，证券市场陷入了混乱。10 月 24 日，即著名的"黑色星期四"。那天，证券交易额达 1 300 万股，证券市场一天之内蒙受的损失开创了历史最高纪录。三是奇高的失业率。大萧条带来大量的失业。1929～1933 年，GNP 下降近于 30%，失业率从 3% 升至 25%。1931～1940 年的 10 年间，失业率平均为 18.8%，其范围从 1937 年年底的 14.3% 到 1933 年的 24%。现在国际上通常将 12% 的失业率作为临界线，因而大萧条时期持续 10 年之久接近 20% 的失业率确实称得上奇高的失业率。

（资料来源：北京大学中国经济研究中心宏观组. 1999. 宏观经济政策调整与坚持市场取向. 北京：北京大学出版社）

案例解析

大萧条主要表现为产量和物价大幅度下降、股市暴跌和失业率奇高，其产生原因涉及产品市场和货币市场两方面。

讨论：

能否用 IS-LM 模型去解释为什么会发生大萧条？

第十章 国民收入的决定：AD-AS模型

本章主要介绍了宏观经济中总需求与总供给的基本原理，分析了总需求曲线和总供给曲线的决定因素。并在此基础上用 AD-AS 模型来分析经济政策变量对国民收入、价格、就业等方面的影响。

通过本章内容的学习，要达到以下几个目的：

- 理解总需求曲线的含义以及总需求曲线向右下方倾斜的原因；
- 了解影响总需求曲线移动的主要因素；
- 理解总供给曲线的各种类型及其特征；
- 掌握 AD-AS 模型的均衡，以及理解商品市场、货币市场与劳动市场同时均衡时总需求、总供给变化对物价水平与均衡国民收入的影响。

导入案例

蜜蜂的寓言

伯纳德·曼德维尔的蜜蜂寓言是经济学中最著名的寓言故事之一，讲的是，很久以前，有一群蜜蜂过着挥霍、奢华的生活，整个蜜蜂王国兴旺发达、百业昌盛。后来，从遥远的地方来了一只老蜜蜂，它劝导挥霍、奢华的蜂群要节俭持家。于是，蜂群在老蜜蜂的教导下改变了原来的生活习惯，崇尚节俭朴素。结果，整个蜜蜂王国反而经济衰落、社会凋敝，终于被敌手打败而逃散。

要不是凯恩斯的解读，蜜蜂寓言估计逃不开"最坏寓言"的批判，然而用它来诠释"需求创造供给"理论再合适不过。凯恩斯通过蜜蜂寓言要说明的无非是——消费对社会经济的拉动作用，普遍的节俭，难以推陈出新，繁荣社会和增加物质财富，实质上反而是某种程度的浪费或破坏可以刺激社会的有效需求。

当然，需要指出的是，人们所提倡的消费和节约并不矛盾，节约的概念不是不消费，而是适度消费，对于这个"度"，个人有个人的把握。

根据经济学家们的经验，消费占 GDP 的比重达到 50%以上才能维持经济的高速增长。然而，目前几乎大部分国家面临的增长困境就是内需不足，全球经济的失衡也因之而来。所以，如何启动消费需求成为各个国家经济增长规划中的重中之重。

印度重视提高农村家庭收入；印度尼西亚优先扶持中小企业；俄罗斯着力发展消费

信贷；英国运用税率杠杆；新加坡大力投资兴办社区服务实体、劳动服务企业；法国强调扩大青年就业；瑞典立法保证一定数额的服务投资；比利时通过健全社会保障机制入手；越南冀望增加国内投资……

（资料来源：http://finance.sina.com.cn/roll/20061216/09001103866.shtml）

上两章国民收入决定的分析都是在假定一般价格水平固定不变的前提下进行的，没有说明国民收入和价格水平之间的关系。本章取消价格水平固定不变的假定，从商品市场和货币市场均衡的角度来研究国民收入和价格水平的决定，并在总需求-总供给模型中，得到均衡时的产出水平和价格水平。前几章对国民收入决定的讨论中，至少存在 3 点不足：一是没有考察劳动市场，不知道所决定的收入是否就是充分就业收入；二是没有考虑一般价格水平对总需求的影响；三是没有考虑总供给在收入决定中的作用。之前学习了探讨宏观经济问题的 IS-LM 模型，这个模型实际上暗含了两个假定：一是假定一般价格水平不变，货币价值的升降与实际价值的变动是一致的；二是暂时将供给部门（即生产和劳动市场）抽掉，专注于商品市场和货币市场，从而导出宏观经济总体均衡的结论。这一章将讨论另外一个模型：总需求-总供给模型（AD-AS 模型），AD-AS 模型取消价格水平固定不变的假定，着重说明总产量（即国民收入）和价格水平对于国民收入的影响机制。

第一节　总　需　求

一、总需求的定义

总需求（aggregate-demand），一般用 AD 表示，指的是一个国家或地区在一定时期（通常一年）内对商品和服务的需求总量。具体说来，是指在某一给定的价格水平上，且其他条件不变的情况下，人们所愿意购买的产出总量，也就是所有生产部门所愿意支出的总量，这一需求总量通常用产出水平来表示。回忆一下在以前章节学习过的产出 GDP（通常用 Y 来表示）可以得知，总需求包括两个部分：一是国内需求，包括消费需求（C）、投资需求（I）和政府需求（G）；二是国外净需求（NX），即净出口，等于出口减去进口。用公式表示为

$$Y=C+I+G+NX \tag{10.1}$$

二、总需求曲线

通常把总需求函数定义为国民收入所表示的需求总量与价格水平之间的关系。它表示在某个特定的价格水平下，经济社会需要多高水平的收入。在价格水平为纵轴，产出水平为横轴的坐标系中，总需求函数的几何表达形式称为总需求曲线（aggregate-demand curve，AD 曲线）。AD 曲线是表示在每一价格水平时，家庭、企业、政府和外国客户想要购买的商品和服务总量的曲线。在其他条件不变的情况下，AD 曲线表现为需求总量和价格之间的反比例关系，从几何图形上看表现为 AD 曲线向右下方倾斜（见图 10.1）。

也就是说，在其他条件不变的情况下，物价总水平提高时，对总产出的需求数量减少；物价总水平降低时，对总产出的需求数量增加。

下面可以从简单收入决定理论中推导出 AD 曲线，也可以由 IS-LM 模型推导出 AD 曲线，将依次进行推导。首先来说明如何从简单收入决定理论中推导出 AD 曲线。以价格水平上升为例，价格变动引起总需求量变动的效应，可以分解为凯恩斯的利率效应、庇古的财富效应、蒙代尔·弗莱明汇率效应和税收效应等 4 种效应，分别用来解释 AD 曲线为什么向右下方倾斜。

1. 庇古的财富效应

货币的名义价值是固定的，1 元人民币的价值总是等于 1 元人民币，但 1 元人民币的真实价值并不是固定的。如果一个冰淇淋的价格是 1 元人民币，那么 1 元人民币就值一个冰淇淋。如果一个冰淇淋的价值下降到 0.5 元人民币，那么 1 元人民币就值两个冰淇淋。因此，当物价水平下降时，每个人所拥有的货币的真实价值上升了，这就增加了每个人的真实财富以及货币购买力。

这个逻辑给了 AD 曲线向右下方倾斜的第一个原因：物价水平下降提高了货币的真实价值，并使消费者更富有，这又鼓励消费者更多地支出。消费者支出增加意味着商品与服务的需求更大。相反，物价水平的上升降低了货币的真实价值，并使消费者变穷，这又减少了消费者的支出以及商品与服务的需求量。

2. 凯恩斯的利率效应

物价水平是货币需求量的一个决定因素。物价水平越低，为了购买商品和服务所需要持有的货币就越少。人们可能会把一些钱借出去来试图减少货币持有量。例如，家庭可能会去购买有利息的国债，或者是把超额货币存入银行，等等。这两种情况都能导致利率下降。低利率反过来又能使借款变得更便宜，这就鼓励企业更多地借款并投资于新工厂和设备，也鼓励更多的家庭去贷款买房买车或是消费。因此，低利率增加了商品和服务的需求量。

这个逻辑给了 AD 曲线向右下方倾斜的第二个原因：物价水平下降降低了利率，鼓励了投资支出，从而增加了商品与服务的需求量。相反，物价水平上升提高了利率，抑制了投资支出，并降低了物品与服务的需求量。

3. 蒙代尔-弗莱明的汇率效应

正如刚才在利率效应里所讨论的，物价水平降低，利率也会随之下降。作为对低利率的反应，国内的投资者往往通过在国外投资寻求更高的收益。当为了在国外投资而需要把本国货币兑换成外国货币时，会导致国际货币市场上本国货币的供给增加，本币相对于外国货币会贬值。本币贬值意味着国内的商品价格便宜了，外国商品相对变得昂贵了，因此本国从其他国家进口的商品和服务减少了；同时，由于本国商品价格现在相对变得便宜了，外国人从本国购买的商品和服务就增加了，从而导致本国的出口增加。净出口等于出口减去进口，因此，这两种变动都引起本国净出口的增加。

这个逻辑提供了总需求曲线向右下方倾斜的第三个原因：当本国物价水平下降引起利率下降时，本币在外汇市场上的真实价值下降了，这种本币贬值刺激了本国的净出口，从而增加了商品与服务的需求量。相反，当本国物价水平上升而引起利率上升时，本币的真实价值就会上升，从而导致本国净出口的减少以及商品与服务需求量的减少。

4. 税收效应

当物价水平下降，会使人们的名义收入减少，名义收入减少会使人们的纳税档次降低，从而使人们的税负减少，可支配收入增加，进而使人们的消费水平上升。相反，如果价格水平上升，那么名义收入增加，进入更高的纳税档次，税收总额上升，从而可支配收入下降，最后使总需求下降。

这个逻辑提供了总需求曲线向右下方倾斜的第四个原因：当物价水平下降，会使人们税负减少，可支配收入增加，进而增加了商品和服务的总需求量。相反，如果物价水平上升，那么人们的税收总额上升，从而可支配收入下降，最后使商品和服务的总需求下降。

这 4 个不同但相关的原因说明了物价水平下降增加了商品与服务的需求量，具体可归纳如下。

1）消费者更富有了，刺激了消费品的需求。

2）利率下降，刺激了投资品的需求。

3）通货贬值，刺激了净出口的需求。

4）税负下降，同样是刺激了消费品的需求。

要注意的是，如果物价水平上升，则得到相反的结果。如图 10.1 所示，这些均表现为随着价格 P 升高，总需求 A 沿着 AD 曲线右上方滑动到 B。

接下来从 IS-LM 模型中求取 AD 曲线。在 IS-LM 模型中，一般价格水平被假定为一个常数。在价格水平固定不变且货币供给为已知时，IS 曲线和 LM 曲线决定均衡的收入（产量）水平。用图 10.2 来说明如何根据 IS-LM 图形来推导 AD 曲线。

图 10.2 分为（a）和（b）两个部分，（a）为 IS-LM 模型，（b）为价格水平和总需求量之间的关系，即 AD 曲线。当价格 P 的数值为 P_1 时，此时 LM 曲线 LM（P_1）与 IS 曲线相交于 E_1，E_1 点所表示的国民收入和利率分别为 Y_1 和 r_1。将 Y_1 和 P_1 标在图 10.2（b）中便得到总需求曲线上的一点 D_1。假设这时 P 由 P_1 下降到 P_2，LM 曲线也因此移动到 LM（P_2）的位置，与 IS 曲线的交点为 E_2，同样可以在图 10.2（b）找到对应的 D_2。按照同样的程序，随着 P 的变化，LM 曲线和 IS 曲线可以有许多交点，每一个交点都代表一个特定的 y 和 r。于是就有许多 p 和 Y 的组合，从而构成了图 10.2（b）中一系列的点，把这些点连成一条曲线，便得到 AD 曲线。

值得注意的是，在这里价格水平 P 的变化对 IS 曲线的位置没有影响，因为在 IS-LM 模型中，决定 IS 曲线的变量是实际变量，而不是随货币价格变化的名义变量。

在图 10.2 中用 IS-LM 模型推导出 AD 曲线向右下方倾斜，到这里读者也许会想起在第一章所学的单个商品的需求曲线，其形状也是向右下方倾斜的曲线，那么它的原理是否与现在讨论的总需求曲线的原理一样呢？人们对于总需求曲线向右下方倾斜的最先想到的解释可能是：价格越高，人们能够买得起的商品越少，因此 AD 曲线向右下方倾斜。但这种解释是不正确的，尽管物价总水平确实反映了大部分商品价格的上扬，但是它也意味着生产和出售这些商品的人们的收入增加了。因此，较高的价格水平减少了人们买得起的商品的这个说法是不正确的，因为他们的收入连同价格一起增加了。因此总需求曲线和单个商品的物价曲线间存在着重要区别，这两组曲线表面上相似，但它们所解释的是截然不同的经济现象，其原理是完全不同的。首先，微观经济学中的需求曲线是以纵轴表示单个商品的价格，以横轴表示该商品的产量，并假定其他商品价格以及消费者的总收入保持不变。而在宏观经济学的总需求曲线上，一般价格水平沿纵轴变化，总产量和总收入沿横轴变化。而在微观经济学那里，收入和产量是保持不变的。从图 10.3 可以看出二者的不同。

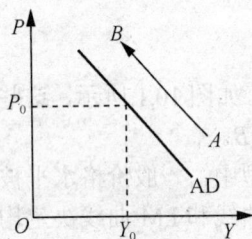

(a) IS-LM模型

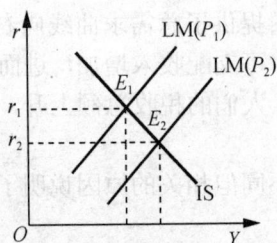

图 10.1　AD 曲线向右下方倾斜

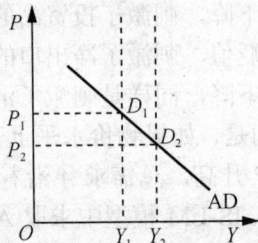

(b) AD细线

图 10.2　总需求曲线的推导

　　单一商品的需求曲线向右下方倾斜，是由于消费者用其他商品来替代讨论的商品。对于单个商品的需求随着其价格的上升而减少的推导，有一个重要的依赖条件，即假定其他商品的价格不变。当该商品的价格上涨以后，对该商品需求数量下跌的主要原因是人们把他们的消费转向了其他商品和服务。例如，牛肉的价格上升导致了对牛肉的需求下降，这是由于人们用鸡肉、猪肉等替代牛肉的结果。也就是说人们可以多用相对便宜的商品而少用相对昂贵的商品。但是，宏观经济学的总需求曲线向右下方倾斜的原因则大不相同。当 AD 曲线上的点移动时，要考虑到，所有的最终商品和服务的价格同时在改变。消费者购买的商品和服务组合构成的变化与 AD 曲线无关。例如，消费者决定少购买衣服但多购买电脑，他们对最终商品和服务的总需求数量不一定会减少。当总体物价水平上升时，总支出数量下降主是因为：固定不变的货币供给量必须通过提高利率、紧缩信贷和降低总支出等手段在货币的需求者之间进行分配。

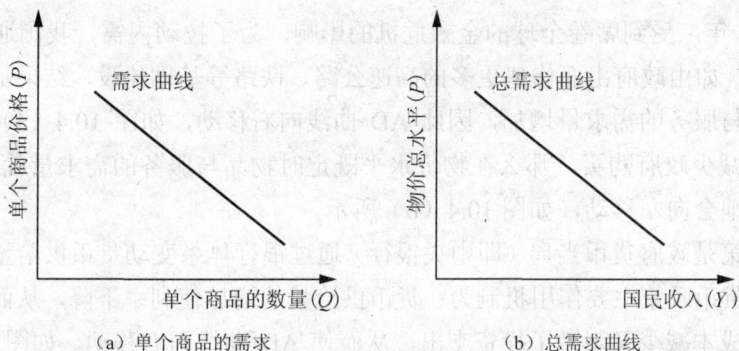

图 10.3　单个商品的需求曲线与总需求曲线的区别

三、总需求曲线的移动

在上一小节中讨论的是当物价水平变动时，国民收入沿着 AD 曲线的滑动。接下来要关注的是整个 AD 曲线的移动，也就是说在某一既定的物价水平之下，很多因素也会影响到商品与服务的总需求量。那么，AD 曲线会受到什么因素的影响而移动呢？

总需求包括消费、投资、政府支出和出口 4 个方面。从理论上讲，这 4 个要素中，其中任何一个要素增加，都会导致 AD 曲线向右平行滑动，即在同一个价格水平，整个社会对商品和服务的需求总量上升了，最终导致国民收入所代表的总需求的扩大；反之亦然，即任何一个要素减少，都会导致 AD 曲线向左平滑移动，在同一个价格水平下，整个社会对商品和服务的需求量减少了，最终导致国民收入代表的总需求的缩小。任何直接影响这 4 个要素的因素，也会间接影响到需求总量的变化，从而影响 AD 曲线的移动。

导致总需求曲线位置移动的具体因素很多，可以将决定总需求的因素分为两大类，一类是由政府控制的宏观经济政策变量，主要是政府支出和货币供给量的变动，包括货币政策和财政政策。一般性的结论认为，无论是扩张型的财政政策还是扩张型的货币政策都会使 AD 曲线向右移动，而紧缩型的财政政策或是紧缩型的货币政策都会使 AD 曲线向左移动。另一类是外生变量，这类变量有的超出了宏观经济分析的正常范围（如战争、地震等），有的不在国内政策控制之内（如外国经济活动），还有一些则有明显独立的变动性（如人们对未来的心理预期等）。

在此主要讨论宏观经济政策变量。财政政策是政府变动税收和支出以便影响总需求，进而影响国民收入和就业的政策。财政政策主要包括：①税收政策。当政府减税时，它鼓励人们更多地支出，因此 AD 曲线向右移动，当政府增税时，人们就会削减支出，因此 AD 曲线向左移动。税收政策也可以通过投资来影响总需求，投资税收优惠增加了企业在利率既定时的投资总量。因此，投资税收优惠使 AD 曲线向右移动，如图 10.4（a）所示。相反，投资税收优惠的取消减少了投资，使 AD 曲线向左移动，如图 10.4（b）所示。②政府购买。决策者使 AD 曲线移动的最直接的方式是通过政府购买。例如，

2008～2009 年，受到席卷全球的金融危机的影响，为了拉动内需，我国通过大规模增加公共投资，如由政府出面修建更多的高速公路、铁路等基础建设，结果是在物价水平既定时物品与服务的需求量增加，因此 AD 曲线向右移动，如图 10.4（a）所示。如果决策者决定减少政府购买，那么在物价水平既定时物品与服务的需求量就会减少，AD 曲线也相应地会向左移动，如图 10.4（b）所示。

货币政策是政府货币当局（即中央银行）通过银行体系变动货币供给量来调节总需求的政策。货币政策主要作用机制为：货币供给量的增加使利率下降，从而使借款成本减少。借款成本减少又刺激了投资支出，从而使 AD 曲线向右移动，如图 10.4（a）所示。相反，货币供给量的减少提高了利率，抑制了投资支出，从而使 AD 曲线向左移动，如图 10.4（b）所示。许多经济学家认为，整个美国历史上货币政策的变动一直是总需求曲线移动的一个重要原因。

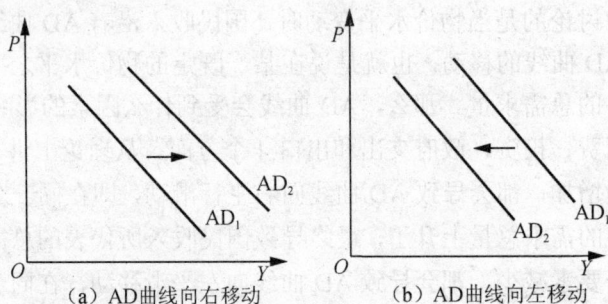

图 10.4　总需求（AD）曲线的移动

最后，可以把影响总需求曲线移动的因素具体概括如下。

1）消费需求的变动对总需求的影响，如图 10.4 所示，即消费需求增加，AD_1 曲线向右移到 AD_2，反之则左移。

2）投资需求的变动对总需求的影响，如图 10.4 所示，即投资需求增加，AD_1 曲线向右移到 AD_2，反之则左移。

3）政府支出的变动对总需求的影响，如图 10.4 所示，即政府支出增加，AD_1 曲线向右移到 AD_2，反之则左移。

4）净出口需求的变动对总需求的影响，如图 10.4 所示，即净出口增加，AD_1 曲线向右移到 AD_2，反之则左移。

阅读资料

我国应对金融危机的宏观经济政策

2008 年第四季度，为了有效应对国际金融危机的冲击，保持经济平稳较快发展，我国政府决定实施积极的财政政策和适度宽松的货币政策，迅速出台并不断充实完善应对危机促发展的一揽子计划，提出了扩大投资的重点领域和方向，主要有：加快建设保障性安居工程、农村民生工程、基础设施、社会事业、环境保护、自主创新和结构调整以及灾后恢复重建等方面。为加快这些重点领域的建设，从 2008 年第四季度到 2010 年年底，我国政府拟新增投资 1.18 万亿元，加上地方和社会投资总规模共约 4 万亿元。

4 万亿元投资用于各重点领域的情况是：①廉租住房、棚户区改造等保障性住房建设，投资约 4 000 亿元；②农村水电路气房等民生工程和基础设施建设，投资约 3 700 亿元；③铁路、公路、机场、水利等重大基础设施建设和城市电网改造，投资约 15 000 亿元；④医疗卫生、教育、文化等社会事业发展，投资约 1 500 亿元；⑤节能减排和生态工程建设，投资约 2 100 亿元；⑥自主创新、结构调整和技术改造，投资约 3 700 亿元；⑦四川地震灾后恢复重建，投资约 10 000 亿元。

（资料来源：www.sdpc.gov.cn）

第二节 总 供 给

一、总供给的定义

总供给（aggregate supply，AS）是指一个国家或地区国民经济各部门在一个时期内（通常一年）所能提供的商品和服务的总和。它描述了在某一特定的价格水平下，经济社会的基本资源用于生产时可能有的产量。每个企业将根据商品价格、成本价格以及现有的技术水平等，决定投入多少生产要素。回忆一下前面所学的宏观生产函数：

$$Y=F(N, K) \tag{10.2}$$

其中，Y 为一定时期的总产量，N 为使用劳动力的总量（就业量），K 为一定时期的资本存量。式（10.2）表明，经济社会的产出取决于就业量和资本量。

二、总供给曲线

总供给函数是指总产量与一般价格水平之间的关系。在以价格水平为纵轴，总产量为横轴的坐标系中，总供给函数的几何表示即为总供给曲线（Aggregate Supply Curve，AS 曲线）。正如总需求曲线表示的是价格水平对总商品和服务需求量之间的关系，总供求曲线表示的是价格水平和生产者愿意提供的商品和服务的总数量之间的关系。与向右下方倾斜的总需求曲线不同，总供给曲线的走势取决于所考察时间的长短。在长期，总供给曲线是垂直的，而在短期，总供给曲线是向右上方倾斜的。为了了解短期经济波动，以及为什么经济的短期行为与长期行为不一致，下面需要考察长期总供给（long-run aggregate supply，LRAS）曲线和短期总供给（short-run aggregate supply，SPAS）曲线。

（一）长期总供给曲线

从长期来看，总供给主要取决于潜在产出。因此，LRAS 曲线是由影响经济增长的长期因素所决定的，这些因素包括可获得的劳动力的数量和质量、由工人使用的机器数量和资本品的数量、技术水平，等等。对长期增长趋势的分析主要涉及潜在产出的增长和总供给的决定。将总供给的主要决定因素分为影响潜在产出的因素和影响生产成本的因素。潜在产出增长的基本因素是投入的增加和技术的进步。

在长期，是什么因素决定了商品与服务的总供给量呢？从前几章分析经济增长的过程中可以知道，在长期，一个经济的商品与服务的生产（即真实的 GDP）取决于经济供给的能力，这种能力又取决于资本、劳动和自然资源，以及可以得到的用于把这些生产要素变为物品与服务的生产技术，而这一切都与物价水平无关。设想一下这样的情景：如果把一个经济体中所有的价格同时提高一倍，即所有生产要素的价格以及名义工资及最终商品和服务的价格提高一倍，那么会发生什么变化呢？结果是什么也不会发生。在这个假设中，前后两个经济体除了一个经济流通中的货币是另一个经济的一倍，从而货币多的经济中的物价水平也是另一个经济的一倍之外，其他完全相同。由于货币量并不影响技术以及劳动、资本与自然资源的供给，所以价格上涨一倍以后对经济体的总产出水平没有任何影响，这两个经济体中的商品与劳务的产量是相同的。换句话说，在长期，无论物价水平如何变化，总供给量都是相同的。因此，长期总供给曲线是一条垂直的曲线。如图 10.5 所示。这也是古典宏观经济理论的一个重要观点：在长期，价格是具有完全弹性的。也就是说，不管物价水平如何，产出都固定在某一个水平。因此，长期总供给曲线也称为古典总供给曲线。因为古典经济学家相信，在长期，人们对经济的变化有充分的认识，并能够对经济活动进行充分的调整，即在长期，货币工资具有完全伸缩性的。这意味着，当劳动市场存在超额劳动供给时，货币工资就会降低；反之，存在超额劳动需求时，货币工资就会提高。即物价水平并不是影响实际产出的长期决定因素，经济的资本、劳动和技术决定了商品和服务的供给量，而且，无论物价水平如何变动，供给量都是相同的。

在图 10.5 中，要注意长期总供给曲线与 X 轴交接点 Y^*，这是当一个经济体所有的价格都具有完全弹性时的实际产出水平，有时也称为潜在产量、充分就业产量或自然生产率。任何能引起潜在产量变动的因素都会使长期总供给曲线发生移动。因为潜在产量取决于劳动、资本、自然资源和生产技术，因此引起这 4 个因素变动的因素都可以使长期总供给曲线发生移动。例如，经济中的资本存量增加，从而提高了生产率，进而增加了商品与服务的供给量。结果，长期总供给曲线会向右移动。反之，则会向左移动。当经济积聚资源并出现技术进步时，潜在产量会随着时间的推移而增长，因而长期总供给曲线的位置将随着时间而逐渐右移。这里要再次强调的是，尽管潜在产量会发生变动，但这种变动并不取决于价格水平。

长期总供给曲线是垂直的，说明无论是什么价格水平，供

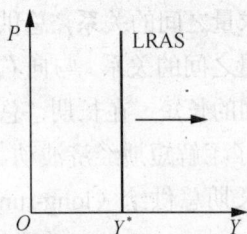

图 10.5　长期总供给曲线

应的商品数量都一样。这是基于劳动力市场始终处于充分就业均衡状态的假定。在充分就业条件下，由于按一定工资水平愿意就业的劳动力都已就业，产量无法再扩大，这时如果总需求持续扩张，只能导致物价水平的上升。

垂直的总供给曲线满足了古典二分法以及货币中性[①]的理论，因为它意味着产出水平不取决于货币量。这个长期产出水平 Y^* 称为产出的充分就业或自然水平，它是使经济的资源得到充分利用，或者更现实地说，失业为自然率时的水平。

知识拓展

什么是古典二分法

古典二分法是把变量分为真实变量(衡量数量或相对价格的变量)和名义变量(按货币衡量的变量)。根据古典宏观经济理论，货币供给的变动影响名义变量，而不影响真实变量。从某种意义上来说，在古典世界中货币无关紧要。如果经济中的货币量翻一番，每种商品的成本也会翻一番，且每个人的收入也会翻一番。这种古典观点也可以用"货币就是一层面纱"这句俗语来描述。

(资料来源：保罗·克鲁格曼. 2009. 宏观经济学. 北京：人民大学出版社)

潜在产量的含义

潜在产量是用潜在就业量来定义的，又称为充分就业量。所谓潜在就业量或充分就业量，是指一个社会在现有的资本和技术水平条件下，所有愿意工作的人都参加生产时所达到的就业量。由于经济中一些难以避免的原因，容易理解当就业量等于潜在就业量时，失业率并不为零，这时的失业率称为自然失业率。当就业量低于潜在就业量时，失业率高于自然失业率；反之，当就业量高于潜在就业量时，失业率低于自然失业率。在宏观经济学中，潜在就业量通常被看作是一个外生变量，即不是由产量、消费、投资和价格水平来决定的经济变量。当一个经济社会的生产达到了其潜在产量时，意味着该经济社会较充分地利用了现有的经济资源。然而，另一方面，一个社会的潜在就业量也不是一成不变的，通常随着人口的增长而稳定增长。

潜在产量就是一定时期社会总供给最大的产量，一般来说，这是理想的产量，但很难达到。但在特定的时刻则可以达到，如在战时繁荣时期，当企业竭尽能力完成生产订单的时候，工厂的生产能力被发挥到了极致。

(资料来源：高鸿业. 2000. 西方经济学. 2版. 北京：人民大学出版社)

---

① 货币中性：在古典经济学看来，货币经济不过是覆盖于实务经济上的一层面纱，货币对实际经济过程不发生实质性影响。古典经济学家通常将货币看成是中性的，其理论前提主要是货币数量论、萨伊定理再加上瓦尔拉斯的市场出清即一般均衡理论。由于"供给创造自己的需求"货币只是实现商品交换的媒介，货币数量的变化只会导致一般物价水平的变化，而不会对实际经济活动如产出等产生任何影响，因而货币对经济是中性的。

（二）短期总供给曲线

古典学派关于工资和价格具有完全伸缩性即完全弹性的假定受到后来许多经济学家的质疑和否定，他们在这方面提出了多种理论假说，用以说明总供给曲线的形成。由于这些总供给曲线同前述的长期总供给曲线是有区别的，它是在经济社会的经济资源未得到充分利用的情况下取得的，因而带有短期性特征，所以被称为短期总供给曲线。下面介绍几种代表性的理论假说。

1. 凯恩斯的总供给曲线

凯恩斯的总供给曲线是凯恩斯提出来的，也被称为资本设备闲置假说。

凯恩斯的总供给曲线是水平的，表明厂商在现有价格水平上愿意提供社会所需求的任何数量的商品。凯恩斯认为，在经济社会存在大量资本设备闲置的条件下，投资品的价格不会因生产的扩大而上涨，劳动投入和就业量的增加也不会带来边际产值的递减，因为这时与劳动投入量相配合的资本设备等可以同比例增加。这也就是说，随着产出的增加，产品的生产成本保持不变，从而价格保持不变。即在相同的价格水平，总供给可以一直增加，直到资本设备等全部被充分利用时为止。这种情况下的 AS 曲线表现为某一不变价格时的水平线。一旦经济资源被充分利用，AS 曲线便转变为垂直形（即与达到潜在产量时的长期总供给曲线形状相同）。这样的总供给曲线也常称为反 L 形的总供给曲线，如图 10.6 所示。

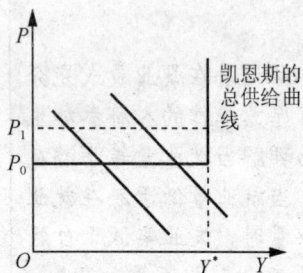

图 10.6　凯恩斯的总供给曲线

需要指出的是，凯恩斯总供给曲线的思想发端于大萧条时期，当时由于可以把大量闲置的资本和劳动力投入生产，因而使产出似乎可以在价格不发生上涨的情况下无限扩张。在一般情况下，当短期内需求发生变动时，厂商们一般不愿意改变价格和工资，而会通过增加或减少产量对市场需求变动作出反应。因此，总供给曲线在短期内是相当平坦的，这与凯恩斯总供给曲线状态相当接近。

2. 工资黏性假说

工资黏性（wage sticky）是指货币工资水平较为稳定，其变动很缓慢。这是因为，在短期，企业成本的某些要素是缺乏弹性的，或者说是黏性的。最典型的例子就是工资，通常是在几年前就通过合约确定下来了。即使没有正式的合约，由于种种原因，当经济情况发生变化时，工资的调整也比较迟缓，有滞后性。例如，企业通常在经济状况不佳时也不愿意降低工资，除非是在经济持续低迷且非常严重的时候，否则很容易引起工人的不满。相反，在经济状态比较好的时候，企业一般也不会增加工人工资（除非他们面临被竞争对手挖走雇员的危险），因为企业不想鼓励工人习以为常地提高工资的要求。因此，总供给会随着价格水平的上升而增加，短期总供给曲线向右上方倾斜，如图 10.7 所示。

3. 工资刚性假说

工资作为劳动力这种特殊要素的价格，其与工人大众的生活水平直接相关，因而工人对于工资水平特别敏感。由于在欧美国家，行业工会的力量很强大，降低货币工资将会遭到工会的强烈反对而难以实施，因而货币工资呈现出只能提高而无法下降的特征，这就是所谓的工资刚性（wage rigidity）。在工资刚性条件下，价格上升，货币工资可以相应上升。但在价格下降时，货币工资却不下降，这意味着实际工资提高，企业减少对劳动的需求量和使用量，从而就业总量降低，总供给降低。也就是价格水平下降，实际工资上升，就业量下降，总供给减少，短期总供给曲线表现为向右上方倾斜。如图 10.7 所示。

4. 货币幻觉假说

在劳动市场上，企业与工人掌握的信息是不对称的。企业经常了解实际工资的变动情况，而工人却常常并不真正了解。当物价水平提高后，劳动市场上的货币工资也常常会提高。但由于工人掌握的信息不充分，会误以为自己的工资收入发生了实质性增加，即误以为实际工资提高了，便会增加劳动供给。

企业了解到货币工资的上升幅度实际上低于物价的上升幅度，即实际工资下降了，企业的实际生产成本降低了，便会增加劳动投入。所有企业或大部分企业都如此，则全社会的就业量和总供给会随价格水平的上升而增加，即 SRAS 曲线向右上方倾斜，如图 10.7 所示。

以上 3 个理论表明，短期总供给与物价水平同方向变动，即短期总供给曲线向右上方倾斜。短期总供给曲线向右上方倾斜还有其他的推导方法，如从菲利普斯曲线的视角推导、新古典版和新凯恩斯版等。总供给理论是现代宏观经济学中最有争议的领域之一，研究每一个版本的总供给曲线都会有不同的思路，但始终都在一个地方结束：短期总供给曲线是向右上方倾斜的。

要注意的是，在现实经济中比较复杂，虽然许多价格在短期是黏性的，但是也有一些价格能对变化的环境迅速做出反应，在一个有着一些黏性价格和一些伸缩性价格的经济中，短期总供给曲线是向上倾斜而不是水平的。在现实经济中，可以把凯恩斯总供给曲线和长期总供给曲线看作是两种比较极端的情景。在大部分时间里，短期总供给曲线就如刚才所阐述的那样，产出水平是随着物价的上升而增加的，因此又称为"正常的总供给曲线"。这样，就可以给出一条完整的总供给曲线图，如图 10.8 所示。

在图 10.8 中，当总产出水平扩大到 Y_0 为止，物价水平一直维持在 P_0 的水平保持不变，因此这时的总供给曲线是一条水平线，符合凯恩斯条件。正如前面所说的那样，这种情况一般发生在经济大萧条时期，由于有效需求不足，资源闲置与劳动力失业比较严重。在这种情况下，总产出的增长是通过利用大量闲置资本和劳动力的结果，不会造成生产成本的上升，从而也不会导致物价的上涨，这是凯恩斯区间的总供给状态。

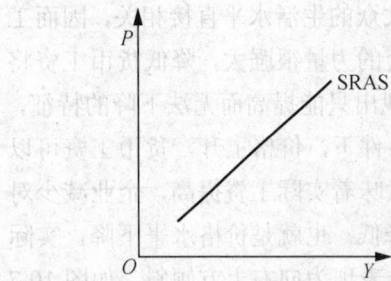

图 10.7 短期总供给曲线

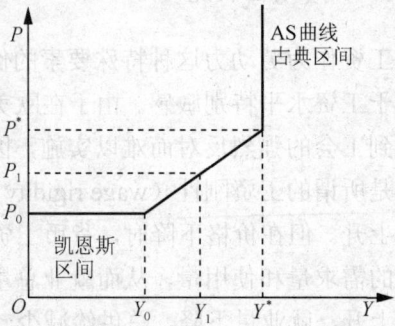

图 10.8 完整总供给曲线的 3 种形态

随着就业的不断增加，总产出的不断增长，物价也相应地逐渐上涨。如图 10.8 所示，Y_0 相对应的物价水平是 P_0，而 Y_1 相对应的物价水平是 P_1。在这一区间，物价水平随着总产出水平的增长而上升。这是因为，随着总产出水平的不断增长，效率较差的设备开始投入使用，效率较低的工人开始被雇用，从而导致劳动的边际商品随就业的增加而递减，造成单位商品的成本随着产量的扩大而上升。

图中 Y^* 表示充分就业条件下的总产出。在有限资源条件下，总产出扩大到这一数量，按一定实际工资水平愿意就业的工人都已就业，产量已无法再扩大，因而这时总需求的继续扩张只能导致物价水平的上涨。这时的总供给曲线就成为一条在充分就业条件下的垂直线，即长期总供给曲线。区分短期总供给和长期总供给十分重要，在短期，总需求与总供给的相互作用决定经济周期的波动、通货膨胀、失业、衰退和繁荣，但在长期，潜在产出的增长则决定着总供给的变动。

第三节 均衡国民收入模型：AD-AS 模型

一、均衡国民收入的决定

前面分别论述了总需求曲线和总供给曲线，一般而言，西方主流学派经济学家通常

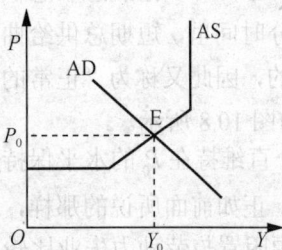

图 10.9 总供给曲线与总需求曲线

试图用两者结合来解释宏观经济波动，即同时结合使用长期总供给曲线和短期总供给曲线。如图 10.9 所示，水平以及向右上方倾斜的是短期总供给曲线，垂直于横轴的是长期总供给曲线。当短期宏观经济均衡点也处在长期总供给曲线上时，就实现了长期宏观经济均衡。宏观经济中的均衡（macroeconomic equilibrium）是指总产量和总价格水平这样一种组合，此时，买者和卖者都不再愿意改变他们的购买量、销售量和价格

水平。总供给和总需求相等时的国民收入即为均衡时的国民收入，AD 与 AS 的交点 E 决定了均衡产量水平 Y_0 和均衡价格水平 P_0。

二、AD 曲线移动和 AS 曲线移动的效应

首先来分析在各种形态的总供给曲线形状下，总需求曲线移动的效应。

1. 凯恩斯情形

在图 10.10 中，可以将凯恩斯的水平总供给曲线与总需求曲线结合起来。

设经济开始时 AS 曲线和 AD 曲线相交，此时在 E 点达到均衡状态。假设政府采取扩张型的财政政策，如之前分析的，结果将导致 AD 曲线向右移动，且从 AD 移动到 AD_1。这时经济的新均衡在 E_1 点，产量由 Y_0 增加到 Y_1。由于厂商在价格水平等于 P_0 时愿意提供任何数量的商品，因此不存在对价格的影响。根据图 10.10，政府的扩张型财政政策只是提高了产量和就业。

同样可以证明，在凯恩斯的 AS 曲线下，名义货币量的增加会导致经济中均衡产量的增加，而且也不存在对价格的影响。因此，政府在采取扩张型货币政策时，AS 曲线与 AD 曲线的移动与采取扩张型财政政策时的移动类似。这也说明，经济短期内的萧条和过度繁荣采用凯恩斯主义政策来调节是有效的。

2. 古典情形

在古典情形下，AS 曲线在充分就业的产量水平下是垂直的。无论价格水平如何变化，经济中厂商的商品与服务供应量为 Y^*，这与凯恩斯情形下得到的结果完全不同。

图 10.11 考察了在长期 AS 曲线下采取扩张型财政政策的效果。图中，总供给曲线为 AS，经济初始在 E 点达到均衡，政府的财政扩张政策使 AD 曲线移动到 AD_1。在初始价格水平 P_0 下，E 上升到了 E_1。但厂商不可能获得更多的劳动力来提供更多的产量，因为此时已经达到充分就业的水平，所以商品的供给对新增的需求无法做出反应。因此，商品需求的增加只会导致更高的价格，而无法提高产量。价格上涨导致了实际货币存量的减少、支出的减少以及利率的上涨，经济沿 AD_1 曲线不断向上移动，直到价格的上升和货币实际余额的下降是以将利率提高和支出降低到与充分就业相一致的水平。这就是在价格 P_1 的情形。在 E_1 点，总需求在更高的价格水平下在此与总供给达到均衡。

在古典情形下，当政府采取扩张型货币政策时，AD-AS 模型的结果与采取扩张型财政政策时类似：当货币供应量增加，总需求增加，总需求的增加导致了对商品的超额需求，但在充分就业的经济水平下产量是固定供给的，因此最终的结果只是物价水平的上升。事实上，价格会一直持续上涨到超额需求消失为止，从而达到新的均衡点。

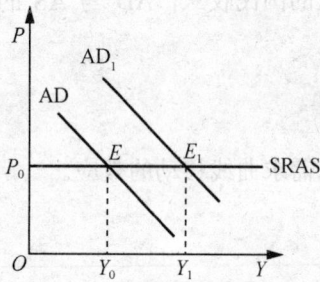

图 10.10 凯恩斯的总供给曲线与扩张型财政政策　　图 10.11 长期总供给曲线与扩张型财政政策

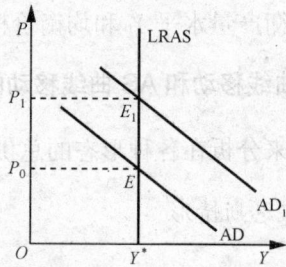

3. 常规总供给曲线下总需求曲线移动的情形

在向右上方倾斜的常规总供给曲线下，如果曲线较平坦，即弹性较大、斜率较小时，经济存在着过剩的生产能力。这时，总需求曲线的移动，如从图 10.12（a）中的 AD_1 移动到 AD_2，产量增加较大但只伴随着小幅度的价格上升。另一方面，在总供给曲线比较陡峭（弹性较小）的部分，经济接近于其生产能力。这时，总需求曲线的移动，如从图 10.12（b）中的 AD_3 移动到 AD_4，产量增加较少，但是价格上涨幅度较大。

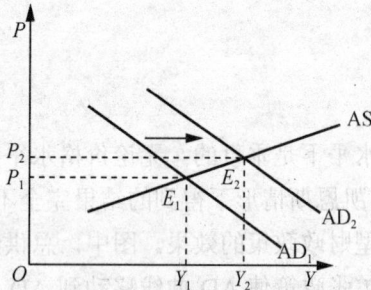

（a）斜率较小的 AS 曲线　　　　　　　　　　（b）斜率较大的 AS 曲线

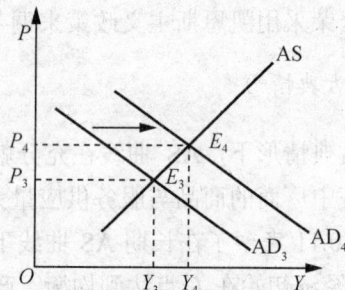

图 10.12　总需求曲线移动的不同效应

除了上面所分析的宏观经济政策（包括财政政策和货币政策）之外，还有许多因素可以引起总需求曲线的移动，其中比较重要的因素有：心理预期的变化、财富的变化、物质资本存量的变化等，在此就不一一列举了。接下来分析总供给曲线移动的效应，由于总供给曲线的形态较丰富，仅就常规形态进行分析。

图 10.13 说明了总供给曲线移动的效应。假设厂商由于设备投资增加而造成生产能力扩大，这时，总供给曲线将向右移动，由 AS_1 移动到 AS_2。如果总供给曲线较为陡峭（斜率较大），如图 10.13（a）所示，总供给的增加意味着新的均衡价格水平 P_2 将明显低于初始价格水平 P_1。另一方面，如果经济的运行是处在较为平坦总供给曲线（AS 曲线斜率较小），那么总供给曲线移动的效果不太大，如图 10.13（b）所示，P_3 上升到 P_4 的

空间较小，因为总供给曲线的平坦表明了经济中存在过剩的生产能力，新追加的生产能力对于生产的均衡数量和均衡价格水平的影响都很小。

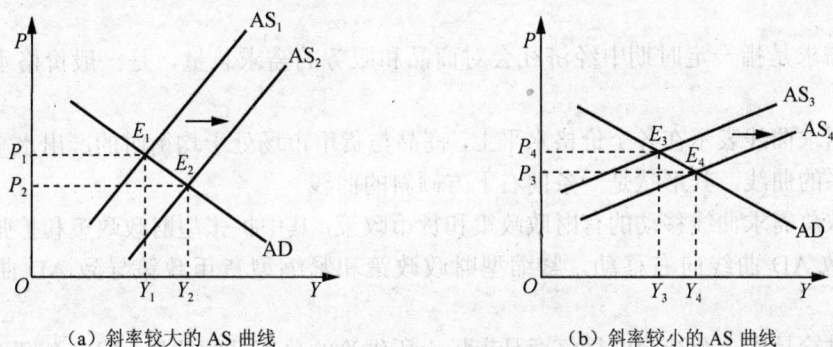

（a）斜率较大的 AS 曲线　　　　　　　　（b）斜率较小的 AS 曲线

图 10.13　总供给曲线移动的效应

　　理论上，在 AS-AD 模型中，只要总需求曲线向右上方移动，或者总供给曲线向右下方移动就能够扩大总产出，进而增加国民收入。图 10.14 总结了大部分能影响总需求与总供给的因素。但由于在一定的技术条件下，社会总供给是有限的。这不仅表现在 AS 曲线不能随意往右移动，而且还表现在 AS 曲线最右端是垂直的。所以，要扩大全社会的国民收入，主要还是从总需求入手。通过向右上方移动 AD 曲线，以使其达到 AS 曲线的垂直部分，以实现充分就业的产出。如果总需求右移超出总供给曲线的拐点，到了垂直部分，说明总需求超过总供给，将出现总供给与总需求的失衡。

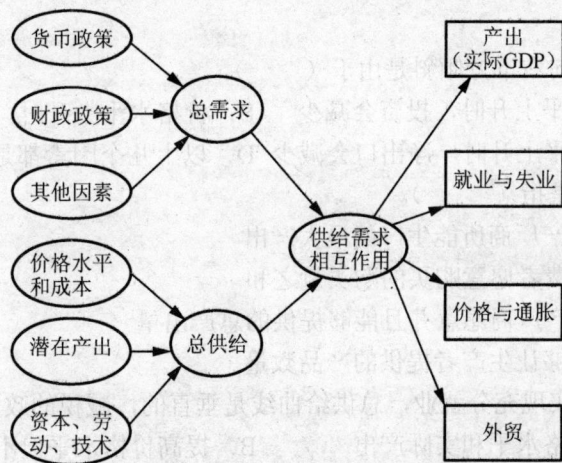

图 10.14　影响总供给总需求变动的因素

小　结

总需求是指一定时期中经济社会对商品和服务的需求总量，是一般价格水平的减函数。

总需求曲线表示在各个价格水平上，商品与货币市场处于均衡时的产出水平与价格之间关系的曲线，其形状是一条向右下方倾斜的曲线。

导致总需求曲线移动的有财政政策和货币政策，其中扩张型财政政策和扩张型货币政策导致 AD 曲线向右移动，紧缩型财政政策和紧缩型货币政策导致 AD 曲线向左移动。

总供给是指一个社会中最终商品市场上所供给的总商品的数量，即一个经济社会的总产量，是一般价格水平的增函数。

总供给曲线表示生产要素市场同时达到均衡时，总供给与价格总水平之间关系的曲线。包括凯恩斯的总供给曲线、常规总供给曲线和古典学派的总供给曲线（长期总供给曲线）。

经济学家把总需求曲线和总供给曲线结合来解释宏观经济波动，即 AD-AS 模型。

复 习 题

一、选择题

1. 总需求曲线向右下方倾斜是由于（　　）。
   A. 价格水平上升时，投资会减少　　B. 价格水平上升时，消费会减少
   C. 价格水平上升时，净出口会减少　D. 以上几个因素都是

2. 总供给通常是指（　　）。
   A. 所有生产厂商所能生产的最大产出
   B. 所有消费者愿意购买的购买量之和
   C. 所有生产厂商愿意并且能够提供的总产出量
   D. 政府能够让生产者提供的产品数量

3. 假定经济已实现充分就业，总供给曲线是垂直的，减税的政策将（　　）。
   A. 提高价格水平和实际产出　　　　B. 提高价格水平但不影响实际产出
   C. 提高实际产出但不影响价格水平　D. 对价格水平和产出均无影响

4. 与上题中的假设相同，如果增加 10% 的名义货币供给，将（　　）。
   A. 对价格水平没有影响　　　　　　B. 提高利率水平
   C. 增加名义工资 10%　　　　　　　D. 增加实际货币供给 10%

5. 下面经济现象可以使总供给曲线向右移动的是（　　）。
   A. 政府支出增加　　　　　　　　　B. 净出口减少

  C. 投入的劳动力减少   D. 应用先进的生产技术

6. 得出短期总供给曲线的条件假设是（ ）。

  A. 假定价格是不变的

  B. 假定生产函数是不变的

  C. 假定收入是不变的

  D. 假定生产要素的价格特别是货币工资是不变的

7. 用 AD-AS 模型可以直接决定（ ）。

  A. 国民收入 B. 投资   C. 价格水平   D. 利息率 E 储蓄

二、简答题

1. 简要说明总需求或总供给变动或者两者同时变动会对均衡国民收入产生的影响。

2. 解释下列说法为什么是错的？

（1）总需求曲线向右下方倾斜是因为它是个别物品需求曲线的水平加总。

（2）长期总供给曲线垂直是因为经济量并不影响长期总供给。

（3）如果企业每天调整自己的价格，则短期总供给曲线是水平的。

（4）只要经济进入一次衰退，它的长期总供给曲线就会向左移动。

3. 假设其他条件不变，下列各项在长期和在短期会对 AS 曲线产生怎样的影响？

（1）潜在产出增长 25%。

（2）战争威胁带来的政府防务支出增长，中央银行通过紧缩银根来中和这种扩张性财政政策的影响。

（3）中东战争导致石油价格上涨一倍。

（4）环境主义者要求政府对所有的新投资和能源的使用实施代价高昂的管制，以遏制对自然资源的使用。

4. 试比较 IS-LM 模型与 AD-AS 模型。

5. 试对微观经济学中的供求模型与宏观经济学中的 AD-AS 模型进行比较，并说明二者的异同。

案 例 分 析

历史上的两次石油危机

案例背景

  石油作为不可再生资源，在世界局势动荡时期是紧张的战略性物资。从世界历史上看，曾经发生过两次大的石油危机：第一次是 1973 年 10 月第四次中东战争爆发时，石油输出组织的阿拉伯成员国于当年 12 月宣布收回原油标价权，使油价猛然上涨了两倍多，从而触发了第二次世界大战后最严重的全球经济危机；第二次是 1978 年年底，世界第二大石油出口国伊朗的政局发生剧烈变化，石油产量受到影响，打破了当时全球原油市场供求关系的脆弱平衡，也成为 70 年代末西方经济全面衰退的一个主要诱因。市场担心美国对此次恐怖事件的可能报复行为将导致石油价格的再度飙升，因此全球能源石油类股票都出现不同程度的涨幅，并且这一趋势也将随着事件的演变而进一步深化。

案例解析

20 世纪 70 年代两次中东石油危机对西方发达国家产生了严重的负面影响：生产要素价格大幅上升，物价指数上涨，国内生产总值下降，通货膨胀，失业人数上升。

（资料来源：www.lhzq.com）

问题：

请用 AD-AS 模型来分析石油危机所引发的短期经济波动。

第十一章 失业与通货膨胀

▣ 教学目标

本章将研究失业和通货膨胀，通过分析失业的类型及原因以及通货膨胀的原因及对策，把二者有机结合起来，试图寻找一个可接受的失业率与通货膨胀率的组合，找到降低失业率和通货膨胀的对策。

▣ 学习任务

通过本章内容的学习，要达到以下几个目的：

● 了解失业及失业率的含义、类型、原因及影响；
● 了解通货膨胀的含义、分类、起因及影响；
● 了解菲利普斯曲线，掌握失业和通货膨胀的关系。

♲ 导入案例

一个因为失业而挨饿的人住在到处充满着富贵气息的纽约城，为了躲避房东催交房租，每天都在马路上东跑西窜，他感到耻辱和绝望。一天，当这个人经过一处难民窟时，看见很多妇女拿着旧棉絮烟熏火燎地烹煮从街上捡来的食物，那里的每个孩子都面黄肌瘦，孩童的激情全被饥饿抹杀了，他们虚弱地躺倒在阴冷的地板上，微弱地呼吸着。这些孩子的爸爸妈妈和这个人一样都是失业的人，只不过，他们中的多数人因为工伤事故被高位截瘫或缺胳膊少腿，生活的艰难一目了然地写在脸上。这个人非常伤心，慢慢地从贫民窟走了出去，遂决定从明天开始好好找工作，然后赚很多钱来解决这些人的问题。

失业，这一伴随着 18 世纪工业革命的到来滋生出来的社会问题，连克林顿也是没有办法解决的。身为美国前总统的克林顿尽管丑闻被曝光，但真正令他感到头疼的，还是居高不下的失业率。因为当时的美国把失业率作为衡量历届政府政绩的重要指标之一。

（资料来源：陈鹏飞. 2008. 经济学的 100 个故事. 北京：新华出版社）

第一节 失 业

阅读资料

2009 年，全球金融危机后，美国在当年 7 月份就业岗位已总计减少 670 万个，失业人口 1450 万人，失业率在 6 月达到最高点 9.5%，7 月略降至 9.4%，如果把放弃寻找新就业岗位或是在做临时工作的失业者计算在内，则失业率高达 16.3%。日本在 2009 年 3 月底已有 10 多万"派遣临时工"失去工作岗位，现失业人口总数已高达 347 万人。从失业率看，2008 年 1 月日本还仅为 3.8%，2009 年 1 月上升为 4.1%，5 月攀升至 5.2%。欧元区失业人数已经超过 300 万，经济合作与发展组织预计欧元区失业率在 2010 年将达到 12%。2009 年 6 月欧洲的失业率是 9.4%，达到自 1999 年以来的最高点。

失业是当今社会经济中一个比较常见的问题，也是亟待各国经济学家们解决的问题。那究竟什么是失业，社会经济中的失业是由什么衡量的，失业又有什么特点，当社会上失业人员很多的时候又将如何去治理呢？

（资料来源：柳博隽. 2009. 关注失业难题. Comment 时评杂志）

一、失业的定义

失业（unemployment）是指一个劳动者愿意寻找工作但由于某种原因导致没有工作岗位的状态。国际劳工局给失业者下的定义是：在一定年龄范围内有工作能力、想工作、并且正在找工作但仍然找不到工作的人。如果一个人在一段时间内(假如一周或一个月)从事有酬工作的小时达到或超过规定的小时数，这个人就被当作就业者；如果一个人在一段时间内被解雇，正在寻找或从事有酬工作的小时数低于规定的小时数，这个人就是失业者。如果一个人不属于前两类的任何一类，这个人就是非劳动力人口，如全日制学生、家务劳动者或退休者。

一个国家的经济中，反映和衡量失业状况的最基本指标是失业率。失业率（unemployment rate）是指广大的劳动人民中没有找到工作而又在努力寻找工作的人所占的比例，或者说是失业者的数量占整个劳动力总数的比例。用公式表示为

$$失业率 = \frac{失业人数}{劳动力总数} \qquad (11.1)$$

二、失业的类型

宏观经济学通常将失业分为自然失业和周期性失业两大类。

（一）自然失业

自然失业（natural unemployment）是指经济社会在劳动市场处于供求均衡状态下，因为难以避免的原因存在的失业。自然失业是任何社会都难以避免的失业，即使经济增长处于顶峰，也存在一定的失业者和失业率。上面所说的难以避免的原因是多种多样的，把这些原因加以区分归类，可将自然失业分为摩擦性失业、结构性失业、自愿失业和非自愿失业等几种形式。

摩擦性失业（frictional unemployment）是指在生产过程中，由于某种正常原因，如劳动力流动性不足或者工种转换困难等原因导致的短期性、局部性失业。劳动者有不同的就业偏好，从而决定他们选择不同的行业或岗位。在他们之中，总有一小部分劳动者

不满当前的工作，需要变换诸如工作地点、企业、行业等，即通过"跳槽"来寻找更好的工作岗位与之需求相匹配。但实际上，行业对于岗位的供给并不像他们想象的那么充裕，换句话说，就是"跳槽"并不像他们想象的那么简单。于是，在他们离开原来的岗位和找到新的岗位之间，需要一些时间，可能是几周也可能是几个月会待在家里"待业"。这种失业是一种短期性失业，属于不可避免的、经常出现的现象。如果劳动力市场完善，劳动力供求双方的信息沟通便利快捷，或者有某个劳动力中介机构进行信息传播，摩擦性失业就会减少，失业的时间就会缩短。

结构性失业（structural unemployment）是指由于技术进步或生产结构发生变化使得劳动力的供给和需求不匹配，造成劳动力市场中失业和岗位空缺同时并存的现象。结构性失业，主要是由于经济结构(包括产业结构、产品结构、地区结构等)发生了变化，现有劳动力的知识、技能、观念、区域分布等不适应这种变化，与市场需求不匹配而引发的失业。结构性失业在性质上是长期的，而且通常起源于劳动力的需求方。结构性失业是由经济变化导致的，这些经济变化引起特定市场和区域中的特定类型劳动力的需求相对低于其供给。随着科技的发展、技术的进步，传统产业逐渐被高科技的生产技术所替代，导致大量劳动者被科技的大潮冲刷到失业的沙滩。同时，新兴高科技产业需要高技能的员工，因此仍然存在许多的岗位空缺。21世纪，人类迈入知识经济时代，知识经济在本质上是"以智力资源的占有、配置，以科学技术为主的知识生产、分配和消费（使用）为最重要的因素的经济"。知识经济时代，作为第一生产要素的知识的增长速度非常快，由此导致的新旧知识的更替速度也非常快。据统计，现代社会劳动者知识的半衰期已缩短至5～7年。从知识的生产和老化状况看，近50年来，人类获得的知识等于过去2000年的总和，今天的知识到2050年仅为届时总量的1%，99%的知识是今后才创新的。这就意味着劳动者必须不断"充电"，获取新知识，才能跟上时代步伐，否则，自身素质满足不了工作岗位的需求，就会被抛入结构性失业的队伍。同时，知识经济改变着传统的工业经济，使职业结构发生巨大变化。在20世纪50～70年代的15年中，工业发达国家有8000多个技术工种消失了，同时出现了6000多个新的技术工种。

自愿失业（voluntary unemployment）是指劳动者不愿意接受现有工资水平而形成的失业。非自愿失业（non-voluntary unemployment）是指劳动者愿意接受现行工资但仍找不到工作的失业。人们都有各自的偏好，有人喜欢紧张的工作环境，有人则喜欢休闲一点。人们往往在现行工资水平下可能更偏好休闲或者其他活动，甚至不去工作。正如经常能听到这样的声音，"如果不用上班也能拿工资该多好"。有这种想法的人，往往离自愿失业不远了。此外，在西方发达国家，由于对失业者的保护，社会保障和福利制度过于宽裕，较高的失业救济金让人们有更长的时间寻找工作，消除了紧迫感，使一部分人不急于接受那些待遇较差的工作，而宁愿选择失业。在我国，大学毕业生为了寻找到一份好工作，不得不千军万马过独木桥，挤入考研、考公务员之路，他们也属于自愿失业之列。因此，从广义上讲，自愿失业包括摩擦性失业和结构性失业。但是，自愿失业的界定很模糊，在现实中很难区分和把握。

（二）周期性失业

周期性失业（cyclical unemployment）是指在经济周期中，衰退或萧条时，由于劳动需求下降而造成的失业。在社会宏观经济高涨时期，经济中对产品和劳务的总需求上升，派生了对劳动的需求，因此失业率比较低；当社会宏观经济萧条时，经济增长率从峰顶开始下滑，人们对产品和劳务的总需求减少，对劳动的派生需求也随之减少，失业率上升。凯恩斯用资本边际效率递减规律说明了预期的利润率是下降的，又说明了由于货币需求（即心理上的流动偏好）的存在，利息率的下降有一定的限度，这样预期利润率与利息率越来越接近，投资需求也是不足的。消费需求的不足与投资需求的不足造成了总需求的不足，从而引起了非自愿失业，即周期性失业的存在。所以，凯恩斯主义认为，周期性失业缘于社会总需求不足，要减少这种失业，政府需要采用扩张性需求管理政策。

三、自然失业率与充分就业

（一）自然失业率

与自然失业相对应的是自然失业率。自然失业率是经济社会在正常情况下的失业率，它是劳动市场处于供求稳定状态时的失业率，这里的稳定状态被认为是既不会造成通货膨胀也不会导致通货紧缩的状态。关于自然失业率，可以用数学的方法展开推导。

首先，假设劳动力总数不变，并设 N 代表劳动力、E 代表就业者人数，U 代表失业者人数，则 $N=E+U$。根据前面介绍过的公式，可知

$$失业率 = \frac{U}{N} \tag{11.2}$$

然后，设 s 代表离职率，即每个月在就业者中有 $s\%$ 的人离开岗位，失去工作，那么失业的人数就可以表示为就业人数乘以离职率，记作 sE；f 代表就职率即每个月在失业者中有 $f\%$ 的人找到岗位，成功就业，那么就业的人数就可以表示为失业人数乘以就职率，记作 fU。

于是，如果失业率既没有上升也没有下降，也就是劳动市场处于稳定状态，那么找到工作的人数必定等于失去工作的人数。因此，劳动市场达到稳定状态的条件就是

$$fU = sE$$

又因为 $N=E+U$，推导得 $E=N-U$，代入上式变为

$$fU = s(N-U)$$

求解，得

$$\frac{U}{N} = \frac{s}{s+f}$$

根据自然失业的定义，劳动市场处于稳定状态时的失业属于自然失业，那么上述推导中的 U/N 就是自然失业率。可见，自然失业率取决于离职率 s 和就职率 f。离职率越高，自然失业率就越高；就职率越高，自然失业率就越低。

自然失业率不仅在理解充分就业和潜在产量方面发挥作用，也在理解宏观经济学和宏观经济政策方面发挥着重要作用。

（二）充分就业

充分就业（full employment）是指包含劳动在内的一切生产要素都能以愿意接受的价格参与生产活动的状态。换句话说，就是在一定的货币工资水平下所有愿意工作的人都可以得到就业的一种经济状况。经济学家们认为，如果劳动力市场不再存在非自愿失业，失业仅限于摩擦性失业、结构性失业和自愿失业，就是实现了充分就业。许多人误将充分就业理解成百分之百就业，其实不然。在劳动力市场中供给与需求的相互作用下，无法真正达到理想中的均衡状态，百分之百就业。充分就业并不排除像摩擦性失业这样的失业情况存在。大多数经济学家认为存在 4%～6% 的失业率是正常的，此时社会经济处于充分就业状态。

充分就业是由英国经济学家凯恩斯于 1936 年在其著作 《就业、利息和货币通论》中提出的。凯恩斯认为，充分就业是由有效需求决定的。如果有效需求不足，从而造成非自愿性失业，社会即不能实现充分就业。充分就业与某些失业现象的存在并不矛盾，如摩擦性失业和自愿性失业，这两种失业都是正常的，只有非自愿性失业才是真正的失业。只有非自愿性失业消失，社会才算实现了充分就业。充分就业是社会经济增长的一个十分重要的条件。要实现充分就业，政府必须加强经济干预，力求达到或维持总需求的增长速度和一国经济生产能力的扩张速度相均衡。

四、失业的原因

失业现象，从定义中引申出来，可以理解为过多的劳动力去追逐过少的工作岗位。为了更好地理解失业问题，西方经济学家们使用微观经济学的供给-需求分析法对不同类型的失业加以解释。如图 11.1 所示。

在图 11.1 中，横轴表示劳动力数量，纵轴表示劳动力价格，即工资率。曲线 D 为劳动需求曲线，曲线 S 为劳动供给曲线。当市场上劳动力供给和需求相等时，劳动市场实现了均衡，劳动力供给和需求相交在均衡点 E，此时工资水平为 W_e。也就是说，在竞争的市场且均衡状态下，厂商愿意出 W_e 的价格去雇用工人，有 N_e 个工人愿意接受这个价格而被雇用。那么均衡的就业量就是 ON_e。此外，剩下的 N_eN_1 的工人，虽然愿意工作，但却不愿意接受厂商发出的工资为 W_e 的邀请，由于这部分工人不愿意在现行的市场工资率下工作，根据定义，他们是自愿失业。这里包括摩擦性失业和结构性失业。失业率为自愿失业率。

世界上各个国家的工资率都各有不同，甚至有些国家的不同地区也各有差异。例如，在 2009 年，我国广东省的广州、深圳等大城市，一名普通餐厅服务员的平均工资大约在 2000 元/月。但是在广西的桂林、北海等中小城市，一名普通餐厅服务员大约平均只能拿到 1000 元/月。大城市的工资高，小城市的工资低，于是人们都奔往大城市工作。全国各行各业的精英齐聚大城市，希望能够大展拳脚，大干一番事业。甚至来自农村的大量劳动力也涌进大城市，进城务工。从这个方面看，在大城市劳动力市场上，劳动供给和需求都大，那就业形势是否就会比小城市好呢？

在图 11.2 中，由于某种原因，可能是经济波动也可能是其他原因，导致劳动市场工资过高，劳动的价格是 W_1 而不是均衡工资 W_e。从图中可以看到，在过高的工资率下，劳动供给大于劳动需求，也就是寻找工作的合格工人的数量大于提供的工作岗位数。愿意在 W_1 工资下工作的工人数量为 N_1，而企业厂商愿意支付 W_1 工资的岗位仅有 N_3 个。也就是只有 N_3 个人能找到工作，剩下的 N_3N_1 为劳动供给过剩，是非自愿失业的失业者的数量。还有 N_1N_2 的人，属于自愿失业。也就是说，在劳动力供给过剩的情况下，失业总数减去非自愿失业加自愿失业大于均衡条件下的失业。企业雇用劳动力的时候，将会提出更严格的技能要求，雇用最有资格、最有经验的劳动者。

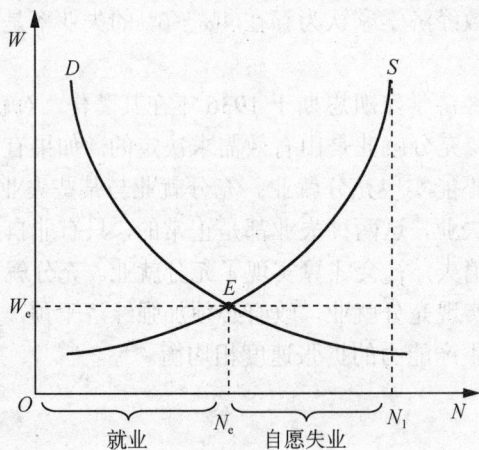

图 11.1　市场均衡下失业的图形说明

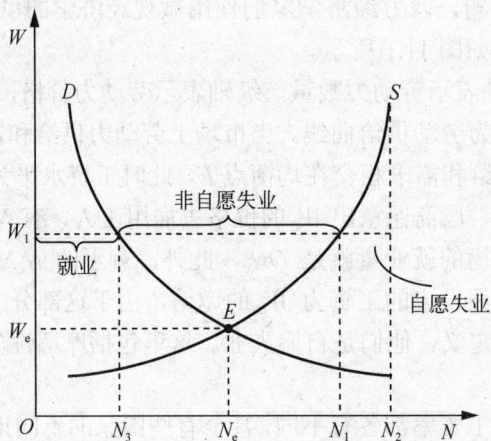

图 11.2　刚性工资下失业的图形说明

五、失业的影响

失业有两种主要的影响，即社会影响和经济影响。失业的社会影响最易为人们所感受。失业，对于个人而言，影响是深重的，甚至是灾难性的。首先，失业意味着贫困，意味着收入的中断，因为工资收入仍然是大部分劳动者维系生计的主要来源，劳动者一旦失去工作，其生活水平就必然下降。其次，失业带来更多无法衡量的社会负面效应。心理学家研究表明，被解雇造成的心理创伤不亚于亲友的去世或学业上的失败。失业者必然承受来自家庭和社会的巨大压力，自尊心的创伤，心理上的失衡，使得人们变得沮丧、彷徨、无助。高失业率常常与吸毒、高离婚率以及高犯罪率相联系。此外，失业更影响了人们的健康和寿命，等等。

失业的经济影响可以用机会成本的概念来解释。工人工作，生产了产品和劳务，创造了经济价值。如果工人失业了，经济中本由工人生产出来的产品和劳务就损失了，本应有的经济价值化为泡影。这相当于，原本应该有的汽车、房屋、衣服和食物通通都被销毁掉了。从另一个角度看，失业者的收入总损失就等于生产的损失，等于社会经济的损失。

20 世纪 60 年代，美国肯尼迪总统的经济顾问委员会主席、经济学家阿瑟·奥肯（Arthur Okun）提出了经济周期中失业变动与产出变动的关系，即"奥肯定律"（Okun's law）。其内容是，失业率每高于自然失业率 1%，实际 GDP 将低于潜在 GDP 2%。反过来，相对于潜在 GDP，实际 GDP 每下降 2%，实际失业率就会比自然失业率高 1%。用公式表示为

$$失业率变动＝－0.5×（实际 GDP 增长率－潜在 GDP 增长率）$$

例如，假定美国充分就业时的 GDP 增长率是 8%，如果实际增长率也是 8%，则失业率保持不变，为自然失业率。如果实际增长率是 5%，则失业率将上升 [－0.5×（5%－8%）]＝1.5%。

反过来，如果美国的自然失业率大约是 4%，而实际失业率是 8%，根据奥肯定律，失业造成的产出损失大约是[－2×（4%－8%）]＝8%。

因此，奥肯提出了一个重要的结论，实际 GDP 必须保持与潜在 GDP 同样的速度增长，以防止失业率的上升。如果政府想让失业率下降，那么该经济社会的实际 GDP 的增长必须快于潜在 GDP 的增长。

第二节　通货膨胀

阅读资料

土耳其货币"瘦身"

2004 年 12 月 31 日前，土耳其有千千万万个"亿万富翁"。可是随着 2005 年新年

钟声的敲响，这些"亿万富翁"都"破产"了，为什么一个元旦钟声能带来如此大的杀伤力？

原来在这之前土耳其由于高通货膨胀，其发行的货币成为世界上"最不值钱"的货币。旧的土耳其货币 1 里拉面值分别为 50 万、100 万、500 万、1000 万与 2000 万。而 2005 年的元旦，土耳其政府开始发行新版货币，为其货币"瘦身"，即新发行的货币 1 里拉折合 100 万旧里拉。

如此高面值的货币是土耳其多年来通货膨胀的恶果。旧里拉在 1920 年发行之初，1 里拉可以兑换 1 个多美元。但是到了 20 世纪 70 年代后，由于经济结构问题，政府赤字连年攀升，然后就靠着借债和印钞票支撑，进而造成通货膨胀日益严重。几十年来，土耳其的年通胀率经常保持在两位数，20 世纪 90 年代中期更是超过了 100%。

此次货币单位的更改，不仅意味着货币兑换的数学计算更容易，同时还能抹掉过去通货膨胀的直接证据。

（资料来源：席雪莲. 2005. 土耳其货币"瘦身. 解放日报）

与失业一样，通货膨胀是经济运行状况的主要指示器。图 11.3 反映了过去 30 年我国的通货膨胀情况。从图中可以看出，在长达 30 年的时间里，我国的通货膨胀率很不稳定，20 世纪 90 年代中期更是达到令人难以接受的高水平，而在之后的 1996～2006 年的 10 年时间里，通货膨胀率又一直徘徊在较低的水平。

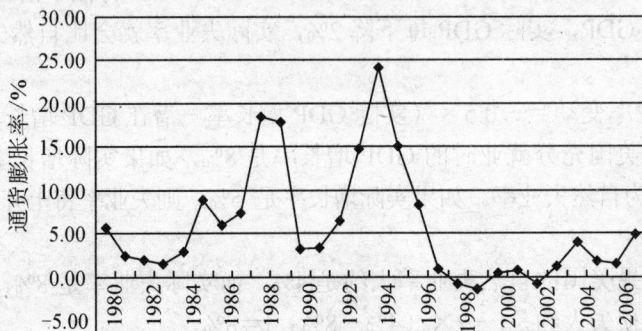

图 11.3　中国 1980～2006 年通货膨胀

一、通货膨胀的含义

怎样给通货膨胀（inflation）这个经济学名词下定义，西方经济学家之间存在着长期的争论。其中，"价格派"认为，通货膨胀是指一个经济中大多数商品和劳务的价格连续在一段时间内普遍上涨的现象。其反对派"货币派"认为，这个定义只是说明了一种现象，并未涉及问题的实质，即造成这种现象的原因究竟是什么。因而，"货币派"给通货膨胀的定义是过多的货币追逐相对不足的商品和劳务。但是，由于经济学家们的争论不休，通货膨胀一词究竟是指物价上涨还是货币膨胀，就混淆不清、莫衷一是了。

马克思主义经济学家批判西方经济学关于通货膨胀的定义，认为是错误地用货币数量来定义和解释通货膨胀，坚持主张根据劳动价值论来定义和解释通货膨胀。马克思主义认为，通货膨胀是指货币的发行量超过商品流通所必需的金属货币量，或指纸币发行量超过了商品流通中的实际需要量所引起的货币贬值现象。按照这一定义，通货膨胀的唯一原因是纸币过多，但纸币过多并不是因为物价上涨，而是因为纸币代表的价值下降了。

这个定义是按照马克思主义货币流通公式 $MV=PT$ 给出的，即商品流通中实际需要的货币量 M 是由商品价格总额 PT 决定的。在这里，商品价格 P 取决于商品的价值和单位货币的价值，因而是在商品投入流通以前决定的。所以，如果表示数量的 T 和 V 均不变，流通中实际需要的货币量 M 相应地被决定。假如流通中的纸币为 M 的 2 倍，则由纸币表现的价格 P 提高了一倍，也就是单位纸币价值变成了原来的一半。

二、通货膨胀的衡量

通货膨胀总是同物价水平的上升联系在一起。因为通货膨胀发生时，最明显的一个现象就是物价水平上升。但是反过来，当人们感觉到东西卖得贵，看到物价水平上升，却无法判断这是商家刻意的涨价还是出现了通货膨胀现象。因此，宏观经济学用一系列指标来描述整个经济中的各种商品和劳务的平均水平变动。其中，最主要的衡量通货膨胀的指标是消费价格指数。

消费价格指数（consumer price index，CPI），在国外称为消费指数或生活费用指数，是度量一组代表性消费品及服务项目价格水平随时间而变动的相对数，反映居民家庭所购买的生活消费品和服务的价格水平对职工货币工资的影响，是研究居民生活、宏观经济分析和决策、价格总水平监测和调控的依据。它通常被视为反映通货膨胀或通货紧缩程度的指标。

货币价值会受到时间因素的影响。例如，今天的 100 元钱，放在 10 年前或 10 年后，价值都随着时间的变化而不一样。今天的 100 元钱能买一筐苹果，放在 10 年前能买到半卡车，可是到 10 年后也许就仅仅能买到一小袋。消费价格指数（CPI）说明对于消费者而言，购买某组商品，今天要比过去某一天多花费多少钱。习惯上，如果 CPI 连续半年或几个季度上升，就可以认为经济出现了通货膨胀。用公式表示为

$$消费价格指数（CPI）=\frac{一组固定商品按当期价格计算的价值}{一组固定商品按基期价格计算的价值}\times100 \qquad (11.3)$$

例如，如果我国 2009 年普通家庭每个月购买一组消费品的费用为 3000 元，而在 2005 年购买同样一组消费品的费用是 2500 元。如果选定 2005 年作为基数年，则 2009 年消费价格指数就为

$$CPI_{2009}=\frac{3\,000}{2\,500}\times100=120$$

此外，能够衡量通货膨胀的指标还有 GDP 折算指数和生产者物价指数。

GDP 折算指数（GDP Deflator）是对最终产品和劳务价格变动的综合衡量。用公式表示为

$$GDP折算指数 = \frac{名义GDP}{实际GDP} \times 100\% \qquad (11.4)$$

生产者物价指数（producer price index，PPI）与 CPI 不同，主要的目的是衡量企业购买的一篮子物品和劳务的总费用。由于企业最终要把它们的费用以更高的消费价格的形式转移给消费者，所以，通常认为生产者物价指数的变动对预测消费价格指数的变动是有用的。PPI 的计算方法与 CPI 相同。但是，PPI 度量的价格不是零售价格而是批发价格。因此，它成为一般价格水平变化的信号，被当做经济周期的指示性指标，备受政策制定者们的关注。

于是，有了价格指数这个重要指标之后，通货膨胀影响的程度，就能用通货膨胀率来衡量。通货膨胀率被定义为从一个时期到另一个时期价格水平变动的百分比。

用公式表示为

$$\Pi_t = \frac{P_t - P_{t-1}}{P_{t-1}} \qquad (11.5)$$

式（11.5）中，Π_t 是指 t 时期的通货膨胀率；P_t 和 P_{t-1} 分别为 t 时期和 $t-1$ 时期的价格水平。如果用前面介绍的 CPI 来表示价格水平，则通货膨胀率就是不同时期 CPI 变动的百分比。根据上面的例子，就能计算出 2009 年消费品的通货膨胀率为 $\frac{3000-2500}{2500} = 20\%$。

三、通货膨胀的分类

自从纸币代替金属货币成为主流流通等价物以来，货币的发行权便被一个国家的政府或中央银行垄断。伴随着经济的不断发展，通货膨胀已成为一个经常出现的经济现象。西方学者从不同的角度对通货膨胀进行了分类。

（一）按照价格上升的速度分类

按照价格上升的速度分类有 3 种情况：第一，温和的或爬行的通货膨胀。这是一种使通货膨胀率基本保持在 2%～3%，并且始终比较稳定的一种通货膨胀。一些经济学家认为，如果每年的物价上涨率在 2.5%以下，不能认为是发生了通货膨胀。当物价上涨率达到 2.5%时，叫做不知不觉的通货膨胀。他们认为，在经济发展过程中，搞一点温和的通货膨胀可以刺激经济的增长。因为提高物价可以使厂商多得一点利润，以刺激厂商投资的积极性。同时，温和的通货膨胀不会引起社会太大的动乱。温和的通货膨胀即将物价上涨控制在 1%～2%、至多 5%以内，则能像润滑油一样刺激经济的发展。第二，急剧的通货膨胀。它是一种不稳定的、迅速恶化的、加速的通货膨胀。在这种通货膨胀发生时，通货膨胀率较高（一般达到两位数以上），所以在这种通货膨胀发生时，人们对货币的信心产生动摇，经济社会产生动荡，所以这是一种较危险的通货膨胀。第三，

极度的通货膨胀、超速的通货膨胀。这种通货膨胀一旦发生，通货膨胀率非常高（一般达到三位数以上），而且完全失去控制，其结果是导致社会物价持续飞速上涨，货币大幅度贬值，人们对货币彻底失去信心。这时，整个社会金融体系处于一片混乱之中，正常的社会经济关系遭到破坏，最后容易导致社会崩溃，政府垮台。这种通货膨胀在经济发展史上是很少见的，通常发生于战争或社会大动乱之后。此外，还有一种隐蔽的通货膨胀。隐蔽的通货膨胀又称为受抑制的（抑制型的）通货膨胀。这种通货膨胀是指社会经济中存在着通货膨胀的压力或潜在的价格上升危机，但由于政府实施了严格的价格管制政策，使通货膨胀并没有真正发生。但是，一旦政府解除或放松价格管制措施，经济社会就会发生通货膨胀，所以这种通货膨胀并不是不存在，而是一种隐蔽的通货膨胀。

（二）按照对价格的影响程度分类

按照对价格的影响程度分类，可分为两种通货膨胀类型：第一种称做平衡的通货膨胀，是指各种商品的价格都按相同比例上升。这里所说的"各种商品的价格"，包括各种劳动的价格、各种服务的价格，也包括各种生产要素的价格，如工资、租金、利率等。第二种称做非平衡的通货膨胀，即各种商品价格上升的比例并不完全相同。例如，生产资料价格的上升幅度大于消费品价格的上升幅度。此时，商品的价格产生了差价，会使生产该商品的企业从价格上涨幅度参差不齐中获得收益。

（三）按照人们的预料分类

按照人们的预料分类，可分为未预料到的通货膨胀和预料到的通货膨胀。一种称为未预料到的通货膨胀所谓未预料到的通货膨胀，是指价格上升的速度超出人们的预料，或者人们根本没想到价格会上涨。例如，2009 年我国大蒜价格的突然上涨，引起了一系列相关商品价格的上涨，是人们始料未及的。另一种称为预料到的通货膨胀。像物理学里物体运动的惯性，预料到的通货膨胀具有自我维持的特点。例如，某国 2008 年和 2009 年连续两年通货膨胀率均为 4%，人们就会预计到，2010 年物价水平将以同一水平上涨，这样人们在经济生活中就会把 4%的物价上涨考虑进去。因此，预料到的通货膨胀也叫做惯性通货膨胀。

四、通货膨胀的起因

（一）需求拉动的通货膨胀

需求拉动的通货膨胀（demand-pull inflation）又称为超额需求通货膨胀，是指总需求超过总供给所引起的一般价格水平的持续显著上涨。这个解释正是上面介绍过的"过多的货币追求相对不足的商品和服务"。图 11.4 解释了需求拉动的通货膨胀的原因。

图 11.4 中，横轴 Y 表示总产量（国民收入），纵轴 P 表示一般价格水平。AD 为总需求曲线，AS 为总供给曲线。一开始，AS 曲线呈水平状。由于社会上存在着大量生产要素的剩余，价格水平大于生产成本，价格水平不会有所变动。所以当总产量处于低水

平的时候，总需求的增加不会引起价格水平的上涨。如图所示，产量从零到 Y_1，价格水平保持在 P_1 不变。但是人类的欲望是无限的，人们总想获取更多。于是，需求曲线 AD 继续向右移动，更多的产量会被创造出来。当产量继续增加，社会上的生产要素逐渐捉襟见肘，如劳动力、原材料、生产设备等的不足使成本提高，从而引起价格水平的上涨。如图中，产出从 Y_1 上升至 Y_2，物价水平由 P_1 上涨至 P_2。如果这个时候，需求还在提高，AD 曲线继续右移，产量上升至 Y_3，价格水平会暴涨至 P_3。这个时候，整个社会的资源接近枯竭，即便是人们的需求再高，产量上也不会有任何改变。如果人们的需求还在继续膨胀，然而社会产量却没有任何变化时，便出现供不应求的现象，价格飞涨。于是，便演变成之前介绍的严重的通货膨胀。

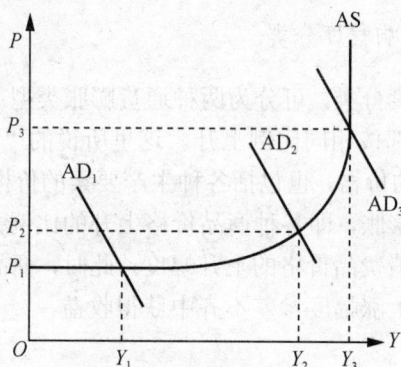

图 11.4 需求拉动的通货膨胀

（二）成本推动的通货膨胀

成本推动的通货膨胀（cost-push inflation）又称为供给型通货膨胀，是指在没有超额需求的情况下由于供给方面成本的提高所引起的一般价格水平的持续显著上涨。这里所说的，某种供给方面成本的提高，是指工资的提高或者是利润的提高。因此，成本推动的通货膨胀又细分为工资推动型和利润推动型。

工资推动型是由于劳动力市场竞争不完全造成了工资过高，从而导致的一般价格水平的上涨。在不完全竞争的劳动市场上，由于工会组织的存在，工人因为不满足现行工资便会组织罢工。迫于工会及罢工的压力，厂商不得不提高工资。于是可能出现这样的情况，工资的增长率超过生产增长率，工资的提高造成生产成本的提高，从而导致物价水平的上涨。而后，由于物价水平的上涨，人们发现在现行的工资条件下，收入根本无法满足日常生活的需要，于是继续组织罢工。可见，工资提高和价格上涨之间存在双向的因果关系，即所谓的工资—价格螺旋。

利润推动型是指垄断企业和寡头企业利用市场势力牟取过高利润所导致的一般价格水平的上涨。在不完全竞争的市场，垄断厂商或寡头厂商，由于市场份额大，相应的替代品少，使得他们对产品价格具有很强的控制力。他们通过强制涨价或者减少市场投放等方法牟取超额利润。此外，以这些产品为原材料的产品，由于原材料价格上涨，导致成本升高而提升价格。很快，整个社会的一般价格水平便被整体抬高起来。如果中小企业不能通过自身有效的提高来消化这些促使成本上升的因素，就会面临亏损、破产的可能。如果这时，那些哄抬物价的始作俑者们把面临困境的中小企业收购，便造成大鱼吃小鱼的局面，恶性循环。

（三）结构性通货膨胀

在没有需求拉动和成本推动的情况下，只是由于经济结构因素的变动，也会出现一般价格水平的持续上涨。经济学者把这种价格水平的上涨叫做结构性通货膨胀。

就像人们身高生长的速度不一样，生产率的提高速度也是不一样的。一些部门的劳动生产率比另一些部门的劳动生产率提高得快；一个国家中，与世界市场联系紧密的开放经济部门的劳动生产率比与世界市场没有直接联系的封闭经济部门的劳动生产率提高得快；一些部门正在迅速发展，另一些部门逐渐衰落，等等。现代社会经济结构不容易使生产要素在部门之间转移，但是那些慢的、落后的、衰落的部门纷纷要求向快的、开放的、迅速发展的部门攀比、看齐。结果导致一般价格水平上涨。

知识拓展

如果约翰·D.洛克菲勒（1839～1937）还在世，他的身价折合成今天的美元约有2 000亿。这是一个什么数字？根据2003年《福布斯》亿万富翁排行榜，当时世界首富比尔·盖茨的身价仅为407亿美元。洛克菲勒拥有的财富相当于大约5个比尔·盖茨。

漫步纽约街头，人们随处可以体味洛克菲勒家族过往的辉煌:摩根大通银行、洛克菲勒中心、洛克菲勒基金会、现代艺术博物馆、在生命科学领域位居世界前列的洛克菲勒大学。甚至青霉素能够普及成为一种通用药品,也同洛克菲勒及其家族大有渊源。老洛克菲勒的遗产依然支配着世界石油产业,他本人也堪称今天无所不在、无所不能的西方石油工业的人格化象征。

1859年,美国宾夕法尼亚州的第一口油井——德雷克油井获得了商业性成功,标志着现代石油工业的开始。当时石油最重要的用途是提炼煤油,供照明之用。1870年,洛克菲勒创办了美孚石油公司（Standard Oil Co.）。很快,他就凭借毫不手软地挤压、吞并对手建立起了自己的石油帝国。到他38岁时,洛克菲勒已经控制了美国炼油业的90%。

1911年5月15日,美国最高法院判决,依据1890年的《谢尔曼反托拉斯法》,美孚石油公司是一个垄断机构,应予拆散。根据这一判决,美孚石油公司被拆分为约37家地区性石油公司。然而尽管有最高法院的判决、尽管媒体此前早已将洛克菲勒定性为"邪恶的"、为达目的不择手段的垄断资本家,投资者依然热衷地追捧这些"婴儿美孚"的股票,使得拆分后的众多公司的股票市值合起来远远超过原来美孚石油公司的市值,洛克菲勒家族的财产非但没有减少,反而比从前更多了。

（资料来源：http://baike.baidu.com）

五、通货膨胀的影响

1. 通货膨胀的再分配效应

第一，通货膨胀对靠固定的货币收入维持生活的人不利。对于固定收入阶层，他们的收入是一串数字，而不是实际的物品。日常生活中，他们靠消费这些数字来换取物品去生活。当通货膨胀发生时，物价上涨货币贬值，他们实际的购买力随上涨的物价而下降。因而他们的生活水平必然相应降低。

第二，通货膨胀对储蓄者不利。口袋中有闲钱的人，喜欢把钱存入银行，根据银行利率获取利息。但是通货膨胀发生时，物价上涨的速度超过了银行的利率，使得实际利率为负数，无形中，在价值上，除了没法赚取利息外，还要倒赔一部分存款。

第三，通货膨胀对债权人不利。或者说，通货膨胀靠牺牲债权人的利益而使债务人获利。假如甲向乙借款一百万，一年后归还，而这一年中发生了通货膨胀，物价上涨了一倍，那么一年后甲归还给乙的一百万相当于借钱时的一半。如果发生债务关系的时候，规定了通货膨胀约束，则双方不受通货膨胀的影响。

2. 通货膨胀的产出效应

第一，需求拉动的通货膨胀引起产量增加。温和的或爬行的需求拉动型通货膨胀对产出和就业有扩大的效应。因为需求扩大，社会产量增加，适当的通货膨胀令物价稍微抬高，使得厂商从中获取丰厚的利润。

第二，成本推动的通货膨胀引起产量减少或导致失业。假定在原总需求水平下，经济实现了充分就业和物价稳定。如果发生了成本推动型通货膨胀，因为供给少了，则原来总需求所能购买的实际产品就会减少。社会不需要那么多产品，也就不需要那么多工人，从而导致了失业的发生。

第三，超级通货膨胀导致经济崩溃。由于通货膨胀对储蓄者不利，于是在通货膨胀发生时，银行储蓄额下降。没有了储蓄，银行相继倒闭。靠银行贷款运作的企业，随着银行的倒闭纷纷关门。即使不靠贷款的企业也将面临严峻的挑战。由于原料价格飞涨，成本提高，为了维持正常运转，不得不削减工资甚至大幅裁员。工人们发起罢工抗议，又更加恶化了生产及运作，恶性循环。接下来，流落街头的失业者逐渐对手里的货币失去信心。货币的交换手段完全被破坏，人类将退化到物物交换的时代。

第三节　失业与通货膨胀的关系

一、菲利普斯曲线

1958 年，英国伦敦经济学院任教的新西兰籍经济学家菲利普斯在研究了 1861～1957 年的英国失业率和货币工资增长率的统计资料后，提出了一条表示失业率和货币工资增长率关系的曲线。以横轴表示失业率，纵轴表示货币工资增长率，画一条从左上向右下倾斜的曲线，这就是菲利普斯曲线，记作 PC。这条曲线从左上向右下倾斜，说明失业率和货币工资增长率呈反比关系，也就是当失业率低的时候工资增长得快，当失业率高的时候工资增长得慢甚至为负数。

1960 年，经济学家萨缪尔森对菲利普斯曲线进行了改进，成为失业和通货膨胀之间的关系，并把它作为新古典综合理论的一部分，用以解释通货膨胀。这个改进的出发点，是基于货币工资增长率、劳动生产增长率和通货膨胀率的关系。用公式表示为

$$通货膨胀率＝货币工资增长率－劳动生产增长率 \qquad (11.6)$$

如果劳动生产增长率为零，则通货膨胀率就等于货币工资增长率。于是，在菲利普斯曲线中，通货膨胀率就能替代货币工资增长率。因此，改进后的菲利普斯曲线反映了失业率和通货膨胀率的反比关系，也就是当失业率低的时候通货膨胀率增长得快，当失业率高的时候通货膨胀率增长得慢。如图 11.5 所示。

菲利普斯曲线提供的失业率 μ 与通货膨胀率 π 之间的关系为实施政府干预、进行总需求管理提供了依据。为了降低失业率或实现充分就业，可以用较高的通货膨胀率为代价；为了降低通货膨胀率和稳定物价，就要以较高的失业率为代价。

从长期看，工人会根据实际发生的情况不断调整自己的预期，工人预期的通货膨胀率与实际通货膨胀率慢慢会达到一致。此时工人会要求改变工资，使实际工资不变，从而较高的通货膨胀就不会起到减少失业的作用。于是，企业不会增加生产和就业，失业率也就不会下降。所以从图形上看，长期菲利普斯曲线（LPC）是一条垂直的曲线。无论通货膨胀率如何，失业率都不变，稳定在自然失业率 μ'。如图 11.6 所示。

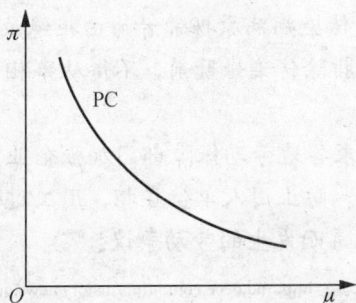

图 11.5　菲利普斯曲线　　　　　　　图 11.6　长期菲利普斯曲线

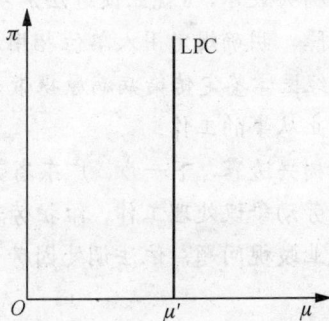

二、降低通货膨胀率和失业率的对策

1. 降低通货膨胀率的对策

首先，国家中央银行只要使货币供给的增长维持一个固定比率即可。可经由设定利率及其他货币政策来有力地影响通货膨胀率。高利率为央行反通胀的典型手法，以降低就业及生产来抑制物价上涨。

其次，供给学派认为从短期看来通货膨胀率和失业率之间的交替是不存在的，而且他们认为，减税，特别是降低边际税率能促进生产增长，并可抑制通货膨胀，并有可能在短期使失业率和通货膨胀率同时下降。这是因为，减税可以增强人们工作和储蓄的积极性，同时也会增强厂商投资的积极性。如此，产出、就业和总供给都会增加，并促进价格水平的下降。同时，人们对通货膨胀的预期也会迅速下降，引起工资水平和价格水平增长率以及利率的下降。

阅读资料

拒录大、小三阳将被查处

如何提防企业在员工入职体检时的乙肝歧视行为？国家对就业歧视的处罚是不是太轻，以致多数企业顶风作案？广东省劳动和社会保障厅培训就业处处长谢树兴在线解读实施的《就业促进法》并接受网友咨询。

《就业促进法》倡导公平就业，反对就业歧视。从 2009 年 1 月 1 日起，用人单位不得求职者的年龄、户籍、性别，是否携带传染病病原等方面设置门槛。

乙肝歧视问题涉及面广，成为昨天网上访谈众人关注的焦点。乙肝病毒携带者小雪表示，很多单位美其名"自愿"检查乙肝五项，但实际上员工不检查就会被认为是病人；也有单位和医院串通，采用隐蔽检查的方式查乙肝。遇到这种情况，员工该怎么办？

谢树兴表示，《就业促进法》从更高层次上对维护乙肝病原携带者的就业权益进行了保障，明确规定用人单位招用人员，不得以是传染病病原携带者为由拒绝录用。但是，经医学鉴定传染病病原携带者在治愈前或者排除传染嫌疑前，不得从事相关规定所禁止从事的工作。

谢树兴透露，下一步，广东省劳动保障厅将要求各地劳动保障部门加强企业用工管理和劳动争议处理工作，维护劳动者的合法权利，防止用人单位在招、用工过程中发生就业歧视问题，依法调处因劳动者感染乙肝病毒而发生的劳动争议。

（资料来源：http://nd.oeeee.com;http://nistory.news.qq.com）

2. 降低失业的对策

失业的增加通常是由于经济增长缓慢或者经济衰退、萧条带来的消极影响。凯恩斯认为，大萧条的主要原因是有效需求不足。因此，解决失业问题应该提高总需求，采取积极的、扩张性的财政政策，使总需求增加，从而刺激经济增长。其他的方法还有：保持经济稳定增长、控制人口增长、人力投资、加强就业服务、反对就业歧视等。

针对我国特有的国情，降低失业的政策也有很多，具体表现在以下几个方面。

1）可以成立下岗职工托管委员会，统一接受、管理、培训下岗职工。在我国，国有企业改革并不彻底，劳动力没有完全进入劳动力市场。全国范围内的众多下岗职工中，由于管理松懈，有不少人是可以工作的，但随着"下岗"的潮流，有些是不自愿或半自愿下岗，从而增加了国内失业人数。因此，可以由各级劳动部门成立下岗职工托管委员会，按地域托管，而不是按行业托管，彻底斩断下岗职工与企业、行业的关系，这一做法有利于国企改革。

2）加强职业教育和再就业培训。充分利用全社会现有的教育资源，适应劳动力市场变化和产业结构调整的需要，组织开展多层次、多形式的就业和再就业培训，提高劳动者的技能。特别是增强再就业培训的针对性、实用性和有效性，使更多的下岗失业人员通过培训打开再就业的通道。对从事技术性工作的劳动者开展的技能培训，应与推行和规范国家职业资格证书制度相结合。考虑到大学生失业问题，教育主管部门可以督促学校开展多方面的就业前培训和指导。

3）鼓励第三产业和民营企业发展，调整劳动力就业结构。西方发达国家服务业占GDP比重能达到70%～80%，而我国只有30%多。因此，在我国目前经济发展水平下，第三产业尤其是传统服务业如商贸和餐饮等仍需要大力发展，另外要积极开发社区服务业的就业岗位，支持各地旅游业的发展。民营企业市场意识比较强，并且更多地集中在劳动密集型产业上，有利于吸纳下岗职工和农村剩余劳动力，因此要创造更多条件让充满活力的民营企业发展。

小　结

失业率是衡量失业的技术指标。各个国家统计失业人数和计算失业率的方法是有差异的。

失业可从不同角度被区分为摩擦性失业、结构性失业、周期性失业、自愿失业、非自愿失业等。有些失业类型之间是难以截然分开的。

通货膨胀是一般价格水平持续普遍上涨，用通胀率来衡量。

可从不同角度将通货膨胀区分为温和型通货膨胀、奔腾型通货膨胀、超级通货膨胀；需求拉动型通货膨胀、成本推动型通货膨胀、结构型通货膨胀等。

短期菲利普斯曲线表明短期内通货膨胀与失业之间存在替代关系，长期菲利普斯曲线则显示通货膨胀与失业之间不存在替代关系。

复 习 题

1．失业的含义是什么？它有哪些分类？

2．什么是自然失业率？社会如何才能达到充分就业？

3．失业是怎么产生的？它造成了什么影响？

4．通货膨胀有哪几种类型？它的起因是什么？

5．什么是菲利普斯曲线？它如何反映失业与通货膨胀的关系？

案 例 分 析

世界历史上的通货膨胀

案例背景

古罗马实行的是金属货币制度，包括金、银、铜和青铜。政府财政基本上采用现金形式。帝国的皇帝为了强化对资源的控制，相继削减铸币尺寸或在铸币中添加贱金属。同时却希望凭着自己的权威保持其价值不变，这当然是不可能的。

这种违背经济规律的行为在罗马帝国时期代代相传，最终导致的结果是铸币贬值，物价上涨。公元 235～284 年，古罗马政治陷入无政府状态，通货膨胀臻于极致，铸币急剧贬值。公元 253～268 年，银币的含银量还不到 5%。

16 世纪，西班牙物价上涨 4 倍多，年上涨率 1.5%，贵金属过剩是这次通货膨胀的根源。1501～1600 年，由墨西哥和秘鲁神话般的矿山产出的 1700 万千克纯银和 18.1 万千克纯金涌入西班牙。除官方渠道，走私的数量估计相当于官方进口的 10%，相对于已有的储存，来自新世界的金银可谓数额巨大。无论如何，贵金属的涌入掀起了一场价格革命。这次通货膨胀价格上涨缓慢，没有对西班牙的各个经济部门产生什么影响。

德国在第一世界大战败北之后，丧失了 1/7 的领土和 1/10 的人口，各种商行及工业产品均减少，同时按 1921 年金马克支付 1 320 亿赔款。在操作中，德国不得不靠发行纸币来渡过难关，结果是陷入灾难的深渊。当时政府以极低的利率向工商业者贷款，同时投放巨额纸币，它们又很快贬值，从而债务人得以有廉价的马克偿还贷款。"新富"们在通货膨胀中发了大财，"旧富"们面临崩溃。各个经济部门和各个家庭生活在此不公平中受到致命打击。

在十月革命以前，俄国就已走上了通货膨胀之路。革命后，为了保障政权，必须控制国家资源。因此，前苏联印发纸币，维持庞大的预算开支。1918～1920 年，反动力量很快聚集，发起反扑，此时前苏联开始实行战时共产主义。由于经济基础薄弱，社会产品总量短缺，再加上连年战争，使生产得不到恢复，战时共产主义的分配物品远不能满足人们的基本需要。于是黑市猖獗，物价飞涨。

（资料来源：http://course.shufe.edu.cn/course/zzjjx/chapter/02/bg/bg-02-03.htm）

案例解析

上述案例中，各国显然是发生了典型的通货膨胀，发生通货膨胀的原因有很多，如需求拉上型通胀、成本推动型通胀、结构性通胀和输入型通胀，但不管是何种原因，通胀造成的危害是有目共睹的。

讨论：

1）通货膨胀对一个国家存在什么样的影响？

2）你是如何看待通货膨胀的？

第十二章 宏观经济政策

本章主要介绍政府调控经济所使用的两项宏观经济政策——财政政策和货币政策，内容包括两项政策所使用的政策工具，运用这些政策工具来调控宏观经济所涉及的经济学原理，以及影响政策效力的因素分析等。通过本章的学习，能够使学生充分了解和认识宏观经济政策的操作原理及实际运作过程，并能运用这些理论知识来分析现实经济中政府所使用的各项宏观经济政策对经济的影响作用。

通过本章内容的学习，要达到以下几个目的：

- 了解财政政策和货币政策调控经济所使用的政策工具；
- 掌握政府运用财政政策和货币政策调控经济的操作原理；
- 掌握影响财政政策和货币政策实施效果的因素分析。

♻ **导入案例**

四万亿投资计划促内需

2008 年，美国"次债风波"所引起的金融危机席卷全球，对我国实体经济也产生了巨大的影响。我国出口大幅下滑，经济增速放缓，就业压力加大，中国经济面临着严峻的局面。2008 年第四季度，在国际金融危机日趋严峻、中国经济遭受冲击日益显现的背景下，党中央、国务院决定对宏观调控政策作出重大调整，出台扩大内需促进经济平稳较快增长的十项措施：一是加快建设保障性安居工程；二是加快农村基础设施建设；三是加快铁路、公路和机场等重大基础设施建设；四是加快医疗卫生、文化教育事业发展；五是加强生态环境建设；六是加快自主创新和结构调整；七是加快地震灾区灾后重建各项工作；八是提高城乡居民收入；九是在全国所有地区、所有行业全面实施增值税转型改革，鼓励企业技术改造，减轻企业负担；十是加大金融对经济增长的支持力度。初步匡算，实施上述工程建设，到 2010 年年底国家财政约需投资 4 万亿元。

（资料来源：http://www.cs.com.cn）

思考：

1）在以上案例中，我国政府运用的是什么宏观经济政策。

2）试分析政府采取以上政策的经济背景及原因。

3）政策措施的实施对我国经济会产生什么影响？

前面几章从不同角度在不同的假设条件下介绍了均衡国民收入的决定。失业、通货膨胀等是经济社会处于非均衡状态中出现的消极经济现象。而凯恩斯那句著名的"长期内我们都死了"告诉人们，政府介入经济活动，运用财政政策与货币政策调节经济和干预经济是必要的和具有积极作用的。宏观经济政策的四大目标是：稳定物价、充分就业、经济增长和国际收支平衡。稳定物价是指保持一般物价水平的相对稳定，短期内不会发生通货膨胀或通货紧缩；充分就业并不意味着每一个社会成员都有工作，而是指消除一国经济中的非自愿失业；经济增长是指一国人力和物质资源的增长，通常用国民生产总值增长率作为衡量一国经济增长状况的指标；国际收支平衡是指一个国家对外经济往来中的全部货币收入与货币支出之间保持基本平衡，即允许略有顺差或略有逆差的存在。

第一节 财 政 政 策

一、财政政策工具

政府通过调节财政收入和支出，以实现经济稳定增长的宏观经济政策为财政政策。财政政策的主要内容包括政府的收入和支出。其中，财政支出的政策工具主要指政府的购买性支出和转移性支付；财政收入的政策工具主要指政府的各项税收，以及国家通过发行国债的方式来筹集资金。

1. 政府的购买性支出

政府的购买性支出是指政府部门开展日常工作和建设公共项目时对商品和劳务的购买支出，包括政府工作人员的工资、办公用品的购买，修建大桥、道路等各种公共工程项目的投资，以及国防、教育、卫生、科技的支出，等等。由于政府在购买商品和劳务的过程中与社会的各种经济主体之间进行了实际的物品交易，直接形成了社会总需求和购买力，是国民收入的一个重要组成部分。因此，政府的购买性支出的规模大小是决定国民收入的主要因素之一，直接关系到社会总需求的规模。当经济发生衰退时，政府可以增加购买性支出，如扩大基础设施建设投资规模，以提高社会购买力，增加社会总需求，达到刺激经济增长的目的；当发生通货膨胀时政府可以减少购买性支出，如节约政府日常开支，以降低社会总需求，达到抑制通货膨胀的目的。因此，变动政府的购买性支出的规模是政府调控宏观经济的有力手段。

2. 政府的转移性支付

政府的转移性支付是指政府通过税收的方式将高收入社会成员的部分收入集中到政府手中，再将税收收入中的一部分通过各种社会福利支出或者救济支出等形式将其发放给较低收入的社会成员，包括：最低生活保障、抚恤金、贫困救济补助、农产品价格补贴，等等。政府的转移性支付也是一项非常重要的财政政策工具。当经济不景气、失业增加时，政府可以通过增加转移性支出来增加社会福利费用，使人们的可支配收入和消费支出水平增加，从而增加社会有效需求，促进经济增长；当物价水平过高，通货膨胀明显时，政府应该减少转移性支付，从而降低人们的可支配收入和消费支出水平，达到抑制社会总需求增加和物价上涨的目的。

3. 税收

税收是政府财政收入最主要的来源，是国家为了实现其职能，按照法律规定无偿、固定、强制性地从家庭和企业的收入中取得财政收入的一种手段。因此，税收可以被政府部门用作政策工具来调节经济中的社会总需求。当政府部门提高税率或者增加税收绝对量时，家庭部门的收入和消费会减少，企业部门的赢利和收入下降，其投资支出就会降低，从而会使得国民总产出和社会总需求相应减少；反之，如果政府部门降低税率或者减少税收的绝对数量时，家庭部门的收入和消费、企业的收入和投资支出都会增加，国民总产出和社会总需求相应也会上升。由此可见，在经济增长过热时，政府可采取增税措施来抑制通货膨胀；在经济发生衰退时，政府可采取减税措施来促进经济增长。

4. 公债

公债是政府运用自身信用，以向社会公众借款的形式筹集财政资金时所形成的政府对公众的债务，即社会公众对政府的债权。政府财政收入大于财政支出会形成财政盈余，而政府财政支出大于财政收入则会形成财政赤字。当政府发生财政赤字时，可以通过发行公债的方式向公众借款。政府公债主要包括短期（3 个月、6 个月或 1 年）、中期（1～5 年）、长期（5 年以上）3 种形式，我国目前发行的国债最长期限为 50 年。公债也是政府调控宏观经济所使用的财政政策工具之一。因为政府通过发行公债所筹集的资金最终用于财政支出，所以当政府增加公债发行时，财政支出也会增加，社会总需求和总产出会上升；当政府部门减少借贷行为时，政府支出会压缩，总需求和总产出也会降低。

二、自动调节的财政政策

自动调节的财政政策又称为自动稳定器或内在稳定器，是指无须政府采取任何干预行为，经济系统本身存在的一种自动减缓经济波动的运行机制。这种自动调节机制通过影响政府的收入和支出项目来对宏观经济进行调整，在经济衰退时刺激总需求，在经济过热时抑制总需求。财政政策的这种内在稳定经济的功能主要通过政府税收和转移性支付来实现。

税收能随着国民收入的变化对经济进行自动调整。在经济过度繁荣时期，个人收入和企业利润都增加，整个国家的国民收入水平提高，符合纳税条件的个人和企业数量增加，会使得税收总额增加，有利于抑制个人消费支出和企业投资支出，一定程度上可以减缓社会总需求的增加与经济的过分扩张。反之，在经济萧条时期，个人和企业的收入均下降，国民总收入减少，税收收入相应减少，政府和社会公众共同分担经济萧条的影响，有利于延缓总需求的下降趋势。

政府的转移性支付也对经济的周期性波动有自动稳定作用。如果经济出现衰退，失业人数增多，符合领取失业救济补助和社会福利的人数增加，失业救济和各种福利开支就会相应增加，从而有利于抑制人们可支配收入的下降，进而抑制消费支出和总需求的持续下降，防止经济的进一步衰退。在经济繁荣时期，其作用机制正好相反，由于社会公众收入普遍增加，失业率下降，需要援助的人减少，政府的转移性支付下降，从而有利于抑制消费支出和总需求的过度增长。

三、主动调节的财政政策

财政政策自动对经济的调节作用是十分有限的，它只能减轻和缓和经济的波动，不能达到维持经济稳定的目的。尤其是当经济出现较为严重的通货膨胀或衰退现象时，财政政策的自动稳定功能的作用就非常有限了，这时就需要政府部门主动运用财政政策工具对宏观经济进行干预和调控。这种政府根据具体经济运行状况，主动采取措施对财政收支进行调整以促进经济稳定发展的财政政策称为相机抉择的财政政策。相机抉择的财政政策坚持的原则是"逆经济风向行事"，主要包括扩张性财政政策和紧缩性财政政策。

扩张性财政政策是指政府通过扩大财政支出或减少税收来刺激社会总需求和消费，从而促进经济增长的财政政策。在经济衰退时期，企业破产，工人失业，社会公众收入减少，总需求小于总供给，政府就要通过增加财政支出和较少税收的方式来刺激消费和需求。政府购买性支出的增加可以使得企业和家庭的收入增加，有利于刺激企业投资和家庭消费；政府转移性支付的增加可以促使个人可支配收入的增长，从而使得消费增加；政府较少税收和税率，尤其是企业和个人所得税的较少，可以增加公司和家庭的收入，从而促使企业投资和家庭消费均增长，也可以达到刺激总需求的目的。

紧缩性财政政策是指政府通过减少财政支出或增加税收来抑制社会总需求，从而减缓经济过度增长的财政政策。经济增长过热或出现通货膨胀时，政府会采取紧缩性财政政策来抑制总需求和消费的过度增长，其政策措施及对经济的调节原理与扩张性财政政策恰好相反。政府采取紧缩性财政政策时，应减少政府购买性支出和转移性支付，增加税收和税率。

四、财政政策的挤出效应

政府在实行扩张性财政政策时，由于财政支出的增加使得社会总需求和国民收入增加，同时也会引起货币需求增加，在货币供给不变的情况下，货币需求的增加会导致利率的上升，利率上升必然会抑制企业投资的增长，从而影响财政政策的扩张性效果，这种由于政府支出增加而导致私人投资减少的作用机制称为"挤出效应"。

下面可以通过 IS-LM 模型来对"挤出效应"进行更详细的分析，如图 12.1 所示。

由于政府支出的增加使得 IS 曲线由 IS_1 移动到 IS_2，如果不考虑货币市场作用的影响，即利率不变仍为 r_1，均衡国民收入由 Y_1 增加到 Y'。而现实经济中货币市场的影响是必然存在的，所以考虑到货币市场的影响时，情况会发生变化。由于政府财政支出的增加使得均衡利率由 r_1 上升到 r_2，IS_1 右移到 IS_2 时，均衡国民收入将由 Y_1 增加到 Y_2，其中 $Y'Y_2$ 代表的就是由于"挤出效应"的存在而导致国民收入减少的部分。由此可见，

由于均衡点由 E_1 变化到 E_2，均衡国民收入也只能由 Y_1 增加到 Y_2，而不能增加到 Y'。

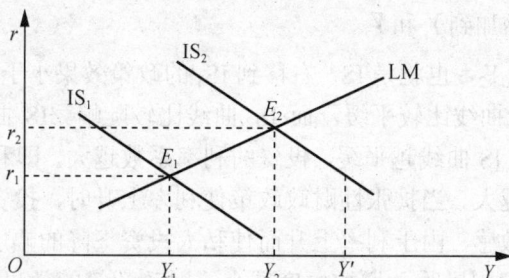

图 12.1 挤出效应

五、财政政策效果的影响因素

财政政策效果是指政府的财政收入和财政支出的变化对国民收入变动产生的影响程度。财政政策效果的大小取决于 IS 曲线和 LM 曲线的倾斜程度，所以可以通过 IS-LM 模型对影响财政政策效果的因素进行分析。

1）在 LM 曲线不变时，IS 曲线斜率的绝对值越大，IS 曲线越陡峭，则 IS 曲线的移动对国民收入的影响越大，即财政政策效果越大；反之，IS 曲线斜率的绝对值越小，IS 曲线越平坦，则 IS 曲线的移动对国民收入的影响越小，即财政政策效果越小，如图 12.2 所示。

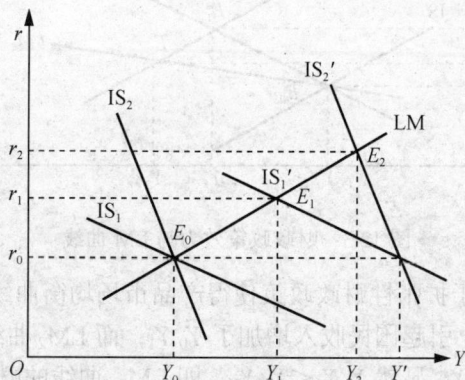

图 12.2 财政政策效力与 IS 曲线

假设 LM 曲线即货币市场均衡情况相同，IS_1 和 IS_2 为两条倾斜度不同，即斜率不同的产品市场均衡曲线，其中 IS_1 的倾斜程度小于 IS_2 的倾斜程度。初始状态的均衡利率与均衡国民收入均为 r_0 和 Y_0。假设此时政府实行一项扩张性财政政策，使得财政支出增加 ΔG，由于财政支出的上升促使了国民收入的增加，则会使 IS_1 右移到 IS_1'，IS_2 右移到 IS_2'。假定利率保持 r_0 不变的情况下，两条 IS 曲线右移的水平距离均为 Y_0Y'，其中 Y_0Y' 为政府支出乘数和政府支出增加额的乘积，即 $Y_0Y' = \Delta G \cdot K_G$，$K_G$ 为政府支出乘数，ΔG 为财政支出增加额。实际上，由于政府财政支出的增加使得均衡利率由 r_0 分别

上升到 r_1 和 r_2，"挤出效应"的存在使得 IS 曲线移动后形成新的均衡点只能处于 E_1 和 E_2，收入也只能分别增加到 Y_1 和 Y_2。

由图可知 $Y_0Y_1 < Y_0Y_2$，也就是 IS_1 右移到 IS_1' 的政策效果小于 IS_2 右移到 IS_2' 的政策效果，原因在于 IS_1 曲线比较平缓，而 IS_2 曲线比较陡峭。IS 曲线的斜率大小主要由投资的利率系数决定，IS 曲线越平缓，投资的利率系数越大，即利率变动一定幅度所引起的投资变动的幅度越大。当扩张性财政政策使利率上升时，投资的利率系数越大，投资对利率的变动就越敏感，由于利率上升而使私人投资下降的幅度就越大，即"挤出效应"越明显，从而使得国民收入增加幅度减少，财政政策的效果减弱。反之，如果 IS 曲线越陡峭，其投资的利率系数越小，利率变动所引起的投资变动幅度较小，"挤出效应"越小，国民收入增加幅度越明显，财政政策的效果较强。

2）当 IS 曲线不变时，LM 曲线斜率的绝对值越大，LM 曲线越陡峭，则 IS 曲线的移动对国民收入的影响越小，即财政政策效果越小；反之，LM 曲线斜率的绝对值越小，LM 曲线越平坦，则 IS 曲线的移动对国民收入的影响越大，即财政政策效果越大。如图 12.3 所示，IS 曲线斜率相同，假设政府实行扩张性财政政策使得产品市场的均衡曲线由 IS_1 移动到 IS_2，LM_1 和 LM_2 为两条斜率不同的货币市场均衡曲线，其中 LM_1 的倾斜程度大于 LM_2 的倾斜程度。

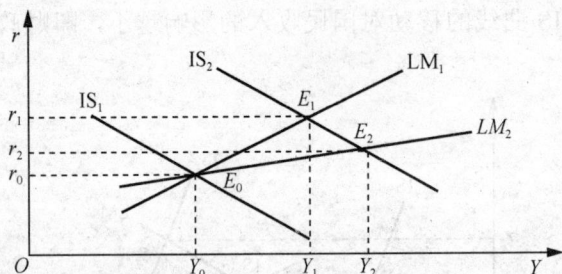

图 12.3　财政政策效力与 LM 曲线

由图 12.3 可知，由于扩张性财政政策使得产品市场均衡曲线由 IS_1 移动到 IS_2。LM_1 曲线较陡、斜率较大时，引起国民收入增加了 Y_0Y_1；而 LM_2 曲线较平坦、斜率较小时，引起国民收入增加了 Y_0Y_2。显然 $Y_0Y_1 < Y_0Y_2$，即 LM_2 曲线的财政政策效果要大于 LM_1 曲线的财政政策效果。其原因是：当 LM 曲线斜率较大、曲线较陡时，表示货币需求的利率系数较小，即货币需求对利率的反应较不敏感，意味着当扩张性财政政策使得国民收入增加时，货币需求也会增加，这将使利率上升较多，从而对私人部门投资产生的"挤出效应"影响较大，结果使得财政政策效果较小。反之，当货币需求的利率系数较大，LM 曲线斜率较小、曲线较平缓时，扩张性财政政策使得国民收入增加所引起的货币需求增加，也不会使利率上升很多，从而对私人投资产生的"挤出效应"影响较小，政府增加支出就会使国民收入增加较多，财政政策效果较大。

由此可见，财政政策效应的影响因素主要取决于投资需求的利率弹性和货币需求的利率弹性，前者与财政政策效应成反比，后者与财政政策效应成正比。

第二节　货币政策

货币政策是指中央银行为实现特定的宏观经济目标，所采取的调节货币供给量、信贷规模和利率水平的各项措施的总称。货币政策可分为扩张性货币政策和紧缩性货币政策，扩张性货币政策是指央行通过增加货币供给量提高总需求水平的政策，紧缩性货币政策是指央行减少货币供给量以抑制总需求的政策。要了解货币政策，必须具备一些银行制度的知识，货币政策主要是通过银行制度来实现。

知识拓展

货币供给量是指一个国家在某一时点上实际存在于整个经济中的货币总量，主要由金融机构为社会经济运转所供应的存款货币和现金货币两部分构成。货币供给量的变化代表着社会购买力的变化，是社会总需求变化的货币表现，也是央行制定货币政策的重要依据。可以根据货币的流动性，所谓流动性是指一种资产随时可以变为现金或商品的能力，将货币供应量划分为以下几个层次：

M_0＝现金；

M_1＝M_0＋活期存款；

M_2＝M_1＋企业定期存款 ＋储蓄存款；

M_3＝M_2＋其他短期流动资产（国库券、商业票据、银行票据等）。

一、银行体系

现代银行体系主要由中央银行、商业银行和其他非银行金融机构组成。中央银行是一国最高的金融当局，统筹管理全国的金融活动，实施货币政策以影响经济。它不是在资金融通中经营谋利的机构，是用于控制管理银行体系的银行，通常以国名称之，如英国的英格兰银行，日本的日本银行，也有的称作储备银行，如美国的联邦储备委员会和印度联邦储备银行，我国的央行是中国人民银行。中央银行的主要业务主要有 3 个职能：一是作为一国货币发行的银行，控制着国家的货币供给；二是作为商业银行的银行；三是作为政府的银行。控制流通中的货币量是中央银行最重要的职能。中央银行所发行的现金（纸币和硬币）就是人们钱包中所携带的钞票。发行量的大小直接影响着流通中货币量的多少。中央银行发行的现金构成了它的负债。因为在金本位制时期，这些纸币就是银行向顾客承诺兑换一定数量黄金的凭证。除此之外，中央银行还管理着国家的黄金和外汇储备。

商业银行是人们平时接触最多的，因为它主要是为公众服务的。商业银行是指以经营存贷款为主要业务、以营利为主要目的的银行。之所以称为商业银行，是因为早先向银行借款的人都经营商业。它主要是经营货币业务，通过货币资金存贷、提供清算理财服务、信息咨询等活动来追求利润的最大化。我国银行体系的主体是四大商业银行：中国农业银行、中国工商银行、中国建设银行和中国银行，它们拥有整个银行体系大部分的资本和业务量。

政策性银行是为了贯彻国家政策而设立的金融机构。国家通过政策性银行向需要发展的行业部门发放优惠贷款，提供资金支持。政策性银行的设立是为了政策需要，所以它与商业银行存在的意义是不一样的。我国的政策性银行有 3 家：中国农业发展银行、中国进出口银行和国家开发银行。

二、存款创造与货币供给

货币供给（这里主要指 M_1）由个人、商业银行和其他金融机构所持有的现金和活期存款组成。因此，中央银行和商业银行都可提供作为支付手段的货币。商业银行创造存款货币，中央银行直接控制了现金数量，就间接控制活期存款，即中央银行通过法定准备金、贴现率和公开市场业务（买卖政府债券）控制着商业银行的活期存款。因而，可以说中央银行才是货币供给的最终决定者。

1. 法定准备金

商业银行从储户那里吸收存款，并用于放贷和投资。但储户因现金需要会经常来提取存款，因此商业银行必须保留一定比例的现金。如果商业银行为了获取尽可能多的放贷利息收入，过多将资金放出去，就可能会出现储户前来取款而银行却无现金可提的情况，一旦这种现象发生，人们立刻会怀疑该银行的资产状况和信誉，引发"挤兑"风潮。

为了保障储户的存款安全和整个金融体系的良好秩序，并有效地控制货币供给量，中央银行通过规定法定准备金率强制要求商业银行必须保留最低限度的库存现金。法定准备金率（required reserves ratio）是中央银行规定商业银行必须保留的最低限度的库存现金占其吸纳的全部存款的比率。按法定准备金率提留的库存现金就是法定准备金，有时也称为存款准备金。现代商业银行的法定准备金按规定存入中央银行。

2. 存款创造机制

商业银行的存款创造表现为银行系统在法定准备金率下，通过一系列存贷关系，导致存款总额增加。下面举例说明：假设央行在公开市场业务中向 A 买进国债 100 万元，A 将这 100 万元存入中行，则银行系统因此增加了 100 万的存款。如果法定准备金率是 20%，中行可以把 80 万元资金贷出去。

假设中行将这 80 万元贷给企业 B。企业 B 向企业 C 购买了 80 万元的原材料，企业 B 将中行开出的 80 万元的支票交给企业 C，企业 C 将这张支票转入自己在农行的存款账户上。于是，农行的存款增加了 80 万元，也就是整个银行系统又增加了存款 80 万元。

农行又可以将 64 万元的资金贷放给企业 D，在类似上述的关系中，这 64 万元又转入工行……这一过程继续进行下去，最后的存款额趋于 0。整个银行体系由初始的 100 万元的存款引致的存款总额为（运用无穷级数之和的公式）：

$$100+100\times(1-20\%)+100\times(1-20\%)^2+\cdots=500$$

可见，商业银行的存款创造表现为商业银行不断地将存款转化为贷款，贷款又派生存款的连续过程。

3. 存款乘数

存款乘数（deposit expansion multiplier）是指初始存款所引致的银行系统存款总额的增加倍数。上例中，初始存款为 100 万元，导致银行系统增加的存款总额为 500 万元，即存款乘数为 5。如果以 S_n 代表存款总额，a 代表初始存款，r_d 代表法定准备金率，存款乘数 K_d 为

$$K_d = \frac{S_n}{a} = \frac{1}{r_d}$$

三、货币政策工具

货币政策的工具是指央行在实施某种货币政策时所采用的具体措施或操作方式。各国央行普遍或经常运用的一般性货币政策工具主要有 3 个：法定存款准备金率政策、再贴现政策和公开市场业务。

1. 法定存款准备金率政策

央行可通过调整法定存款准备金率来调控货币供应量。在经济萧条时期，央行可以降低法定存款准备金率，这项措施可以使得商业银行有更多的资金用于发放贷款，通过反复的信用创造过程会导致货币供给量的增加，从而达到刺激企业投资增长和国民收入增加的目的。反之，在经济增长过度时，央行可以通过提高法定存款准备金率来减少货币供应量，以达到抑制投资增长和国民收入增加的目的，从而减轻通货膨胀的压力。

知识拓展

信用创造过程是指银行在经营活动中，通过存款业务吸收资金，形成原始存款，银行在缴纳存款准备金之后，保留一定库存现金，将剩余的存款用于放贷，客户取得贷款之后，一般不会立即全部提取现金，而是转入其在银行活期存款账户，银行又可将活期存款用于放贷……在这种反复存贷款过程中创造出派生存款的过程。

2. 再贴现政策

当商业银行发生资金短缺时，可以将其在贴现业务中所取得的未到期票据或债券作为抵押向央行申请贷款，贴现是指客户将未到期的各种票据或债券向银行申请兑换现金时，商业银行会扣除一部分票据或债券利息作为贴现所得，然后将剩余的本金和利息归还客户的金融活动。央行在为商业银行提供贷款的同时会收取一定的利息，该利率被称为贴现率。

在经济增长过热时期，银行会提高再贴现率，商业银行从央行那里获得贷款资金的成本会增加，从而使商业银行的准备金减少，商业银行可以用于放贷的资金也会减少，商业银行为社会所提供的货币供应量也会减少，以达到抑制投资和社会总需求增长的目的。在经济萧条时期，银行可以通过降低再贴现率来为商业银行提供更多的资金支持，以增加银行的放贷规模和货币供给量，有利于刺激企业投资增长，从而达到促进社会总需求增加和经济增长的目的。

3. 公开市场业务

公开市场业务是指央行通过在金融市场上公开买卖金融和政府债券来投放和回笼基础货币，以调控货币供应量的政策行为。在多数发达国家，公开市场操作是中央银行吞吐基础货币，调节市场流动性的主要货币政策工具。在经济增长过热或者通货膨胀时期，央行会在公开市场上将有价证券出售给金融机构或者社会大众，回笼基础货币，从而减少商业银行的信贷规模和货币供应量，以达到抑制社会总需求增长的目的。在经济不景气时，央行会在金融市场上买进有价证券，放出基础货币，通过货币乘数作用增加社会上的货币供应量，从而提高总需求，达到刺激经济增长的目的。

> **知识拓展**
>
> 基础货币是指流通中的现金和商业银行等金融机构在央行的存款准备金之和。
> 货币乘数用以说明货币供给量与基础货币之间倍数关系的一种系数，等于货币供给量与基础货币之比。

由此可见，央行通过货币政策工具调节宏观经济的操作原理如表 12.1 所示。

表 12.1 货币政策工具操作原理

货币政策工具	经济过热（总需求大于总供给）	经济萧条（总需求小于总供给）
法定存款准备金率	上调	下调
再贴现政策	上调再贴现率	下调再贴现率
公开市场业务	卖出有价证券，回笼基础货币	购入有价证券，投放基础货币

四、货币政策效应的影响因素

货币政策效应是指在其他条件不变的情况下，货币政策所引起的货币供给量的变化对国民收入的影响程度。在 IS-LM 模型中，货币政策效应表现为 LM 曲线移动对国民收入变动的影响。扩张性的货币政策会使得货币供给量增加，即 LM 曲线向右移动；紧缩性的货币政策使得货币供给量减少，即 LM 曲线向左移动。如图 12.4 所示。

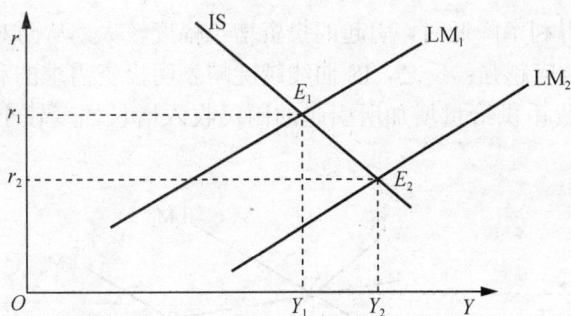

图 12.4 扩张性货币政策效应分析

当央行实行扩张性货币政策时，货币供给量增加，LM 曲线由 LM$_1$ 右移到 LM$_2$ 的位置，经济中的国民收入由 Y_1 增加到 Y_2。由于货币需求不变，所以货币供给增加会使得利率由 r_1 下降到 r_2。

当央行实行紧缩性性货币政策时，如图 12.5 所示，货币供给量减少，LM 曲线由 LM$_1$ 左移到 LM$_2$ 的位置，经济中的国民收入由 Y_1 减少到 Y_2，货币供给减少会使得利率由 r_1 上升到 r_2。货币政策效应大小取决于 IS 曲线和 LM 曲线的斜率的大小，可以借助 IS-LM 模型来对影响货币政策效应的因素进行分析。

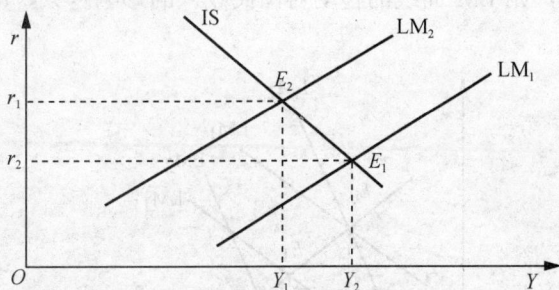

图 12.5 紧缩性货币政策效应分析

1）在 LM 曲线不变时，IS 曲线斜率的绝对值越小，IS 曲线越平坦，则 LM 曲线的移动对国民收入的影响越大，即货币政策效应越大。反之，IS 曲线斜率的绝对值越大，IS 曲线越陡峭，则 LM 曲线的移动对国民收入的影响越小，即货币政策效果越小。

如图 12.6 所示，IS 和 IS′ 为两条斜率不同的产品市场均衡曲线，IS 曲线较陡峭，而 IS′ 曲线较平坦，即 IS 曲线斜率的绝对值要大于 IS′ 曲线斜率的绝对值。当央行采取扩张性货币政策增加货币供给量，使得 LM 曲线由 LM$_1$ 右移到 LM$_2$ 时，LM$_1$ 和 LM$_2$ 分别与 IS 相交于均衡点 E_1 和 E_2，LM$_1$ 和 LM$_2$ 分别与 IS′ 相交于均衡点 E_1 和 E'。由图可知，货币市场均衡曲线由 LM$_1$ 右移到 LM$_2$ 时，如果产品市场均衡曲线为 IS，则扩张性货币政策使得国民收入由 Y_1 增加到 Y_2；如果产品市场均衡曲线为 IS′，则扩张性货币政策使得国民收入由 Y_1 增加到 Y'。很显然 $Y_1Y_2 < Y_1Y'$，即 IS 曲线越平坦，货币政策的效应越大。IS 曲线越平坦意味着投资需求的利率弹性越大，货币政策乘数就越大，当

货币供给量增加使得利率降低时，引起的投资增长幅度较大，从而对国民收入增加的影响较大，货币政策效应越强；反之，IS 曲线越陡峭表明投资需求的利率弹性越小，货币政策乘数就越小，货币供给量增加所引起的国民收入增长幅度较小，即货币政策效应较弱。

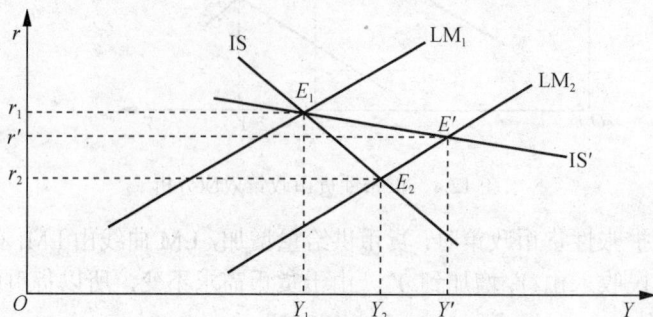

图 12.6　货币政策效应与 IS 曲线

2）在 IS 曲线不变时，LM 曲线斜率的绝对值越小，LM 曲线越平坦，则 LM 曲线的移动对国民收入的影响越小，即货币政策效应越小。反之，LM 曲线斜率的绝对值越大，LM 曲线越陡峭，则 LM 曲线的移动对国民收入的影响越大，即货币政策效果越明显。如图 12.7 所示。

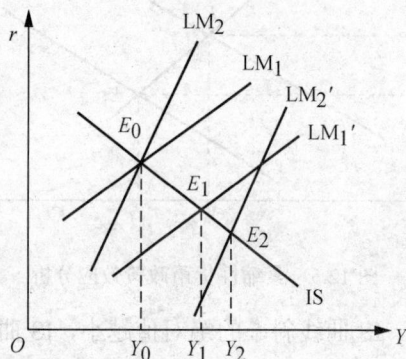

图 12.7　货币政策效应与 LM 曲线

假设 IS 曲线即产品市场均衡情况相同，LM_1 和 LM_2 为两条倾斜度不同，即斜率不同的货币市场均衡曲线，其中 LM_1 的倾斜程度小于 LM_2 的倾斜程度。初始状态的均衡国民收入为 Y_0。假设政府实行一项扩张性货币政策，使得货币供给量增加 ΔM，由于货币供给量增加使得利率降低，引起的投资增长，从而使得国民收入增加，则会使 LM_1 右移到 $LM_1{}'$，LM_2 右移到 LM_2'。假定在初始利率水平不变的情况下，两条 LM 曲线右移的水平距离均为 Y_0Y'。LM 曲线右移后形成新的均衡点 E_1 和 E_2，国民收入也分别增加到 Y_1 和 Y_2。由图可知 $Y_0Y_1 < Y_0Y_2$，也就是 LM_1 右移到 LM_1' 的货币政策效果小于 LM_2 右移到 LM_2' 的货币政策效果，原因在于 LM_1 曲线比较平缓，而 LM_2 曲线较陡峭。LM 曲

线斜率大小主要由货币需求的利率弹性决定，LM 曲线越平缓，货币需求的利率弹性越大，即利率的较小变动就可以引起货币需求的较大变动，因而货币供给量变动对利率变动的作用较小，从而增加货币供给量的货币政策就不会对投资和国民收入有较大的影响，即货币政策效果较弱。反之，若 LM 曲线较陡峭，表示货币需求受利率的影响较小，即货币供给量稍有变化就会使得利率发生较大幅度的改变，因而对投资和国民收入的影响较大，即货币政策效果较明显。

由此可见，货币政策效应的影响因素主要取决于投资需求的利率弹性和货币需求的利率弹性，前者与货币政策效应成正比，后者与货币政策效应成反比。

第三节　两种政策的组合与协调

财政政策和货币政策都可以作为政府调控宏观经济的手段，但是在使用过程中又都存在一定的局限性，所以政府要根据实际的经济现状来选择合适的宏观经济政策，往往会将两者结合起来混合使用。两种宏观经济政策的组合方式主要有以下 4 种情况。

一、双松政策

所谓的双松政策，是指同时采用扩张性的财政政策和扩张性的货币政策。如图 12.8 所示。

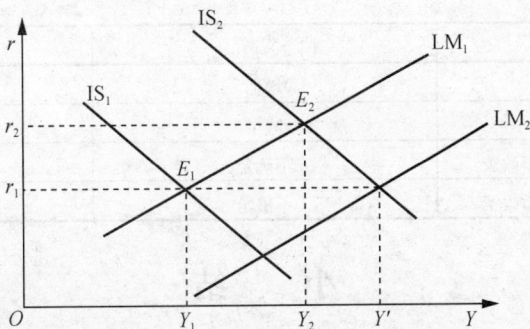

图 12.8　双松政策

当政府实行扩张性的财政政策时，产品市场的均衡曲线由 IS_1 移到 IS_2，假设货币市场不发生变化，则由于"挤出效应"的存在，国民收入只能由 Y_1 增加到 Y_2。如果央行同时也采取扩张性的货币政策，由于货币供给量的增加，会使得货币市场均衡曲线由 LM_1 移到 LM_2，利率水平也将由 r_2 恢复到 r_1，可以消除由于利率变化而被"挤出效应"所减少的那部分国民收入，使得国民收入增加到 Y'。由此可见，当经济出现严重萧条时，政府可以同时采取扩张性的财政政策和扩张性的货币政策，扩张性的财政政策可以增加总需求，扩张性的货币政策可以降低利率以避免"挤出效应"的存在。

二、双紧政策

所谓的"双紧政策"，是指采取紧缩性的财政政策和紧缩性的货币政策。紧缩性的财政政策可以通过减少政府开支，增加税收等措施来抑制消费的增长，从而减少社会总需求；紧缩性的货币政策可以通过提高法定存款准备金率、提高再贴现率和在公开市场业务中卖出有价证券等措施来减少货币供给量，达到抑制投资增长的目的。当发生严重通货膨胀时，政府可以采取"双紧政策"以抑制物价的快速上涨。

三、紧的财政政策和松的货币政策

当经济出现通货膨胀，但是并不是很严重时，可以采取紧缩性的财政政策和扩张性的货币政策相结合的政策措施。紧缩性的财政政策可以抑制总需求的增长，减小通货膨胀的压力；扩张性的货币政策可以使利率降低，从而刺激投资增长，防止经济发生衰退。

四、松的财政政策和紧的货币政策

当经济出现衰退现象，但不是很明显时，政府可以采取扩张性的财政政策和紧缩性的货币政策。扩张性的财政政策可以刺激社会总需求的增长，以促进经济增长；紧缩性的货币政策可以减少货币供给量的增加，以防止通货膨胀的发生。

财政政策和货币政策的混合使用效果如表 12.2 所示。

表 12.2　财政政策和货币政策的混合

混 合 政 策	国 民 收 入	利　　率
双松政策	增加	不确定
双紧政策	减少	不确定
紧的财政政策和松的货币政策	不确定	下降
松的财政政策和紧的货币政策	不确定	上升

小　　结

财政政策工具包括政府购买性支出、政府转移性支付、税收和公债。

财政政策调控经济的方式有两种，自动调节的财政政策和主动调节的财政政策。前者的作用是有限的。主动调节的财政政策又称相机抉择，经济衰退时期，政府会采取扩张性的财政政策；经济过热或出现通货膨胀时，政府会采取收缩性的财政政策。

财政政策效果的大小取决于 IS 曲线和 LM 曲线的倾斜程度，IS 曲线越陡峭，财政政策效果越大；反之，IS 曲线越平坦，财政政策效果越小。LM 曲线斜率的绝对值越大，LM 曲线越陡峭，财政政策效果越小；反之，LM 曲线斜率的绝对值越小，LM 曲线越平坦，财政政策效果越大。

货币政策工具是指央行在实施某种货币政策时所采用的具体措施或操作方式。主要有 3 个：法定存款准备金率、再贴现政策和公开市场业务。当出现通货膨胀或者经济增长过热等经济现象时，政府应采取紧缩性的货币政策；当出现通货紧缩或者经济衰退等经济现象时，政府应采取扩张性的货币政策。

货币政策效果的大小取决于 IS 曲线和 LM 曲线的倾斜程度。在 LM 曲线不变时，IS 曲线越平坦，则货币政策效应越大；反之，IS 曲线越陡峭，货币政策效果越小。在 IS 曲线不变时，LM 曲线越平坦，货币政策效果越小；反之，LM 曲线越陡峭，货币政策效果越明显。

政府可以根据经济的具体情况，将财政政策和货币政策结合起来采取双紧、双松或者一松一紧等组合措施来调控宏观经济。

复 习 题

1. 财政政策工具有哪些？它们是如何影响社会总需求的？
2. 影响财政政策的因素有哪些？用 IS-LM 模型来分析其作用过程。
3. 什么是自动稳定机制？试举例说明。
4. 为什么会产生挤出效应？试结合图形进行分析。
5. 货币政策工具有哪些？分析其调控经济的操作原理。
6. 影响财政政策的因素有哪些？结合图形分析其作用过程。

案 例 分 析

央行重拳出击抑通胀

案例背景

我国经济在经历了从 2003～2007 年连续 5 年的高速增长后，在 2007 年里经济呈现明显的"三高"现象。首先，经济高增长。受居民消费及出口快速增长的带动，经济持续强劲增长，国内生产总值在前 4 年分别增长 10%、10.1%、10.4%和 11.6%的基础上，又增长 13%，创 1995 年以来的新高。投资、消费、出口和工业生产均高速发展，经济增长过热的现象比较明显。其次，物价创 10 年来新高。进入 2007 年，食品价格的突然上涨带领 CPI 走出低谷，物价水平逐月攀升，从 3 月份开始连续 10 个月物价涨幅均超过 3%的警戒线，8、9、10 三个月的物价涨幅都超过 6%，1～10 月累计上涨 4.4%，涨幅同比上升 3.1 个百分点。最后，虚拟经济持续升温。股票、住房等资产价格都出现了明显的泡沫化倾向，虚拟经济与实体经济有双双趋热的势头，全国 70 个大中城市房屋销售价格同比涨幅由 1 月份的 5.6%持续攀升至 10 月份的 9.5%。股权分置改革的成功推进导致股票市场走出了一轮波澜壮阔的牛市行情，在 2006 年股票市场大幅上涨基础上，2007 年上证指数继续攀高，前 10 月累计涨幅达 122.3%，到 10 月末上证指数已突破 6 000 点。整体经济呈现"高增长，高通胀"及"泡沫化"趋势。

案例解析

为防止经济增长由偏快转为过热以及通货膨胀的进一步加剧，央行在 2007 年的金融调控中不断出台紧缩性的货币政策措施，其力度是前所未有的，尤其是对存款准备金率、存贷款基准利率的上调频率为历史罕见。在这一年里，央行分别于 1 月 5 日、2 月 16 日、4 月 5 日、4 月 29 日、5 月 18 日、7 月 30 日、9 月 6 日、10 月 13 日、11 月 10 日和 12 月 8 日，先后 10 次调高人民币存款准备金率，将人民币法定存款准备金率由 9% 提高到 14.5%，达到了 1987 年以来的最高水平。与此同时，央行分别于该年的 3 月 18 日、5 月 19 日、7 月 21 日、8 月 22 日、9 月 15 日和 12 月 21 日，连续 6 次上调金融机构人民币存贷款基准利率。在央行一系列强大货币政策以及其他宏观调控政策的共同作用下，我国经济运行的环境开始发生重大变化，政策累积效应逐步显现，处于过热边缘的经济开始向合理增长区间回归，多项重要指标也都向政策预期方向转变。

（资料来源：http://finance.sina.com.cn/；http://www.stats.gov.cn/）

讨论：

1）央行采取上调法定存款准备金率如何影响货币供应量的变化？

2）以上政策措施的实施对我国经济会有什么影响？

第十三章　经济增长与经济周期

教学目标

通过本章学习，要求学生理解世界各国经济增长的现状及影响长期经济增长的主要因素、掌握新古典增长模型的内容，并了解经济周期理论。

学习任务

通过本章内容的学习，要达到以下几个目的：

- 了解全球经济增长的现状；
- 了解影响经济增长的主要因素；
- 掌握新古典增长模型的内容；
- 了解经济周期理论。

导入案例

巴西人有一句自嘲的玩笑话，称"巴西是一个未来的国家——它永远都是"。这个世界第五人口大国一直被认为是潜在的重要经济体，但是它从未实现过自己的允诺。

但是最近几年以来，巴西的经济增长表现比较出色，尤其是在农业方面。巴西的成功依赖的是对一种自然资源的开发，即一种被称为塞拉多的热带稀树草原土壤。但是一直到25年前，这种土壤仍被认为是不适合发展农业的。3个因素的结合改变了这种状况：由研究与发展推动的技术进步，经济政策的改进，以及物质资本的增加。

一个名为巴西农业畜牧业研究中心的政府机构开发出了关键的技术。该机构发现，只要把石灰和磷加入到塞拉多当中，就能提高土壤的肥力，此外他们还开发出了适应当地气候的牲畜和大豆的新品种（目前他们还在研究小麦新品种）。同时，直到20世纪80年代，巴西的国际贸易政策都不鼓励出口，其汇率的估值过高也使得该国产品对外国人过于昂贵。在经济改革之后，投资巴西农业变得有利可图了，不少企业为了开发土地开始投入农业设备、建筑和其他形式的物质资本。

什么因素制约了巴西的增长？基础设施。根据《纽约时报》的一篇报道，巴西农民"非常关注缺乏必要的高速公路、铁路和水运通道的问题，因为这会增加经营成本"。但是，巴西政府现在正在加大基础设施投资，巴西农业也在继续扩张。巴西现在已经超过美国成为世界上最大的牛肉出口国，其大豆出口量也在快速增长。

（资料来源：保罗·克鲁格曼，罗宾·韦尔斯. 2009. 宏观经济学. 北京：中国人民大学出版社）

第一节　全球经济增长概述

经济增长问题非常有趣，地球上不同的国家、不同时期的经济增长都表现着极巨大的差异性，横向来看，目前全球 65 亿人口中，还有 0.8 亿人没有足够的食物，1 亿人没有安全的饮用水，目前富裕国家的人均寿命为 77 岁，中等收入国家 67 岁，而低收入国家只有 53 岁；纵向来看，1880 年出生的日本人平均寿命只有 35 岁，而今天已达到 81 岁；1870 年美国人的人均一周工作 61 小时，目前只需要 34 小时。

为了衡量经济增长，经济学家们使用国内生产总值的数据，它衡量经济中所有人的收入。而增长率就是一定时期内（通常 1 年）GDP 的变动比例。从 1780 年算起，英国人使其人均 GDP 翻一番花了 58 年；美国稍微快一些，47 年。日本从 1885 年算起则花了 34 年使 GDP 翻了一番。从 1966 年开始，韩国仅仅用了 11 年就让它的人均产出翻一番。现在，随着在具有自己特色的工业化道路上迈进，中国经济迅猛增长，每 10 年人均产出翻一番。

国家之间的竞争是一场超长时间的马拉松比赛，今天表现出的巨大差异，其实来自于其长时间的经济平均增长率。而在长时间内经济增长率常常是按复利计算的。给定两个同时起跑的国家，初始条件完全相同的情况下，如果 A 国比 B 国年均增长率高 2%，则 200 年后，A 国经济总量将是 B 的 52 倍。

在经济增长的马拉松比赛中，不同国家的名次总是在不停的变化之中，即使在最近 40 年中，不同国家的名次还在不停地交替变换，不同国家的增长表现着不同的增长路径，有的平稳增长，如美国和英国；有的一路追赶，如韩国和新加坡；有的半途开始波折，如巴西；有的虽然起得早却赶了一个晚集，如印度；还有的基本不在游戏当中，如尼日利亚。

从长期看，世界各国的经济总是在增长的，但各国由于自身的不同条件经济增长的速度各不相同。从经济增长的数据上来看，15 世纪以前的世界基本上没有太大的增长幅度，而且各国之间的差距也很小。随着地理大发现，以及更为重要的工业革命和市场经济制度的建立，世界经济的快速增长和发展差异增大了。过去 1000 年的大部分时间中，世界每年的平均产出的增长率仅有 0.1 个百分点，但在 1800 年左右一年的增长率蹿到了 1.2 个百分点。今天世界的 GDP 大约是 1000 年前的 30 多倍。

工业革命促进了持续经济增长的伟大爆发。它起源于 18 世纪的英国，20 世纪初期在美国进入了第二阶段，其基础是建立在汽车、电器机械、钢铁、石油和化工的大规模生产上的。工业革命第三阶段则发生在日本、西欧、东南亚新兴工业化国家以及美国，其基础是电子、计算机系统、电信系统、计算机软件系统和制造业的先进生产线。1990 年，在美国已经进入了工业革命的第四阶段——信息化时代。在该阶段，几乎所有世界上最发达的国家都已经实现了计算机化。

第二节 经济增长的源泉

阅读资料

"只有每个人都做好了，才能让整个民族都更加昌盛，整个国家也就会更加欣欣向荣。因此，对国家的关注就是对人们自己生活状况的关注，对生产率和劳务能力的了解是每个人必知的经济学原理。"

——罗宇

每个人都希望自己的祖国繁荣富强。但是为什么世界上有的国家富，有的国家穷？美国经济学家克鲁格曼教授认为这是长期内生产率的提高带来的经济增长的结果。简·奥斯汀曾说过："一笔可观的收入是我所听说过的最好获得幸福的诀窍。"在下面的内容里将分析和提供获得幸福的一些诀窍。

劳动生产率或简称生产率，是指工人的平均产出量。在数据充分的情况下，生产率指的是每小时的产出量。这个指标在比较不同国家间的生产率差异时非常有用，因为不同国家之间工人的平均劳动时间通常会有差异。例如，一个师傅原来一小时能包 100 个饺子，现在每小时包 110 个，那么他的生产能力就提高了 10%。从整体经济角度看，生产率就等于实际 GDP 除以工作人口数量。

可能会让人感到疑惑的是，为什么说生产率提高是长期经济增长的唯一源泉。难道一个经济体不能通过提高参加工作的人口数来推动实际人均 GDP 的增长吗？答案是"可以"。在短期，一个经济体可以通过提高参加工作的人口比例来推动人均产出量的快速增长。这正是美国在第二次世界大战期间所发生的情况，当时有数百万妇女进入劳动市场。成年人中受雇人口所占的比重由 1941 年的 50% 提高到了 1944 年的 58%。但是这样的增长是以社会上还有闲置资源没有被充分利用为前提的。

1. 人力资本

保罗·克鲁格曼认为，人力资本（human capital）指的是由教育和知识所带来的劳动素质的提高。

重农主义学派代表人魁克认为，人是构成财富的第一因素。社会平均劳动生产率实际上就是工人的人均产量。劳动技巧的熟练程度和判断能力的强弱必然要制约人的劳动产出（或称劳动生产率），而劳动生产率和劳动技巧的熟练水平要经过教育培训才能提高，教育培训则是需要花费时间和付出学费的。最近关于经济增长的研究报告强调了在解释各国生活水平的差别上，人力资本至少与物质资本一样重要。

1900 年，美国工人每周工作 60 个小时，1970 年减少至不到 35 个小时。如今，大部分人过着朝九晚五的上班生活，中午还有 1 小时的午饭时间。而 1920 年后美国工人每周工作 6 天，然后逐渐减为 5 天半，最后在 1940 年定为 5 天。美国工人是否变得懒散自足了吗？这些工作时间的减少对生产力有影响吗？其实雇主们都知道超过一定的工作时间，员工的工作效率就会降低，随着科技的发展和美国教育的普及，工人的生产率非但没有下降反而是上升的。而且相对于其他发达国家而言，美国工人是世界上最勤奋的工人之一。美国平均只有 2 个星期的带薪假期，西欧则是 5～6 个星期。此外，还有下班后因公事而打电话，在家加班的时间。

2. 物质资本

根据经济学家的定义，物质资本（physical capital）指的是诸如建筑物和机器设备之类的人造资源。物质资本能够提高工人的生产效率。例如，邮局中如果使用人工分信，20 个人一天能分 1 万封信，但是采用了机器后，一个人一台机器一天能完成 20 个人的工作量。

工人的劳动生产率不仅取决于劳动者内在的知识、技能、体能等人力资本因素，而且还取决于他们所使用的工具（物质资本）。例如：没有精密的仪器设备，再优秀的外科医生也无法做好一个心脏的手术；没有电脑，电脑高手也没有办法编写出好的游戏软件。因此，物质资本（如厂房、设备等）对于劳动生产率的提高起到了重要的作用。

3. 自然资源

历史上，自然资源（natural resource）曾经对决定生产率水平起到过非常重要的作用。在 19 世纪，实际人均 GDP 最高的是那些拥有肥沃土地和丰富矿藏的国家：美国、加拿大、阿根廷及澳大利亚。因此，自然资源在经济思想发展中占据着重要的地位。

但是其他条件通常不会相同。在当代世界，对绝大部分国家而言，自然资源对生产率的影响远不如人力资本和物质资本来得重要。例如，一些实际人均收入非常高的国家，如日本、新加坡和瑞士，所拥有的自然资源量非常少，但他们可以通过进口等途径获得资源并且能够充分地使用这些资源，提高生产率从而推动经济增长。一些资源丰裕的国家，如尼日利亚（拥有丰富的石油储量），却非常贫穷。

4. 技术

技术进步可能是推动生产率增长的最重要因素。技术（technology）在这里泛指生产产品和服务的技能和方法。它包括新的或更好的产品和服务的创造，也包括市场生产的更高效率，资源质量的提高，组合资源更先进的方式，以及新的生产流程的引进等。下面将简要讨论经济学家是如何衡量技术对经济增长的作用的。

即使是拥有同样数量的物质资本和人力资本，今天的工人也能比过去的工人生产出更多的产品，因为技术在不断进步。值得注意的是，经济意义上重要的技术进步不一定会引起轰动或者依赖尖端科学。历史学家发现，过去的经济增长并不仅仅是由铁路或者半导体芯片这样的重大发明所推动的，大量低层次的技术革新功不可没。

阅读资料

沃尔玛的技术革新

在经历了20年停滞之后，美国生产率的增长率在20世纪90年代开始大幅度提速。这种提速是由什么因素引起的呢？是由因特网的兴起推动的吗？著名的商业咨询企业麦肯锡公司的分析师认为原因并不在于因特网。他们发现，1995年之后生产率提高的主要源泉在于零售业人均产量的大幅度提高——商店里的人均产品销售量增长很快，尤其是以沃尔玛为代表。沃尔玛是采用现代技术提高生产率的先锋。它最早使用计算机管理库存，最早采用条形码扫描仪、最早与供应商建立直接电子网络。不过，人们也不得不承认，计算机网络、生物技术等高端科技的发展也为经济增长作出了很大的贡献。

（资料来源：保罗·克鲁格曼，罗宾·韦尔斯. 2009. 宏观经济学. 北京：中国人民大学出版社）

5. 企业家精神及其管理

熊彼特在1912年出版的《经济发展的理论》中提出了"创新"理论。他认为，资本主义经济本质上是不断变化发展的，推动这一发展的根本动力和原因在于企业家的"创新"活动。正是那些富于冒险精神、勇于"创新"的企业家借助银行贷款，创办新企业、购置新设备、开拓新市场，推动了资本主义生产技术的进步，使生产成本降低、产量增加，推动了资本主义不断发展。像亨利福特和斯隆（汽车）、卡耐基（钢铁）、洛克菲勒（石油）、摩根（金融）等人们耳熟能详的名字，他们在19世纪末20世纪初美国经济腾飞的时候发挥了非常重要的作用，并在这个过程中积累了大量的个人财富。

阅读资料

科技金蛋为什么没有生出巨额财富

中国的宋代时期科技也非常发达，发明创新很多，如四大发明中的三大发明都是出现在宋朝，包括火药、造纸术、指南针、水车，甚至在货币流通中出现交子等等。但是，这些发明创造并不像几个世纪后的欧洲，没有给宋朝带来工业化和经济的飞速增长以及技术的革新。西方经济学家威廉保默尔认为，主要的制约因素是宋代的社会制度制约了企业家精神的发展。工商业被认为是社会之末，地位低微，读书之人不屑于去经商，社会流行的是学而优则仕，有了仕途就有权力，而权力常常能获得财富（西方学者认为这些财富通常为腐败所得），而无需通过技术革新、创办新企业、购置设备进行生产那么麻烦。而且如果这些技术革新者利用技术去开拓市场进行生产的话，他们的合法所得会以赋税等等形式为皇帝征用、享用，而且还要受制于全国大大小小的官员。毫无疑问，这些都严重阻碍了中国企业家阶层的出现，也难怪当时的中国捧着科学技术的金蛋却没有出现经济持续增长，无法让金蛋生出巨额财富。

（资料来源：弗兰克，伯南克. 2007. 宏观经济学原理. 北京：清华大学出版社）

6. 政治及法律环境

在生产率的增长中，除了私人部门，政府也同样发挥着关键的作用。其中，政府部门的一个重要贡献就是为生产和经济的增长提供良好的政治和法律环境（the political and legal environment），以使人们能够在经济生产中努力地工作，理智地储蓄和投资，获取有用的信息和技能，提供大众喜欢的产品和服务。例如，明确的产权界定对经济的增长非常关键。产权明晰后，人们清楚知道自己的权利和义务，知道自己能拥有和支配哪些资源以及如何支配，当这些权利受到侵犯时可以引用相关的法律进行救济。这样就刺激了私人部门为赚取利润而提高生产率的积极性。

阅读资料

山寨文化与经济增长

同样在全球经济一体化发展的今天，对知识产权保护成为了中国的民营企业对政府的一个强烈要求。对知识产权的保护，能保障一个公平竞争的环境，能推动企业的创新精神，从而提高社会劳动生产率。试想一下，如果没有强有力的知识产权保护，一个中小企业如果投下大量资金进行研发，研发成果还没有进行规模生产，也就是还没有赢利的时候，市场上的抄袭厂商已经在该企业的产品基础上推出山寨版甚至改良版，对于这家中小企业而言，巨额的研发成果是为他人作嫁衣裳，谁又总会做这样的傻子呢？而相反，如果政府强有力地打击抄袭、山寨行为，保护企业的研发成果，那么这家中小企业才会有动力努力创新，对员工的培训才会增加，从而生产率提高，带动整个社会经济增长。

在企业的发展及经济的增长过程中，需要一个良好的政治和法律环境，而这个职能，个人是有心无力的，它需要政府强有力的保障。

第三节　经济增长的基本理论

一、增长核算：生产函数

经济增长通常被定义为 GDP 的增长，而 GDP 可以看做是一个总产出（Y）的概念，因此经济增长理论是建立在生产函数的基础之上的。这里，总产出既可以看做是经济的总产出，也可以看做是人均产出。经济的增长程度可以用增长率来描述。

如果用 Y_t 表示 t 时期的总产出，Y_{t-1} 表示 $t-1$ 期的总产出，则总产出意义下的增长率可以表示为

$$G_t = \frac{Y_t - Y_{t-1}}{Y_{t-1}} \tag{13.1}$$

生产函数反映的是总产量与生产产品与服务的投入（即生产要素）之间的关系。其

中，最重要的两种生产要素是资本与劳动，令 Y 为产出量，可以把生产函数写为

$$Y = A \, F \, (N, \, K) \tag{13.2}$$

其中，A 为当期的技术水平，N 代表劳动（或第二节所说的人力资本），K 是资本（物质资本），技术因素在这里被看做是一个固定的外生变量。这个公式告诉人们，物质资本、人力资本和技术是经济增长的关键决定因素。增长核算的方法是把产出的增长分为两个不同的来源：生产要素的增加和技术的进步。

根据式（13.1），产出的增长可以应用以下的表达式来说明：

产出的增长＝资本的贡献＋劳动的贡献＋技术的进步

用数学公式可以写为

$$\frac{\Delta Y}{Y} = \alpha \frac{(\Delta K)}{K} + (1 - \alpha) \frac{\Delta N}{N} + \frac{\Delta A}{A} \tag{13.3}$$

经济增长是一个复杂的经济和社会现象。增长核算方程虽然说明了经济增长的源泉，但在如何分析影响经济增长的问题上，还需要数据作进一步分析，当然也需要把有关的因素进一步细化。

从现代的角度看，宏观经济学对经济增长理论所进行的有影响的研究有两个时期：一是 20 世纪 50 年代后期和整个 60 年代。第二个时期是 20 世纪 80 年代后期和 90 年代初期。其中，第一个时期的研究产生了新古典增长（索洛）模型；第二个时期的研究产生了内生增长模型。下面着重介绍一下新古典增长模型。

二、简单的索洛模型

1. 基本假设和思路

索洛模型的基本假设有：①生产的规模报酬不变；②劳动力是充分就业的；③能利用的资本存货都得到充分利用。

在不考虑技术进步的情况下，式（13.2）表示的生产函数为

$$Y = F \, (N, \, K)$$

由假设①生产规模报酬不变，得到

$$\lambda Y = F \, (\lambda N, \, \lambda K)$$

如果 $\lambda = 1/N$，则有

$$Y/N = F \, (1, \, K/N) \tag{13.4}$$

式（13.4）表明，劳动的人均产出 Y/N 只取决于人均资本 K/N。生产的规模报酬不变的假定说明如果经济规模用劳动人数来衡量，不会影响人均产出。用 y 表示人均产量，$y = Y/N$，k 表示人均资本，$k = K/N$，则生产函数可以表示为人均形式：

$$y = f \, (k) \tag{13.5}$$

其中，$f \, (k) = F \, (1, \, k)$。

图 13.1 表示了式（13.5）的图形。

从图 13.1 中可以看出，人均资本增加，人均产量也增加，但是因为报酬递减规律的影响，人均产量的上升是减速的。

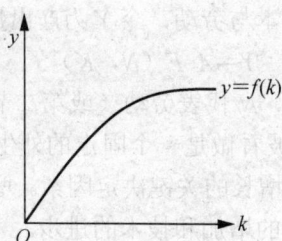

图 13.1　人均生产函数曲线

2. 索洛模型的基本方程式与稳态分析

在一个封闭经济中，只包括家庭和企业两大部门，人均国民收入恒等式可以写为

$$y = c + i \tag{13.6}$$

这个式子把人均产量分为每个劳动者的消费和人均投资。

索洛模型假设人们将其收入的 s 部分用于储蓄，$1-s$ 部分用于消费。因此，可以得到

$$c = (1-s)y \tag{13.7}$$

式中，s 为储蓄率，数值介于 $0 \sim 1$，并且假设 s 是给定的。

把式（13.7）代入式（13.6），得到

$$y = (1-s)y + i$$

合并整理得到式

$$i = sy \tag{13.8}$$

式（13.8）表明投资等于储蓄，是两部门经济均衡时的一个重要条件。

资本存量是经济增长的关键因素，资本存量的变动会引起经济增长。而投资和折旧是影响资本存量最重要的因素。假设每年资本存量的折旧率为 δ，资本存量的变化等于投资减去折旧。用公式可以表示为

$$\Delta k = i - \delta k \tag{13.9}$$

结合式（13.5）和式（13.8），可以写为

$$\Delta k = sf(k) - \delta k \tag{13.10}$$

式（13.10）就是索洛模型的基本方程表达式，它表明了经济增长的关键因素资本存量的人均增加量等于人均储蓄减去 δk。也就是说，一定的人均储蓄必须用于替换折旧资本，人均储蓄大于 δk 会导致人均资本 k 上升，即 $\Delta k > 0$。

图 13.2 描述了公式 13.9 中不同资本存量水平 k 下相对应的各项投资和折旧。从图 13.2 看出，在 s 和 δ 一定的情况下，资本存量越多，投资量和产出量越大，但是折旧量也越大。

从图 13.2 中还可以看出，投资曲线与折旧曲线的交点处，存在着一个资本存量 k^*，此时投资量等于折旧量。如果经济自身找到这一资本存量水平，那么资本存量就不会改

变。古典经济学家把 k^* 称为稳定状态的资本水平。在这个资本水平下，$\Delta k = 0$，即资本增量为零，资本存量 k 和产出 $f(k)$ 随时间的推进一直是稳定的（既不增加也不减少）。

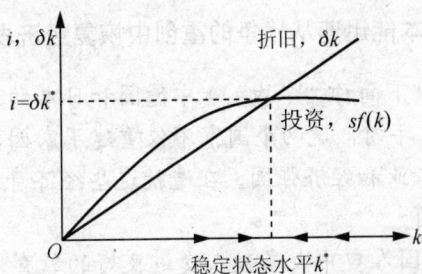

图 13.2　投资、折旧与稳定状态

三、其他经典经济增长模型

1. 内生增长模型

在索洛模型中，技术进步只是一个假设，但到了 20 世纪 60 年代，美国经济学家罗默等人提出了把技术进步作为增长模型内生变量的想法。20 世纪 80 年代，罗默等人建立了把技术进步作为经济增长内生变量的新经济增长理论。这种理论重点分析劳动、资本与技术进步之间的关系。

对内生增长理论的进一步分析超出了本书的范围，但可以指出的是，这一增长理论的新发展深化了人们对增长过程的认识，同时，这一理论对技术创新过程提供了更为全面的认识。

2. 哈罗德-多马模型

哈罗德-多马模型是由英国经济学家哈罗德与美国经济学家多马于 20 世纪 40 年代中后期提出来的。这个模型的中心是分析资本积累与经济增长的关系。该模型强调为了保持经济的长期、稳定增长，必须使投资持续维持一定的增长率，强调政府干预的重要性。

第四节　促进经济增长的措施

一、增加人力资本

人力资本是工人通过教育所获得的知识和技能。教育包括从智力开发之类的早期儿童教育项目直至劳动力中成年的在职培训。很明显，一个训练有素和受过良好教育的工人通常都会比非熟练工的生产率要高。因此，西方国家非常注重义务教育，大力发展职业教育和高等教育，原因就在于此。提高人力资本水平需要以教师、图书馆、学生学习时间为形式的投资。这些年来，东亚经济快速发展也部分归因于对教育的重视。

阅读资料

德国和日本能迅速从战争的重创中恢复经济发展的原因

第二次世界大战（以下简称"二战"）中德国和日本的工业和城市均受到了巨大的创伤，但是在短短 30 年内，这两个国家不仅重建了家园，恢复了经济的发展，而且还成为世界上发达的工业和经济强国。在造就这些经济奇迹的众多因素中，人力资本发挥着至关重要的作用。

"二战"结束时，德国人口中大多数人受过良好的教育，包括大量的高素质的科学家和工程师。同时学徒制度也为年轻工人提供培训的机会，提高了他们的劳动生产率。另外，部分东德和东欧国家训练有素的工程师和技工移民当时的西德。所有这些因素为德国战后经济的恢复，尤其对一些需要复杂技术的高产量的制造业提供了强有力的支持。到了 20 世纪 60 年代，德国已经成为世界主要的进口国，欧洲生活水平最高的国家，其产品质量在全球享有声誉。

而日本在"二战"中损伤比德国更加重大，但是凭借着一支训练有素的、受过良好教育的劳动大军，日本也在第二次世界大战后慢慢崛起。依靠美国第二次世界大战后的援助，日本大力发展教育，并强调工人的在职培训。由于日本的部分企业提供的终身雇佣体制，日本公司在员工的培训上进行了大量的投资而且普及范围很广。人力资本的巨额投资让日本的社会平均劳动生产率稳步地提高。20 世纪 70、80 年代，日本也成为世界上最发达的国家之一。

但是，仅仅拥有人力资本也不能创造出一个富裕的经济体，如东欧的受苏联影响的一些国家，他们同样拥有大量的高水平的劳动人口，但是受其他因素的制约，东欧国家无法保持像德国和日本那样高的经济增长速度。

（资料来源：弗兰克，伯南克. 2007. 宏观经济学原理. 北京：清华大学出版社）

二、提高储蓄与投资

20 世纪 70 年代中期至 90 年代早期，美国生产率增长减缓，而同一个时期东亚国家迅速崛起，为什么会出现这么大的差异呢？目前尚未有一个清晰有力的理由能够解释美国这段时间的生产率为什么减缓，但有一个理由得到了许多经济学家的一致认可：低储蓄率和低投资率。美国人没有为子孙后代储蓄的传统，美国人大为举债，拿出家庭贷款、信用卡透支等来弥补收支差额。这种生活方式让有着不同文化传统的中国等亚洲国家人民惊讶不已。而相反，东亚国家拥有非常高的储蓄率，使这些国家能够大幅度提高人均物质资本量，从而提高生产率及促进经济增长。

根据索洛的经济增长模型，一国储蓄和投资的多少是其国民生活水平的关键决定因素。储蓄率决定了稳定状态的资本和产出的水平。一个特定的储蓄率产生了黄金律稳定状态，这种状态使人均消费最大化，从而使经济福利最大化。通过经济学家的计算，可以看到美国经济的资本存量大大低于黄金律水平。换言之，如果美国把其收入的更大比例用于储蓄和投资，生产率会更迅速地增长，并最终达到更高消费的稳定状态。

要使美国这样的资本存量较少的经济向黄金律稳定状态移动，决策者应该增加国民总储蓄。从纯粹核算的角度说，较高的国民储蓄意味着较高的公共储蓄（政府税收和支出的差额）、较高的私人储蓄（个人储蓄和商业储蓄，商业储蓄来源于留存收益）或者这两者相结合。欧美国家许多关于促进生产率增长的政策争论的核心是这些储蓄中哪一种可能是最有效率的。而中国，实际面临的可能是超出黄金律水平的过度储蓄和资本积累的问题。

三、鼓励技术创新

索洛模型表明，人均收入的持续增长必定来自技术进步。然而，索洛模型把技术进步作为外生的，并没有对它做出解释。当今世界各国政府都意识到技术变革对一个国家经济增长起着决定性的作用，技术变革意味着能用更少的资源和劳动获得同样或更多的产出。在如何提高技术变革率方面，一个国家的教育体系起着基础性作用，但是光靠教育，没有公共政策的支持，技术创新无法得到强有力的保障。常常说，中国人读书很厉害，这是教育起的作用，但是为什么我国这些高才生在本土企业的发明创造如此之少，而一旦他们去了美国就可以创造很多新的发明呢？人们总结时通常又把矛头指向了教育制度，开始提倡素质教育、创新教育，可是往往发现这种教育有时会走向功利性，而忽略了教育的初衷。其实，爱因斯坦生于德国，但他的相对论没有在德国发表而是在美国，而原子弹最早出现在美国，但制造他的很多工程师、科学家来自于当时的法西斯政府德国，是制度和政策让教育培育的高素质工作人员丧失了创造性，而教育尽管在发展过程中存在很多问题，但它的本质是鼓励怀疑和创新的。

因此，以美国为代表的西方国家就提供了很好的启示。在这些国家，公共政策中大多数鼓励私人部门把资源用于技术创新。例如，专利制度给新产品发明者以暂时的垄断；税收法规为进行研究和开发的企业提供减税；还有像国家科学基金这样的政府机构直接资助大学的基础研究，还有很多企业对高校的基础研究给予各式各样的资助。此外，很多产业政策的支持者认为，政府应该在促进迅速的技术进步至关重要的特殊行业起到更积极的作用。

这些年来，对技术进步的鼓励开始在国际范围内进行。美国和其他发达国家有很多从事先进技术研究的公司。一些发展中国家因对知识产权未严格实行保护，存在对先进技术研究"搭便车"的激励。就是说，一些发展中国家的公司常常使用国外研发的创意，而不给专利持有者补偿，美国竭力反对这种行为，而发展中国家已经承诺加紧执法。如果全世界更好执行知识产权保护，企业将有更多的激励从事研究，这将促进世界范围的技术进步。对中国而言，如果政府加大知识产权的立法、执法的保障力度，将会为包括中小企业在内的很多企业加大研发解除后顾之忧，激励产品和服务的创新，有利于一个公平竞争市场环境的形成，从而能培育出一批具有生命力和核心竞争力的企业，从而提高整个社会的生产力。

欧美发达国家研究与发展的大量开支发生在私人部门。美国之所以能够成为世界经济的领头羊在很大程度上是因为美国企业能率先把系统的研究与发展作为其业务运作的一个部分。但是有很多重要的 R&D（研发）却是由政府来承担的。

四、建立适当的制度

各国生产率水平不同的一个原因是指导稀缺资源配制的制度不同。产生适当的制度对保证资源配置在最佳用途上是非常重要的。

一国的法律制度传统就是这种制度的一个例子。一些国家，如美国、澳大利亚、印度和新加坡，是英国的前殖民地，有着英国传统的习惯法体系。其他国家，像意大利、西班牙和大多数拉丁美洲国家，有来自于欧洲大陆法系的传统。人们会发现，英式法律体系对股东和债权人的保护比大陆法系更强。因此，英式法系国家的资本市场得到了更好的发展。有着更发达的资本市场的国家反过来又经历了更快的增长，因为小公司和创业起步中的公司更容易得到为其投资项目所筹集的资金，导致一国资本的更有效配置。我国的立法主要是大陆法系，加上社会主义的特色，资本市场一直没得到较好的发展。1990 年以来，我国政府在资本市场上和法律保护上不断探索，摸着石头过河，借鉴和引用了英美法系一些先进理念，但资本市场还很不完善。

国家之间的另一个重要的制度差别是政府本身的质量。确实，政府应当对市场体系提供"援手"，保护私有产权，强制执行合同，促进竞争，对诈骗提出起诉，等等。然而政府有时背离这一理想，其行为更像"强盗"，使用国家权威使少数有权势的个人致富，以广大社会为代价。经验研究显示了一国腐败的规模确实是影响经济增长的重要决定因素。

18 世纪伟大的经济学家亚当·斯密充分了解制度在经济增长中的作用。他曾经写道："除了安宁、低税负和过得去的执法，使一国从最原始的状态达到最富裕的状态不需要其他东西，所有其他条件都来自事物的自然过程。"可悲的是，许多国家都不具有这 3 项简单的优势。

第五节 经济周期理论概述

经济发展的历史表明，经济的增长方式从来都不是按部就班、一成不变的。一个国家可以享受好多年令人兴奋的经济繁荣，而接下来的也许就是一场经济衰退，甚至是一场金融危机。简言之，经济在沿着经济发展的总体趋势的增长过程中，常常伴随着经济活动的上下波动，且呈现出周期性变动的特征。因此，在介绍了经济增长的一些理论后，本节将论述经济周期理论。

一、经济周期的定义

所谓经济周期，也称为经济循环或商业循环，是指资本主义经济在生产和再生产过程中环绕长期增长趋势周期性出现的经济扩张与经济紧缩交替更迭循环往复的一种现象，是经济活动的繁荣与萧条交替出现的周期性波动。每一周期划分为 4 个阶段，即经济扩张（繁荣）阶段、衰退（紧缩）阶段、萧条（危机）阶段和复苏阶段。

知识拓展

衰退与扩张的定义

有部分人可能想知道衰退与扩张的确切定义。对此的回答是，没有确切的定义。

在许多国家，经济学家把至少连续两个季度（一个季度3个月）的总产出下降定义为衰退。连续两个季度的条件是为了避免把非持续性的短期经济波动看做是衰退。但是有些时候，这个定义看来过于苛刻。例如，如果一个经济经历了3个月的产出急剧下跌，3个月小幅增长，然后又是3个月产出大幅下跌，这显然应该认为是经历了9个月的衰退。

在美国，为了尽可能避免类似的误判，把确定衰退始末的工作委派给国民经济研究局（NBER）的一个独立专家组来担任。这个专家组通过观测以就业和生产为主的一系列经济指标，来最终确定是否发生衰退。

有的时候，专家组的判断也会引发争议。实际上，对2001年的衰退就一直存在争议。NBER认为这次衰退开始于2001年3月，在2001年11月结束，当时产出已经开始增加。但是一些批评者认为，其实几个月之前衰退已经发生，因为那时工业产出已经开始下跌。其他一些批评者认为，衰退在2001年并没有结束，因为在此后的一年半里，就业率仍在下降，劳动市场持续走弱。

（资料来源：保罗·克鲁格曼，罗宾·韦尔斯. 2009. 宏观经济学. 北京：中国人民大学出版社）

二、经济周期的分类

西方经济学家根据一个周期的长短将经济周期分为长、中、短三种周期。

1860年，法国经济学家朱格拉在他的《论法国，英国和美国的商业危机及其发生周期》一书中把经济周期分为3个阶段，即繁荣、危机与清算阶段，平均每一周期是9～10年，这就是人们经常说的中周期，也称为朱格拉周期。

1923年，美国经济学家基钦在《经济因素中的周期与倾向》一文中把经济周期分为大周期和小周期，小周期平均长度约为40个月，而大周期包括两个或3个小周期。一般把基钦提出的小周期称为短周期，也称为基钦周期。

1925年，苏联经济学家康德拉耶夫在《经济生活中的长波》一书中认为经济有一种较长的循环，其平均长度为50年左右。这被称为长周期，也称"康德拉耶夫周期"。

还有一种长周期称为"库兹列茨周期"。经济学家库兹列茨在1930年出版的《生产和价格的长期运动》一书中，提出在主要资本主义国家存在着平均长度为20年的长波动的论点。

三、经济周期理论

1）纯货币理论。该理论的基本特征是把经济周期和危机说成纯粹的货币现象。它不仅认为资本主义经济周期性波动的唯一原因在于银行体系周期性地扩张和紧缩信用，而且认为危机的产生完全是由于繁荣后期银行采取的紧缩信用政策而造成的。

2）消费不足论。该理论认为经济中出现萧条是因为社会对消费品的需求增长赶不上消费品供给的增长，导致生产过剩的经济危机。这种消费不足的原因在于国民收入分配不公而造成的富人储蓄过度。

3）投资过度理论。该理论强调经济周期的根源在于生产资料的过度生产，认为投资的增加首先引起对投资品需求的增加和投资品价格的上涨，这样进一步刺激投资增加，形成繁荣。在这一过程中，因为需求的增加和价格上涨都首先表现在资本品上，所以投资也主要集中于生产资本品的产业，而生产消费品的产业则没有受到足够重视，导致生产结构失调，最终将引起萧条而使经济发生波动。

4）创新理论。熊彼特认为创新和模仿活动是经济周期性波动的原因。熊彼特把经济运动的过程分为两个基本阶段，即繁荣和衰退。

5）心理预期理论。用心理上的乐观预期与悲观预期相交替来说明繁荣和萧条的交替。

6）太阳黑子理论。该理论认为太阳黑子周期性的出现会造成恶劣的气候，引起农业减产，进而对工业、商业等多方面产生不利影响，引起整个经济萧条。

7）政治的经济周期理论。该理论把经济危机周期地出现归结为政府政策变化的结果。

小　结

经济增长理论属于宏观经济学中的一种动态、长期分析。

影响经济增长的主要因素有人力资本、物质资本、自然资源、技术因素、企业家精神及其管理、政治及法律因素等。

经济增长模型主要有新古典增长模型、内生增长模型和哈罗德-多马模型等。

经济周期，也称为经济循环或商业循环，是指经济活动的繁荣与萧条交替出现的周期性波动。每一周期划分为 4 个阶段，即经济扩张（繁荣）阶段、衰退（紧缩）阶段、萧条（危机）阶段和复苏阶段。

经济周期理论主要有纯货币理论、消费不足论、投资过度理论、创新理论、心理预期理论、太阳黑子理论和政治的经济周期理论等。

复 习 题

1. 影响经济增长的基本因素包括哪些方面？
2. 制度在经济增长中作用是如何体现的？
3. 改革开放 30 年，你认为我国的经济增长主要原因是什么？

案 例 分 析

"十一五"中国经济增长领先全球

案例背景

　　"十一五"是中国经济极不寻常的 5 年，在国际金融危机、汶川大地震以及旱灾、水灾、雨雪冰冻等自然灾害次第发生的情况下，中国人们走过了跌宕起伏的道路，共同经受了空前严峻的挑战。这 5 年，中国经济既有高增长低通胀的理想格局，也有高增长高物价的过热场面，更因百年一遇的国际金融危机冲击而遭遇了经济急速下滑、通胀和通缩轮番登场的考验。在党中央、国务院的正确领导下，在全国人民的共同努力下，2010年虽然还未落幕，中国经济"十一五"实现新的跨越业已基本定局。2006～2009 年，"十一五"前 4 年我国国内生产总值（GDP）年均实际增长 11.4%，比"十五"平均增速 9.8% 加快 1.6 个百分点，比世界同期水平快 8.2 个百分点。2010 年上半年，中国 GDP 又实现了 11.1% 的增长。

　　走过 5 年，中国经济在世界经济格局中的地位进一步提高。2009 年，我国 GDP 居世界的位次由 2005 年的第四位上升到第三位，占世界经济总量的比重达到 8.5%，比 2005年上升 3.6 个百分点。与此同时，2009 年，我国外汇储备和财政收入分别达到 2.4 万亿美元和 6.9 万亿元，位居世界前列。钢、煤、水泥等主要工业产品产量稳居世界第一位。中国经济的分量在加重，中国经济的作用也发生了根本性的变化。2009 年，中国全年GDP 增长达到 8.7%，在全球应对金融危机冲击的战斗中率先实现了总体回升向好。中国动力不仅驱动着中国经济，更传递到世界经济中。联合国发表的 2009 年世界经济报告指出，如果中国能够在 2009 年实现 8% 的经济增长，对世界经济增长的贡献将达到惊人的 50%。这意味着中国经济当之无愧地成为 2009 年带动全球经济复苏的最强引擎。2009 年，我国外贸进出口总额为 22 072.7 亿美元，是 2005 年的 1.5 倍，世界排位从2005 年的第三位上升到第二位，其中出口额从第三位上升到第一位。

案例解析

　　影响一个国家经济增长的因素有很多，包括这个国家的自然资源状况、人力资本、物质资本、技术因素、政治及法律环境等，这些因素共同促使生产率的提高，带来经济增长。

（资料来源：http://politics.people.com.cn）

讨论：

引起中国"十一五"期间经济增长的主要因素有哪些？

参 考 文 献

曼昆. 2006. 经济学原理. 4版. 梁小民译. 北京：北京大学出版社.

保罗·萨缪尔森. 2008. 经济学. 18版. 北京：人民邮电出版社.

斯蒂格利茨. 2005. 经济学. 3版. 北京：中国人民大学出版社.

迈克尔·帕金. 2003. 经济学. 5版. 梁小民译. 北京：人民邮电出版社.

高鸿业. 2007. 西方经济学. 4版. 北京：中国人民大学出版社.

叶德磊. 2007. 西方经济学简明原理. 北京：高等教育出版社.

岳贤平，于振英. 2007. 微观经济学. 北京：清华大学出版社.

哈尔·R. 范里安. 2006. 微观经济学：现代观点. 6版. 上海：上海三联书店.

陈承明. 2008. 简明西方经济学. 2版. 上海：上海财经大学出版社.

许纯祯. 2006. 西方经济学. 2版. 北京：高等教育出版社.

平狄克，鲁宾费尔德. 2002. 微观经济学. 4版. 北京：中国人民大学出版社.

多恩布什，费希尔，斯塔兹. 2002. 宏观经济学. 7版. 北京：中国人民大学出版社.

曼昆. 2009. 宏观经济学. 北京：中国人民大学出版社.

保罗·克鲁格曼，罗宾·韦尔斯. 2009. 宏观经济学. 南京：南京大学出版社.

厉以宁. 2000. 西方经济学. 北京：高等教育出版社.

宋承先. 1997. 现代西方经济学. 上海：复旦大学出版社.

梁小民. 2005. 西方经济学基础教程. 2版. 北京：北京大学出版社.

尹伯成. 1995. 西方经济学简明教程. 上海：上海人民出版社.

曹龙骐. 2000. 货币银行学. 北京：高等教育出版社.

黄达. 2000. 货币银行学. 北京：中国人民大学出版社.

高鸿业，刘凤良. 2004. 20世纪西方经济学的发展. 北京：商务印书馆.

黄有光. 2005. 社会福祉与经济政策. 北京：北京大学出版社.

平新乔. 2002. 微观经济学十八讲. 北京：北京大学出版社.

亚当·斯密. 1972. 国富论：上卷. 北京：商务印书馆.

瓦尔拉斯. 1997. 纯粹经济学要义. 蔡受百译. 北京：商务印书馆.

张维迎. 1996. 博弈论与信息经济学. 上海：上海三联书店，上海人民出版社.

赵英军. 2004. 西方经济学. 北京：清华大学出版社.

王静涛. 2008. 西方经济学（微观部分）. 北京：化学工业出版社.

赵英军. 2009. 西方经济学（微观部分）. 北京：机械工业出版社.

赵英军. 2007. 西方经济学（宏观部分）. 北京：机械工业出版社.

郁义鸿，于立宏. 2009. 管理经济学. 北京：高等教育出版社.

刘艳红，刘华，于丽洁等. 2008. 现代经济学. 北京：机械工业出版社.

陈宪，韩太祥. 2006. 经济学原理与应用. 北京：高等教育出版社.

龚治国. 2007. 微观经济学. 上海：上海财经大学出版社.

吕建军. 2008. 微观经济学原理. 广州：暨南大学出版社.

史蒂芬·斯拉夫. 2009. 宏观经济学. 耿强译. 南京：南京大学出版社.